第4版 事例でわかる 国際源泉課税

牧野 好孝
藤野 豊子 共著

税務研究会出版局

第4版　はしがき

　早いもので第3版を世に送りだしてから5年が過ぎようとしている。

　この間コロナによる一時的な停滞を経験したとはいえ、日本経済も世界経済もその動きは一段と活発になっており、人とお金とそして知財をめぐる動きはますます激しくそして複雑化し、またそのボリュームも膨大なものになってきている。そしてこれらに対して課される税に関しても当然にいろいろな問題が起こってきてしまっている。

　また、画期的な改正といわれていた日米租税条約の改定からはや20年が経とうとしている。日米条約等をめぐる税務問題も時間の経過とともに練れてきていると強く感じる今日この頃である。

　本書では、できるだけ普遍性を持たせようとして、事例検討においては可能な限り国名を避けて事例を設けてきたが、一方実務の世界や税務調査の場面においては、租税条約がらみの問題が多々見られるようになり、また年月の経過により条約をめぐる諸事項も税務実務としても練れて来たと思われることから、本改訂版においてはいくつかの条約がらみの事例を新たに加えることとした。

　本書の今回の改訂や今後のことを考えて、本改訂版から新たな著者として藤野豊子税理士をお迎えし、共著していただくことにした。このことも新たに事例を加えるきっかけにもなったのである。藤野税理士はつい最近まで国税当局に勤務されており、この時に経験された事例を参考にしていくつか新たな事例を加えていただいた。

　あれやこれやで本改訂版も今までと同様に、いや今まで以上に、皆様のお役に立つことと思っている。

　最後に本書の出版にあたりお骨折りいただいた株式会社税務研究会出

はしがき

版局の皆様と、校正のお手伝いをいただいた税理士の山下拓真君にこの場をお借りして深く感謝を申し上げる。

　令和7年1月

　　　　　　　　　　　著者を代表して　　　　牧野　好孝

● 目　　次 ●

I　国際源泉課税とは

1. はじめに………………………………………………………………… 1
2. 国際課税と国際源泉課税……………………………………………… 2
3. 非居住者・外国法人に対する課税…………………………………… 5
4. 居住外国人に対し源泉徴収により課税する所得税について……… 9
5. 永住者に対する国境を跨ぐことにより生じる源泉徴収
   による所得課税………………………………………………………… 9
6. 国際源泉課税を律する二本柱………………………………………… 10

II　国際課税の基礎用語

1. はじめに………………………………………………………………… 11
2. 用語の解説……………………………………………………………… 11

III　源泉徴収に関する基礎知識

1. はじめに………………………………………………………………… 23
2. 源泉徴収所得税の確定方式…………………………………………… 23
3. 支払とはどのような行為をいうのか………………………………… 25
4. 支払地（納税地）……………………………………………………… 26
5. 源泉徴収事務の流れと、預かり金…………………………………… 28
6. 納税告知処分…………………………………………………………… 30

iii

7. 加　算　税……………………………………………… 31
　8. 源泉徴収制度の登場人物とその関係………………… 33
　9. 源泉徴収の誤りとその是正法………………………… 36
　10. グロスアップ課税……………………………………… 39

Ⅳ　所得に関する租税条約に係る基礎知識

　1. はじめに………………………………………………… 47
　2. まず例題で考えよう…………………………………… 47
　3. 租税条約が我が国で機能するための根拠…………… 54
　4. 再び例題で考えよう…………………………………… 58
　5. 租税条約の現状………………………………………… 61
　6. 租税条約の内容………………………………………… 66
　7. 租税条約に関するまとめ……………………………… 69
　8. 租税条約等の実施に伴う所得税法、法人税法及び地方税法
　　 の特例等に関する法律………………………………… 73
　9. 租税条約に関する届出書……………………………… 76
　10. 租税条約に関する届出書の作成……………………… 81
　　　〈記載例〉……………………………………………… 82
　　　〈解　説〉……………………………………………… 84
　11. 租税条約に関する届出書の法的性格………………… 88

Ⅴ　事例検討

　1. 国際税務・国際源泉課税のキーワード……………… 97
　2. 復興特別所得税と源泉徴収税率………………………100

3. 課税漏れ源泉徴収税額を支払者が負担した際の税務処理
    について（為替換算に関する解説を含む）（その1）……………102
 4. 課税漏れ源泉徴収税額を支払者が負担した際の税務処理
    について（為替換算に関する解説を含む）（その2）……………106
 5. 誤徴収と誤納額還付請求書……………………………………………112
 6. 誤って過大に行った源泉徴収とその処理方法
    （「誤納還付請求」と「条約還付請求」）…………………………115
 7. 外国法人日本支店と「源泉徴収の免除証明書」……………………119
 8. 結果としての全世界的非課税について………………………………123
 9. 移転価格税制の適用による否認と国際源泉課税
    （損金算入を否認された場合と海外寄附金とされた場合
    の源泉徴収に与える影響）……………………………………………125
10. 海外の非課税法人に支払う国内源泉所得と源泉徴収…………………127
11. 租税条約に関する届出書の記載内容に変更が生じた場合
    の処置……………………………………………………………………131
12. 非居住者から個人が購入する国内に所在する店舗兼用
    住宅と源泉徴収…………………………………………………………134
13. 外国法人から賃借したオフィスビルの賃借料と源泉徴収……………138
14. 外国法人から賃借したビルの管理料と源泉徴収……………………139
15. 外国法人からサブリースした不動産の賃借料と源泉徴収……………141
16. 海外出向者所有の不動産の借上げ……………………………………142
17. 人的役務提供事業（6号所得）と人的役務の提供（12号所得）
    （その1）～所得税法の規定……………………………………………146
18. 人的役務提供事業（6号所得）と人的役務の提供（12号所得）
    （その2）～所得に関する租税条約による課税関係の修正…………151
19. 人的役務提供事業（6号所得）と人的役務の提供（12号所得）
    （その3）～短期滞在者免税規定を満たさない場合の課税関係…155
20. インド企業に支払う技術的役務に関する対価と源泉徴収……………158

21. 海外のスポーツクラブへ支払う職業運動家の役務提供に関する対価 …………………………………………… 164
22. 海外移住者等非居住者が受け取る配当金及び預金利子の日本での課税 ……………………………………… 168
23. アラブ首長国連邦に居住する者が受け取る配当金の日本での課税（その1） ……………………………… 172
24. アラブ首長国連邦に居住する者が受け取る配当金の日本での課税（その2） ……………………………… 174
25. 非居住者に支払う配当金と租税条約の適用（米国とドイツを例として） ………………………………… 177
26. 非居住者に支払うべき配当金について、未払いのまま1年が経過した場合の取扱い ……………………… 185
27. 海外投資に用いる資金を海外からの借入金で調達した場合の支払利子 …………………………………… 187
28. 仮価格で輸入した商品の事後調整金に係る支払金利と源泉徴収 …………………………………………… 191
29. 外国法人日本支店が海外の銀行に支払う借入金利子と租税条約の適用関係 ……………………………… 195
30. 海外支店が支払う借入金の利子 ……………………………………………………………………………… 199
31. 海外の美術館に支払う美術品等のレンタル料 ……………………………………………………………… 201
32. 海外法人に支払うコンテナーの使用料 ……………………………………………………………………… 205
33. 海外で制作が行われ上映された映画を、日本でDVD化するために支払う諸権利金 ……………………… 208
34. 外国のパートナーシップが所有する映画を日本で上映することにより支払う対価と源泉徴収 …………… 212
35. 商標権の譲渡と日米租税条約 ………………………………………………………………………………… 216
36. 商標権の使用料と日米租税条約 ……………………………………………………………………………… 220
37. 商標権の譲渡と使用地、そして日米租税条約 ……………………………………………………………… 223

38. 米国LLCからの商標権の譲渡 …………………………… 226
39. 米国LLCに支払う商標権の使用料 …………………… 230
40. 海外勤務者に支払う原稿料 …………………………………… 234
41. 海外在住者から受ける現地情報とその対価 ……………… 236
42. クロスライセンス契約と源泉徴収について …………… 238
43. 損害賠償金と源泉徴収 ……………………………………… 240
44. 海外スポーツの中継料と源泉徴収 ………………………… 242
45. 独占的に取り扱う権利を得るために支出する開発負担金 …… 244
46. ソフトウエアに関する支払と源泉徴収義務の有無の判断 …… 248
47. 海外出向者と賞与 …………………………………………… 251
48. 海外子会社に出向した役員に対して支給する役員報酬と留守宅手当 …………………………………………………… 255
49. 社外取締役に非居住者を起用した場合の役員報酬と退職金の課税処理 …………………………………………… 259
50. 海外出向中に退職する日本人従業員に支給する退職金（その1） …………………………………………………… 263
51. 海外出向中に退職する日本人従業員に支給する退職金（その2） …………………………………………………… 265
52. 死亡した非居住者に対して支払われる死亡退職金と源泉徴収 ……………………………………………………… 269
53. 海外支店等に出向中の社員に現地で支給する永年勤続表彰の表彰金（国内源泉所得の国外払いに関する例外：所得税法第212条第2項の規定の解説を含む） ………… 270
54. 住宅取得資金の無利息貸付を受けていた社員の海外出向 …… 274
55. 海外出向社員のストックオプションと税務 …………… 276
56. 海外出向者の日本出張と課税問題（その1）
～出向先国との間に租税条約が結ばれていない場合 ………… 281

57. 海外出向者の日本出張と課税問題（その2）
    〜出向先国との間に租税条約が結ばれている場合 ·············· 284
58. 海外出向者の日本出張と課税問題（その3）
    〜出向先が海外支店の場合·· 287
59. 海外で採用した外国人社員に支払う支度金と来日後の
    諸費用··· 289
60. 外国人社員に帰国後に支払う賞与と、同人に対し帰国後に
    課税された住民税の法人負担······································· 293
61. 日本からの帰国後に海外の支店と現地法人それぞれに勤務
    することとなった外国人社員達に、それぞれの勤務先から
    支払う日本勤務中の賞与·· 298
62. 海外出向者への給与の支払をめぐる税務（その1）
    〜出国直後に支払う出国日以前に計算期間が満了している給与··· 302
63. 海外出向者への給与の支払をめぐる税務（その2）
    〜給与の計算期間の途中で出国をした者（非居住者となった者）
    に関する特例 ··· 304
64. 日本で使用するテレビコマーシャルフィルムを海外で
    制作する際の費用と源泉徴収······································· 306
65. 自由職業者の報酬に関する課税と租税条約における
    免税規定··· 311
66. 海外からの旅行者を臨時雇用した場合の課税関係について··· 315
67. 日本語学校に通う海外留学生をパートとして雇用した場合
    の課税について·· 319
68. 中国からの留学生を雇用した場合の税務処理について········ 321
69. 定年退職者等の海外移住者が受け取る厚生年金等の日本
    での課税··· 324
70. 海外移住者等非居住者が受け取る保険年金等の日本での
    課税·· 328

71. 日本に勤務している間にかけていた生命保険を、海外出向中に解約した場合の課税関係 …………………………………… 332
72. 日本に単身赴任した外国人社員の国外に居住する家族と扶養控除等（その1） ……………………………………………… 336
73. 日本に単身赴任した外国人社員の国外に居住する家族と扶養控除等（その2） ……………………………………………… 341
74. 日本に単身赴任した外国人社員の国外に居住する家族と扶養控除等（その3） ……………………………………………… 347
75. 一夫多妻制の制度を持つ国の居住者から日本の居住者となった者に対する配偶者控除の適用法 ……………………… 350
76. 外国人社員の日本での社会保険料の個人負担部分の会社負担について ……………………………………………………… 352
77. 外国人社員の休暇帰国のための旅費（ホーム・リーブ費用）の支給とその税務処理 ……………………………………… 353
78. ホーム・リーブを利用しての観光旅行について ………… 357
79. 外国人社員の休暇帰国（ホーム・リーブ）に代えて、家族を日本に呼び寄せるための旅費の支給とその税務処理 ……… 359
80. 家族が時期をずらして行うホーム・リーブ ……………… 362
81. ファーストクラスやビジネスクラスを利用したホーム・リーブの費用負担 ………………………………………………… 364
82. 外国人社員の子弟の教育費の負担とインターナショナルスクールに対する寄附金 ………………………………………… 366
83. 海外子会社に長期出張した日本の居住者である本社社員に対し海外子会社で支払う出張期間中の給与 ………………… 369
84. 海外子会社に勤務していた社員の現地税務調査によって是正された所得税とその会社負担 …………………………… 373
85. 海外出向から日本に戻った社員に支給する帰国手当 ……… 377

目 次

VI 参考法令（抄）

1. 所得税法 …………………………………………………… 379
2. 所得税法施行令 …………………………………………… 419
3. 租税条約等の実施に伴う所得税法、法人税法及び地方税法
   の特例等に関する法律 …………………………………… 437
4. 租税条約等の実施に伴う所得税法、法人税法及び地方税法
   の特例等に関する法律の施行に関する省令 …………… 455

【索　　　引】………………………………………………… 525

【凡　例】

本書において使用した主な省略用語は次のとおりです。

法法………………	法人税法
所法………………	所得税法
所令………………	所得税法施行令
所基通……………	所得税基本通達
実施特例法………	租税条約等の実施に伴う所得税法、法人税法及び地方税法の特例等に関する法律
実特法省令………	租税条約等の実施に伴う所得税法、法人税法及び地方税法の特例等に関する法律の施行に関する省令
復興財源確保法…	東日本大震災からの復興のための施策を実施するために必要な財源の確保に関する特別措置法

（注）　1　本書の内容は概ね令和7年1月1日現在の法令資料等に基づいております。

　　　2　解説文中において、源泉徴収すべき税率として所得税法に規定された税率と共に、復興特別所得税を含めた合計税率を適宜【　】書きで表示しています。

Ⅰ 国際源泉課税とは

1 はじめに

　国家を運営していくにはなんといっても資金が必要である。国家運営の資金をどのように捻出するかは、その国が置かれている諸々の状況によって異なるが、世界の大多数の国ではその大半を租税によって賄っている。

　租税を課する方法にはいくつかの方式があるが、それを思いつくままに列挙していくと、申告納税方式、賦課決定方式、源泉徴収方式等が挙げられる。

　本書では、この源泉徴収方式によって行われる我が国の非居住者・外国法人に対する課税を中心に、実務界で国際源泉課税と捉えられている分野について詳述していくことにする。

　確かに、源泉徴収によって非居住者・外国法人に対して行われる課税は「国際源泉課税」と呼ばれる分野のかなりの部分を占めるが、実務界ではいま少し広く、居住外国人に対して源泉徴収により行われる課税や、自然人が我が国の国境を跨ぐことにより生じる所得課税のうち、源泉徴収の対象となるものまでを含む概念で捉えている。

　したがって、本書でも「国際源泉課税」の範囲を広く捉えて論じていくことにする。

2　国際課税と国際源泉課税

　国際課税と言われている分野として、通常、「外国子会社合算税制（旧タックスヘイブン対策税制）」をはじめとして、「移転価格税制」、「過少資本税制」、「過大支払利子税制」、「外国法人・非居住者税制」、「外国税額控除制度」の六つの分野を挙げることができる。

　この六つの税制は、自国の課税権を守るための制度と、二重課税の調整の制度の二つに分類することができ、前者の制度として、「外国子会社合算税制」、「移転価格税制」、「過少資本税制」、「過大支払利子税制」「外国法人・非居住者税制」があり、後者の制度として「外国税額控除制度」がある。

　また更に、自国の課税権を守る制度も、外資系を含む内国法人及び居住者を対象とする「外国子会社合算税制」、外国法人や外資系を含む内国法人を対象とする「移転価格税制」、「過少資本税制」、「過大支払利子税」、海外から日本に進出してくる法人ないしは個人を対象とする「外国法人・非居住者税制」との三つに分けることができる。

　なお、これら国際課税の制度は、所得税、法人税両分野に規定があるが、「移転価格税制」、「過少資本税制」及び「過大支払利子税制」は、法人税にのみ規定があり、所得税においてはその制度はない。

　また、「外国法人・非居住者税制」と「外国税額控除制度」は、所得税、法人税ともに本法で規定をしているが、「外国子会社合算税制」、「移転価格税制」、「過少資本税制」及び「過大支払利子税制」は「租税特別措置法」にその規定が置かれている。

　「外国子会社合算税制」は、居住者や内国法人が、実質的経済活動を伴わない外国子会社等を利用して、税負担を回避したりあるいは軽減することを防止するために、外国子会社等がペーパー・カンパニー等であ

る場合や、経済活動基準を満たさない場合や、あるいは経済活動基準を満たす場合であっても、いわゆる受動的所得（配当や利子、知財等の使用料等）が一定量以上ある場合には、内国法人等の所得に合算して課税する税制である。

「移転価格税制」は、簡単に言えば、企業が海外の関連法人との取引価格を通常の価格と異なる金額に設定することにより、一方の利益を他方に移転することを防止するための税制である（我が国ではこの税制は法人税だけに規定が置かれている。）。

「過少資本税制」は、外国法人等が我が国に子会社を作って進出するに際して、会社運営に必要な資金を、出資によらず貸付金によって提供することによって、その資金に対する果実が支払利息となり、その利息が損金経理されることにより、その子会社の課税対象所得が減少するのを防止するための過大な貸付（過少の資本）を抑制させるための税制である（したがってこの税制は、法人税にのみ存在する税制となる。）。

「過大支払利子税制」は、法人の課税所得の計算において支払利子が損金計上できることを利用して、関連者間の資金貸借を恣意的に行って過大な支払利子を計上することにより、法人の税負担を回避しようとすることを防止する税制である。（過少資本税制を補完する税制と位置づけることもできる。）

「外国法人・非居住者税制」は、外国法人や非居住者が得る日本国内源泉所得（日本で生じた所得）に対して我が国で課税を行う制度である。確定申告による課税、源泉徴収による課税、源泉徴収の後に確定申告を要する場合の三つの方式により課税が行われる。日本に外国法人や非居住者が拠点（恒久的施設）を持っているか否かと国内源泉所得の種類によって、課税方法が決まってくる。

「外国税額控除制度」は、我が国の所得税法及び法人税法が、居住者

や内国法人に対してすべての所得を課税対象とするために起こる国際的な二重課税のその排除のために設けられたもので、外国で納税をした外国税額を、その納税の対象となった国外所得に対して我が国で課される税額の範囲内で、控除させる税制である。法人税法では、直接税額控除、みなし税額控除の二つが規定されており、同様に所得税法でも直接税額控除とみなし税額控除の二つが規定されている。

　なお、国際的二重課税の排除の方式としては、国外所得を自国の課税範囲に含めないという方式（国外所得排除方式ないしは領土主義等と呼ばれている。この方式は、いわゆるタックスヘイブン国と呼ばれている国々等の内で低い税率で課税をしている国々等で採用されている例を多数見ることができる。）もあるが、我が国の税制では現在のところ部分的にしか採用されていない（注）。

　ところで、「国際源泉課税」と言われている分野は、前述のとおり「外国法人・非居住者税制」のうちの「源泉徴収」に係る部分を中心として、居住外国人に関する「源泉徴収」に係る分野や、日本人で海外出向等から帰国した者に関する「源泉徴収」（居住者源泉徴収となる。）に関する分野を含んだ通称「源泉所得税」といわれる、「源泉徴収」に関する諸問題を対象とする世界のことである（海外に出向した日本人社員は非居住者となるので、最初の「非居住者」のところに含まれている。）。

　企業活動が国境を跨いで広がっていくと、人が動き、お金が動き、知財等が動くという状況になる。その動きに伴って支払が生じるところに着目して源泉徴収が行われるのを、国際源泉課税の世界と捉えることになる。

　外国法人に対する源泉徴収に関する規定も、非居住者に対する源泉徴収に関する規定も、すべて所得税法に置かれているので、「国際源泉課税」は、所得税法で規定されているということになる。

(注) 平成21年度税制改正により導入された「外国子会社配当益金不算入規定」がこれに該当する。

3 非居住者・外国法人に対する課税

（1）非居住者とは

　我が国の所得税法では、「居住者」を国内に住所を有し、又は現在まで引き続いて1年以上居所を有する個人をいうと規定し（所法2条3号）、「非居住者」を居住者以外の個人をいうと規定している（所法2条5号）。しかしながら「住所」「居所」等については所得税法では直接規定しておらず、民法等の規定を借用することになるが、具体的な判定基準は明確にはなっておらず、結果、事実認定の世界に入り込むことになってしまっている。

（2）外国法人とは

　我が国の法人税法及び所得税法では「内国法人」を国内に本店又は主たる事務所を有する法人をいうと規定し（法法2条3号、所法2条6号）、「外国法人」を内国法人以外の法人をいうと規定している（法法2条4号、所法2条7号）。「法人」に関しては民法等の借用概念になっているが、「居住者」等の定義に比べれば、事実認定の世界に入り込む余地は少なく、明解に規定されている部類になる。

（3）非居住者・外国法人の課税の範囲

　非居住者・外国法人は国内源泉所得を有するとき等に、我が国に対し納税義務を負うことになる（所法5条2項、法法4条3項）。
　したがって国内源泉所得とは何かが問題になる。

(4) 国内源泉所得
① 所得税法で規定する国内源泉所得

所得税法では、第161条第1項第1号以下第17号までで国内源泉所得を定め、その規定の仕方は「国内においてその業務の用に供した場合」等というような規定振りになっており、使用地主義を採っている（注）。その内容は第1号以下第17号まで次のようになる。

（注） 使用地主義に関しては56ページを参照。

第1号	事業所得
第2号	国内にある資産の運用又は保有により生ずる所得
第3号	国内にある資産の譲渡により生ずる所得
第4号	組合契約に基づく分配金
第5号	土地や建物等の譲渡による対価
第6号	人的役務提供事業による対価
第7号	不動産等の貸付の対価
第8号	債券、預貯金等の利子所得
第9号	配当所得
第10号	貸付金利子
第11号	使用料等
第12号	人的役務の対価
第13号	広告宣伝の賞金
第14号	保険年金
第15号	給付補填金等
第16号	匿名組合分配金
第17号	その他の国内源泉所得（所令289条に掲げるもの）

② **法人税法で規定する国内源泉所得**

　法人税法では第138条で国内源泉所得を定めており、その規定の仕方は所得税法と同様使用地主義である。また内容も、人的役務の対価は所得税固有のものなので法人税法ではその規定は置かれてないが、他は所得税とほぼ同様である。

③ **租税条約に異なる定めがある場合の国内源泉所得**

　所得税法では第162条に、法人税法では第139条に「租税条約に異なる定めがある場合の国内源泉所得」の規定があり、租税条約で債務者主義（その支払者に着目をして所得源泉地を定める方式）（注）を用いて国内源泉所得について定めている場合には、国内法の使用地主義による定めを、債務者主義である租税条約の定めに置き換えることにしている。

（注）　債務者主義に関しては56ページを参照。

（5）非居住者及び外国法人に対する我が国の課税法

　非居住者及び外国法人に対しては、国内に恒久的施設を有するか否かと所得の種類によって課税方法が異なり、①確定申告による課税、②源泉徴収による課税、③源泉徴収の後に確定申告による課税の三つのケースが存在する。その区分については所得税基本通達164－1及び法人税基本通達第20章第2節の解説でそれぞれ整理している。参考に法人税基本通達第20章 外国法人の納税義務 第2節 国内源泉所得の解説を見てみると以下のとおりである。

（編注）　表中「法」は法人税法、「令」は法人税法施行令を指す。

I 国際源泉課税とは

【外国法人に対する法人税及び源泉所得税の課税関係の概要】

所得の種類（法138）	区分		恒久的施設を有する外国法人 恒久的施設帰属所得（法141一イ）	その他の国内源泉所得（法141一ロ）	恒久的施設を有しない外国法人（法141二）	所得税の源泉徴収（所法212①、213①）
国内源泉所得	(事業所得)		①恒久的施設に帰せられるべき所得（法138①一）		課税対象外	無（注3）
	②国内にある資産の運用・保有（法138①二、令177）（下記(7)～(14)に該当するものを除く。）			【法人税】		無（注4）
	③国内にある資産の譲渡（右のものに限る。）（法138①三、令178①）	国内にある不動産の譲渡（令178①一）				無（注5）
		国内にある不動産の上に存する権利等の譲渡（令178①二）				
		国内にある山林の伐採又は譲渡（令178①三）				無
		買集めした内国法人株式の譲渡（令178①四イ）				
		事業譲渡類似株式の譲渡（令178①四ロ）				
		不動産関連法人株式の譲渡（令178①五）				
		国内のゴルフ場の所有・経営に係る法人の株式の譲渡 等（令178①六、七）				
	④人的役務の提供事業の対価（法138①四、令179）					20.42%
	⑤国内不動産の賃貸料等（法138①五）					20.42%
	⑥その他の国内源泉所得（法138①六、令180）					無
	(7)債券利子等（所法161①八）		【法人税】	【源泉徴収のみ】		15.315%
	(8)配当等（所法161①九）					20.42%（注6）
	(9)貸付金利子（所法161①十）					20.42%
	(10)使用料等（所法161①十一）					20.42%
	(11)事業の広告宣伝のための賞金（所法161①十三）					20.42%
	(12)生命保険契約に基づく年金等（所法161①十四）					20.42%
	(13)定期積金の給付補塡金等（所法161①十五）					15.315%
	(14)匿名組合契約等に基づく利益の分配金（所法161①十六）					20.42%
国内源泉所得以外の所得			課税対象外			無

(注)1 【法人税】の部分が、法人税課税対象となる国内源泉所得となる。
2 【源泉徴収のみ】の部分が、所得税の源泉徴収のみ行われる（源泉分離課税となる）国内源泉所得となる。
3 事業所得のうち組合契約事業から生ずる利益の分配については、20.42％の税率で源泉徴収が行われる。

8

 4 租税特別措置法第41条の12に規定する一定の割引債の償還差益については、原則として18.378％の税率で源泉徴収が行われる。
  また、同法第41条の12の2に規定する一定の割引債の償還差益に係る差益金額については、15.315％の税率で源泉徴収が行われる。
 5 土地等の譲渡対価については、10.21％の税率で源泉徴収が行われる。
 6 上場株式等に係る配当等については、15.315％の税率が適用される。
 7 (7)から(14)の国内源泉所得の区分は所得税法上のものであり、法人税法にはこれらの国内源泉所得の区分は設けられていない。
 8 源泉徴収の欄の税率は、所得税と復興特別所得税を合わせた合計税率（＝所得税率×102.1％）により表記している（東日本大震災からの復興のための施策を実施するために必要な財源の確保に関する特別措置法28②、31①②）。

4　居住外国人に対し源泉徴収により課税する所得税について

　我が国に居住する外国人（外国国籍保有者）に対する所得税法上の扱いは、その者の日本における居住の期間等により永住者と非永住者に区分をされる。永住者とされる者に対するその課税の仕組みは、日本国籍保有者である居住者（通常我々が考える普通の人）と全く同様となる。一方、非永住者は、日本国内源泉所得と、日本で支払われる国外源泉所得及び日本に送金された国外源泉所得となる（所法7条1項2号）。
　したがって、居住外国人に対して国内において源泉徴収が必要な所得が支払われる場合には、支払者による源泉徴収が行われるので、この分野も国際源泉の重要な一分野となる。

5　永住者に対する国境を跨ぐことにより生じる源泉徴収による所得課税

　我が国の居住者が海外に向け出国した場合、また、日本国籍保有者が海外居住から我が国に帰国した場合など、入出国の際に生じる所得、例えば出国後に支払われる居住者期間に対応する賞与や、帰国の際に支給される非課税旅費とはならない帰国手当等に対する課税の問題は、日本で支払が行われれば源泉徴収によって課税が行われるので、この分野も

税実務においては国際源泉課税の分野とされている。

6 国際源泉課税を律する二本柱

　非居住者等（自然人たる非居住者と、外国法人の両者の総称）に対する源泉徴収による課税等は、我が国では所得税法において規定をしているので、国際源泉課税に関する基本法は所得税法であるが、また、日本国が世界の各国と結んだ「所得に対する租税に関する二重課税防止のための条約」（通称「租税条約」）も、憲法第98条（条約の遵守）の規定により所得税法による課税の範囲を狭める方向に働くため、この両者が国際源泉課税を律する二本柱となる。

II 国際課税の基礎用語

1 はじめに

　ここでは前章と多少ダブることになるが、国際源泉課税、いやむしろ国際課税と言っても良いが、そこで使用される用語のうち必要不可欠なものについて若干の解説をしておくことにする。

2 用語の解説

(1)「源泉」とは

　読者諸氏は、「源泉」という言葉を聞いて何が思い浮かぶだろうか？
　経理担当者同士の会話で、あるいは経理担当者と顧問税理士との会話で「この支払、源泉いる？」というような感じで、「源泉」という言葉が口をついて出てくる場面を思い浮かべたかな。
　この会話で用いられているように、「源泉」という言葉は、通常では「源泉徴収」という意味で使われることが多いと思われる。
　では、国際課税（国際源泉課税）の世界でも同様と考えてよいのだろうか。第Ⅰ章で、「国際源泉課税」とは国際課税の中において源泉徴収によって課税が行われる分野を中心としているということを述べた。だから国際課税の世界でも当然に「源泉」という用語が、源泉徴収を意味するという場面があることには間違いはない。しかしながら、国際課税

の世界では「源泉」という用語が「源泉徴収」のみを意味するとは限らない。否、源泉徴収を意味する場面よりももっと多数の場面で違った意味で使われることがある。

　それは「源泉」という文字通りそのものずばり、つまり「みなもと」という意味で用いられるということである。そして、この「みなもと」ということを意識する場面は、所得が生じる「みなもと」は何かというところで、使われ方としては、「この所得の源泉（地）はどこか？」とか、「この所得は国内源泉所得だから日本国に課税権がある（日本で課税が行われる。）。」というような感じで使われるのである。

　これを我が国の税法の条文上で見てみると、所得税法では第161条で国内源泉所得について規定を設けており、例えばその第1項第12号では国内源泉所得となる人的役務の提供によって生じる所得について、

　「国内において行う勤務その他の人的役務の提供（括弧内省略）に基因するもの。」

というように規定をし、「みなもと」ということを「基因する」という言葉で表現している。

　このように、「源泉」という用語は所得発生の「みなもと」という意味を持ち、国際課税の世界ではその意味で使われることにもなるのである。

(2)「国内源泉所得」及び「国外源泉所得」について

　これらは文字通り、その所得が国内で生じたものか、あるいは国外で生じたものかを表す。ここで注意をしたいのは、「国内」とか「国外」という言葉は、その言葉を発した者の立ち位置によって決まってくるということである。つまり、日本にいる企業の方や、あるいは日本の税務の専門家が用いている場合には、それは日本を中心にしているので、

「国内源泉所得」と言った場合には「日本国内源泉所得」すなわち日本で生じた所得であると言っていることになる。同様に「国外源泉所得」の場合は、「日本国外源泉所得」すなわち日本以外で生じた所得を指しているということになる。

普段私たちはほとんど意識をしないが、例えば日本の企業に勤めている社員が、業務で海外に2週間出張をした場合、この社員が得るその海外出張を含む月の給料は、国内源泉所得と国外源泉所得の異なる二つの所得の集合体となるわけである。

次に、例えば、日本の者と中国の者との会話で、日本の者が「この所得は国内源泉所得である。」と発言し、中国の者が「そうだね。それは国外源泉所得だね。」と応じている場合には、両者の会話はかみ合っているというか、見解が一致しているということになる。それが日本の者が「この所得は国内源泉所得である。」と言い、中国の方が「そうだね。それは国内源泉所得だね。」と応じている場合は要注意である。つまり、それぞれの立ち位置が違うのに言っていることが同じということは、もしかしたら、日本の者は「日本国内源泉所得である」と言い、中国の者は「中国国内源泉所得である」と言って、見解が相違していることがありうるからである。

このような誤解を生じさせないためには、場面によっては「国内」という用語の前に国名を省略しないで、きちんと「日本」とか「中国」とか国名をつけて用いる必要がある。また、文献等を読む場合も、著者がどのような立場でその用語を用いているかを斟酌し、「国内」とか「国外」とかいう言葉が出てきたら、読者自身でその前に国名をつけて読み進めることが、誤解をしないですむ方法となるのである。

また、源泉所得という用語以外にも、国際課税の場面では「国内」とか「国外」という言葉が（例えば「国内法」というように）往々にして出

てくる。このような場合にも、わかり難いと感じたら、頭に「日本」とか「中国」とか、隠されている国名をつけてみることをお勧めする。

　国際課税を難しく感じる方がいるのは、実はこのあたりのコツがつかめていないことに原因があると、私は思っている。

　次に、「国内源泉所得」や「国外源泉所得」をなぜ区分しなければならないかを解説する。

　そもそも租税は一国の財政を支えることを使命としている。したがって租税をいかに集めるか、言い換えればどのような課税を行うかということが国家のその根本問題として横たわっていることになる。この課税に関する根幹に係る方式として、大きく区分すると二つの方式を挙げる事ができる。

　すなわち、およそその国に存在する企業や居住する個人（内国法人及び居住者）に対しては、すべての所得（すなわち国内源泉所得及び国外源泉所得）に対して課税をし（全世界所得課税という。）、その他の企業及び個人（外国企業や非居住者）については、その国の領土の中で稼いだもの（国内源泉所得）だけに課税をするという方式がその一つである。

　もう一つの方式は、対象者を限定せずにその国の領土の中で稼いだもの（国内源泉所得）だけに課税をする方式である。

　前者の方式は我が国をはじめとして多くの国々で採用されており、後者の方式は主にタックスヘイブン国といわれている国々の内で低い税率で課税をしている国々で多く採用されている。

　どちらの方式を採用するかは別として、どちらの方式でも課税を適正かつ公平に行うには、「国内源泉所得」と「国外源泉所得」とをきちんと区分しなければならない。すなわち両者を区分しなければ税法としての体をなさないことになることがおわかりいただけると思う。

　さて、前者の課税方式を採用する場合には、もう一つ厳格に区分をし

ておかなければならない事項がある。もう気づかれたかも知れないが、それは「居住者」「非居住者」の区分であり、「内国法人」「外国法人」の区分である。なぜ区分しなければならないかは、おわかりのこととは思うが念のために述べると、それは課税の範囲が異なるからである。

　これらの事項を、全世界所得課税方式を採る我が国の所得税法でその規定ぶりをみてみると、第2条に定義の規定を置き、その第1号で「国内」を規定し、ついで第2号で「国外」を規定する。そして第3号で「居住者」を、第5号で「非居住者」の規定をしている。また第6号及び第7号で「内国法人」と「外国法人」を規定している。そして第5条で、「居住者」、「非居住者」「内国法人」「外国法人」のそれぞれに納税義務を課し、第7条でそれぞれに対する課税の範囲を規定しているのである。

(3)「居住者」及び「非居住者」について

　それでは、我が国の所得税法では「居住者」「非居住者」をどのように区分しているのかを条文に沿ってみていこう。
　まず「居住者」とは、所得税法第2条第3号で、
「国内に住所を有し、又は現在まで引き続いて1年以上の居所を有する個人をいう。」
とされている。ここでは国内に住所を有しているか、あるいは引き続き1年以上居所を有しているかの二つの形態を基に居住者を決めている。「住所」に関しては税法に定義規定を置いていないので、いわゆる借用概念ということになり、「住所」の場合は民法の規定によることになるが、民法の規定も漠然としており、結果、事実認定の世界に入り込むことはもう皆さんが体験されていることと思う（所得税基本通達でも詳細な規定はしているが、それでも最後は事実認定の世界にはまり込んでしまう

のが実務の現状といえる。)。有名な「武富士事件」も、結局は住所をめぐる裁判だったことは皆さんの記憶にも残っていることと思われる。

　一方、もう一つの形態である「居所を有していること」という場合は、我が国の所得税法は「1年基準」を用いているということを強調しておきたい。そして「あらかじめ1年以上」居所を有することが予定されている場合には、居住を開始した時点（厳密には日本に入国をした日の翌日）から「日本の居住者」になるとされている。

　次に「非居住者」について、同条第5号では、

　「居住者以外の個人をいう。」

とし、居住者以外の個人を非居住者としている。ここでも同様に「1年基準」が採用されており、あらかじめ1年を超えて海外に居住することが明らかな場合には、日本を物理的に出国した時点（厳密には出国した日の翌日）から日本の非居住者とされる。

　ところで皆さんは「183日」という言葉を聞いたことはないだろうか？「私は今年海外に183日以上滞在していたから日本の非居住者ですよね。ですから日本では課税がされないから来年3月15日の確定申告はしなくて良いですよね。」というようなことを言われる方に出会ったことはないだろうか。このような話は正しいのか。答えは当然に「ノー」である。ここまでお話をしてきたように、我が国では「居住者」の判定には「住所を有しているか」あるいは「1年以上居所を有しているか」のどちらかを用いることになっているため、仮に183日以上日本を離れていても、住所を有していれば日本の居住者となるのであって、183日以上の海外滞在だけでは日本の非居住者にはなれないことは明らかである。

　なぜこのような誤解が生じるのであろうか。それは世界の国々では日本と異なった居住者、非居住者の判定基準を採用している国々が多数あ

り、その場合に用いられる判定基準の多くが「183 日」なのである。また、日本が世界の 80 以上の国や地域との間で結んでいる所得に関する租税条約で短期滞在者免税規定（すなわちこの規定が適用されると滞在国で免税となる）の要件の一つに「183 日以内の相手国での滞在」があるために、「183 日」という言葉が一人歩きして、前述のような誤解を生んだものと思われる。

したがって我が国の場合では、たとえ 183 日以上日本を離れていても、日本に住所を有していれば日本の居住者のままとされるので、くれぐれも間違いのないようにしていただきたい。我が国においては「183 日」の持つ意味は、日本の非居住者が我が国で得る所得（日本国内源泉所得）に関して、我が国での課税に関して租税条約上の短期滞在者免税が適用される要件の一つに過ぎず、それ以上の意味は全く持たないということを、皆さんの肝に銘じて置いていただきたい。

（4）「外国法人」及び「内国法人」について

「居住者」「非居住者」の区分と同様に、国際源泉課税の分野では（否、国際課税の分野では）、「内国法人」「外国法人」もきちんと区分しておく必要がある。それは個人（自然人）と同様に法人の世界でも、我が国の税体系（所得税及び法人税）では両者の課税の範囲が異なるからである。

そこで、我が国の所得税法では第 2 条第 6 号で「内国法人」について、

「内国法人　国内に本店又は主たる事務所を有する法人をいう。」
と定義し、第 7 号で「外国法人」を、

「外国法人　内国法人以外の法人をいう。」
として両者を区分している（法人税法では第 2 条第 3 号と第 4 号で同様に

規定している。)。

　ところで、我が国の税法のような形で内国法人を規定する方式を「本店所在地主義」といい、実際に管理支配が自国の中で行われている法人（設立地を問わない）を自国の内国法人とする（自国の内国法人として課税を行う）というような規定の仕方をする場合、それを「管理支配地主義」という。世界の中には、「管理支配地主義」を採用している国々も多数ある。この「管理支配地主義」を採用している国に存在する企業の場合、本店所在地国と管理支配地国が相違することが有り得、その場合には我が国とどちらの国との租税条約がその企業に対して適用になるのか、確認を行う必要が生じることがある。

（5）「永住者」及び「非永住者」について

　次に、（3）の「居住者」及び「非居住者」の解説のところで、説明が漏れていた事項「非永住者制度」について解説する。

　我が国の所得税法では、「居住者」をさらに「永住者」と「非永住者」に区分している。所得税法では「非永住者」だけを直接定義しており、第2条第4号で、

　「非永住者　居住者のうち、日本の国籍を有しておらず、かつ、過去10年以内において国内に住所又は居所を有していた期間の合計が5年以下である個人をいう。」

と規定している。

　「永住者」という用語は所得税法ではなんら用いておらず（当然に定義規定を置かず）、第7条（課税所得の範囲）の第1項第1号で、

　「非永住者以外の居住者」

という規定の仕方で「永住者」のことを規定している。したがって「永住者」という用語は業界用語というか、国際税務の世界で「非永住者以

外の居住者」を表す言葉として用いられていることになる。

　ところで、「永住者」と「非永住者」をなぜ区分するかということは、もうおわかりになることと思うが、課税において両者に差異を設けるためであり、現実的に所得税法第7条（課税所得の範囲）でそのことがはっきりしてくる。

　すなわち、「永住者」（非永住者以外の居住者）に関しては第1項第1号で課税の範囲を、

「すべての所得」（全世界的所得）

とし、「非永住者」に関しては第1項第2号で、

「第95条第1項（外国税額控除）に規定する国外源泉所得（国外にある有価証券の譲渡により生ずる所得として政令で定めるものを含む。以下この号において「国外源泉所得」という。）以外の所得及び国外源泉所得で国内において支払われ、又は国外から送金されたもの」

として「永住者」よりも課税の範囲を狭めているのである。

　この「非永住者」に対する課税の考え方は我が国固有のものではなく、他国にも似たような制度は存在しているので、もし海外進出に伴い社員等の派遣を検討するのであれば、進出国の所得税法に我が国の「非永住者」と似たような制度があるか否かを確認しておく必要があると思われる。

　現在の所得税法の「非永住者」の規定は平成18年度の改正によるものであり、それ以前の規定は「居住者のうち、国内に永住する意思がなく、かつ、現在まで引き続いて5年以下の期間国内に住所又は居所を有する個人をいう。」というものだった。

　比較をしてみるとわかるとおり、国籍制限と期間の部分に改正がされている。それは、改正前は国外で海外企業に長年勤務していて非居住者であった日本人の方が、転職して日本に帰国しても「永住の意思がな

い」とすれば、帰国後5年間は「非永住者」となることができ、その者の課税の範囲が基本的には国内源泉所得のみとすることができてしまい、課税の公平が保てなくなっている可能性が指摘されていたからである。また、外国人社員の場合は、5年の節目で一旦出国し、その後また来日をして日本勤務を行うと、再び非永住者となることができ、我が国の課税権が侵害される事例が散見されたことにより、課税の適正化を図るために改正が行われたものである。

（6）恒久的施設（PE）

　さて、もう一つ、国際課税の世界でどうしても知っておいていただきたい用語がある。それは「恒久的施設」（Permanent Establishment：よく略して「PE」と呼ばれている。）という用語である。

　これは、非居住者や外国法人が所得源泉地国に物理的施設等を有している場合に、その物理的施設等を指す用語で、所得源泉地国では課税の範囲を決める基準にその物理的施設等を用いている。

　これを我が国税法の規定で見てみると、法人税法及び所得税法のそれぞれの定義の条文（第2条）において、三つに分類して規定している。すなわち、一つ目は支店、工場等事業を行う一定の場所、二つ目は建設、据付、組立てその他の作業場、三つ目は自己のために契約を締結する権限のある者（いわゆる「代理人」）である。そして業界用語では一番目を「1号PE」、二番目を「2号PE」、三番目を「3号PE」ないしは「代理人PE」と呼び、本来何もないもの（「恒久的施設」を有していないこと）を「4号PE」と呼んでいる。

　また、法人税法では第141条で、所得税法では第164条で、恒久的施設を有している場合と、有していない場合とに区分して、それぞれの課税の範囲を決めている。なお、平成26年の税制改正により、恒久的施

設を有している場合の課税方法に関しては、「帰属主義」に変更がされている。

III 源泉徴収に関する基礎知識

1 はじめに

　非居住者等に対する源泉徴収による課税は、すべて所得税法の源泉徴収に関する規定が適用されるので、所得税法で規定されている源泉徴収に関する基礎知識を理解しなければならないことになる。

2 源泉徴収所得税の確定方式

　源泉徴収所得税の特徴として、まず最初にその税としての確定の方式が挙げられる。通常「税」は、国に納められるためには何らかの確定手続きが必要である。例えば「法人税」であれば「確定申告」が、「加算税」であれば「賦課決定」がその手続きとして規定されている。

　では「源泉徴収所得税」はというと、昭和45年12月24日最高裁判決（昭和43年（オ）第258号金員支払請求上告事件　税務訴訟資料62号）において、

　「源泉徴収の対象となるべき所得の支払がなされるときは、支払者は、法令の定めるところに従って所得税を徴収して国に納付する義務（以下、単に「納税義務」というときは、これを指す）を負うのであるが、この納税義務は右の所得の支払の時成立し、その成立と同時に特別の手続を要しないで納付すべき税額が確定するものとされている

（国税通則法15条。以下、単に「法何条」というときは、同法の各条を指す。）。すなわち、源泉徴収による所得税については、申告納税方式による場合の納税者の税額の申告やこれを補正するための税務署長等の処分（更正、決定）、賦課課税方式による場合の税務署長等の処分（賦課決定）なくして、その税額が法令の定めるところに従って当然に、いわば自動的に確定するものとされるのである。」

と判示されているように、「支払」という事実によって自動的に確定することになり（我が国では「支払」によって確定するが、海外では「支払」ではなく「損金経理」によって確定させるという税法を持っている国もある。）、何ら特別の手続きが必要でないということがその大きな特徴となる。

　ということは、例えば海外から借入れを行い、期末においてその元本に対して利息を計上した場合はどうなるかというと、会計処理としては
　　（支払利子）　　　×××　//　（未払金）　　　　×××
となるが、支払が行われなければ、この損金経理の時点では我が国においては源泉徴収を行う必要はないということになる。そして、実際に未払金の支払が行われたときに
　　（未払金）　　　　×××　//　（現金預金）　　　×××
　　　　　　　　　　　　　　　　（源泉税預かり金）×××
というように源泉徴収を行うことになる。

　ところで、元本の返済から先に行うか、あるいは未払金（未払利息）の支払を先に行うかは当事者の自由であるから、債権者に対する支払の際には、支払者（債務者、源泉徴収義務者）がその「支払」が何に対して行われたかを明らかにして（帳簿等への記載や、相手方との合意内容を記した書類等によって）源泉徴収を行う必要があるか否かを表明することになる。仮に元本の返済ということであれば、債務者から債権者への

支払であっても源泉徴収は不要となる。

3　支払とはどのような行為をいうのか

　源泉徴収制度においては「支払」によって源泉徴収義務が生じるので、「支払」とは何かということが非常に重要な問題となる。現金を相手方へ交付することや銀行振込みが「支払」となるということは当然として、それ以外にも「支払」とされる行為がある。

　所得税基本通達では、181〜223共−1（支払の意義）で、

　「法第4編《源泉徴収》に規定する「支払の際」又は「支払をする際」の支払には、現実に金銭を交付する行為のほか、元本に繰り入れ又は預金口座に振り替えるなどその支払の債務が消滅する一切の行為が含まれることに留意する。」

とし、また181〜223共−2（支払者が債務免除を受けた場合の源泉徴収）では、

　「給与等その他の源泉徴収の対象となるものの支払者が、当該源泉徴収の対象となるもので未払のものにつきその支払債務の免除を受けた場合には、当該債務の免除を受けた時においてその支払があったものとして源泉徴収を行うものとする。」

として債務免除も「支払」となる（すなわち源泉徴収を行わなければならない）としている。

　また、この通達の考え方「債務が消滅する一切の行為」からすると、いわゆる「相殺」も「支払」とされるし、「元本繰入れ」に関しては、「未払金」に利子を付する行為も「支払」とされることになる。

　このように「支払」とは、単に現金で支払うということだけではなく、もっと広めに捉えられることになり、「支払」があれば源泉徴収を

行わなければならないので、何が「支払」とされるのかに関して注意が必要となる。

4 支払地（納税地）

　源泉徴収義務者によって源泉徴収された所得税は、これを源泉徴収義務者が納税することにより完結することになるので、どこに納税するかということが問題として浮上する。また、納税地の問題は別の意味合いも持っており、それは源泉徴収制度を管理監視する管轄税務署がどこになるのかということでもあり、ここにもまた源泉所得税の特徴が現れてくる。

　源泉徴収が行われた所得税の納付先は、所得税法第17条（源泉徴収に係る所得税の納税地）の、

　「第28条第1項（給与所得）に規定する給与等の支払をする者その他第4編第1章から第6章まで（源泉徴収）に規定する支払をする者（以下この条において「給与等支払者」という。）のその支払につき源泉徴収をすべき所得税の納税地は、当該給与等支払者の事務所、事業所その他これらに準ずるものでその支払事務を取り扱うもの（括弧内省略）のその支払の日における所在地（括弧内省略）とする。ただし、公社債の利子、内国法人（第6条の3第1号（受託法人等に関するこの法律の適用）の規定により内国法人とされる同条に規定する受託法人を含む。）が支払う第24条第1項（配当所得）に規定する剰余金の配当その他の政令で定めるものについては、その支払をする者の本店又は主たる事務所の所在地その他の政令で定める場所とする。」

の規定により、原則として（社債利子や配当金は例外）「支払事務を取り扱う事務所等の所在地（支払地）を管轄する税務署」となる（本店所在

地や自然人の場合の住所地ではない。）。

　さらに、支払地が持つ意味には、納税地の決定や管轄税務署を決めるということ以上にもっと重要なものがある。

　そもそも、我が国の法律は我が国の中でしか通用せず、我が国の範囲を超えて他国には及ばない。そうすると、支払地が我が国の中にあるのか、それとも国外にあるのかということは、我が国の所得税の規定が及ぶのか否かということにつながり、平たく言えば国内源泉所得に該当するか否かや、源泉徴収義務が生じるか否かの分岐点になる。当然に海外で支払われたものには、原則として源泉徴収義務は生じないことになる。今原則と記したのは、所得税法第212条第2項の「みなし国内払い」の規定を意識したからである。

　話が横道にそれるが、所得税法第212条第2項の規定を見ておくことにする。所得税法第212条第2項では、

　「前項に規定する国内源泉所得の支払が国外において行われる場合において、その支払をする者が国内に住所若しくは居所を有し、又は国内に事務所、事業所その他これらに準ずるものを有するときは、その者が当該国内源泉所得を国内において支払うものとみなして、同項の規定を適用する。この場合において、同項中「翌月10日まで」とあるのは、「翌月末日まで」とする。」

と規定している。この規定は、国外で支払を行った者が、国内に事務所等の拠点を有しているときには、その国内の拠点で支払ったものとみなして、源泉徴収義務を負わすものである（本支店関係等が該当する。）。我が国の所得税の規定が、我が国の中にある拠点に対して働くわけだから、大原則（我が国の法律は我が国の中でしか通用しない）には反せず、結果として、国外払いのものについて源泉徴収義務を負わすことになり、これが例外事項となるわけである。純粋に支払地が国外で、我が国

に拠点を持たない者に対しては、我が国の所得税法の規定は及ばず、たとえ国内源泉所得の支払を行おうと源泉徴収義務は生じないことになる（親会社子会社の関係が該当する。）。だから支払地とは何かということは、所得源泉地を決めたり、また、源泉徴収義務の有無を決めるということに関して非常に重要な問題となる。

実際に支払地をめぐって、訴訟となった事例がある（東京地裁平成16年（行ウ）第13号　納税告知処分取消等請求事件　平成17年7月1日判決　国側勝訴・東京高裁平成17年（行コ）第198号平成17年12月21日判決　国側勝訴）。海外に作ったペーパーカンパニーならぬペーパー支店が問題になったケースだ。東京地裁は判決の中で、所得税法第17条の適用に当たっては、支店の名称等形式で判断することなく、「支出額の決定」、「支出の決定」、「支払資金の準備」、「送金」、「記帳」等の実際の支払事務に着目して支払地の判断を行うと判示している。

5　源泉徴収事務の流れと、預かり金

これまでに「源泉徴収所得税の確定」と「支払」とは何かと、「支払地」とは何かについて説明をしてきた。そこで次に、実際の源泉徴収の事務の流れと会計処理（仕訳）について説明を行う。

それでは、皆さんに一番身近な給与の支払を例にしながら話を進めていくこととする。

甲社は毎月25日に給料を支払う。Aさんに月30万円を支払うとする。そのとき会社は、

　　（給　　与）　　　300,000　　／／　（現金預金）　　　　291,580
　　　　　　　　　　　　　　　　　　　（源泉税預かり金）　　8,420

と仕訳をし、翌月10日に納税をすると

（源泉税預かり金）8,420　／／　（現金預金）　　　　　8,420

と仕訳を行う。そしてこれが毎月繰り返されていくことになる。

　そして正常に納税を行い、月末に決算を迎えたとすると貸借対照表には貸方に源泉税預かり金として8,420円が計上されていることになる。

　ところで、仮に１月及び２月の給料の源泉税を資金繰りの都合で納付ができなかったとする。そして、３月25日に３月分の給料を支払い、３月末に決算を迎えると、貸借対照表の貸方には源泉税預かり金が３カ月分25,260円計上される。この25,260円の源泉税預かり金の内訳は１月、２月の預かり金と３月分の預かり金に区分がされ、前者の預かり金は「未納状態の預かり金」であり、後者の預かり金は「正常な預かり金」となる。しかしながら「未納」も「正常」も会計上は区分されることなく「源泉税預かり金」として計上されることになる。

　「未納」状態が続き、税務署から「納税告知処分」（いわゆる決定処分）が行われると、「未納状態の預かり金」から「滞納状態の預かり金」へとその性質が変わる（「滞納状態の預かり金」となった時点から国側は強制徴収（督促状の送付や差押え等）ができるようになる。）。ところが会計上の勘定科目は、相変わらず「源泉税預かり金」のままで、貸借対照表の貸方の「源泉税預かり金」は、一見すると同一のものと思われがちだが、実際は違った状態の預かり金の集合体となることになる。

貸　借　対　照　表

買掛金	×××
借入金	×××
源泉税預かり金	×××

　ところで、本来源泉徴収が必要なのにそれを行わなかった場合、例えば先程の給料の例でいえば8,420円の源泉徴収をせずに満額300,000円を支払ってしまった場合は、「源泉徴収漏れ」ということになってしま

III　源泉徴収に関する基礎知識

う（広い意味で捉えれば「未納状態の預かり金」と言えなくもないが、「源泉徴収漏れ」と区分しておくほうが、源泉徴収制度の理解を深めるのには便利である。）。

　今までのところを整理すると、「正常な預かり金」、「未納状態の預かり金」、「滞納状態の預かり金」そして「源泉徴収漏れ」の４区分ができることになる。

6　納税告知処分

　前節では未納状態の預かり金や課税漏れ状態について述べたが、これらの状況は、源泉徴収義務者としては早期に解消するに越したことはないが、一方、国税側から見ても是正を行わなければならない事態である。源泉徴収義務者が自主的に未納等を解消できない場合には、国税側は強制的にこの状態（未納や課税漏れ）を是正することになり、その手段として「納税告知処分」がある。すなわち、未納状態の預かり金に対しても、課税漏れ状態に対しても納税告知処分をすることにより、強制徴収（滞納整理）、すなわち未納状態等の解消ができるようにするわけである。

　また、税務調査において国税側と源泉徴収義務者との間で、源泉徴収義務の有無について見解が分かれた（国税側からすれば、課税漏れと判断した場合）際にも、あたかも法人税における更正処分と同じ位置づけで、納税告知処分（源泉所得税の強制徴収）が行われる。

　では、この納税告知処分は法的にはどのように位置づけられているのか、見てみることにする。国税通則法第36条（納税の告知）第１項で、

　「税務署長は、国税に関する法律の規定により次に掲げる国税（その滞納処分費を除く。次条において同じ。）を徴収しようとするときは、

納税の告知をしなければならない。」
と規定し、その第2号で「源泉徴収等による国税でその法定納期限までに納付されなかつたもの」を規定している。

また第2項で、

「前項の規定による納税の告知は、税務署長が、政令で定めるところにより、納付すべき税額、納期限及び納付場所を記載した納税告知書を送達して行う。」

とし、この規定が「納税告知処分」の法的根拠となる。

そしてこの納税告知の法的効果は、まさに源泉徴収をした、あるいはしなければならない源泉徴収所得税の納付を、源泉徴収義務者に命じるところにある。

これは第2節「源泉徴収所得税の確定方式」で説明をしたとおり、源泉所得税の特徴として、支払という事実があれば特段の確定手続きを経ることなく確定するというそのことからして、(既に確定している税であるから)後は国家に収納するという部分だけが残されていたところからも、当然といえば当然のこととなるわけである。

これで理解されたように、「納税告知処分」は、国税の確定手続きではなく、滞納処分の手段の一つ、もっと俗な言い方をすれば、滞納処分の「はじめの一歩」となる。

7 加算税

それでは、ここで話題を進めて源泉所得税の世界における加算税のことを説明しておくことにする。

法人税の世界では、「無申告加算税」や「過少申告加算税」がある。これに相当する加算税として、源泉所得税の世界では「不納付加算税」

というものが規定されている。

　国税通則法第67条（不納付加算税）第1項で、

　「源泉徴収等による国税がその法定納期限までに完納されなかつた場合には、税務署長又は税関長は、当該納税者から、納税の告知（第36条第1項（納税の告知）の規定による納税の告知（同項第2号に係るものに限る。）をいう。次項において同じ。）に係る税額又はその法定納期限後に当該告知を受けることなく納付された税額に100分の10の割合を乗じて計算した金額に相当する不納付加算税を徴収する。ただし、当該告知又は納付に係る国税を法定納期限までに納付しなかつたことについて正当な理由があると認められる場合は、この限りでない。」

と規定し、また第2項では、

　「源泉徴収等による国税が納税の告知を受けることなくその法定納期限後に納付された場合において、その納付が、当該国税についての調査があつたことにより当該国税について当該告知があるべきことを予知してされたものではないときは、その納付された税額に係る前項の不納付加算税の額は、同項の規定にかかわらず、当該納付された税額に100分の5の割合を乗じて計算した金額とする。」

としている。

　この規定を読んで気づかれた読者の方がおられるかもしれない。そう、法人税等における過少申告加算税の規定と、いわゆる自主修正の部分が異なっていると。すなわち過少申告加算税を規定した国税通則法第65条第6項の規定は、

　「第1項の規定は、修正申告書の提出が、その申告に係る国税についての調査があつたことにより当該国税について更正があるべきことを予知してされたものでない場合において、その申告に係る国税についての調査に係る第74条の9第1項第4号及び第5号（納税義務者に対

する調査の事前通知等）に掲げる事項その他政令で定める事項の通知（次条第6項第2号及び第8項において「調査通知」という。）がある前に行われたものであるときは、適用しない。」

となっていて、自主修正申告の場合には過少申告加算税は免除されている。一方、源泉所得税の方は、軽減はされるものの免除にはなっていない。しかも強制徴収の場合と、自主納付の差はたった5％しかないのである。未納に対する加算税としては、強制も自主もどちらも期限に遅れたことに違いが無いので、それでも理解はしやすいのだが、課税漏れに関しては、法人税等の場合と比較すると何かしっくりこない感じを受けてしまう。読者の諸君はどのように感じられたかな。

ところで、第67条第3項には、

「第1項の規定は、前項の規定に該当する納付がされた場合において、その納付が法定納期限までに納付する意思があつたと認められる場合として政令で定める場合に該当してされたものであり、かつ、当該納付に係る源泉徴収による国税が法定納期限から1月を経過する日までに納付されたものであるときは、適用しない。」

という規定がある。これは過去1年の納付事績に納付遅延が無く、かつ法定納期限から1カ月以内の納付遅延の場合に限り、不納付加算税を免除するというもので、いわゆる「うっかり納付忘れ」（非居住者等源泉に関しても対象となっている。）に対しては加算税を勘弁するということであって、自主的訂正に対応するものではない。

8　源泉徴収制度の登場人物とその関係

本来「税」は納める者と国との二者の直接関係となるものだが、源泉所得税においては、企業等（源泉徴収義務者）が利子や使用料や給与等

を支払う際に、その支払に着目して課されるものなので、国に納める者となる源泉徴収義務者（企業等）と、実際に税を負担する者（その支払を受ける者、すなわち所得の受領者・納税者）と国との三者の関係になっている。

　結論から先に述べると、これら三者の関係は、「国税当局（国）」と「源泉徴収義務者」との関係と、「源泉徴収義務者」と「納税者（所得の受領者）」との関係の二つに分かれ、「国税当局」と「納税者」との直接関係はなく分断されている。すなわち、納税者は課税に不服があっても国税当局に直接異議等を唱えることはできず、また、国税当局も仮に課税誤りがあっても納税者に対して直接課税することはできないことになる。もし課税漏れが生じた場合は、国は源泉徴収義務者に対して処分（納税告知処分）を行い、逆に誤って源泉徴収が行われた場合は、所得の受領者は支払者に対して、不足額（源泉徴収された金額）を支払えと訴訟を行うことになり、常に源泉徴収義務者が両者の間に入り、当事者として対応をせざるを得ないことになっている。

　このことに関しては、「所得税更正処分取消請求上告事件」最高裁判所平成4年2月18日判決（最高裁判所民事判例集46巻2号）において、
　「右の120条1項5号にいう『源泉徴収をされた又はされるべき所得税の額』とは、所得税法の源泉徴収の規定（第4編）に基づき正当に徴収をされた又はされるべき所得税の額を意味するものであり、給与その他の所得についてその支払者がした所得税の源泉徴収に誤りがある場合に、その受給者が、右確定申告の手続きにおいて、支払者が誤って徴収した金額を算出所得税額から控除し又は右誤徴収額の全部若しくは一部の還付を受けることはできないものと解するのが相当である。けだし、所得税法上、源泉徴収による所得税（以下「源泉所得税」という。）について徴収・納付の義務を負う者は源泉徴収の対象

となるべき所得の支払者とされ、原判示のとおり、その納税義務は、当該所得の受給者に係る申告所得税の納税義務とは別個のものとして成立、確定し、これと並存するものであり、そして、源泉所得税の徴収・納付に不足がある場合には、不足分について、税務署長は源泉徴収義務者たる支払者から徴収し（221条）、支払者は源泉納税義務者たる受給者に対して求償すべきものとされており（222条）、また、源泉所得税の徴収・納付に誤りがある場合には、支払者は国に対し当該誤納金の還付を請求することができ（国税通則法56条）、他方、受給者は、何ら特別の手続きを経ることを要せず直ちに支払者に対し、本来の債務の一部不履行を理由として、誤って徴収された金額の支払を直接に請求することができるのである（最高裁昭和43年（オ）第258号同45年12月24日第1小法廷判決・民集24巻13号2243頁参照）。」と判示されている。

　この源泉徴収制度に関する三者の関係が、国際源泉課税の実務においては、いくつかの障害となって立ちはだかることがある。

　そのうちの一つに、国税当局と、源泉徴収義務者達（所得の支払者と受領者）との間における源泉徴収義務の有無に関する意見の調整の問題がある。国境を跨ぐある支払について、日本において源泉徴収義務があるか否かに関して、疑義が生じたときに、一番の当事者は実は海外の所得の受領者となるわけだが（その所得の受領者が相手国においては非課税法人である場合を考えるとわかりやすい。つまり日本で課税が行われると手取り額が減少しそれはもはや取り戻す手段がない（相手国において外国税額控除が受けられない）ことになり、所得の減少を招く。）、彼らは、日本の税務当局に対しては直接働きかけをする術がないことになるからである（国税当局に対する質疑は源泉徴収義務者が行うことになってしまっている。）。また、もし、源泉徴収義務者に対する税務調査が行われ、その支

払が問題になった場合も、調査に立ち会うことも、調査担当者に対し直接質問をすることも、議論をすることもできない立場になるからである。そして、このことは、源泉徴収義務者にも過大な負担をかけることになる。極端な場合、税務当局との間では課税（源泉徴収義務あり）という結果になり（税務訴訟まで行っても負けてしまう。）、一方、所得の受領者との間では非課税（源泉徴収をすることは不可）という結果（民事訴訟で負けてしまう。）、すなわちダブル負けの可能性もあることになる（対国と、対所得の受領者との裁判は、別個のもので、裁判官も異なる。）。

　二つ目の問題は、国は倒産することはないであろうが、企業は倒産することがあり、源泉徴収義務者か、所得の受領者かどちらかが倒産をした場合に、誤りを正す機会を逸してしまう（取り戻しそこねて経済的損失が発生する）リスクが常につきまとっていることである。

　三つ目の問題として挙げられるのが、源泉徴収事務において誤りがあった場合の訂正方法が面倒だということだ。紹介した最高裁判決でも判示されているように、源泉徴収過大や不足を、所得の受領者が確定申告の段階で精算することは認められていない。所得の受領者と源泉徴収義務者との間で訂正を行い、そして源泉徴収義務者と国との間で訂正を行うという二段構えになってしまっている。ここでも、源泉徴収義務者はひとつの誤りに関して、二つの事務を行わなければならず、過大な負担を強いられていることになる。

9　源泉徴収の誤りとその是正法

　源泉徴収における主な誤りには、「源泉徴収漏れ（全く源泉徴収をしなかった）」、「源泉徴収不足」及び「過大源泉徴収」の三つが挙げられるが、「源泉徴収漏れ」は広い意味では「源泉徴収不足」の一形態となる

ので、源泉徴収における誤りは、「源泉徴収不足」と「過大源泉徴収」の二つに区分されることになる。

まず、「源泉徴収不足」の場合の訂正方法だが、源泉徴収義務者は、税務当局に対して不足税額の納付（自主納付）を行う。当然に法定納期限を過ぎているので、通常は5％の不納付加算税と延滞税がかかる。その後、源泉徴収義務者は、所得の受領者（支払先）に対して追加納税を行った金額の返還を求めることになる。この点に関して所得税法では、第221条（源泉徴収に係る所得税の徴収）において、

「第1章から前章まで（源泉徴収）の規定により所得税を徴収して納付すべき者がその所得税を納付しなかつたときは、税務署長は、その所得税をその者から徴収する。」

と規定し、さらに第222条（不徴収税額の支払金額からの控除及び支払請求等）において、

「前条の規定により所得税を徴収された者がその徴収された所得税の額の全部又は一部につき第1章から第5章まで（源泉徴収）の規定による徴収をしていなかつた場合又はこれらの規定により所得税を徴収して納付すべき者がその徴収をしないでその所得税をその納付の期限後に納付した場合には、これらの者は、その徴収をしていなかつた所得税の額に相当する金額を、その徴収をされるべき者に対して同条の規定による徴収の時以後若しくは当該納付をした時以後に支払うべき金額から控除し、又は当該徴収をされるべき者に対し当該所得税の額に相当する金額の支払を請求することができる。」

と規定して、源泉徴収義務者と国との執るべき関係と、源泉徴収義務者と所得の受領者（所得税の負担者）との執るべき関係を明らかにしている。

今までのところの仕訳は、

(1) 追加納付時

    （未収金）　×××　//　（現金預金）　×××

(2) 返還を受けた時

    （現金預金）　×××　//　（未収金）　×××

となる。

　ところで、この所得税法第222条の規定は、源泉徴収義務者が、所得の受領者（所得税の負担者）に対する納付税額の返還を求める根拠条文となるとともに、返還に係る民事訴訟における「時効」の起算日に関する根拠規定にもなっていると解されている。

　次に「過大納付」の場合の訂正方法だが、源泉徴収義務者は、税務当局に対して過大に納付した税額の還付を求めることになる。具体的には、「源泉所得税及び復興特別所得税の誤納額還付請求書」を提出することによって行う。付属の書類として、当初に誤った税額を納付した際の「所得税徴収高計算書（いわゆる納付書）」の写しと、誤納付が生じた事実を記載した帳簿の写しや計算明細等の写しを提出することになっている（源泉所得税及び復興特別所得税の誤納額還付請求書の具体的な記入例は後述の**事例5**を参照されたい。）。

　また一方、所得の受領者（所得税の負担者）に対しては、過大徴収をしてしまった金額を返還することになる。どちらを先に行うかは任意だが、確実性を求めるのなら、国税当局から還付が行われた後に返還を行うほうが良いであろう。

　これらの仕訳は次のようになる。

(1) 国税当局から還付を受けた時

    （現金預金）　×××　//　（預かり金）　×××

(2) 所得の受領者に返還をした時

    （預かり金）　×××　//　（現金預金）　×××

ところで、国税当局から源泉徴収した金額の返還を受ける別の制度として「租税条約に関する源泉徴収税額の還付請求」というものがある。これは租税条約の適用がある者に対して、当初所得の支払者が支払を行う際に、所得の受領者が租税条約の適用を受けることができる者だと確認できずに、通常の所得税法の規定により源泉徴収を行ってしまったという場合に、所得税の規定による源泉徴収金額から租税条約の適用をした場合の源泉徴収税額との差額の還付を受ける制度である。したがってこの制度は、広い意味では誤納となるが、今まで述べてきたような源泉徴収の誤りによる還付ではないため、提出する書類も「租税条約に関する源泉徴収税額の還付請求」となるので、区別をしておく必要がある。例えば、海外への支払を行う場合で、租税条約の適用を行う際に、条約の適用条文を誤って異なる税率を用いて過大な源泉徴収を行ったとき（5％の税率を適用すべきときに10％の税率で源泉徴収を行ってしまったとき）は、誤納となり、これを実務的に正す手段は、「源泉所得税及び復興特別所得税の誤納額還付請求書」によることになる。

　一方、全く租税条約の適用をしないで、所得税法の規定による源泉徴収を行い、租税条約の適用をすると過大納付（誤納付）となる場合には「租税条約に関する源泉徴収税額の還付請求書」により還付を受けることになる。

10　グロスアップ課税

（1）グロスアップとは

　「グロスアップ」という言葉を聞いて読者の諸君は何をイメージされるかな？

　源泉所得税に関する調査を受けて課税漏れの処理を行う場面かな？そ

Ⅲ　源泉徴収に関する基礎知識

れとも海外に出向させる社員（ないしは海外から日本に出向してくる外国人社員）の給与を決めるときかな？あるいは海外から技術導入を行う交渉の際の先方からの手取り契約の要求かな？はたまた顧問弁護士さんに支払う報酬金額が 222,222 円となる場面かな？

　これらのいずれもがグロスアップと呼ばれるものであるが、国際源泉課税の世界ではこの「グロスアップ」の理解なしには、知識の十分な理解を図ることが困難となってしまう。そこで「グロスアップ」についての整理と説明を行い、また、何が混乱させる基になっているかについても併せて解説を行う。

　まず最初に「グロスアップ」とは何かということについて述べなければならないのだが、実はこれが難問であって、人によって色々な定義がされることと思われる。源泉所得税の世界で話をするので、所得税基本通達にヒントになる規定がないか見てみることにする。

　所得税基本通達では、181 〜 223 共− 4（源泉徴収の対象となるものの支払額が税引手取額で定められている場合の税額の計算）に、

　「給与等その他の源泉徴収の対象となるものの支払額が税引手取額で定められている場合には、当該税引手取額を税込みの金額に逆算し、当該逆算した金額を当該源泉徴収の対象となるものの支払額として、源泉徴収税額を計算することに留意する。

　（注）　上記の場合には、源泉徴収票又は支払調書に記載する支払金額は税引手取額と源泉徴収税額との合計額となることに留意する。」

という規定がある。この規定は税額計算を中心に据えての規定であるから、わかりやすくするためにこれを置き換えてみると、「税引後の金額から出発して総支払金額を求める方式」と読み替えることができる。どうやら「グロスアップ」の正体は、例えば税引後の金額が 100,000 円で税率が 10 ％であったとすると、総支払額はいくらになるか（答えは

111,111円となる。)という、「逆算方式」のことを言っていると理解できる。この理解で冒頭のケースを見直してみるとどうだろうか。すると、すべてこれで説明ができることになる。

また、「例えば10％のグロスアップ税率は11.1111％となり、20％のグロスアップ税率は25％となる。」というように、よくグロスアップの税率はいくらになるかということを耳にするが、この意味についても手取額から総支給額を逆算するために用いる税率のことと理解していただけたと思う。

この逆算するための税率（％）を求める算式はどのようになるかというと、

〔100÷(100％－X％)－1〕×100

となり、手取額と源泉税率（X％）から総支払額を求める算式は、

手取額÷(100％－X％)×100

となる。

ちょっとややこしいが、実際に10％とか、20％とかを具体的に式に入れて見ると、20％だと〔100÷(100－20)－1〕×100だから答えは25％となる。

手取額が200,000円で源泉税率が10％だと、200,000円÷(100－10)×100で、222,222円となる。

さて、具体的な計算方法はこれで理解されたと思うが、実務はこれだけでは終わりにならない。例えば海外から技術導入をする際に、先方と交渉の途中に、先方の置かれている状況、先方が相手国内において非課税法人であるとか、あるいは開発費の額が多大で毎年欠損申告で法人税が発生せず外国税額控除が機能しないとかの事情で、希望額を手取額で要求されたとしてみよう。先方から手取100,000,000円を要求されると、所得税で規定されている税率20％の場合は、総支払額は125,000,000円

となり、もし先方の所在地の国との間に租税条約が結ばれていて、租税条約に使用料に関する限度（軽減）税率の規定があり、それが 10 ％だとすると総支払額は 111,111,111 円となる。

　逆に会社の予算が 100,000,000 円の場合、源泉徴収税率が 20 ％とすると、先方に提示できる金額は 80,000,000 円となり、10 ％とすると 90,000,000 円となる。これでおわかりいただけるように、グロスアップ（手取要求）を強いられた場合には、結果として皆さんの会社の負担額（キャッシュアウトする金額）に多大な影響が生じることになる。

　本来、源泉徴収は、所得の受領者が日本に納税をするためのもの（税の負担者は所得の受領者）と理解されているが、グロスアップを行うことにより、経済的には、支払者と所得の受領者との立場を逆転させてしまうものとなる。しかも、国際源泉課税の現場では、租税条約により源泉徴収税額の軽減免除が行われると、その影響は増幅されて所得の支払者へと向かっていくことになる。

　この立場が入れ替わってしまうということが、例えば、租税条約の恩典を受けるのは誰かという基本的な部分に誤解を生じさせる基になる。言うまでもなく、租税条約の適用を受けるのは所得の受領者だが（改めて後節で詳しく説明を行う。）、この経済的な立場の逆転が、あたかも租税条約の適用を受けるのは支払者、すなわち源泉徴収義務者との誤解を生じさせる原因となる（諸君も誤解をしていなかったかな？）。この誤解は、租税条約の届出書の提出場面において顕著に現れることになる。すなわち、租税条約の届出書は所得の受領者が所得の支払者（源泉徴収義務者）を経由して所得の支払者の管轄税務署長に提出するものだが、提出義務は所得の支払者が負っているとの誤解である。

（2）税務調査とグロスアップ

　税務調査において源泉徴収漏れを指摘され、その検討の結果、課税庁の指摘どおり課税漏れだと判明した場合には、源泉徴収義務者（調査を受けた者）は、まず先方（支払先、所得の受領者）から課税漏れ源泉徴収税額を取り戻そうと考えられると思う。

　所得税法においても、これらの場面を想定したような条文を置いている。すなわち、所得税法第222条（不徴収税額の支払金額の控除及び支払請求等）では、

「前条の規定により所得税を徴収された者がその徴収された所得税の額の全部又は一部につき第1章から第5章まで（源泉徴収）の規定による徴収をしていなかつた場合又はこれらの規定により所得税を徴収して納付すべき者がその徴収をしないでその所得税をその納付の期限後に納付した場合には、これらの者は、その徴収をしていなかつた所得税の額に相当する金額を、その徴収をされるべき者に対して同条の規定による徴収の時以後若しくは当該納付をした時以後に支払うべき金額から控除し、又は当該徴収をされるべき者に対し当該所得税の額に相当する金額の支払を請求することができる。この場合において、その控除された金額又はその請求に基づき支払われた金額は、当該徴収をされるべき者については、第1章から第5章までの規定により徴収された所得税とみなす。」

と規定し、徴収漏れ額を、徴収されるべき者（所得の受領者）から取り戻すことができるとしている。

　これは、海外の企業に使用料100を支払ったとしたら、当初の処理、
　　（使用料）　100　//　（現金預金）　　　100
が誤りで、正しくは、

（使用料）　100　／／　（現金預金）　　　　80
　　　　　　　　　　　　　　（源泉税預かり金）　20
　　　　　　　　　　　　　　（※源泉徴収税率20％の場合）

であったということで、源泉徴収し損ねた20については先方に請求しなさい、

　　　（未収金）　20　／／　（源泉税預かり金）　20

ということになる。

　（注）　実際においては納付が先で、
　　　（源泉税預かり金）　20　／／　（現金預金）　　　20
　　　請求が後で、
　　　（未収金）　　　　　20　／／　（源泉税預かり金）20
　　　という処理になることもありえる。

そして無事取り戻すことができたら、

　　　（現金預金）　　20　／／　（未収金）　　20

と処理を行うことになる。

　しかしながら実務の現場においては、この請求を行っても「今更そんなことを言われても返還には応じられない。」とか「そんなことを言うのなら契約は延長しない。」などと言われて取り戻すことができず、やむなくあきらめる場合が多々あると思われる。そのような場合には請求をあきらめた時点で、

　　　（使用料）　25　／／　（未収金）　　　　20
　　　　　　　　　　　　　　（源泉税預かり金）　5
　　　　　　　　　　　　　　（※源泉徴収税率20％の場合）

という処理を行うことになる。

　これがまさにグロスアップの世界への扉を開けて入り込んだことになるわけである。読者の諸君はもしかしたら、請求を放棄したら寄附金に

なるのではないかとの疑問を抱くかもしれないが、このことに関して、所得税基本通達221－1（支払者が税額を負担する場合の税額計算）(2)では、

「(2) 当該税額を徴収していなかった理由が、(1)の理由以外のものである場合には【著者注：(1)については後述する。】、既に支払った金額のうちから当該税額を徴収すべきであったものとし、既に支払った金額を基準として計算する。この場合において、その計算した税額を納付した支払者が、その納付した税額につき法第222条《不徴収税額の支払金額からの控除及び支払請求等》に規定する控除又は請求をしないこととしたときは、当該控除又は請求をしないこととした時においてその納付した税額に相当する金額を税引き手取額により支払ったものとし、その支払ったものとされる金額に対する税額を181～223共－4により計算する。」

と定めて、寄附金ではなく結果グロスアップとすることを規定している。

なお、そもそも請求先が倒産等をしていて、請求そのものができない場合には、グロスアップ処理ではなく貸倒れ処理をすることになる。

ところで、もうおわかりになると思うが、税務調査における課税漏れ額は、20であって25ではない。20を納付してその後に請求をあきらめた結果としてグロスアップをした「5」は、結果グロスアップを行った時点で生じることになるので、「5」の納期限はあきらめた時点の翌月10日となる。すなわち進行期の出来事になるわけである。したがって使用料25の損金算入時期も当然に進行期となることになる。

また、調査における訂正金額（課税漏れ金額）は20なので、不納付加算税や延滞税の基礎となる金額は20となる。

ところで、当初から手取契約を行っていたり、あるいは契約書の条文

に「日本における税負担はすべて支払者側（日本企業）が負担する。」というような規定を置いている場合は、誤った事項からして違いがでてくる。

当初の、

　　（使用料）　100　//　（現金預金）　　　100

の処理が誤りで、課税漏れとなった際は、本来の正しい仕訳は、

　　（使用料）　125　//　（現金預金）　　　100
　　　　　　　　　　　　（源泉税預かり金）　25

であったことになる。そうすると訂正仕訳は、

　　（使用料）　25　//　（源泉税預かり金）　25

となる。

　調査における課税漏れ額は25となり、使用料の損金算入時期は当然に当初時点となる。したがって法人税については過年分の損金の額が計上漏れとなっているので、減額更正が行われなければならないことになる。また、不納付加算税と延滞税の基礎額は25となる。このことについて、所得税基本通達では221－1の(1)で（先ほど後述すると記した部分である。）、

「法第221条第1項の規定により同項に規定する者から源泉徴収に係る所得税を徴収する場合において、その者がその徴収すべき税額を徴収していなかったときは、同項の規定により徴収すべき税額は、次により計算することとなることに留意する。
(1)　当該税額を徴収していなかった理由が、当該徴収すべき税額を支払者が負担する契約となっていたことによるものである場合には、税引手取額により支払金額が定められていたものとして、181～223共－4により計算する。」

と、当初グロスアップの計算をするように規定している。

Ⅳ 所得に関する租税条約に係る基礎知識

1 はじめに

　ここで角度を変えて、国際源泉課税を検討する際の二本柱のもう一つである租税条約について説明を行いたいと思う。

　現在では、租税条約に関する著書が多数出版されており、書店の書棚では10種類以上の本を目にすることができるようになっている。お気づきだと思うが、大概どの本も数百ページの分量になっている。したがって租税条約全般に関してこの紙面で私が論じてみても屋上に屋を架す状態になってしまうので、国際源泉課税を理解するうえで、あるいは検討を行っていくうえで、どうしても知っておいて欲しい事項に絞って説明をしていくことにしたいと思う。

2 まず例題で考えよう

《例題1》

> 　韓国の子会社に長期間出向していた甲（日本人：日本国籍保有者）は、昨年定年を迎え日本に帰国をした。甲は韓国に居住している間に、給与の一部を韓国の銀行に預金をしていたが、日本に帰国するに当たって、日本の銀行預金利子があまりにも

> 低いため、解約することなくそのままにして戻ってきた。
> 　このたび韓国の銀行から預金利子を受領したが、その明細書を見ると受取利子に対して源泉徴収がされていた。この源泉徴収で、甲に対する韓国預金利子に関するすべて（韓国及び日本での）の納税は完了したとしてよいか。
> 　また、日本と韓国との間には所得に関する租税条約が存在しているが、この租税条約は甲の受領する預金利子に対してはどのような役割を果たしているのか。

　この例題は租税条約の役割を説明するだけでなく、国際課税に関する興味深い内容も含んでいるので、順序だてて説明をしていくことにする。

（1）二つの国（韓国と日本）のポジション

　本例題には二つの国、韓国と日本が登場する。これらの国のこの例題における立場をまず確認しておこう。

　本例題においては、韓国の銀行に預けられた預金からその果実として利子が生じる。したがって韓国は所得源泉地国という立場になる。

　一方、日本には、その所得、すなわち利子を受け取る者がいる。したがって日本は所得の受領者の居住地国となる。

（2）甲の税務上の立場

　甲は海外出向を終えて日本に帰国し、現在は日本で生活をしている。したがって甲は、日本の居住者（韓国の非居住者）となる。日本の居住者に対する日本における課税は、当然に日本の所得税法により行われる

（当然であるが、韓国における課税は韓国の税法により行われる。）。

そうすると、甲は日本国籍保有者であるから、いわゆる永住者（非永住者以外の居住者）となり、所得税法第7条（課税所得の範囲）の規定により、課税の範囲は全世界所得となる。したがって甲が得た所得は、その所得がどこで生じたかに関係なく、すべて日本で課税が行われる。

（3）我が国の預金利子に関する所得税法の規定

所得税法第23条（利子所得）では、

> 「利子所得とは、公社債及び預貯金の利子（括弧内省略）並びに合同運用信託、公社債投資信託及び公募公社債等運用投資信託の収益の分配（括弧内省略）に係る所得をいう。
> 2　利子所得の金額は、その年中の利子等の収入金額とする。」

と規定し、「預貯金」については第2条（定義）第10号で、

> 「預貯金　預金及び貯金（これらに準ずるものとして政令で定めるものを含む。）をいう。」

と定義している。

また第22条（課税標準）では、

> 「居住者に対して課する所得税の課税標準は、総所得金額、退職所得金額及び山林所得金額とする。
> 2　総所得金額は、次節（各種所得の金額の計算）の規定により計算した次に掲げる金額の合計額（括弧内省略）とする。
> 　一　利子所得の金額、配当所得の金額、不動産所得の金額、事業所得の金額、給与所得の金額、譲渡所得の金額（括弧内省略）及び雑所得の金額（括弧内省略）の合計額
> 　二　譲渡所得の金額（括弧内省略）及び一時所得の金額（括弧内省略）の合計額の2分の1に相当する金額」

と規定しており、預金利子は、第89条（税率）に定める累進税率による総合課税によって課税を行うことが原則となっている。

（4）預金利子に関する租税特別措置法の規定

租税特別措置法第2章「所得税法の特例」第1節「利子所得及び配当所得」第3条（利子所得の分離課税等）では、

「居住者又は恒久的施設を有する非居住者が平成28年1月1日以後に国内において支払を受けるべき所得税法第23条第1項〔利子所得〕に規定する利子等で次に掲げるもの以外のもの（括弧内省略）については、同法第22条〔課税標準〕及び第89条〔税率〕並びに第165条〔総合課税に係る所得税の課税標準、税額等の計算〕の規定にかかわらず、他の所得と区分し、その支払を受けるべき金額に対し100分の15の税率を適用して所得税を課する。」

として分離課税とすることを規定している。

また、利子所得に対しては、所得税法第181条（源泉徴収義務）及び第212条（源泉徴収義務）で源泉徴収をすることと規定しているので、租税特別措置法の規定と併せると、源泉分離課税となる。

ここで重要なポイントは「国内において支払を受ける」という条件が付されているということである。したがって、事例のような海外の銀行に預けている預金の利子は、租税特別措置法が規定する条件を満たさないことになり、同法の適用はないので注意が必要である。

（5）租税条約の役割

日本と韓国との間には所得に関する租税条約が結ばれており、その中に利子に関する規定がある。第11条がその条文となる。そこでは第1項で、

「一方の締約国内において生じ、他方の締約国の居住者に支払われる利子に対しては、当該他方の締約国において租税を課することができる。」

として、まず居住地国での課税を認めている。ついで第2項の前段で、

　「1の利子に対しては、当該利子が生じた一方の締約国においても、当該締約国の法令に従って租税を課することができる。」

として所得源泉地国での課税も認めている。そして後段で、

　「その租税の額は、当該利子の受益者が他方の締約国の居住者である場合には、当該利子の額の10％を超えないものとする。」

として課税の範囲を限定している。

　ここで注目すべきことは、租税条約は、「居住地国」と「所得源泉地国」との双方の課税を認め、そして、居住地国での課税については何ら制限を置いていないのに対し、所得源泉地国での課税に関しては、課税の限度（税率）を定めているということである。

　これは「利子」に限らず、「配当」や「使用料等」に関しても同様で、租税条約は、居住地国での課税に対しては何ら影響を及ぼさず、もっぱら所得源泉地国における課税に対してのみ課税を軽減する方向に働くということになる。

（6）二重課税の排除

　一つの所得に対して二つの国で課税が行われる二重課税の状態は、居住地国においてその調整が行われるのが通常である。

　我が国においても、所得税法第95条（外国税額控除）にその規定を置いている。そこでは、

　「居住者が各年において外国所得税（外国の法令により課される所得税に相当する税で政令で定めるものをいう。以下この項及び第9項において

同じ。)を納付することとなる場合には、第89条から第93条まで(税率等)の規定により計算したその年分の所得税の額のうち、その年において生じた国外所得金額(国外源泉所得に係る所得のみについて所得税を課するものとした場合に課税標準となるべき金額に相当するものとして政令で定める金額をいう。)に対応するものとして政令で定めるところにより計算した金額(以下この条において「控除限度額」という。)を限度として、その外国所得税の額(居住者の通常行われる取引と認められないものとして政令で定める取引に基因して生じた所得に対して課される外国所得税の額、居住者の所得税に関する法令の規定により所得税が課されないこととなる金額を課税標準として外国所得税に関する法令により課されるものとして政令で定める外国所得税の額その他政令で定める外国所得税の額を除く。以下この条において「控除対象外国所得税の額」という。)をその年分の所得税の額から控除する。」
として、「外国税額控除方式」により二重課税を調整するようにしている。なお、第95条の規定は居住地国における二重課税の調整の規定であるから、その冒頭において、この条文の適用対象者を「居住者」に限定しているのはしごく当然のこととなる。

なお、租税条約を結んでいる国の外国税額に関しては、その条約締約国における課税が租税条約の規定に従っていない場合、すなわち条約で定める制限税率を超えた外国税額に関しては、外国税額控除の対象とはならないので注意が必要である。所得税法施行令第222条の2(外国税額控除の対象とならない外国所得税の額)第4項第4号で、

「我が国が租税条約を締結している条約相手国等又は外国(外国居住者等の所得に対する相互主義による所得税等の非課税等に関する法律第2条第3号(定義)に規定する外国をいい、同法第5条各号(相互主義)のいずれかに該当しない場合における当該外国を除く。以下この号において

同じ。）において課される外国所得税の額のうち、当該租税条約の規定（当該外国所得税の軽減又は免除に関する規定に限る。）により当該条約相手国等において課することができることとされる額を超える部分に相当する金額若しくは免除することとされる額に相当する金額又は当該外国において、同条第1号に規定する所得税等の非課税等に関する規定により当該外国に係る同法第2条第3号に規定する外国居住者等の同法第5条第1号に規定する対象国内源泉所得に対して所得税を軽減し、若しくは課さないこととされる条件と同等の条件により軽減することとされる部分に相当する金額若しくは免除することとされる額に相当する金額」

と規定してこのことを確認している。

(7) 結 論

　甲が韓国の銀行から受領した預金利子に対しては、我が国においては、給与や年金等の他の所得と合算されて確定申告による総合課税が行われる。

　預金利子に対して韓国で源泉徴収により課税が行われた韓国の税金は、確定申告等の際に日本の所得税から外国税額控除として差し引くことにより、我が国で精算が行われ、二重課税が調整されることになる（外国税額控除は確定申告等が要件となっているので、注意が必要である。）。

　また、日本と韓国との間で結ばれた租税条約は、甲の日本での課税に関しては、何ら影響を及ぼすことがないのは、前述（**(5)** 租税条約の役割最終段落）の通りである。

　なお、預金利子に関する我が国での課税は、その預金先により次のようになる。

IV 所得に関する租税条約に係る基礎知識

日本国内に預け入れられ、日本国内で支払われた預金利子	▶	源泉分離課税（租税特別措置法の適用あり）
日本国外に預け入れられ、日本国外で支払われた預金利子	▶	累進税率による総合課税(確定申告)（租税特別措置法の適用なし）

　以上、例題で見てきたとおり、租税条約は所得源泉地国での課税に対しては影響を与えるが、居住地国での課税には何ら作用しないということがおわかりいただけたと思う。

3 租税条約が我が国で機能するための根拠

　国際源泉課税を検討する際の二本柱の一つとして「所得に関する租税条約」（日本国が締結した所得に対する租税に関する二重課税防止のための条約）があるということを「1．はじめに」の部分で述べた。ここではその理由について説明をしていくことにする。
　ところで、もう一つの柱は改めて説明するまでもなく、「所得税法」となる。我が国の憲法では、第30条（納税の義務）で、
　「国民は、法律の定めるところにより、納税の義務を負う。」
と規定し、第84条（租税法律主義）で、
　「あらたに租税を課し、又は現行の租税を変更するには、法律又は法律の定める条件によることを必要とする。」
と規定しているので、課税の根拠は法律に求められ、国際源泉課税の分野においては、それは所得税法第161条以降に規定されているので、当然に「所得税法」が柱になるわけである。
　それでは、なぜ所得に関する租税条約がもう一つの柱になるかという

と、その根拠は「所得税法」と同様に憲法になる。第98条（憲法の最高性と条約及び国際法規の遵守）②で、

> 「日本国が締結した条約及び確立された国際法規は、これを誠実に遵守することを必要とする。」

と規定されているので、これをもって「日本国が締結した所得に対する租税に関する二重課税防止のための条約」（所得に関する租税条約）が、国際源泉課税の二本柱たり得ることになるわけである。

ここで整理をしておかなければならないことがある。それは、所得に関する租税条約の国際源泉課税における機能というか、憲法の「租税法律主義」との整合性に関してである。

日本が世界の各国と結んでいる所得に関する租税条約の規定は、我が国の所得税法の規定と全く同じではない。所得に関する租税条約における規定の範囲が、所得税法の規定による課税の範囲より狭かったり、広かったりする。所得に関する租税条約の規定の範囲が所得税法の課税の範囲より広い場合に、その広いまま適用が行われると、憲法の「租税法律主義」に反することになってしまう。したがって、所得に関する租税条約の役割は、もっぱら課税の範囲を狭めるものということになる。

所得に関する租税条約の条文により、所得税法等の規定より課税の範囲を広げる場合には、「租税法律主義」に反しないように所得税法等において条文上の手当てをしておく必要があり、現実に、所得税法第162条（租税条約に異なる定めがある場合の国内源泉所得）では、

> 「租税条約（第2条第1項第8号の4ただし書（定義）に規定する条約をいう。以下この条において同じ。）において国内源泉所得につき前条の規定と異なる定めがある場合には、その租税条約の適用を受ける者については、同条の規定にかかわらず、国内源泉所得は、その異なる定めがある限りにおいて、その租税条約に定めるところによる。この場

合において、その租税条約が同条第1項第6号から第16号までの規定に代わつて国内源泉所得を定めているときは、この法律中これらの号に規定する事項に関する部分の適用については、その租税条約により国内源泉所得とされたものをもつてこれに対応するこれらの号に掲げる国内源泉所得とみなす。」

と規定し、また法人税法第139条（租税条約に異なる定めがある場合の国内源泉所得）でも同様に規定して、その役割を果たしている。

ちなみに、国内法（我が国の所得税法や法人税法）の国内源泉所得の規定は、例えば所得税法では第161条（国内源泉所得）に規定されているが、それは「国内において業務を行う者に対する貸付金（これに準ずるものを含む。）で当該業務に係るものの利子」（第1項第10号）とか、「国内において業務を行う者から受ける次に掲げる使用料又は対価で当該業務に係るもの」（第1項第11号）というように、その使用の場所を国内に限って所得源泉地を決める方式を採っている（この規定の仕方は「使用地主義」と呼ばれている。）。

一方、所得に関する租税条約の規定の仕方は、「利子は、その支払者が一方の締約国の地方公共団体若しくは居住者である場合には、当該一方の締約国において生じたものとされる。」とか、「使用料は、その支払者が一方の締約国の地方公共団体若しくは居住者である場合には、当該一方の締約国において生じたものとされる。」というようなもので、「支払者」を基準に所得源泉地を決める方式を採っている（この規定の仕方は「債務者主義」と呼ばれている。）。

使用地主義と債務者主義では、債務者主義の方が課税の範囲は広くなる。例えば、日本の企業が海外の銀行から資金の借入れをして利子を支払った場合、支払利子はその資金を日本の国内で使用しない限り「使用地主義」では国内源泉所得にはならないが、「債務者主義」では、支払

者が日本の企業であるということのみをもってして、その支払利子を国内源泉所得としてしまうからである。

　この使用地主義と債務者主義との課税範囲の関係を理解すると、前述の所得税法第162条の存在意義が理解できることと思う。所得に関する租税条約の国内源泉所得の規定を国内法の中に取り込む場合に、この第162条の存在がないと、憲法違反になってしまうからである。

　さてここで、今までの説明を基に、二本柱の国際源泉課税を検討する際の基本的な用い方を整理しておくことにする。まず、所得税法等国内法の規定により課税の範囲を抑える（この場合に、国内源泉所得に関しては所得税法第162条により、使用地主義から債務者主義への置換えがされる。）。次に、所得に関する租税条約によりその課税範囲を狭める方向に修正を加える（条約によっては免税となったり、あるいは税率が軽減されたりする。）。注意したいのは、どうせ所得に関する租税条約により修正が行われるのだからといって、国内法の検討を抜きにして、所得に関する租税条約のみによって、検討をしてはならないということである。それは、所得に関する租税条約は、日本の所得税法に沿って規定が置かれているわけではなく、相手国の事情により、日本の所得税法の規定とは違った事項も規定がされていることがあり得るからである。一つの例として使用料の条文の中に「情報の対価」が含まれていることが挙げられる。所得に関する租税条約だけで判断すると、日本から支払われる「情報の対価」も国内源泉所得となってしまうが、所得税法の規定では「情報の対価」は国内源泉所得となる使用料とはされていないので、国内源泉所得とはならない。このような判断誤りをしてしまうことを避けるためにも、二本柱の使い方には十分に注意を払う必要がある。

4　再び例題で考えよう

　ここまで説明してきたことを、今一度確認をしておきたいと思う。読者の諸君、次の二つの設例の答えが解るかな。この二つの問がすぐに解けた方は租税条約に関する基本的なことが理解できていると思われて良いと思う。

《例題2》

> 次の事例の答えとして正しいものを選びなさい。
>
> 問1
>
> 　当社はこの度、シンガポールの銀行から資金を借り入れ、ベトナムに工場を建設することになった。ところがその後に、借入先のシンガポールの銀行は、フランスに本店があるA銀行のシンガポール支店だということが判明した。当社が支払う借入金利子については、どの国とどの国との租税条約が適用されることになるのか。
>
> 　①　日本とシンガポール
>
> 　②　日本とフランス
>
> 　③　日本とベトナム
>
> 　④　シンガポールとフランス
>
> 　⑤　租税条約の適用はない
>
> 問2
>
> 　当社はアメリカに本店がある法人の日本支店である。この度、本店の保証により、シンガポールの銀行から運転資金を借り入れることになった。日本支店がシンガポールの銀行に支払

う借入金利子については、どの国とどの国との租税条約が適用されることになるのか。

① 日本とシンガポール
② 日本とアメリカ
③ アメリカとシンガポール
④ 租税条約の適用はない

さて諸君、いかがですか。簡単ですか。

問1は②の日本とフランスとの租税条約、問2は①の日本とシンガポールとの租税条約が正解となる。

それでは考え方を整理していくことにする。

そもそものスタートは支払者が利息を支払うときにおける、日本での源泉徴収（日本での課税）の有無である。

したがって、判断基準は、日本の国内法と日本において国内法に対して影響を及ぼす可能性のある租税条約となる。

だから、問1の④シンガポールとフランス、問2の③アメリカとシンガポールは、他国間の租税条約が日本の国内法に対して影響を及ぼすことはありえないので、正解とはなり得ないということになる。

また、租税条約が結ばれていれば、租税条約の適用について選択ができる等の規定は我が国の所得税法等にはなく、憲法の規定により強制適用になる。それぞれの問に登場する国に関しては我が国との間で租税条約が結ばれているので、問1の⑤や、問2の④の「租税条約の適用はない」も正解とはなり得ない。

次に、租税条約は、所得源泉地国と所得の受領者の居住地国との二重課税を調整する役割を持っているから、所得の受領者と、所得の生じた国（所得源泉地国）との二つがキーとなる。そうすると問1では、所得

の受領者はシンガポールに支店を有しているフランスの銀行だから、居住地国はフランスとなる。この点につき、租税条約では概ね最初の部分で、条約の適用を受ける者を定義しており、そこでは法人については「本店又は主たる事務所の所在地、管理の場所その他これらに類する基準により当該一方の締約国において課税を受けるもの」とか、「当該一方の締約国の法令の下において、本店又は主たる事務所の所在地、事業の管理支配の場所その他これに類する基準により当該一方の締約国において課税を受けるもの」というような規定がされている。

したがって、取引相手が支店である場合は、租税条約の適用は支店の所在地国との条約ではなく、本店の所在地国との条約が適用されることになり、問1 は②の日本とフランスの条約が適用されることになる。

ところで、日本とフランスとの租税条約では、貸付金利子については債務者主義を採っているので、所得税法第162条の所得源泉地の置換え規定により、所得源泉地国は日本となる。

次に 問2 だが、所得の受領者はシンガポールの銀行なので、居住地国はシンガポールとなる。問2 も、問1 と同様に日本における課税の有無の問題なので、所得税法の規定を見ていくことにする。第161条第1項第10号で、

「国内において業務を行う者に対する貸付金(これに準ずるものを含む。)で当該業務に係るものの利子」

を国内源泉所得になると規定しており、また、「国内において業務を行う者」については内国法人や居住者に限定していないので、非居住者や外国法人の日本における恒久的施設もそれに含まれることになり、日本国内源泉所得とされ、所得源泉地は日本となる。また、租税条約においても、

「利子の支払者(締約国の居住者であるか否かは問わない。)が一方の

締約国に恒久的施設又は固定的施設を有する場合において、当該利子の支払の基因となった債務が当該恒久的施設又は固定的施設について生じ、かつ、当該利子が恒久的施設又は固定的施設によって負担されるものであるときは、当該利子は当該恒久的施設又は固定的施設の存在する当該一方の締約国において生じたものとされる。」
というような規定が置かれている。

そして、この規定中に「締約国の居住者であるか否かは問わない。」とわざわざ括弧書きを入れて、外国法人の支店が支払う利子等についても条約の適用があることを明らかにしている。

したがって、問2の答えは①の日本とシンガポールの租税条約が正答となる。

(注) 租税条約に、検討対象としている所得に関して規定がない等の場合は、租税条約の適用を一切受けず国内法のみによって判断を行うことになるが、このようなケースも一旦は租税条約の適用があって、その後に結果として国内法の規定に戻ったと整理して解答を作成している。

5 租税条約の現状

令和7年1月1日時点で、81カ国・地域と所得に関する租税条約の締結をしており、今後も締約国の数は増加することが予定されている。そこで、ここ最近の我が国の租税条約に関する状況について見ておきたいと思う。

ここ数年の顕著な事項として、月刊「国際税務」（国際税務研究会発行）のトピックスの記事に租税条約の新設や改定に関する事項が頻繁に掲載されていることは、諸君の記憶にもあると思う。平成16年に行われた日米租税条約の全面改正以後、我が国の所得に関する租税条約の新規締

結や改正の動きは、極めて活発になってきている。

　主なところを挙げてみると、日米条約の改正に続いて、日印条約、日英条約、日仏条約、日パキスタン条約、日豪条約、日比条約、日蘭条約と改正が続き、その後、カザフスタン、ブルネイ、クウェート、サウジアラビアと条約新設が続いている。また、長い時間がかかっていたドイツとの改正交渉も無事完了し、平成29年4月から適用されている。

　これらの一連の条約改正の特徴は、日米条約に代表される「特典条項付」型条約への改正（現在、日米、日英、日仏、日豪、日蘭、日スイス、日ニュージーランド、日スウェーデン、日独、日ラトビア、日リトアニア、日エストニア、日ロ、日オーストリア、日アイスランド、日デンマーク、日ベルギー、日クロアチア、日ウズベキスタン、日スペイン、日ジョージア、日コロンビアの22カ国）と、使用料をはじめとした投資所得等の課税の免税ないし軽減の強化と、情報交換規定の強化が挙げられる。

　また、特典条項付条約でも、相手国が変わればその規定ぶりも異なっている。すなわち、日米及び日独条約ではすべての所得が特典条項の対象となっているが、他の20カ国は対象とする所得が限定されている。これを整理すると以下の表のようになる。

【特典条項の対象となる所得】

	事業所得	配当免税	利子	使用料	譲渡収入	その他所得
アメリカ	すべての所得					
イギリス	/	10％以上所有（10条3）	(11条1)	(12条)	(13条)	(21条)

5 租税条約の現状

	事業所得	配当免税	利子	使用料	譲渡収入	その他所得
フランス	(7条)	15%以上又は25%以上所有(10条3)	金融機関等免税(11条3)	(12条)	(13条)	(22条)
オーストラリア	(7条)	80%以上所有(10条3)	金融機関等免税(11条3)	/	(13条)	/
オランダ王国	/	50%以上所有(10条3)	金融機関等免税(11条3)	(12条)	(13条)	(20条)
スイス	/	10%以上所有(10条3)	(11条1)	(12条)	(13条6)	(22条)
ニュージーランド	/	10%以上所有(10条3)	金融機関等免税(11条3)	/	(13条)	/
スウェーデン	/	10%以上所有(10条3)	(11条)	(12条)	/	/
ドイツ	すべての所得					
ラトビア共和国	/	個人以外の者(10条3)	個人以外の者(11条3)	(12条1)	/	/
リトアニア共和国	/	個人以外の者(10条3)	個人以外の者(11条3)	(12条1)	/	/
エストニア共和国	/	10%以上所有(10条3)	政府機関所有債権(11条3(b))		/	/

Ⅳ 所得に関する租税条約に係る基礎知識

	事業所得	配当免税	利子	使用料	譲渡収入	その他所得
ロシア連邦		年金基金受取 (10条3)	(11条1)	(12条1)		
オーストリア共和国		10％以上所有 (10条3)	(11条1)	(12条1)		
アイスランド		25％以上所有 (10条3)	(11条1)	(12条1)		
デンマーク王国		10％以上所有 (10条3)	(11条1)	(12条1)		
ベルギー王国		10％以上所有 (10条3)	個人以外の者 (11条3)	(12条1)		
クロアチア共和国		25％以上所有 (10条3)				
ウズベキスタン共和国				著作権 (12条3)		
スペイン王国		10％以上所有 (10条3)	(11条1)	(12条1)		
ジョージア				(12条1)		
コロンビア共和国	(7条5)	(10条)	(11条)	(12条)	(13条)	

　そもそも租税条約は二国間の約束事だから、その新設や改正は外交交渉によって行われることになる。したがって、それぞれの国の状況に

64

よってその内容が異なることは当然で、例えば、日仏条約には社会保険料に関する規定が置かれているが、他の国との条約では社会保険料に関する規定はない。これは日本の所得税法には社会保険料は所得控除できるという規定があり、またフランスの所得税法にも同様の規定があり、両国で同じ土俵の上で議論ができたので規定が置かれたものと思われる。しかしながら米国等においては所得税法に社会保険料控除の規定がないので、外交における対等の精神からして改正租税条約に社会保険に関する規定は置かれなかったと理解される。

条約の新設ないし改正のプロセスは、例えば日米条約の改正の作業を手本に見てみると、概ね以下のようになる。まず、①両国の当局者による協議、そして、②基本合意、③署名、④両国による承認手続き（我が国の場合は国会による批准）、⑤公文の交換、⑥発効、という手順になる。

現在では、条約の新設や改正の作業状況に関しては、財務省のホームページで随時知ることができる。

ちなみに、令和6年11月末現在では、ウクライナと再改正の基本合意がされ、チュニジアやフィンランド等とは新設に向かって交渉中である。

ところで、平成22年の税制改正で「租税条約等の実施に伴う所得税法、法人税法及び地方税法の特例等に関する法律」の改正が行われ、第2条の定義の部分で、「租税条約以外の我が国が締結した国際約束で、租税の賦課若しくは徴収に関する情報を相互に提供すること、租税の徴収の共助若しくは徴収のための財産の保全の共助をすること又は租税に関する文書の送達の共助をすることを定める規定を有するもの」を『租税相互行政支援協定』とする規定を新設し、それを受けて第8条の2に、

「財務大臣は、相手国等の租税に関する法令を執行する当局（括弧内省略）に対し、当該相手国等との間の租税条約等に定めるところによ

り、その職務の遂行に資すると認められる租税に関する情報の提供を行うことができる。(以下省略)」

とする規定を新設した。この改正によって、租税条約という形を採らずに、行政当局間の取極めにより相互行政支援協定のみを他国と結ぶことが可能になり、租税条約が結ばれていない国等との行政取極めによる相互行政支援制度の創設が可能になり、情報交換等の強化に寄与することになる。

(注) 本稿の執筆に当たっては、財務省のホームページ及び月刊「国際税務」を参考にした。

6 租税条約の内容

ここまでは租税条約の適用を受ける者は誰かとか、なぜ租税条約は国際源泉課税における判断の基準とされるのかという、いわゆる概論的なことを説明してきた。この節では、租税条約の具体的内容について、国際源泉課税の諸問題について解決に役立たせるという立ち位置から見ていくことにする。

どの国との租税条約においても条文数は30条程度で、その構成は概ね以下のようになっている。

まず最初に条約の範囲、すなわち適用される者及び対象税目を規定し、次いで条約において用いられる用語の定義を規定し、その後に所得に関する課税について規定をしている。そして財産に関する課税を規定し、二重課税の排除の方法について規定をする。最終部分で雑則(相互協議や情報交換等)を規定し、最後に発効と終了について規定して完了となっている。

「なぜ日中租税条約が香港に適用されないか？」とか、「グアムの企

業との取引に関して日米租税条約がなぜ適用されないか？」とかいう事項は、条約において用いられる用語の定義の部分によって決まってくることになる。例えば日中租税協定（条約）の第3条では、

> 「『中華人民共和国』とは、地理的意味で用いる場合には、中国の租税に関する法令が施行されているすべての領域（領海を含む。）及びその領域の外側に位置する水域で中華人民共和国が国際法に基づき管轄権を有し中国の租税に関する法令が施行されているすべての水域（海底及びその下を含む。）をいう。」

と規定しており、この用語の定義規定により、香港やマカオは中華人民共和国の租税に関する法律が施行されていないので、日中租税条約に関しては「中華人民共和国」に含まれず、日中租税条約の適用外となるのである。

このように定義規定は、条約の内容の解釈に役立つだけでなく、それ以上の役割を果たすこともある、実務に重要な影響を与える部分でもある。

租税条約の規定の中で、国際源泉課税で特に重要になってくるのが、所得に関する課税の部分である。その規定内容を詳細に見てみると、①不動産所得、②事業所得、③海運及び航空運輸、④特殊関連企業、⑤配当、⑥利子、⑦使用料、⑧譲渡所得、⑨給与所得、⑩芸能人、⑪退職年金、⑫政府職員、⑬学生、⑭その他所得等となっている。

これらの規定は、「2. まず例題で考えよう」で説明したとおり所得源泉地国における課税（の制限）について規定をしている（くどいようだが、居住地国における課税の制限はしていない。）。

この14の所得のうち特に国際源泉課税の中心となるのが、投資所得（配当、利子、使用料）と人にまつわる部分である。利子所得と使用料については、債務者主義（「3. 租税条約が我が国で機能するための根拠」参

Ⅳ 所得に関する租税条約に係る基礎知識

照）を採用している条約が多数あるので、注意をする必要がある。

　ここでまた一つ大事なことを説明しておく。条約の読み方ということになるのかもしれないのだが、条約に書かれていない（規定されていない）場合にどうなるかということである。

　この書かれていないということにも、二つのパターンがある。一つは、所得としては条文があるが、その条文中に書かれていないという場合と、所得そのものの条文がないという場合である。

　所得としては条文があるが、その条文中に書かれていないというケースには、例えば使用料に関して、国内法である所得税法第161条第1項第11号ハでは機械、装置その他政令で定める用具の使用料を規定しているが、日本とオーストラリアとの租税条約の第12条（使用料）の文中では、機械装置等に関してはその規定がないという事例を挙げることができる。

　このような場合にどうなるかというと、国内法の規定はあるわけであるから、その国内法の規定に従うというか、国内法の規定に対して租税条約による制限が加わらないということで、所得税法の規定どおりとなる。オーストラリアとの機械装置の使用料は、所得税法の規定では使用地主義なので、日本国内でその機械装置が使われない限り（オーストラリアにその機械装置がある限り）、国内源泉所得とはならないことになる。

　もう一つの所得そのものの条文がないというケースには、例えば匿名組合分配金を挙げることができる。

　この場合には、14番目のその他所得条項によって解決が図られる。

　その他所得条項には、またまた二つのタイプがあって、一つは「一方の締約国の居住者の所得で、前各条に規定がないものに対しては、当該一方の締約国においてのみ租税を課することができる。」というような規定振りで、所得源泉地国においては免税とするものであり、もう一つ

は「一方の締約国の居住者の所得のうち、他方の締約国において生ずるものであって前各条に規定がないものに対しては、当該他方の締約国において租税を課することができる。」というような規定振りで、所得源泉地国の課税を制限しないものがある。どちらにしても、その他所得条項が規定されていれば、その規定に従うことになる。

前者の所得源泉地国では免税とされる規定の場合は、たとえ所得税法で課税とされていても、条約により免税となり、逆に後者の所得源泉地国での課税を制限していない条文であれば、国内法の規定により課非を判断することになる。

なお、最近結ばれた（改正された）条約では、匿名組合分配金に関して、その他所得条項の規定にかかわらず、交換公文等で日本での課税を認めているものがあるので、注意が必要である（例えば日米条約）。

ところで、租税条約によっては、その他所得条項のない条約もある。この場合の解決法は、租税条約には対象所得について何も規定されていないということになるので、国内法に戻るというか、国内法の規定に対して、租税条約による制限はないということになり、結果、所得税法の規定どおりということになる。

7　租税条約に関するまとめ

ここでは、ここまで述べてきた租税条約に関する解説の「まとめ」をすることにする。

租税条約は今（令和7年1月1日現在）世界の81カ国・地域と結ばれているが、今後も増え続けていくだろうということを述べてきた。

条約の数自体は現状では74となる。条約締約国数と条約数が一致しないのは、例えば旧チェコスロバキア国がチェコ国とスロバキア国に分

かれた際に、それぞれの国と新たに租税条約を創り直すのではなく、旧チェコスロバキア国と我が国との間で結ばれていた租税条約を、新両国との間でそれぞれそのまま租税条約として用いるということを約して使用しているからである。同様のことが旧ソ連邦から分離したタジキスタンをはじめとした国々との間にも存する。また、フィジーとの間では、日本とフィジーとの租税条約を創るのではなく、日本とイギリスとの間で結ばれた旧旧日英条約を日本とフィジーとの租税条約にするということにしているので、これも条約締約国と条約数が一致しない原因になっている。

ところで、そもそも租税条約は二国間で結ぶものなので、相手国が違えば当然にその内容も異なってくる。

ここで記憶に留めておいていただきたいことがある。時として実務家は解決したい問題にぶつかったとき、手っ取り早い方法として質疑応答集に頼りがちである。すなわち法人税や申告所得税の案件で、質疑応答集で似たような事案を見つけてその考え方を検証し、それを自分が抱えている事案に当てはめていくという手法だ。ところが国際源泉課税の分野では、この方法はお勧めできない。なぜなら国際源泉課税に関する質疑応答集は、ほとんどが国名を挙げた事例になっているからだ。先回りされる読者の方はお気づきかもしれないが、これまで述べてきたように、国際源泉課税はその検討に二本柱（国内法と租税条約）を用いる。つまり、まず国内法で課税の範囲を押さえておいて、その後に租税条約によりその課税範囲の修正（通常は縮小、すなわち課税の軽減免除）を行うのである。国内法では国名は登場しないが、租税条約では常に相手国があるため、質疑応答集で導き出す解答は、その相手国との租税条約がベースになっていることが多い。租税条約の規定内容は、二国間が抱えている状況によってその規定振りが決まってくるため、当然に相手国が

違えば規定内容も異なってくる。前節で挙げた「その他所得条項」も、所得源泉地の課税権を認めないものと、反対に認めるものとに分かれており、結果、その他所得条項を用いて結論を導き出す場合には、国が違えば全く正反対の結論となってしまう可能性がある。また、インドとの条約では、使用料の条文中に、「人的役務の提供事業」に該当する「技術上の役務に対する料金」という事項が規定されている。しかも日印条約のこの条文では併せて債務者主義を採用しているので、本来なら事業所得はPE（恒久的施設）無ければ課税せずの原則をも超えてしまい、通常ではあり得ない課税問題を引き起こすことにもなりかねない（パキスタンとの条約では独立して第13条に「技術上の役務に対する料金」の条文が置かれている。）。

　これらの例のように、質疑応答集では国により特徴のある部分を多く集めて載せているので、国際源泉課税に関しては応用が利かないというよりは、誤りの基になってしまいかねないことに留意していただきたい。

　それともうひとつ大事なことがある。租税条約は条文だけではなく、議定書や交換公文も含めてすべてが一体となって機能する。つまり、条文では「OK」と言っておきながら、付属の議定書や交換公文で「だめ」としているものが多々ある。例えば、日米条約における匿名組合分配金に対する日本での課税問題を見ると、日米条約の各条文では何ら規定をしていないので、「その他所得条項」により判断することになるが、日米条約の「その他所得条項」は所得源泉地国における課税を認めていないため、条約本文からは、米国の適格居住者が受け取る匿名組合分配金については日本での課税は行われないことになると解される。ところが、議定書の13(b)では、

　「条約のいかなる規定も、日本国が、匿名組合契約又はこれに類する

契約に基づいてある者が支払う利益の分配でその者の日本国における課税所得の計算上控除されるものに対して、日本国の法令に従って、源泉課税することを妨げるものではない。」

としているので、結果、条約による軽減免除はされないことになってしまう。

よって、租税条約を課非判断に用いる場合には、すべてを読み、かつ、理解した上で判断をしなければならない。

それでは、各国との租税条約で特徴的な事項をいくつか紹介しておくことにする。

なお、ここに記す事項の順番は、著者の実務において経験をしたその印象の強烈度に左右されていることをお断りしておく。

① 「その他所得条項」の相手国による正反対の規定（前述のとおり）
② 「技術上の役務」に関する規定（前述のとおり）
③ 減価償却資産等機器に関する使用料の規定の有無と債務者主義（我が国では使用料として規定されているが、使用地主義の規定となっている。）
 【規定の無い国】オーストラリア、タイ、ノールウェー等
④ 使用料の規定における「文化的使用料免税」
 【該当国】ハンガリーをはじめとした東欧諸国、パキスタン
⑤ 学生（研修生）に対する所得源泉地国（研修先の国で得る所得）における免税規定
 【該当国】タイ、中国等
⑥ 使用料に関して、債務者主義の規定の無い国
 【該当国】アメリカ、イギリス等

8 租税条約等の実施に伴う所得税法、法人税法及び地方税法の特例等に関する法律

　前節までは国際源泉課税の二本柱の一つである所得に関する租税条約に関して説明を行ってきた。

　しかしながら、所得に関する租税条約は二本柱の一つではあるが、その条文をそのまま日本の所得税法にはめ込んでワークさせようとしても、不可能となってしまう部分がある。すなわち、所得に関する租税条約の税率に関する規定の仕方は、例えば、

> 「当該利子が生じた締約国においても、当該締約国の法令に従って租税を課することができる。その租税の額は、当該利子の受益者が他方の締約国の居住者である場合には、当該利子の額の10％を超えないものとする。」

というような規定振りになっており、「10％を超えないものとする。」というような定め方であったら、それは0％（免税）でもOKであり、はたまた3％でもOKとなってしまって税率が定まらず、租税に関する法律としては体をなさないことになる。したがってこの所得に関する租税条約の条文を、租税に関する規定としてワークさせるための、その架け橋となる役割を果たす法律が必要となってくる。この橋の役割を託された法律が、「租税条約等の実施に伴う所得税法、法人税法及び地方税法の特例等に関する法律」（以下「実施特例法」という。）となるわけである。

　この法律は、我が国が初めて海外の国と所得に関する租税条約を結び、またその後いくつかの国と所得に関する租税条約を結んでいった当時は、個別に、例えば「日本国とアメリカ合衆国との間の二重課税の防止のための条約の実施に伴う所得税法の特例に関する法律」（昭和29.6.23法律第194号）というように制定されていた。しかしながらその後、我が国が多くの国と所得に関する租税条約を結び始めるに至って、個別

に特例法を制定するのをやめ、昭和44年に、現在の原型となる「租税条約の実施に伴う所得税法、法人税法及び地方税法の特例等に関する法律」（昭和44年法律第44号）が制定された。その後、度重なる改正を経て現在に至っている。

　この実施特例法では、第2条（定義）第5号で、

　　「限度税率　租税条約において相手国居住者等に対する課税につき一定の税率又は一定の割合で計算した金額を超えないものとしている場合におけるその一定の税率又は一定の割合をいう。」

と定め、第3条の2（配当等又は譲渡収益に対する源泉徴収に係る所得税の税率の特例等）第1項で、

　　「相手国居住者等が支払を受ける配当等（租税条約に規定する配当、利子若しくは使用料（当該租税条約においてこれらに準ずる取扱いを受けるものを含む。）又はその他の所得で、所得税法の施行地にその源泉があるものをいう。以下同じ。）又は譲渡収益（資産の譲渡により生ずる収益で同法の施行地にその源泉があるものをいい、配当等に含まれるものを除く。以下同じ。）のうち、当該相手国居住者等に係る相手国等との間の租税条約の規定において当該相手国居住者等の所得として取り扱われるもの（次項において「相手国居住者等配当等」という。）であつて限度税率を定める当該租税条約の規定の適用があるものに対する同法第170条、（途中省略）の規定の適用については、当該限度税率が当該配当等又は譲渡収益に適用されるこれらの規定に規定する税率以上である場合を除き、これらの規定に規定する税率に代えて、当該租税条約の規定により当該配当等又は譲渡収益につきそれぞれ適用される限度税率によるものとする。」

と規定し、所得に関する租税条約で定めている「10％を超えないものとする。」という際の「10％」を限度税率と呼び、そしてこの「限度税

率」を所得税法等で規定する税率に置き換える処置をして、租税条約で定める「限度税率」がワークするようにしている。また、第2項では、

　「相手国居住者等が支払を受ける相手国居住者等配当等であつて所得税の免除を定める租税条約の規定の適用があるものについては、所得税法第7条第1項第3号（途中省略）の規定の適用はないものとする。」

として、所得税を課さないこと（免税）としている。

　我々が実務において、所得に関する租税条約の適用がある場合に、所得税法に規定する税率ではなく、それより少ない所得に関する租税条約で定める限度税率によって源泉徴収を行ったり、あるいは非課税（免税）にしたりするのは、まさにこの実施特例法の定めを根拠にしているためである。

　ここで注意をしておかなければならないことがある。それは、この実施特例法の第3条の2の条文は第1項から第27項まであるが、そのどの項でも所得に関する租税条約により所得税法等で規定する税率から軽減したり免税にしたりすることに関して、一切の条件をつけていないということだ（第27項で直接委任を受けた政令を含めて）。

　また、この実施特例法は、本法、政令、省令の3部構成になっているが、各条文から政令等に対しての個別委任規定の他に、第12条（実施規定）で、

　「第2条から前条までに定めるもののほか、租税条約等の実施及びこの法律の適用に関し必要な事項は、総務省令、財務省令で定める。」

として省令に対する包括的委任規定を定めているのが特徴である。ただ、この種の包括的委任規定では、省令において、いわゆる法律要件を定めることはできないと解されている（参考判例　東京高等裁判所平成7年（行コ）第26・29号過誤納金還付請求控訴事件（税務訴訟資料214号531頁））。

したがってこのことは、「11. 租税条約に関する届出書の法的性格」で説明をする租税条約に関する届出書の法的効果に関して、非常に重要な意味を持つことになる。

9 租税条約に関する届出書

巷で「租税条約に関する届出書」と言われている書類は、「租税条約等の実施に伴う所得税法、法人税法及び地方税法の特例等に関する法律の施行に関する省令」（以下「実特法省令」という。）の第2条（相手国居住者等配当等に係る所得税の軽減又は免除を受ける者の届出等）に規定されている届出事項を記載した届出書面のことである。

実特法省令第2条第1項では、

「相手国居住者等は、その支払を受ける法第3条の2第1項に規定する相手国居住者等配当等（以下この条において「相手国居住者等配当等」という。）につき所得税法第212条第1項若しくは第2項又は租税特別措置法第9条の3の2第1項、第37条の11の4第1項、第41条の9第3項若しくは第41条の12の2第2項若しくは第3項の規定により徴収されるべき所得税について当該相手国居住者等に係る相手国等との間の租税条約の規定に基づき軽減又は免除を受けようとする場合には、当該相手国居住者等配当等に係る源泉徴収義務者ごとに、次に掲げる事項を記載した届出書を、当該租税条約の効力発生の日以後最初にその支払を受ける日の前日まで（括弧内省略）に、当該源泉徴収義務者を経由して、当該源泉徴収義務者の納税地の所轄税務署長に提出しなければならない。」

と規定している。

一部復習を兼ねるが、この条文の規定の内容について検討をしていく。

まず、主語だが、「相手国居住者等は」となっている。これは租税条約の特典を受ける者が、所得の受領者であることを物語っているし、また、租税条約の届出書を提出する者が相手国居住者等、すなわち所得の受領者であることも確認できる。次に「源泉徴収義務者ごとに」という部分だが、ここからも同様に主体が「相手国居住者等」であることがわかる。つまり、一人の所得の受領者（「相手国居住者等」）が、複数の日本の企業等（支払者、源泉徴収義務者）から日本国内源泉所得（「相手国居住者配当等」）を受領する場合には、その支払者ごとに届出書を提出することが必要とされている。

次に届出事項だが、
① 所得の受領者（相手国居住者等配当等の支払を受ける者）の氏名、住所等
② 所得の受領者の相手国における納税者番号（納税者番号制度が無ければ不要）
③ 租税条約の規定に基づき租税の軽減又は免除を受けることができる事情の詳細（該当条文等）
④ 所得の支払者（日本の源泉徴収義務者）の氏名、住所等
⑤ それぞれの所得に関する具体的内容（例えば、貸付金利子であれば、貸付け契約の締結日、契約金額、契約期間、利子の額、その利払い日等）
⑥ その他参考となる事項

等々である。

また、提出する時期や方法は、
① 最初の支払を受ける日の前日までに、
② 源泉徴収義務者（支払者）を経由して、
③ 源泉徴収義務者の納税地を管轄する税務署長に提出する

とされている。

　ただ、この条文では届出書自体のフォームについては何ら規定を置いていないので、任意の用紙で届出さえすれば良いことになる。しかしながら実務においては、国税庁が通達で様式を1から19まで定めているので、これを用いて届出を行うのが通常である。

　ちなみに、様式1から19までは以下のようになっている。

様式1　「租税条約に関する届出書（配当に対する所得税及び復興特別所得税の軽減・免除）」

様式1－2　「租税条約に関する特例届出書（上場株式等の配当等に対する所得税及び復興特別所得税の軽減・免除）」

様式2　「租税条約に関する届出書（利子に対する所得税及び復興特別所得税の軽減・免除）」

様式3　「租税条約に関する届出書（使用料に対する所得税及び復興特別所得税の軽減・免除）」

様式4　「租税条約に関する届出書（外国預託証券に係る配当に対する所得税及び復興特別所得税の源泉徴収の猶予）」

様式5　「租税条約に関する届出書（外国預託証券に係る配当に対する所得税及び復興特別所得税の軽減）」

様式6　「租税条約に関する届出書（人的役務提供事業の対価に対する所得税及び復興特別所得税の免除）」

様式7　「租税条約に関する届出書（自由職業者・芸能人・運動家・短期滞在者の報酬・給与に対する所得税及び復興特別所得税の免除）」

様式8　「租税条約に関する届出書（教授等・留学生・事業等の修習者・交付金等の受領者の報酬・交付金等に対する所得税及び復興特別所得税の免除）」

様式9　「租税条約に関する届出書（退職年金・保険年金等に対す

る所得税及び復興特別所得税の免除)」

様式10 「租税条約に関する届出書(所得税法第161条第1項第7号から第11号まで、第13号、第15号又は第16号に掲げる所得に対する所得税及び復興特別所得税の免除」

様式11 「租税条約に関する源泉徴収税額の還付請求書(発行時に源泉徴収の対象となる割引債及び芸能人等の役務提供事業の対価に係るものを除く)」

様式12 「租税条約に関する芸能人等の役務提供事業の対価に係る源泉徴収税額の還付請求書」

様式13 「租税条約に関する割引債の償還差益に係る源泉徴収税額の還付請求書(発行時に源泉徴収の対象となる割引国債用)」

様式14 「租税条約に関する割引債の償還差益に係る源泉徴収税額の還付請求書(割引国債以外の発行時に源泉徴収の対象となる割引債用)」

様式15 「租税条約に関する届出書(申告対象国内源泉所得に対する所得税又は法人税の軽減・免除)」

様式16 「外国法人の株主等の名簿兼相手国団体の構成員の名簿」

様式17-米 「特典条項に関する付表」米国用

様式17-英 「特典条項に関する付表」英国用

様式17-仏 「特典条項に関する付表」仏国用

様式17-豪 「特典条項に関する付表」豪州用

様式17-オランダ王国 「特典条項に関する付表」オランダ王国用

様式17-スイス 「特典条項に関する付表」スイス用

様式17-ニュージーランド 「特典条項に関する付表」ニュージーランド用

様式17-スウェーデン 「特典条項に関する付表」スウェーデン用

様式17-独 「特典条項に関する付表」独国用

様式17-ラトビア共和国 「特典条項に関する付表」ラトビア共和

国用

様式17－リトアニア共和国 「特典条項に関する付表」リトアニア共和国用

様式17－エストニア共和国 「特典条項に関する付表」エストニア共和国用

様式17－ロシア連邦 「特典条項に関する付表」ロシア連邦用

様式17－オーストリア共和国 「特典条項に関する付表」オーストリア共和国用

様式17－アイスランド 「特典条項に関する付表」アイスランド用

様式17－デンマーク王国 「特典条項に関する付表」デンマーク王国用

様式17－ベルギー王国 「特典条項に関する付表」ベルギー王国用

様式17－クロアチア共和国 「特典条項に関する付表」クロアチア共和国用

様式17－ウズベキスタン共和国 「特典条項に関する付表」ウズベキスタン共和国用

様式17－スペイン王国 「特典条項に関する付表」スペイン王国用

様式17－ジョージア 「特典条項に関する付表」ジョージア用

様式17－コロンビア共和国 「特典条項に関する付表」コロンビア共和国用

様式17－2 認定省令第一条第二号関係「特典条項に関する付表」認定省令第一条第二号関係用

様式18 「租税条約に基づく認定を受けるための申請書（認定省令第一条第一号関係）」

様式18－2 「租税条約に基づく認定を受けるための申請書（認定省令第一条第二号関係）」

様式19 「租税条約に関する届出書（組合契約事業利益の配分に対する所得税及び復興特別所得税の免除）」

10　租税条約に関する届出書の作成

　租税条約に関する届出書の具体的な記入方法を、次の設例を用いて説明をする。

《例題3》

> 　東京都千代田区丸の内1丁目1番地に本店がある日本産業株式会社（法人番号7012345678901）は、シンガポールのオーチャードロード111に本店のあるBLUE PARK COMPANY LTDから2023年7月1日に期間3年の約束で5億円を年利3％で借り入れた。2024年6月30日に1年分の利子を支払うことを予定していたところ、BLUE PARK COMPANY LTDから租税条約に関する届出書の提出をするための原案を作成して欲しい旨の依頼があったので、届出書の作成を行う。（注）

（注）　租税条約に関する届出書は前述の通り様式1から19まであり、所得の内容や受領者の国ごとに用いる用紙が異なる。色々なケースの具体的な記入例については、拙著「租税条約適用届出書の書き方パーフェクトガイド〈第5版〉」（税務研究会出版局）を参照されたい。

Ⅳ 所得に関する租税条約に係る基礎知識

様式 2
FORM

租税条約に関する届出書
APPLICATION FORM FOR INCOME TAX CONVENTION

利子に対する所得税及び復興特別所得税の軽減・免除
Relief from Japanese Income Tax and Special Income Tax for Reconstruction on Interest

この届出書の記載に当たっては、別紙の注意事項を参照してください。
See separate instructions.

税務署整理欄 For official use only
適用；有、無

① 税務署受付印

② 麹町 税務署長殿
To the District Director, Kōjimachi Tax Office

1 適用を受ける租税条約に関する事項；Applicable Income Tax Convention
日本国と ③ シンガポール との間の租税条約第 ④ 11 条第 2 項
The Income Tax Convention between Japan and SINGAPORE, Article 11, para. 2

⑤ ☑ 限度税率 **10** % Applicable Tax Rate
☐ 免税 Exemption

2 利子の支払を受ける者に関する事項；Details of Recipient of Interest

氏名又は名称 Full name	⑥ BLUE PARK COMPANY LTD
個人番号又は法人番号（有する場合のみ記入）Individual Number or Corporate Number (Limited to case of a holder)	

⑦ 個人の場合 Individual
- 住所又は居所 Domicile or residence （電話番号 Telephone Number）
- 国籍 Nationality

法人その他の団体の場合 Corporation or other entity
- 本店又は主たる事務所の所在地 Place of head office or main office：111 ORCHARD RD, SINGAPORE　（電話番号 Telephone Number） 0000-0000-0000
- 設立又は組織された場所 Place where the Corporation was established or organized：同上
- 事業が管理・支配されている場所 Place where the business is managed and controlled：同上　（電話番号 Telephone Number）

下記「4」の利子につき居住者として課税される国及び納税地（注8）
Country where the recipient is taxable as resident on Interest mentioned in 4 below and the place where he is to pay tax (Note 8)

⑧ シンガポール　本店所在地と同じ　（納税者番号 Taxpayer Identification Number）000000000

日本国内の恒久的施設の状況 Permanent establishment in Japan
☐ 有(Yes), ☑ 無(No)
If "Yes", explain:
- 名称 Name
- 所在地 Address （電話番号 Telephone Number）
- ⑨ 事業の内容 Details of business

3 利子の支払者に関する事項；Details of Payer of Interest

氏名又は名称 Full name	⑩ 日本産業株式会社
住所（居所）又は本店（主たる事務所）の所在地 Domicile (residence) or Place of head office (main office)	⑪ 東京都千代田区丸の内1丁目1番地　（電話番号 Telephone Number）00-0000-0000
個人番号又は法人番号（有する場合のみ記入）Individual Number or Corporate Number (Limited to case of a holder)	⑫ 7 0 1 2 3 4 5 6 7 8 9 0 1
⑬ 日本国内にある事務所等 Office, etc. located in Japan	名称 Name：同上　事業の内容 Details of Business：総合商社 所在地 Address：同上　（電話番号 Telephone Number）

4 上記「3」の支払者から支払を受ける利子で「1」の租税条約の規定の適用を受けるものに関する事項（注9）；
Details of Interest received from the Payer to which the Convention mentioned in 1 above is applicable (Note 9)

⑭ 元本の種類： Kind of principal：
☐ 公社債 Bonds and debentures　☐ 公社債投資信託 Bond investment trust　☐ 預貯金、合同運用信託 Deposits or Joint operation trust　☑ 貸付金 Loans　☐ その他 Others

(1) 債券に係る利子の場合；In case of Interest derived from securities

債券の銘柄 Description of Securities	名義人の氏名又は名称（注10）Name of Nominee of Securities (Note 10)	債券の取得年月 Date of Acquisition of Securities

額面金額 Face Value of Securities	債券の数量 Quantity of Securities	利子の支払期日 Due Date for Payment	利子の金額 Amount of Interest

(2) 債券以外のものに係る利子の場合：In case of other Interest

支払の基因となった契約の内容 Content of Contract under Which Interest is paid	契約の締結年月日 Date of Contract	契約期間 Period of Contract	元本の金額 Amount of Principal	利子の支払期日 Due Date for Payment	利子の金額 Amount of Interest
金銭消費貸借	令和5年7月1日	3年間	5億円	毎年6月末日	1,500万円

【裏面に続きます (Continue on the reverse)】

10 租税条約に関する届出書の作成

5 その他参考となるべき事項(注11) ;
　Others (Note 11)

 なし

6 日本の税法上、届出書の「2」の外国法人が納税義務者とされるが、租税条約の規定によりその株主等である者(相手国居住者に限ります。)の所得として取り扱われる部分に対して租税条約の適用を受けることとされている場合の租税条約の適用を受ける割合に関する事項等(注4) ;
　Details of proportion of income to which the convention mentioned in 1 above is applicable, if the foreign company mentioned in 2 above is taxable as a company under Japanese tax law, and the convention is applicable to income that is treated as income of the member (limited to a resident of the other contracting country) of the foreign company in accordance with the provisions of the convention (Note 4)

⑲

届出書の「2」の外国法人の株主等で租税条約の適用を受ける者の氏名又は名称 Name of member of the foreign company mentioned in 2 above, to whom the Convention is applicable	間接保有 Indirect Ownership	持分の割合 Ratio of Ownership	受益の割合＝租税条約の適用を受ける割合 Proportion of benefit = Proportion for Application of Convention
	☐	％	％
	☐	％	％
	☐	％	％
	☐	％	％
	☐	％	％
合計 Total		％	％

届出書の「2」の外国法人が支払を受ける「4」の利子について、「1」の租税条約の相手国の法令に基づきその株主等である者の所得として取り扱われる場合には、その根拠法令及びその効力を生じる日を記載してください。
If interest mentioned in 4 above that a foreign company mentioned in 2 above receives are treated as income of those who are its members under the law in the other contracting country of the convention mentioned in 1 above, enter the law that provides the legal basis to the above treatment and the date on which it will become effective.

根拠法令_____　効力を生じる日　　年　　月　　日
Applicable law　　　　　　　　　　　　 Effective date

7 日本の税法上、届出書の「2」の団体の構成員が納税義務者とされるが、租税条約の規定によりその団体の所得として取り扱われるものに対して租税条約の適用を受けることとされている場合の記載事項等(注5) ;
　Details of, if while the partner of the entity mentioned in 2 above is taxable under Japanese tax law, and the convention is applicable to income that is treated as income of the entity in accordance with the provisions of the convention (Note 5)

他の全ての構成員から通知を受けこの届出書を提出する構成員の氏名又は名称_____
Full name of the partner of the entity who has been notified by all other partners and is to submit this form

届出書の「2」の団体が支払を受ける「4」の利子について、「1」の租税条約の相手国の法令に基づきその団体の所得として取り扱われる場合には、その根拠法令及びその効力を生じる日を記載してください。
If interest mentioned in 4 above that an entity at mentioned in 2 above receives are treated as income of the entity under the law in the other contracting country of the convention mentioned in 1 above, enter the law that provides the legal basis to the above treatment and the date on which it will become effective.

根拠法令_____　効力を生じる日　　年　　月　　日
Applicable law　　　　　　　　　　　　 Effective date

8 権限ある当局の証明(注12)
　Certification of competent authority (Note 12)　⑯

私は、届出者が、日本国と_____との間の租税条約第____条第____項に規定する居住者であることを証明します。
I hereby certify that the applicant is a resident under the provisions of the Income Tax Convention between Japan and _____, Article_____, para._____.

　　　年　　月　　日
Date　　　　　　　　　　　　 Certifier _____

○ 代理人に関する事項 ; この届出書を代理人によって提出する場合には、次の欄に記載してください。
　Details of the Agent ; If this form is prepared and submitted by the Agent, fill out the following columns.　⑰

代理人の資格 Capacity of Agent in Japan	氏名(名称) Full name	納税管理人の届出をした税務署名 Name of the Tax Office where the Tax Agent is registered
☐ 納税管理人　※ 　Tax Agent ☐ その他の代理人 　Other Agent	住所(居所・所在地) Domicile (Residence or location) (電話番号 Telephone Number)	税務署 Tax Office

※ 「納税管理人」とは、日本国の国税に関する申告、申請、請求、届出、納付等の事項を処理させるため、国税通則法の規定により選任し、かつ、日本国における納税地の所轄税務署長に届出をした代理人をいいます。

※ "Tax Agent" means a person who is appointed by the taxpayer and is registered at the District Director of Tax Office for the place where the taxpayer is to pay his tax, in order to have such agent take necessary procedures concerning the Japanese national taxes, such as filing a return, applications, claims, payment of taxes, etc., under the provisions of Act on General Rules for National Taxes.

 ○ 適用を受ける租税条約が特典条項を有する租税条約である場合；
　If the applicable convention has article of limitation on benefits

特典条項に関する付表の添付　☐有Yes
"Attachment Form for Limitation on Benefits Article" attached
☐添付省略 Attachment not required
(特典条項に関する付表を添付して提出した租税条約に関する届出書の提出日　　年　　月　　日)
Date of previous submission of the application for income tax convention with the "Attachment Form for Limitation on Benefit Article"

Ⅳ 所得に関する租税条約に係る基礎知識

《解　説》
(1) **目的及び基本事項等**
　この届出書（様式2）は、利子に係る日本国の所得税の源泉徴収税額について、租税条約の規定に基づく軽減又は免除を受けようとする場合に使用するものである。
・支払者の手元に控えを残すため正副2通を作成する（控えは税務調査のときに必要となったり、納税証明書の発行を受けるときに必要となる場合がある。）。
・支払日の前日までに提出すること。
・届出書提出後に、「額面金額」「数量」や「利子の金額」の増加又は減少によるもの以外の記載事項に異動が生じた場合（受領者や支払者の所在地の移動等）は、提出をし直さなければならない。

以下、記入例に付した①〜⑲の番号に従って具体的に説明していく。

(2) **提出先や適用条約に関する事項等**
① 税務署受付印
　「税務署受付印」欄は、届出書を提出した際に税務署が受付印を押す欄である。控えとなる副本に受付印が押印されたかを必ず確認すること。
② 宛先　○○税務署長
　支払者（源泉徴収義務者）の納税地を所轄する税務署名を記入する。
　本設例の場合は、「麹町」と記入。
③ 日本国と○○国
　該当する租税条約の相手国名を記入する。通常は、受領者の居住地国（住所地等で判断）となる。
　本設例の場合は、「シンガポール」と記入。
④ 租税条約第○条第○項

租税条約関係法規集等を参考にして所得の種類別（配当、利子、使用料等）に該当の租税条約の条項を記入する。

本設例の場合は、「11（条）2（項）」と記入。

⑤ 限度税率・免税

該当する租税条約で適用される「限度税率」又は「免税」にチェック（✓）し、適用される税率を記入する。

本設例の場合は、「限度税率」にチェック（✓）し、「10」と記入。

(3) **受領者（支払を受ける者）に関する事項**

⑥ 受領者の氏名又は名称

受領者の氏名又は名称を記入する。

本設例の場合は、「BLUE PARK COMPANY LTD」と記入。

⑦ 受領者の住所等

受領者が個人か法人等かの別に、記載すべき住所・電話番号等を記入する。

「本店又は主たる事務所の所在地」「設立又は組織された場所」「事業が管理・支配されている場所」が同じ場合、「同上」でも差支えない。

本設例の場合は、「111 ORCHARD RD, SINGAPORE」「同上」「同上」と電話番号を記入。

⑧ 受領者の納税地及び納税者番号

受領者が届け出た利子について課税される国と所在地及びその国での納税者番号を記入する。

受領者が納税者番号を有していない場合や、受領者の居住地国に納税者番号に関する制度が存在しない場合には、記入の必要はない。

本設例の場合は、「シンガポール　本店所在地と同じ」と納税者番号を記入。

⑨　受領者の日本国内の恒久的施設の状況

「有」又は「無」にチェック（✓）し、「有」の場合は、名称・所在地・事業の内容・電話番号を記入する。

本設例の場合は、「無」にチェック（✓）を記入。

なお、恒久的施設（「PE」：Permanent Establishment）の定義は、租税条約にその範囲が定められており、通常は支店・事務所・工場等をいう。

(4) 支払者に関する事項

⑩　支払者の氏名又は名称

支払者（源泉徴収義務者）の氏名又は名称を記入する。

本設例の場合は、「日本産業株式会社」と記入。

⑪　支払者の住所又は本店の所在地等

支払者（源泉徴収義務者）の住所又は本店の所在地・電話番号を記入する。

本設例の場合は、「東京都千代田区丸の内1丁目1番地」と電話番号を記入。

⑫　個人番号又は法人番号

支払者の法人番号を記入する。

本設例の場合は、「7012345678901」と記入する。

⑬　支払者の日本国内の恒久的施設の状況

「有」又は「無」にチェック（✓）し、「有」の場合は、名称・所在地・事業の内容・電話番号を記入する。

本設例の場合は、「有」にチェック（✓）し、「同上　総合商社」「同上」と記入。

(5) 利子の内容

⑭ 受領者が受ける利子の内容

元本の種類ごとに「公社債」「公社債投資信託」「預貯金、合同運用信託」「貸付金」「その他」の該当する場所にチェック（✓）する。

本設例の場合は、「貸付金」にチェック（✓）を記入。

次に、「債券に係るもの」（社債等）と「債券以外のものに係るもの」（消費貸借契約等）の別に記入する。

(a) 「債券に係る利子」

「債券の銘柄」「名義人の氏名又は名称」「債券の取得年月」「額面金額」「債券の数量」「利子の支払期日」「利子の金額」について、できるだけ詳しく記入する。

(b) 「債券以外のものに係る利子」

「支払の基因となった契約の内容」「契約の締結年月日」「契約期間」「元本の金額」「利子の支払期日」「利子の金額」を記入する。

これらは、契約書等に従って記入することになる。

本設例の場合は、「債券以外のものに係る利子」の欄に、それぞれ「金銭消費貸借」「令和5年7月1日」「3年間」「5億円」「毎年6月末日」「1,500万円」と記入。

(6) その他

⑮ その他参考となるべき事項

なければ記入の必要はない。

⑥〜⑭で記入した事項以外で、租税条約による源泉所得税の軽減又は免除等の適用を受けるための要件を満たす事情があれば記入する。

⑯ 権限ある当局の証明

支払を受ける利子が、租税条約の規定により免税となる場合には、

受領者は支払者へ提出する前に権限ある当局の証明を受ける必要がある。

本設例の場合は、記入不要。

⑰ 代理人に関する事項

受領者の代理人が届出書を提出する場合には、「代理人の氏名・住所等」を記入する。

納税管理人以外の代理人の場合は、委任関係を証する「委任状(翻訳文を含む。)」の添付が必要になる。

⑱ 適用を受ける租税条約が特典条項を有する租税条約である場合

「有」又は「添付省略」にチェック(✓)する。

本設例の場合は、記入不要。

⑲ 受領者が日米等で課税上の取扱いが異なる事業体(LLC等)に該当しなければ、記入の必要はない。

本設例の場合は、記入不要。

11 租税条約に関する届出書の法的性格

「9. 租税条約に関する届出書」では、租税条約に関する届出書に関して規定している「実特法省令」第2条第1項の条文について検討を行ってきた。ここではその続きで、「租税条約に関する届出書」と条約による所得税の軽減・免除の関係について検討をしていくことにする。

さて、第2条第1項の条文の末尾の部分は「提出しなければならない。」となっているが、出さなければどうなるか(出さなければ軽減免除をしない)ということについては、書かれていない。またこの第2条は全部で項が19あるが、そのどの項にも同様にこの届出書を提出しなければ、軽減免除を受けることはできないとは書かれていない。これは、

「8. 租税条約等の実施に伴う所得税法、法人税法及び地方税法の特例等に関する法律」でも触れたが、実施特例法本法から実特法省令への個別委任規定がないので、実特法省令で法律要件（効力要件）を規定することができないことからも、当然のことではある。

したがって、租税条約に関する届出書が提出されていたら租税条約が適用されて軽減免除が行われ、提出がなければ軽減免除がされないということにはならない。これは、実施特例法第3条の2の規定が、「限度税率」を所得税法等で規定する税率に代えて適用するという置換え規定であることからしても、そしてその置換え規定を適用するのに、ここまで見てきたように何ら条件をつけていないことからしても当然に導き出されることである。

また、源泉徴収所得税の特徴として、支払と同時に発生しかつ確定するということがあり、支払時に税率が確定していないと源泉徴収自体が不能となることから、租税条約に関する届出書が法律要件となっていない以上、所得税法等で規定されている税率から「限度税率」に強制的に置き換えられないと、税法として機能しないことになることからも明らかである。

ところで、よく「租税条約に関する届出書が提出されていないと、所得の受領者が租税条約の適用がある者か否かが確認できない。よって、租税条約に関する届出書の提出がない場合には租税条約の「限度税率」ではなくて（租税条約の適用はできなくて）、所得税法等の規定による税率により源泉徴収をしなければならない。」というようなことが言われている。このことも、次のような事例を考慮すると、説得力のある説とはなり得ない。

例えば、日本の企業が海外の銀行から資金を調達し、その資金で海外に自社工場（子会社ではない）を建設した場合の、その借入金利子の問

題である。我が国の所得税法の規定では、国内業務の用に供さなければ国内源泉所得とはならないので、本件借入金に対する支払利子は国内源泉所得にはならず、したがって日本企業が外国銀行に支払う借入金利子は源泉徴収が不要となる。しかしながらこの外国銀行が、我が国と所得に関する租税条約を結んでいる国の法人であって、かつ、その租税条約の利子に関する規定に「債務者主義」が規定されていたらどうなるのであろうか。所得税法第162条（租税条約に異なる定めがある場合の国内源泉所得）の規定により、「使用地主義」は「債務者主義」に置き換えられることになるのだが、外国銀行から租税条約に関する届出書が提出されていなければ、外国銀行は租税条約の適用がある者か否かが確認できないので、したがって置換えはされず、国内源泉所得とはならないというのであろうか。永遠にこの外国銀行から租税条約に関する届出書が提出されなければ（課税を受けると知って提出する者は極めて少数と思うが）提出されるまでは課税はしないと当局の担当者は言うのであろうか。税務調査を受けた方はわかると思うが、当局は必ず課税漏れを指摘してくる。では、その際に「限度税率」の適用はどうなるのだろうか。「租税条約に関する届出書が提出されていないと租税条約の適用がある者か否かが確認できないので、「限度税率」は適用できない。」と言えるのだろうか。片一方で自分たちで租税条約に関する届出書の提出がないのに租税条約の適用がある者と認定をしておきながら、返す刀で、租税条約に関する届出書の提出がないため租税条約の適用がある者か確認ができないので、限度税率の適用はできないなんて言えるはずはない。

　したがって「租税条約に関する届出書の提出がないと、確認ができないので、「限度税率」の適用はできない。」という説は、破綻をきたすことになる。

　繰り返しになるが、所得税法等で定める税率から「限度税率」への置

換えに関して、法律は何ら条件を付していないということ、そして支払時に源泉徴収所得税が確定することからして、その支払時に二つの税率が存在することの方がむしろ異常であり、支払の時点で確認ができないとしても、絶対的に確定している源泉徴収所得税は、正しい税率（「限度税率」）で算出されたものしかあり得ないことになる。

これらのことに関して一橋大学の水野教授は、

「租税条約の規定は、実質的には、国内法的効力をもつことになるのであるから、届出の有無により、その適用が左右されるものではない。この点は、優遇措置について、その選択をするために届出を要求しているのとは異なる。例えば、青色申告や医師優遇税制の特例の適用を受けるためには届出ないし承認が必要であるのはそれが特典であるからである。租税条約における軽減税率の適用は特典ではなく、条約上の義務である。」

と述べられ（注1）、また、租税条約で定める「限度税率」の適用をしないで所得税法等の税率で行った源泉徴収に関して、

「源泉徴収所得税について、租税条約に定める軽減税率によらずに国内法である所得税法の規定にしたがって源泉徴収をして納付した場合には、租税条約に違反するものであり、誤納金として還付すべきであるということになる。」

と論じられている（注2）。

また、東京大学の増井教授は、

「還付や届出の手続きは、法律上の個別的な委任規定もないまま、省令レベルではじめて定められているにすぎない。届出書は、租税条約の要求する実体的要件の存否を明らかにするための情報提供を求めているにすぎないのであって、その提出は限度税率適用の要件ではないと解される。」

と論じられている（注3）。

　以上検討をしてきたとおり、絶対的な事実として、所得の受領者が租税条約の適用がある者である限り、租税条約に関する届出書の有無に関係なく、租税条約の恩典は受けることができるということになる。所得の支払者（源泉徴収義務者）は、所得の受領者との間で商取引等を行うのだから、その過程で通常の、あるいはそれ以上の注意を払って相手方のことをチェックするのだから、それらの過程で相手方が租税条約の適用がある者であることを知り得たら、租税条約に関する届出書の提出の有無にかかわらず、源泉徴収の場面では租税条約の適用をして（軽減・免除を行って）よいと判断される。

　ところで、源泉所得税の税務調査において、非居住者源泉の課税漏れを指摘された場合にどのように源泉徴収を行えばよいかという問題も、今までの検討をしてきたことを踏まえて考えれば、次のように解決すればよいことになる。つまり、その所得の受領者が所得に関する租税条約の適用がある者だと確認できたら、所得税法に規定する税率ではなく「限度税率」で源泉徴収を行えばよい（もし、免税規定があるのなら、結果課税漏れなし）ということになる。所得に関する租税条約の適用がある者か否かについては、通常は「租税条約に関する届出書」で確認を行うことになるから、いわゆる「租税条約に関する届出書の後出し」で対応すればよいことになる。

　この点に関して、増井教授は、

　「限度税率適用のための届出書は、むしろ、租税条約の実体的要素を満たすことを納税者が示すための証明手段とみるべきである。証明手段である以上、支払後に提出された場合であっても、租税条約の定める実体的要件を満たす場合には、すぐさま限度税率を適用して差し支えない。税務署長や国税不服審判所、裁判所は、条約上の要件を満た

すことを認定できる場合には、むしろ積極的に条約上の限度税率を適用することが要請されるものと解される。」
と論じられている（注4）。

(注1) 水野忠恒「国際課税の制度と理論」（有斐閣、2000年11月15日発行）87ページ
(注2) 水野忠恒「国際課税の制度と理論」（同上）84ページ
(注3) 増井良啓「租税条約実施特例法上の届出書の法的性質」税務事例研究114巻（財団法人日本税務研究センター、2010年3月）74－75ページ
(注4) 増井良啓「租税条約実施特例法上の届出書の法的性質」（同上）75ページ

以上検討してきたことを争点とした租税裁判があり、判決では以下の通り判示されている（東京地裁平成24（行ウ）152所得税決定処分取消請求事件、平成27年5月28日判決）。

実特法省令9条の2第1項又は7項の定める届出書を提出しなければ、日米租税条約7条1項による税の軽減又は免除を受けることができないのか否かについて、

ア　国民は、民主主義の下、その総意を反映する租税立法に基づいて納税の義務を負うものとされており（憲法30条参照）、その反面において、新たに租税を課し、又は現行の租税を変更するには、法律又は法律の定める条件によることを必要とされていること（憲法84条）に鑑みれば、納税義務者、課税標準等の課税要件はもとより、租税の賦課、納付徴収等の手続についても、全て法律により規定すべきものである（最高裁大法廷昭和30年3月23日判決・民集9巻3号336頁、最高裁大法廷昭和37年2月21日判決・刑集16巻2号107頁）。そして、法律により、政令などの下位の法令に課税要件等の定めを委任すること

は可能ではあるものの、その委任の方法は、当該法律において委任の内容を個別的・具体的に限定するなどして、租税法律主義（憲法84条）の本質を損なわないものでなければならず、委任の内容を何ら限定することなく、包括的・一般的に委任することは、憲法84条に反するものとして許されないというべきである。

イ　原告は、本件各係争年における国内源泉所得について、実特法省令に基づく届出書を提出していない（当事者間に争いがない。）ところ、被告は実特法省令に基づく届出書を提出していない以上、日米租税条約7条1項による税の軽減又は免除を受けることはできない旨主張している。

　そこで検討するに、実特法省令9条の2は、租税条約の特定規定に基づき、税の軽減又は免除を受けようとする場合には、実特法省令に基づく届出書を提出しなければならない旨を定めており、日米租税条約7条1項は、上記特定規定に該当するから（実特法12条、本件総務大臣等告示）、実特法省令9条の2によれば、原告は、国内源泉所得について、日米租税条約7条1項による税の軽減又は免除を受けるに当たり、実特法省令に基づく届出書を提出すべきであったということができる。

　しかしながら、実特法省令9条の2は、実特法省令に基づく届出書を提出しなかった場合において、租税条約に基づく税の軽減又は免除を受けることができない旨を具体的に規定しているわけではない。また、実特法省令は、実特法12条の委任規定に基づくものであるところ、同条は、「租税条約の実施及びこの法律の適用に関し必要な事項は、総務省令、財務省令で定める。」とのみ規定しており、その委任の方法は、一般的、包括的なものであって、租税法律主義（憲法84条）に照らし、実特法12条が課税要件等の定めを省令に委ねたもの

と解することはできない。そうである以上、同条が、実特法省令に対し、届出書の提出を租税条約に基づく税の軽減又は免除を受けるための手続要件として定めることを委任したものと解することはできないというべきである。

ウ　この点、被告は、日米租税条約による特典を受けるための実体的要件は、日米租税条約が定めており、実特法省令9条の2は、実特法12条による委任を受けて、上記実体的要件の存否等を確認するための手続的な事項を定めたものにすぎないなどと主張している。しかしながら、実特法省令に基づく届出書を提出しなければ、租税条約による特典を受けることができないとするならば、実特法省令に基づく届出書を提出することは、租税条約の特典を受けるための手続要件になるものと解さざるを得ない。前記検討のとおり、実特法12条の委任規定の内容は、一般的、包括的なものであるところ、同条が法律よりも下位の省令に対し、租税条約及び実特法を実施するための手続的細則を定めることを委任したものと解することはできるとしても、省令の定める手続を経なければ、租税条約の特典を受けることができないという意味での手続要件を定めることを委任したものと解することはできないというべきである。これに反する被告の主張は採用することができない。

エ　以上によれば、原告が日米租税条約7条1項による税の軽減又は免除を受けることができるか否かについては、同項に基づき判断されるべきものであって、原告が実特法省令に基づく届出書を提出しなかったことをもって、同項の適用を否定することはできない。

V 事例検討

1. 国際税務・国際源泉課税のキーワード

> **問** 国際税務・国際源泉課税を学ぼうと色々な本を読んでいますが、いまひとつ十分な理解ができません。何か「かぎ」となるような用語はあるのでしょうか。そしてそれをどのように理解すれば良いのでしょうか。

結論

第Ⅰ章から第Ⅳ章までで説明してきたように、国際税務・国際源泉課税の分野ではいくつか重要なキーワードがあります。

その中でも特に重要なのが「源泉」という言葉です。この言葉は「源泉徴収」という意味のほか、「所得源泉地」や「国内源泉所得」というように「(所得や収入が生じた)みなもと」という意味で様々な場面に登場します。この「源泉」という言葉の意味を正しく捉えることが、国際税務・国際源泉課税の理解の役に立つと思います。

検討

1.「源泉」の意味

例えば会社の経理部においては、「源泉」という言葉は、通常「源泉徴収」という意味で使われることが多いと思います。しかしながら国際

V 事例検討

税務の世界では、「源泉」という用語が源泉徴収を意味する場面よりも、もっと多数の場面で違った意味で使われることがあるのです。

それは「源泉」という文字通り、「所得（収入）が生じたみなもと」という意味で用いられるということです。その使われ方としては、「この所得の源泉（地、地国）はどこですか？」とか、「この所得は国内源泉所得だから日本国に課税権がある（日本で課税が行われる。）。」というような感じで使われるのです。

2. 「国内源泉所得」及び「国外源泉所得」

所得税法では、第161条で国内源泉所得の範囲を規定することにより、「国内源泉所得」とそれ以外の「国外源泉所得」を区分しています。これらは文字通り、その所得が国内で生じたものか、あるいは国外で生じたものかを表します。

ここで注意をしていただきたいのは、「国内」とか「国外」という言葉は、その言葉を発した者による立ち位置によって決まってくるということです。つまり、日本にいる企業の方や日本の税務の専門家が「国内源泉所得」と言った場合には、「日本国内源泉所得」すなわち日本で生じた所得のことを言っていると考えてよいでしょう。同様に、「国外源泉所得」と言った場合には、「日本国外源泉所得」すなわち日本以外で生じた所得を意味しているということになります。

しかし、例えば、日本の方と中国の方の会話で「国内源泉所得」という用語が出てきた場合は要注意です。つまり、それぞれの立ち位置を考えると、もしかしたら、日本の方は「日本国内源泉所得」という意味に、中国の方は「中国国内源泉所得」という意味に捉えて、見解が相違していることが有り得るからです。

このような誤解を生じさせないためには、場面によっては「国内」という用語の前に、「日本」や「中国」といった国名をつけて用いること

〈事例1〉

をお勧めします。また、文献等を読む場合も、著者がどのような立場でその用語を用いているかを斟酌し、「国内」とか「国外」とかいう言葉が出てきたら、読者御自身でその前に国名をつけて読み進めることが、誤解を回避する方法となります。

ところで、国際課税の場面では「国内」とか「国外」という言葉が往々にして出てきます（例えば「国内法」というように。）。このような場合にも、わかり難いと感じたら、頭に「日本」とか「中国」とか、隠されている国名をつけてみることをお勧めします。

国際課税がわかりにくいと思われがちなのは、実はこのあたりのコツがつかめていないことに原因があるのではないかと考えます。

3．自分の立ち位置を確認する

国際税務の場面においては「源泉」のほかにも、「居住者」と「非居住者」、「外国法人」と「内国法人」といった用語が頻繁に出てきます。これらの用語に遭遇したら、まず、自分の立ち位置を確認し、それによって当てはまる法令等の規定、課税・非課税の判断、租税条約等の適用の有無等の検討へと進んでいくことが、国際税務・国際源泉課税の理解の役に立つと思います。

V 事例検討

2. 復興特別所得税と源泉徴収税率

> **問** 平成25年1月1日以降に非居住者が収入すべき所得に対して、当社が源泉徴収を必要とする支払をする際の源泉徴収税率はいくらになるのでしょうか。
>
> また、租税条約の適用があり、限度税率（軽減税率）で源泉徴収する際にも復興特別所得税を徴収する必要がありますか。

結論

非居住者に対する支払に関して源泉徴収を行う場合にも、所得税法の規定による源泉徴収税率を用いる場合には、復興特別所得税を合わせて徴収する必要があります。

しかしながら、租税条約による限度税率（いわゆる軽減税率）が適用される場合には、復興特別所得税を徴収する必要はありません。

検討

「東日本大震災からの復興のための施策を実施するために必要な財源の確保に関する特別措置法」（平成23年法律第117号）、通称「復興財源確保法」が公布され、復興特別所得税の規定が平成25年1月1日から施行されています。

この法律により、平成25年1月1日から令和19年12月31日までの間に生ずる所得について、復興特別所得税（本来課される所得税額に対して2.1％の税率で算出されます。）が課されます。

源泉徴収を行う際にも本来の税率による所得税と併せてこの復興特別所得税も、源泉徴収をしなければならないことになっています（復興財源確保法第28条第1項）。

〈事例2〉

具体的な税率は次のようになります。

【合計税率の計算式】

所得税率（％）× 102.1％ ＝ 合計税率（％）

【所得税率に応じた合計税率の例】

所得税率（％）	5	7	10	15	16	18	20
合計税率（％） （上記の所得税率× 102.1％）	5.105	7.147	10.21	15.315	16.336	18.378	20.42

（注）　算出した所得税及び復興特別所得税の額に１円未満の端数があるときは、その端数金額を切り捨てます。

ところで、非居住者に対する支払の際に行う源泉徴収の場合、国内法の規定による源泉徴収税率による際にはこの復興特別所得税も併せて源泉徴収しなければなりませんが、租税条約が適用されてその条約に規定されている限度税率（いわゆる軽減税率）で源泉徴収を行う場合には、この復興特別所得税は徴収する必要はありません（復興財源確保法第33条第４項）。これは租税条約の我が国での立ち位置からして、我が国で租税条約の限度税率を超えて課税することはできませんので、当然のことと解されます。

また、その月の支払中に、復興特別所得税のかかる非居住者への支払と、租税条約の限度税率での支払との両者がある場合には、源泉徴収した税額を納付する際には、それぞれ別の納付書（共に非居住者用）を用いて納付することになっていますので、注意が必要です。

なお、以下の事例においては、源泉徴収すべき税率として、所得税法に規定された税率と共に、復興特別所得税を含めた合計税率を適宜【　】書きで表示しています。

V 事例検討

3. 課税漏れ源泉徴収税額を支払者が負担した際の税務処理について（為替換算に関する解説を含む）（その1）

問 このたび当社は税務調査を受け、A国からの技術導入に際して令和5年7月20日にZ社へ支払った3,000,000ドルについて、非居住者に対する使用料に関する源泉徴収が漏れているとの指摘を受けました。

当社とZ社との技術導入契約書では、日本で生じるいかなる税金も当社が負担し、Z社の手取り額は3,000,000ドルであるとの条項があります。

今回の税務当局からの指摘について、どのように処理をすれば良いのかご教示ください。

なお、当社は令和5年7月20日に3,000,000ドルを送金したときに、TTSが150円（TTBは148円）でしたので、

　　（開発費）450,000,000　//　（現金預金）480,000,000

と会計処理をしています。また、日本とA国との間では租税条約は結ばれておりません。

結論

貴社は源泉徴収漏れであった技術導入料について、Z社に対して令和5年7月20日に総額3,769,791ドル（3,000,000ドル÷（1－0.2042））を支払ったことになり、同年8月10日までに769,791ドル相当額を源泉徴収税額として円貨で納税を行わなければならなかったことになります。

したがって、納付漏れとなっていた113,929,068円（769,791ドル×148円（TTB））については早急に納付を行わなければなりません（期限後納

〈事例3〉

付となります。）。

　また、法人課税所得の計算上、開発費が113,929,068円ほど過少となっていますから、この部分は令和5年7月20日を含む事業年度の損金となりますので、当局の職権による減額更正を受けるか、更正の請求書を提出することになります。

検　　討

1．支払時に誤ってしまった事項は何か

　貴社は、Z社への3,000,000ドルの支払の際に、その支払が所得税法第161条第1項第11号イに規定する使用料に該当する場合は、その支払時に源泉徴収を行わなければならないのですが、一方、Z社との技術導入契約において、日本で生じるいかなる税金も貴社が負担しZ社へ手取り額で3,000,000ドルを支払うということを取り決めていますから、その支払が源泉徴収すべき使用料に該当した場合には、所得税基本通達181～223共－4（源泉徴収の対象となるものの支払額が税引手取額で定められている場合の税額の計算）の、

> 「給与等その他の源泉徴収の対象となるものの支払額が税引手取額で定められている場合には、当該税引手取額を税込みの金額に逆算し、当該逆算した金額を当該源泉徴収の対象となるものの支払額として、源泉徴収税額を計算することに留意する。」

により、源泉徴収後の金額が3,000,000ドルになるように支払総額を決めなければならなかったことになります。

　所得税法第213条第1項第1号の規定により源泉徴収税率は20％ですから、復興特別所得税を加えると20.42％となり、支払総額は3,000,000ドル÷（1－0.2042）で3,769,791ドルでなければならなかったのです（いわゆるグロスアップ計算です。）。

V 事例検討

したがって、支払時点では、TTS が 150 円で、TTB は 148 円となりますから、

 （開発費）   563,929,068 // （現金預金） 450,000,000
                 （源泉税預かり金）113,929,068

と会計処理をしなければならず、翌月 10 日の納付時点では、

 （源泉税預かり金）113,929,068 // （現金預金） 113,929,068

と会計処理をしなければならなかったことになります（源泉徴収税額に関する円換算については、所得税基本通達 213 − 1（外貨で表示されている額の邦貨換算）によって電信買相場（TTB）を用いることになります。）。

このような処理がされていなかったので、今回の調査で指摘を受けることになってしまったわけです。

2. 是正の方法とその時期

貴社の今回のケースは、所得税基本通達 221 − 1（支払者が税額を負担する場合の税額計算）の、

> 「法第 221 条第 1 項の規定により同項に規定する者から源泉徴収に係る所得税を徴収する場合において、その者がその徴収すべき税額を徴収していなかったときは、同項の規定により徴収すべき税額は、次により計算することとなることに留意する。
>
> (1) 当該税額を徴収していなかった理由が、当該徴収すべき税額を支払者が負担する契約となっていたことによるものである場合には、税引手取額により支払金額が定められていたものとして、181 〜 223 共 − 4 により計算する。」

により、支払時点の令和 5 年 7 月 20 日の時点で、

 （開発費） 113,929,068 // （源泉税預かり金） 113,929,068

という会計処理がされていなかった（損金と源泉徴収預かり金の両方が計上されていなかった）ことになりますから、その修正を行うことになり

〈事例3〉

ます。

　すなわち源泉税の課税漏れは、令和5年7月20日に113,929,068円が生じたことになりますので、貴社は令和5年8月10日の納付日に納税すべきであった源泉所得税の追加納付を早急に行わなければなりません。

　また、法人課税所得の計算においても、損金処理がされていなかったことになりますので、これも是正をしなければなりません。税務署長の職権による更正を受けるか、課税所得の減額になりますから「更正の請求」を行うことになります。

3. 不納付加算税と延滞税

　法定納期限である令和5年8月10日までに、源泉徴収税額113,929,068円が納付されていなかったので、この納付漏れであった113,929,068円に対して不納付加算税10％と延滞税が課されることになります。

V　事例検討

4. 課税漏れ源泉徴収税額を支払者が負担した際の税務処理について（為替換算に関する解説を含む）（その2）

> **問**　このたび当社は税務調査を受け、A国からの技術導入に際して令和5年11月20日にZ社へ支払った2,000,000ドルについて、非居住者に対する使用料に関する源泉徴収が漏れているとの指摘を受けました。
>
> 　専門家を交えて検討を行った結果、当局の指摘どおりだとの結論に達したのですが、当社とZ社との技術導入契約書では、日本で生じる税金についての取決めがなされていませんでした。
>
> 　そこで、今回の税務当局からの指摘について、どのように処理をすれば良いのかご教示ください。
>
> 　なお、当社は令和5年11月20日に2,000,000ドルを送金したときに、TTSが150円（TTBは148円）でしたので、
>
> 　　（開発費）300,000,000　//　（現金預金）300,000,000
>
> と会計処理をしています。また、日本とA国との間では租税条約は結ばれておりません。

結　論

　貴社は技術導入料について源泉徴収漏れであった税額408,400ドル（2,000,000ドル×20.42％）について、Z社に対してどちらが負担するのかを交渉をして決めなければなりません。その結果返還が受けられること（Z社の負担）になれば、貴社は直ちに60,443,200円（408,400ドル×148円（TTB））の納税を行い（期限後納付となります。）、その納付税額については仮払い等の処理をし、後日、返還を受けた時点で仮払金等の

〈事例4〉

受入処理をすることになります。

　返還が受けられない場合は、貴社はまず令和5年11月20日の時点での源泉徴収漏れ税額60,443,200円について納付を早急に行い（期限後納付となります。）、次に当該税額を返還が受けられないことが確定した時点（今回の交渉がまとまった日）（注）でZ社へ技術導入料の追加払いを行ったこととし、納付をした金額（60,443,200円）を手取り額として支払総額を求めて、その支払総額75,952,751円（60,443,200円÷（1－0.2042））について、使用料としての源泉徴収税額を求め（75,952,751円×0.2042＝15,509,551円）、その税額の返還を受けないことが確定した日の翌月10日までに、その税額15,509,551円を納税することになります（この部分については期限内納付となります。）。

　（注）　返還が受けられないことが確定した時点が平成25年以降の場合は復興特別所得税の加算が必要です。

検　　討

1.　支払時に誤ってしまった事項は何か

　貴社は、Z社への2,000,000ドルの支払時に、その支払われる金銭が所得税法第161条第1項第11号イに規定する使用料に該当する場合には、20.42％（復興特別所得税を含む）の税率で源泉徴収を行わなければならなかったのですが、これを行っていなかったことになります。本来行われるべき会計処理は、TTSが150円でしたので送金額は（2,000,000ドル－2,000,000ドル×20.42％）×150円で238,740,000円となるはずですから、

　　　（開発費）　299,183,200　　//　　（現金預金）　　　　238,740,000
　　　　　　　　　　　　　　　　　　　（源泉税預かり金）　　60,443,200
　　　　　　　　　　　　　　　　（2,000,000ドル×20.42％×148円（TTB））

Ⅴ　事例検討

となります。しかしながら貴社は、

　　（開発費）300,000,000　//　（現金預金）　　300,000,000

としてしまったために今回の税務調査で指摘を受けることになったわけです。

2.　是正の方法とその時期

　貴社の今回のケースについては、所得税法第222条（不徴収税額の支払金額からの控除及び支払請求等）の、

　「（前段部分省略）、その徴収をしていなかつた所得税の額に相当する金額を、その徴収をされるべき者に対して同条の規定による徴収の時以後若しくは当該納付をした時以後に支払うべき金額から控除し、又は当該徴収をされるべき者に対し当該所得税の額に相当する金額の支払を請求することができる。（以下省略）」

の規定が該当しますが、他国の者については我が国の法律を適用することは困難ですので、両者間の話合いで決着をしなければならないことになります。

(1)　返還が行われる場合

　　交渉の結果返還が受けられることになれば、貴社は納付すべき税額60,443,200円について、直ちに納付を行い、その金額については仮払金か立替金等の勘定で処理を行います。そして実際に返還を受けた時点で、仮払金ないしは立替金を消す処理を行います。

　　すなわち、納付時には、

　　（立替金）　　60,443,200　//　（現金預金）60,443,200

と仕訳し、返還を受けた時点では、

　　（現金預金）60,443,200　//　（立替金）　　60,443,200

と仕訳処理をすることになります。

　（注）　もし返還時の為替レートがTTB 147円であれば、

〈事例4〉

　　　（現金預金）60,034,800　//　（立替金）60,443,200
　　　（為替差損）　　408,400
　　と仕訳処理をします。

(2) **返還が行われず、支払者が負担する場合**

　一方、返還が受けられない場合ですが、このときは、所得税基本通達221－1（支払者が税額を負担する場合の税額計算）の、
　「法第221条第1項の規定により同項に規定する者から源泉徴収に係る所得税を徴収する場合において、その者がその徴収すべき税額を徴収していなかったときは、同項の規定により徴収すべき税額は、次により計算することとなることに留意する。

　((1)　省略：**事例3**を参照)

　(2)　当該税額を徴収していなかった理由が、(1)の理由以外のものである場合には、既に支払った金額のうちから当該税額を徴収すべきであったものとし、既に支払った金額を基準として計算する。この場合において、その計算した税額を納付した支払者が、その納付した税額につき法第222条《不徴収税額の支払金額からの控除及び支払請求等》に規定する控除又は請求をしないこととしたときは、当該控除又は請求をしないこととした時においてその納付した税額に相当する金額を税引き手取額により支払ったものとし、その支払ったものとされる金額に対する税額を181～223共－4により計算する。」

により、源泉徴収漏れ税額について期限後納付を行った後に、いわゆるグロスアップ計算により処理をすることになります。

　つまり、追加納付時以降に、60,443,200円を手取り額として、20.42％の税率における総支払額を求め（60,443,200円÷（1－0.2042）＝75,952,751円）、これを技術導入料の追加払いとして、

（開発費）　　　　75,952,751　//　（源泉税預かり金）75,952,751
と仕訳処理をします。

　まず源泉徴収漏れ税額（調査による是正額）を納税した時に、
　　　（源泉税預かり金）60,443,200　//　（現金預金）　60,443,200
と仕訳処理をすることになります。

　期限後納付を行ったとき以降に追加払いの処理を行いますので、法人税法上の開発費 75,952,751 円の損金算入の時期は、当然に現在（進行期）となります。

　したがって、源泉税預かり金のうち、60,443,200 円については令和5年11月20日に預かる分であり、差額分の 15,509,551 円は、「控除又は請求をしないこととした時点」（今回の貴社のZ社との交渉がまとまった日）（注）の預かり金となります。この差額分の預かり金は、控除又は請求をしないこととした時点の翌月10日が法定納期限になりますから、その日までに納付を行い、
　　　（源泉税預かり金）15,509,551　//　（現金預金）　15,509,551
と仕訳処理をします（60,443,200 円と 15,509,551 円を同時に納付する場合も、納付書はそれぞれ別途に作成する必要があります。）。

　（注）　控除又は請求をしないこととした時点が平成25年以降の場合は復興特別所得税の加算が必要です。

3. 不納付加算税と延滞税

　令和5年11月20日の送金時に源泉徴収漏れであった 60,443,200 円は、法定納期限である令和5年12月10日までに納付されていなかったので、この納付漏れであった 60,443,200 円に対して不納付加算税 10 % と延滞税が課されることになります。

　しかしながら、技術導入料の追加払いとされた 75,952,759 円に係る源泉徴収税額 15,509,551 円は、貴社がZ社との交渉のまとまった日の翌月

10日までに納付を行えば、期限内納付となりますので、この部分については不納付加算税や延滞税が課されることはありません。

【参　考】 相手方に課税漏れ税額を請求しない場合に寄附金と認定されるか？

> 　本解説では、課税漏れ税額を支払者が負担した場合の損金科目を、当初の勘定科目と同じ「開発費」としましたが、負担することになった事情によっては法人税法上の「寄附金」にならないかとの疑問を感じられる方がいらっしゃると思います。これについて、「平成29年版　所得税基本通達逐条解説」（三又修、樫田明、一色広己、石川雅美　共編・一般財団法人大蔵財務協会、P1185－1186）に「この求償権を放棄した場合には、その時点においてその所得の支払を受けた者に対し債務免除により利益（この利益は、当初支払った所得の追加払と解される。）を与えたことになるから」との記述がありますので、参考にしてください。

5. 誤徴収と誤納額還付請求書

問 凸凹商事株式会社（本店所在地：東京都千代田区大手町1－1－1）は令和6年3月の決算賞与の支払の際に適用する税率を誤り、甲氏に関しては20,000円過少に、乙氏と丙氏と丁氏に関してはそれぞれ30,000円ずつ合計90,000円を過大に源泉徴収し、差引70,000円を過大に納付していることがつい先日判明しました。どのように対処したらよいのでしょうか。

結論

本件は、過大と不足が混在しています。このような場合の処理方法ですが、不足分は追加納付をし、過大分については還付請求を行うというような処理はしません。差引後の結果に沿って対処します。本件の場合は、過大納付となった70,000円について還付請求を行います。

検討

そもそも源泉徴収義務者に課せられている義務は、支払の時点で源泉徴収を行い、それを期限までに納付するということであって、その明細を税務署長に報告する義務までをも課されているわけではないのです。納期ごとの源泉徴収税額の総額が正しく納付されていればよいのです。仮に一つの納期の中で、過大徴収と過少徴収が混在した場合に、結果として総額が正しければ、源泉徴収義務者と税務署との間では何も問題は発生せず、もっぱら源泉徴収義務者と所得の受領者（納税義務者）たちとの間で問題を解決することになります。すなわち過少に源泉徴収を行った者からは追加徴収を行い、過大に源泉徴収を行った者には追加徴収を行った金銭を原資に還付をすることになります。

〈事例5〉

　これを本問の場合に当てはめると、徴収不足の甲氏からは不足額20,000円を徴収し、過大徴収となっている乙氏、丙氏及び丁氏にはそれぞれ過大徴収した30,000円ずつを返金します。この際、差引70,000円の返金原資がありませんので、税務署に過大納付した70,000円の還付請求を行うことになります。

　これらの取引の仕訳の一例を示せば、次のようになります。
- 甲氏から不足分の徴収を行ったとき
　　（現金預金）　　　　　20,000　／／　（源泉税預かり金）　20,000
- 乙氏、丙氏及び丁氏に返金を行ったとき
　　（源泉税預かり金）　　90,000　／／　（現金預金）　　　　90,000
- 税務署から還付を受けたとき
　　（現金預金）　　　　　70,000　／／　（源泉税預かり金）　70,000

　過大納付の原因が、凸凹商事株式会社の計算間違いに基因するものですから、所轄税務署長に対し、「源泉所得税及び復興特別所得税の誤納額還付請求書」を用いて、誤納額の還付請求をすることになります。その記載事例は次のようになります。

　なお、「源泉所得税及び復興特別所得税の誤納額還付請求書」とともに、当初に誤った税額を納付した際の「給与所得等の所得税徴収高計算書」（いわゆる納付書）の写しと、誤納額が生じた事実を記載した帳簿の写し（源泉税預かり金勘定や給与台帳（該当者に関する部分））や、計算明細等事実関係が明らかになる書類を併せて提出しますが、徴収不足と過大納付が混在していますので、それぞれの事実を明らかにすることが重要となります。

Ⅴ 事例検討

源泉所得税及び復興特別所得税の誤納額還付請求書

令和 6 年 7 月 7 日

麹町 税務署長殿

※整理番号	
住所又は所在地	〒000-0000 東京都千代田区大手町1-1-1 電話 03-××××-××××
(フリガナ)	デコボコショウジカブシキガイシャ
氏名又は名称	凸凹商事株式会社
個人番号又は法人番号	×××××××××××
(フリガナ)	ゼイ ケン イチ ロウ
代表者氏名	税 研 一 郎

源泉所得税及び復興特別所得税の誤納額の還付を下記のとおり請求します。

還付を受けようとする金額	70,000 円
誤納を生じた理由	賞与の税額計算の際に適用税率を誤ったため

左記の還付される税額は、下記のところで受けとります。

イ 銀行等　○× 銀行　大手町 支店
　普通 預金　口座番号 _____

ロ ゆうちょ銀行の貯金口座
　貯金口座の記号番号 _____

ハ 郵便局等窓口

誤納額の計算内容

所得の種類	年月別	区分	人員	支給金額	税額	納付年月日 納付先税務署
給与	令和6年3月	徴収高計算書に記載したもの (A)	140人	140,000,000円	10,770,000円	6・4・10
		正当計算によるもの (B)	140	140,000,000	10,700,000	麹町 税務署
		差引 (A－B)			70,000	

摘要：

添付書類：☑帳簿書類の写し　給与台帳

税理士署名　牧野好孝

〈事例6〉

6. 誤って過大に行った源泉徴収とその処理方法
　　（「誤納還付請求」と「条約還付請求」）

問　当社は、過去の海外取引先との取引の税務処理について見直しを行っていたところ、源泉徴収に関して以下に記載の事項が判明しました。

A国の取引先Z社へのロイヤリティの支払について、源泉徴収税率を誤って25.525％を適用し、正しい税率20.42％との差額が過大納付になっていることが判明しました。

また、B国の取引先Y社との取引では、ロイヤリティに関して所得税法の規定により20.42％の税率で源泉徴収を行っていましたが、日本とB国との間で結ばれている租税条約の適用が受けられるのに、これをY社が失念して適用を受けていないことが判明しました。

これらの事態に対して、どのように訂正処理を行えばよいかご教示ください。

結論

Z社への支払ロイヤリティに関する過大納付は、貴社の源泉徴収事務における誤りですので、貴社の所轄税務署長に対し、「源泉所得税及び復興特別所得税の誤納額還付請求書」を提出して、貴社が過大納付となった税額の還付を受けることになります（還付を受けた税額は貴社がZ社へ返金します。）。

一方、Y社への支払ロイヤリティに関する過大納付は、租税条約の適用に関することを基因として生じたものですので、この場合は、Y社が、貴社を経由して貴社の管轄税務署長に対して、「租税条約に関する

届出書」と「租税条約に関する源泉徴収税額の還付請求書」を提出することにより、過大となった源泉徴収税額の還付を受けることになります。

検 討

1. 過誤納金の還付に関する規定

国税通則法第56条(還付)第1項で、

「国税局長、税務署長又は税関長は、還付金又は国税に係る過誤納金(以下「還付金等」という。)があるときは、遅滞なく、金銭で還付しなければならない。」

と規定し、これを受けて所得税基本通達181～223共－6(源泉徴収税額に係る過誤納金の還付)では、

「源泉徴収税額に係る次に掲げる過誤納金は、当該源泉徴収税額を納付した徴収義務者に還付するものとする。(以下省略)」

と規定して「還付」によって過大納付となった税額を源泉徴収義務者に返還することにしています。

なお、国税通則法第74条(還付金等の消滅時効)で、

「還付金等に係る国に対する請求権は、その請求をすることができる日から5年間行使しないことによつて、時効により消滅する。

2　第72条第2項及び第3項(国税の徴収権の消滅時効の絶対的効力等)の規定は、前項の場合について準用する。」

と規定されているので、還付請求できる期限は5年以内となります。

2. 具体的な過誤納金の還付手続き

源泉徴収の過誤納金の還付は、源泉徴収義務者の所轄税務署長に対し「源泉所得税及び復興特別所得税の誤納額還付請求書」を提出して行います。この還付請求書提出の際には、当初の誤った税額を納付した時の

〈事例6〉

「所得税徴収高計算書」(いわゆる納付書) の写しと、誤納額が生じた事実関係を明らかにする書類 (元帳の源泉税預かり金勘定の写しや、契約書の写し、源泉徴収に関する計算明細等) を併せて提出します (具体的な記入例については、**事例5**を参照してください。)。

　Z社へのロイヤリティの支払に関する源泉徴収の過大納付は、貴社の源泉徴収事務の誤りに基因するものですので、貴社が「源泉所得税及び復興特別所得税の誤納額還付請求書」を提出して還付を受けることになります。

　そして、貴社は還付を受けた金額をZ社へ支払い、それで訂正処理が完了します。

3. 租税条約の適用を受けることによる還付

　租税条約が結ばれていて、その適用を受ければ源泉徴収税率が軽減されるにもかかわらず、その適用を受けていない場合には、所得の受領者は、過大に源泉徴収された税額について、租税条約の適用を受けることによって、還付を受けることができます。

　そもそも支払の段階で源泉徴収税率の軽減が受けられなかったのは、支払者が、所得の受領者から「租税条約に関する届出書」が提出されなかったために、租税条約の適用がある者であることを確認できなかったことに基因しています (租税条約の適用を受けること自体は、「租税条約に関する届出書」の提出を要件とはされていません。)。

　したがって、このようなケースは前記1及び2で解説をした過誤納とは異なりますので、貴社が「源泉所得税及び復興特別所得税の誤納額還付請求書」を提出して還付を受けることはできません。

4. 具体的な条約還付の手続き

　所得の受領者は、源泉徴収義務者を経由して「租税条約に関する届出書」と「租税条約に関する源泉徴収税額の還付請求書」を提出すること

V 事例検討

により、国から直接還付を受けることができます。

　手続きとしては、所得の受領者から「租税条約に関する届出書」と「租税条約に関する源泉徴収税額の還付請求書」の提出を受けた源泉徴収義務者が、これらの書類に加えて、実際に源泉徴収税額を納付した「所得税徴収高計算書」（いわゆる納付書）の写しと、徴収税額を当初計算した書類（元帳の源泉税預かり金勘定の写しや、契約書の写し、源泉徴収に関する計算明細等）を併せて所轄の税務署長に提出することになります。

　本件の場合は、対象所得が使用料（ロイヤリティ）ですから、「租税条約に関する届出書」の様式3に必要事項を記入し、「租税条約に関する源泉徴収税額の還付請求書」と共に提出することになります。（具体的な記入例については、拙著「租税条約適用届出書の書き方パーフェクトガイド〈第5版〉」（87ページ及び711ページに前掲）が参考になります。）

〈事例7〉

7. 外国法人日本支店と「源泉徴収の免除証明書」

> **問** 当社はZ国に本店を有する法人ですが、このたび日本でのビジネスの拡大に伴い、東京と大阪に支店を開設することにしました。当社のビジネスは、Z国で制作をしたテレビドラマを、日本のテレビ局等に提供を行ったり、DVDの制作会社にライセンス供与をしたりすることです。
>
> 日本での法人税の申告は大阪ですることにしていますが、東京、大阪両支店とも会計単位を持たせる方式を採用します。また、両支店の従業員の給与についても東京と大阪でそれぞれ支払事務を行うことにしています。
>
> 東京、大阪両支店で、売上先から受領する代金について、源泉徴収が行われるのを避ける方法として「源泉徴収の免除証明書」制度があると聞いていますが、それぞれの支店で「源泉徴収の免除証明書」の交付を受けなければならないのでしょうか。
>
> また、納税資金の確保のために、一部の得意先から受領する代金については源泉徴収を受け、その他の得意先については源泉徴収を避けるといったことは可能なのでしょうか、併せてご教示ください。

結論

「外国法人に対する源泉徴収の免除証明書」（以下「免除証明書」といいます。）は、外国法人の日本における法人税の納税地を管轄する税務署長から交付を受けますから、大阪支店で交付を受けることになります。大阪支店で交付を受けた「免除証明書」を東京支店も使用することになります。

Ⅴ　事例検討

　また、特定の得意先だけに「免除証明書」を提示し、一部の得意先には提示しないという選択を行うこと自体は可能です。
　貴社には、いつ、誰に「免除証明書」を提示したかということを記録する義務が課されていますので、提示した得意先についてはそれを記録しなければなりません。

検　討

1.「免除証明書」制度

　所得税法第180条（恒久的施設を有する外国法人の受ける国内源泉所得に係る課税の特例）第1項で外国法人に関して、同法第214条（源泉徴収を要しない非居住者の国内源泉所得）第1項で非居住者に関して、それぞれ源泉徴収の免除制度について規定をしています。
　それらの規定によると、「納税地の所轄税務署長の証明書の交付を受け」、「その証明書を当該国内源泉所得の支払をする者に提示した場合」に「その証明書が効力を有している間に支払を受ける当該国内源泉所得について」源泉徴収が免除されるというものです。
　そして、所得税法施行令第304条（外国法人が課税の特例の適用を受けるための要件）第5号及び、同法施行令第330条（非居住者が源泉徴収の免除を受けるための要件）第6号で、支払者に提示した場合に、「当該支払者の氏名又は名称及びその住所、事務所、事業所その他当該国内源泉所得の支払の場所並びにその提示した年月日を帳簿に記録すること」を外国法人等に義務づけています。
　たしかに、源泉徴収義務は支払事務を行う事務所それぞれに存在し、貴社の場合は大阪支店と東京支店がそれぞれ源泉徴収義務者となります。しかしながら法人税の申告は、たとえ日本に支店が複数存在していてそれぞれが会計単位を有していても、一箇所で行うことになります。

〈事例7〉

つまり、受領する所得に対する源泉徴収の免除は貴社に対して行われるものであって、支店ごとに行われるものではないのです。

ですから、貴社は法人税の納税地を管轄する大阪の税務署長から「免除証明書」の交付を受けることになり、必要に応じてそれを他の支店でも使用することになります。

2. 外国法人日本支店に支払をする者と源泉徴収

日本に恒久的施設（例えば支店）を有する外国法人に、国内において所得税法第161条第1項第4号から第11号までと、第13号から第16号までに規定する国内源泉所得の支払をする者に対しては、源泉徴収義務が課されています。したがって外国法人日本支店に対して、例えば国内で著作権の使用料の支払をする場合には、原則としてその支払額の20％【20.42％】（注）を源泉徴収しなければなりません。

（注）【　】内は復興特別所得税を含めた合計税率（以下同様）。

ところで、この原則に対する例外が、その支払先の外国法人日本支店から「免除証明書」の提示を受けた場合です。ここで注意をしていただきたいのは、提示を受けた場合は源泉徴収義務がなくなるということであって、たとえその支払先が「免除証明書」の交付を受けていても、支払者に提示がされなければ、支払者は源泉徴収を行わなければならないということです。外国法人日本支店には、すべての支払先に「免除証明書」を提示する義務は課されていません。提示するか否かは所得の受領者である外国法人日本支店が選択をすることが可能であって、支払者はそれに従って源泉徴収の有無を判断するだけということになります。

「免除証明書」が提示された場合に源泉徴収が免除される所得は、外国法人の場合は、第161条の第1項第4号から第7号までと、第10号、第11号、第13号又は第14号に掲げられている国内源泉所得です（第1号の3については制限がありますが、詳細は省略します。また、非居

V 事例検討

住者の免除対象所得については所得税法第214条第1項を参照してください。)。

　ですから貴社は、例えば東京支店の取引先には「免除証明書」を提示しないということもできるし、DVDの制作会社には提示しないということも可能です。貴社に課されていることは、提示した場合にはその事実について記録をするということだけです。

〈事例8〉

8. 結果としての全世界的非課税について

問 当社では中東の某国にこのたび駐在員事務所を設けることになり、社員甲を単身で3年間の予定で派遣することになりました。現地からの情報によると、駐在員事務所を設ける場所と駐在員甲が居住する予定になっている地区は、外国人に対しては租税を一切課していないとのことです。甲に対する給与は当社から支給する予定にしており、半分を現地に送金し、残りの半分は日本に残る家族に支払います。甲は現地に赴任した時点で日本の非居住者となり、日本では課税がされないと聞きましたが、現地で課税が行われない場合にはどのようになるのでしょうか。

結論

日本でも課税が行われず、結果的に全世界的に非課税となります。

検討

貴社の社員である甲氏は中東の某国に3年間の予定で派遣されますので、出国日の翌日から日本の非居住者になります。したがって、非居住者である甲氏に対して日本で課税される所得は日本国内源泉所得に限られ、全世界所得ではありません。甲氏が貴社から受け取る給与が、甲氏が中東の某国で働いたことによるものである限り、おっしゃるとおり日本では課税はされません（非課税となります。）。

甲氏が受け取る給与は中東の某国に課税権がありますが、相手国が相手国の法律により非課税としていれば、結果的に甲氏の受け取る給与は全世界的に非課税となります。

貴社が心配されているのは、相手国で非課税であるが故に日本で課税

V　事例検討

がされないかということだと思いますが、所得税法では非居住者への課税は国内源泉所得に限ると規定しているほかには他の条件は付しておりませんので、ご心配には及びません。

〈事例 9〉

9. 移転価格税制の適用による否認と国際源泉課税
（損金算入を否認された場合と海外寄附金とされた場合の源泉徴収に与える影響）

> **問** 当社は、国税局による移転価格課税の税務調査を受け、その結果、A 国の国外関連者 B 社に対して支払ったロイヤリティについて否認を受ける可能性が生じました。
>
> B 社にロイヤリティを支払うに際しては源泉徴収を行っていましたが、日本と A 国との間には所得に関する租税条約が結ばれており、使用料については軽減されていましたので、その限度税率を用いて源泉徴収を行っていました。
>
> 今回の移転価格に関する法人税上の更正処分が行われると、この源泉徴収に対して何か影響が生じますか。ご教示ください。

結　論

　支払ったロイヤリティに関して、移転価格税制に基づいて損金算入を否認された場合には、否認された部分に関しては租税条約に基づく軽減は受けられません。源泉徴収すべき税額は所得税法に規定されている 20 %【20.42 %】の税率になりますので、その差額分だけ追徴が行われます。

　もし、海外寄附金として否認された場合には、その部分については費目が使用料から寄附金に強制的に変更され、結果、使用料とはなりませんので、否認された部分に関して源泉徴収された金額は還付されます。

検　討

　日本が世界各国と結んだ所得に関する租税条約では、使用料の条文で

免税あるいは軽減を規定していますが、その対象となる使用料に関して、

> 「支払者と受領者との間又はその双方と第三者との間の特別の関係により、支払われた使用料の金額が、その支払の基因となった使用、権利又は情報を考慮する場合において、その関係がなかったならば支払者及び受領者が合意するとみられる金額を超えるときは、この条の規定は、その合意するとみられる金額についてのみ適用する。この場合には、支払われた金額のうち超過分に対し、この条約の他の規定に妥当な考慮を払ったうえ、それぞれの国の法令に従って租税を課することができる。」

等の制限を置いています。

移転価格課税の対象となると、移転価格税制を発動されて否認された金額はこの条項に抵触することになり、否認された金額は租税条約による軽減免除がなくなり、国内法の規定による課税が行われることになります。したがって国内法が規定する20％【20.42％】と、租税条約の限度税率との差額に関して追徴が生じることになります。

一方、同じ移転価格税制の発動であっても、否認される仕方が海外寄附金となると、それは、支出された金額が使用料ではなく寄附金だと課税庁側から認定されることになりますので、使用料としての源泉徴収はありえないことになります。したがって、使用料として源泉徴収された金額は誤納付となり、還付されなければなりません。通常は職権還付がされますが、それがされない場合には、源泉徴収義務者側から誤納還付請求をすることになります。

〈事例 10〉

10. 海外の非課税法人に支払う国内源泉所得と源泉徴収

問 当社では新製品の開発に当たり、海外の大学の研究所が所有している特許を使用することになりました。交渉の結果、国内で製造販売する製品について1個当たり1ユーロの使用料を支払うことになりました。支払に際して源泉徴収を行う旨を相手方に告げたところ、当研究所は相手国において非課税法人であるので源泉徴収をしないで欲しいと言われました。また、源泉徴収をされると、非課税法人となっているので、法人税等の納税額がなく、外国税額控除を受けることができないので困ると言われております。国際間に跨る源泉課税は税額控除を受けることにより調整されることになり、結局両国課税当局の税の配分の問題であると理解しておりましたが、今回のような非課税法人との取引の場合はどのようになるのでしょうか。当社の使用料の支払についての税務処理についてご教示ください。

結論

貴社は使用料の支払の都度、その支払額の 20 %【20.42 %】について源泉徴収をしなければなりません。

大学の研究所の所在国と我が国との間に租税条約が結ばれている場合には、免税や軽減税率が規定されている場合がありますので、免税や軽減税率の適用を受けようとする場合には、租税条約の適用を受ける旨の届出書（以下「租税条約に関する届出書」といいます。）を提出する必要があります。

外貨で使用料の支払を行った場合にも、源泉税の納付は邦貨でするこ

Ⅴ 事例検討

とになります。外貨の邦貨への換算は原則として電信買相場（TTB）で行うことになります。

検　討

1．特許権等の使用料と源泉徴収

所得税法第161条第1項第11号では、特許権等の使用料について国内源泉所得とするということが規定されています。非居住者等に対して使用料等の支払をする場合には、支払額の20％【20.42％】について源泉徴収することになります。

2．非課税法人について

平成20年11月30日までは旧所得税法第11条第2項で、国内源泉所得について非課税とする法人を定めていました。それによると、他国の法律で非課税とされていることを理由として我が国で自動的に非課税法人とされるのではなく、旧所得税法施行令第51条の5の規定による財務大臣の指定を受けてはじめて非課税法人となることができるとされていました。

しかしながら、当時実際に指定を受けて告示をされていた海外の法人は10社程度で、極めて少ない法人しか非課税法人になっておりませんでした。

ところが平成20年度の税制改正により、第2項は改正され、外国法人を我が国で非課税にする制度は廃止されました。

3．相手国において法人税等が非課税とされている法人についての取扱い

相手国におけるその法人の税務上の取扱いには一切左右されることなく、通常の営利法人と同様の扱いをすることになります。すなわち、所得税法第161条第1項第4号以下の国内源泉所得の支払を受ける際には源泉徴収をされることになります。

〈事例10〉

　お尋ねのように、通常は二国間に跨る企業の取引において双方の国が一つの所得に対して課税を行った場合、それぞれの国の法律に従って外国税額控除を行うことにより二重課税を排除するようにしています。

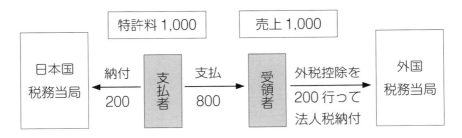

（注）　上図では簡略化のため復興特別所得税は省略しています。

　しかしながら、二重課税を避けるということと我が国固有の課税の権限とは別個のものであり、本件のような特殊なケースにおいて、結果として課税されたままとなることがあったとしても、それによって我が国の源泉課税の是非が左右されることはありません。

4.　支払を外貨で行うと契約されている場合の源泉所得税の納付

　使用料等源泉徴収の対象となる国内源泉所得の額がユーロ等外貨で表示されている場合は、決められた税率で源泉徴収を行い、その金額を円に換算して円で納付することになります。

　具体的には、契約により支払日が決められている場合は、その支払うべき日のその決められた外貨の電信買相場（TTB）によって円に換算し源泉徴収することになります（実際に支払った日が違った場合は、実際に支払った日の電信買相場によってもかまいません。）。

　例えば、100ユーロを使用料として支払うときに手元に外貨がない場合は、税率が10％（租税条約による限度税率）であれば、90ユーロを電信売相場（TTS）で調達を行って送金をし、税額の10ユーロ分につい

V 事例検討

ては電信買相場によって換算して円で源泉徴収を行い納付することになります。

　支払日が契約で決まっていない場合は、実際に支払った日の電信買相場により円に換算し源泉徴収することになります。

【参　考】

> 免除証明書（**事例7**参照）や、外国の大使や公使に対する非課税制度や、国際協定等による国際機関に関する非課税措置があります。

〈事例11〉

11. 租税条約に関する届出書の記載内容に変更が生じた場合の処置

問 当社の株主で海外の居住者であるＡ氏は、当社の転換社債も併せて所有しており、同氏は、「配当に対する所得税及び復興特別所得税の軽減のための租税条約に関する届出書」と、「利子に対する所得税及び復興特別所得税の軽減のための租税条約に関する届出書」を、当社を経由して当社の所轄税務署長に提出しています。

この度、Ａ氏から社債の一部を株式に転換する請求がなされ、当社はその手続きを完了しました。これによりＡ氏は持ち株数が増加し、転換社債額が減少しましたので、次の配当時には、受取配当額は増加することが予想され、また、社債の利払い日には受取社債利子については減少することが予想されます。Ａ氏の提出しているそれぞれの租税条約に関する届出書の内容に変更が生じた場合に、Ａ氏は租税条約に関する届出書の再提出をする必要があるのでしょうか。ご教示ください。

結論

変更の内容が「元本数量」や「配当の金額」等なので、異動に係る租税条約届出書の提出は省略できます。

検討

租税条約により所得税の軽減又は免除が行われる場合に、その所得税が源泉徴収をされるものである場合は、その所得の受領者が、「租税条約に関する届出書」を、その所得の支払を受ける日の前日までに、所定の書類を添付して、所得の支払者（源泉徴収義務者）を経由して、その

V 事例検討

所得の支払者（源泉徴収義務者）の納税地を所轄する税務署長に提出することが義務づけられています。これを整理すると次表のようになります。

Who	誰が	所得の受領者が
What	何を	「租税条約に関する届出書」を
When	いつまでに	支払日の前日までに
How	どのようにして	支払者を経由して
Where	どこへ	支払者の管轄税務署へ

「租税条約等の実施に伴う所得税法、法人税法及び地方税法の特例等に関する法律の施行に関する省令」（以下「実特法省令」といいます。）においては、届出事項を規定しているだけで、その様式については規定していません。届出書の様式は、国税庁が「法令解釈通達」として定めていますので、実務上はこの様式を使用することになります。

ところで、届出書提出後に記載内容に異動が生じたときですが、この場合には、所得の受領者（届出書の提出者）は、当該異動を生じた事項、当該異動を生じた日、その他参考となる事項を記載した届出書を、当該異動を生じた日以後最初に当該届出書に係る所得の支払を受ける日の前日までに、所得の支払者（源泉徴収義務者）を経由して当該源泉徴収義務者の納税地の所轄税務署長に提出しなければならないとされています（実特法省令第2条第2項他）。実務上は「租税条約に関する届出書」を再提出することになります。

しかしながら、その異動の内容が、「元本数量」や「配当の金額」等の増加又は減少によるものである場合には、異動に係る届出書の提出を省略できるとされています（実特法省令第2条第3項他）。これを整理すると次表のようになります。

〈事例11〉

「租税条約に関する届出書」の再提出を省略できる異動事項

所得の種類	異動内容
配当	株式等の数量、配当の金額
債券の利子	債券の額面金額、利子の金額
債券の利子以外の利子	契約金額、利子の金額

したがって、お尋ねの場合は、いずれも提出を省略できる場合に該当しますので、再提出の必要はありません。

Ⅴ 事例検討

12. 非居住者から個人が購入する国内に所在する店舗兼用住宅と源泉徴収

問 自営業を営む甲さんは、自宅兼事務所を取得しようと物件を探していたところ、オーストラリアに移住をしている乙さんの所有する東京都内の土地建物を紹介されました。

その物件は、土地が50坪で建物が40坪ほどあり、価格は9,000万円から1億2,000万円程度で、現在日本に在住している乙さんの息子さんを通して最終段階の交渉を行っています。

その最終交渉の段階で、次のような税務上の疑問点が生じましたので、ご教示ください。

なお、事務所部分の面積はおよそ10坪程度となると見込まれています。

① 価格が9,000万円で決まった場合の源泉徴収の有無と、仮に1億2,000万円で決まった場合の源泉徴収の取扱いについて
② 甲さんと甲さんの奥様との共有名義で購入する場合の源泉徴収について
③ 手付金を1,000万円支払う場合の源泉徴収について
④ 仮に、手付金の支払後にどちらかの都合で売買契約が解除された場合の取扱いについて

結論

① 価格が9,000万円となった場合は、甲さんは源泉徴収を行う必要はなく、価格が1億2,000万円となった場合は、甲さんはその全額の10%【10.21%】を源泉徴収し、納税しなければなりません。

〈事例12〉

② 甲さんと甲さんの奥様との共有名義で購入する場合も、結論は①と同様で、価格が9,000万円の場合は源泉徴収の必要はなく、価格が1億2,000万円となった場合は、それぞれの持分についてその10％【10.21％】を甲さんと奥様が源泉徴収をし、納税しなければなりません。
③ 手付金1,000万円の支払について、その売買価格総額が1億円を超える場合には源泉徴収が必要となります。
④ 売買契約が解除され、土地建物の譲渡が行われなかった場合には、過誤納金として還付請求を行うことにより、源泉徴収をした税額は還付されます。

検　討

1. 所得税法の規定

所得税法第161条第1項第5号では、
「国内にある土地若しくは土地の上に存する権利又は建物及びその附属設備若しくは構築物の譲渡による対価（政令で定めるものを除く。）」
と規定して、土地建物等の譲渡による対価を国内源泉所得としています。また、この条文中の括弧書きで国内源泉所得から除かれる事項については同法施行令第281条の3で、
「法第161条第1項第5号（国内源泉所得）に規定する政令で定める対価は、土地等（括弧内省略）の譲渡による対価（その金額が1億円を超えるものを除く。）で、当該土地等を自己又はその親族の居住の用に供するために譲り受けた個人から支払われるものとする。」
としています。これを要約すれば、「個人への、その者の居住の用に供する土地等の譲渡で、その価格が1億円以下の場合には、国内源泉所得とはならず、源泉徴収は行われない」ということになります。

したがって、この除外規定に該当しない場合には、所得税法第212条第1項の規定により源泉徴収が必要になり、その税率は第213条第1項第2号の規定で10％【10.21％】となります。

2. 1億円の判定について

譲渡対価が1億円を超えるか否かの判定は、所得税法第161条の規定振りが、支払者の側からの規定にはなっておらず、受領者の側からの規定になっているので、譲渡者の受け取る対価の額で判定をします。本件の場合は、譲渡者は乙さん1人ですので、譲渡金額全額で判定されることになります（購入者の数には左右されません。）。

ちなみに、乙さんが本件物件を例えば息子さんと50％ずつで共有していれば、譲渡価格に50％を乗じた金額で判定することになります。

本件の場合は9,000万円で決まれば1億円以下となり、要件のうちの一つは満たすことになります。

3. 居住要件の判定

施行令の規定では「居住の用に供する」としか書かれていないので、居住用か否かの判定は、主たる目的で判断をするのが合理的です。本件の場合は面積で見ると事務所用はその25％程度であるので、主たる目的は居住用と判断できます。

してみると、本件の場合は9,000万円で決まれば源泉徴収は不要となり、1億円を超えた金額となれば、源泉徴収が必要となります。

また、共有名義で購入する場合で、売買総額が1億円を超えて源泉徴収が必要となる場合には、それぞれの持分に応じた金額をそれぞれの者が源泉徴収を行うことになります。

4. 手付金の取扱い

手付金は、授受される目的の中に譲渡代金の決済以外の他の目的が含まれているとしても、取引が成立すれば、最終的には土地建物等の譲渡

〈事例12〉

対価の一部に充当されるものですから、国内源泉所得の支払となります。したがって、売買総額が1億円を超える場合には、手付金もその支払の際に10％【10.21％】の税率で源泉徴収を行わなければなりません。

5. 売買契約が解除された場合の手付金に対して行われた源泉徴収の取扱い

　売買契約がどちらかの都合で解除され、譲渡が行われなかった場合は、手付金は土地建物等の譲渡対価の一部とはならなくなりますので、課税される根拠がなくなります（所得税法第161条第1項第5号に該当しなくなるため）。したがって、土地建物等の譲渡対価に充当される前提で行われた源泉徴収は、その前提を失ったことになりますので、過誤納金として還付請求を行うことにより還付を受けることになります。

Ⅴ　事例検討

13. 外国法人から賃借したオフィスビルの賃借料と源泉徴収

問　当社は本社機能の効率化を図るため、いくつかのオフィスビルに散らばっていた事業本部や総務部、人事部、経理部等の各部署を一カ所にまとめることになり、不動産業者の紹介により新たにAオフィスビルの4フロアーを賃借することにしました。このAオフィスビルは外国法人Y社の所有ビルですので、当社は賃料を外国法人Y社に支払うことになりました。具体的には外国法人Y社が日本の甲銀行に開設した普通預金口座に送金をします。当社が支払う賃借料の税務処理についてご教示ください。

結　論

　貴社はY社に支払う4フロアーの賃借料について、その支払の都度支払額の20％【20.42％】を源泉徴収し、翌月10日までに貴社の管轄税務署に納付をしなければなりません。

検　討

　非居住者又は外国法人（以下「非居住者等」といいます。）から国内にある不動産等を借り受けて賃料の支払をする者は、当該賃料が所得税法第161条第1項第7項に規定する国内源泉所得となりますので、第212条第1項及び第213条第1項第1号の規定によりその支払額の20％【20.42％】について源泉徴収を行い、それを翌月10日までに納付をしなければなりません。
　したがって、貴社は賃料の支払（銀行送金）の際に源泉徴収をすることになります。

〈事例14〉

14. 外国法人から賃借したビルの管理料と源泉徴収

問 当社は本社機能の効率化を図るため、いくつかのオフィスビルに散らばっていた事業本部や総務部、人事部、経理部等の各部署を一カ所にまとめることになり、不動産業者の紹介により新たにAオフィスビルの4フロアーを賃借することにしました。このAオフィスビルは外国法人Y社が所有しているのですが、賃貸の際に支払う金額は、賃貸料と管理料の二つで、それぞれ1,000,000円と200,000円で、それに消費税10％を別途負担することになっています。

当社は貸借料等1,320,000円を外国法人Y社が日本の甲銀行に開設した普通預金口座に送金をします。当社が支払う賃借料等、特に管理料の税務処理についてご教示ください。

結 論

貴社が支払う賃料と、管理料、二つとも源泉徴収が必要となり、源泉徴収税率も両者とも20％【20.42％】になります。したがって源泉徴収税額245,040円（1,200,000円×0.2042）を差引いた1,074,960円をA社に送金することになります。

検 討

賃借料と共に管理料等の支払もしないとAオフィスビルのフロアーの賃貸を受けることができませんので、実質的には管理料等は不動産の貸付の対価と同様（室料と管理料等を一括で室料と表示するか、それぞれを別に表示するかの問題でしかない）であると考えられますので、管理料

等も賃借料として第 161 条第 1 項第 7 号に規定される国内源泉所得となり、源泉徴収の対象となります。

15. 外国法人からサブリースした不動産の賃借料と源泉徴収

問 当社では本社機能の強化のため、いくつかのビルに散らばっていた営業本部や経理部、人事部、総務部等の各セクションを一カ所にまとめることになり、不動産業者の紹介により新たに甲ビルの3フロアーを賃借することにしました。この甲ビルは日本の法人が所有しているのですが、ビル全体を外国のA会社に貸しており、したがって当社は外国法人A社から賃借することになりました。当社が外国法人A社に支払う部屋の賃借料と管理料等の税務処理についてご教示ください。

結論

貴社は部屋の賃借料及び管理料について、その支払の都度支払額の20％【20.42％】を源泉徴収し、翌月10日までに納付しなければなりません。

検討

所得税法第161条第1項第7号では、国内にある不動産の貸付けに係る所得を国内源泉所得と規定していますが、その不動産の所有関係に関しては判断要件として規定していませんので、非居住者や外国法人が、他人の不動産を借り受けてそれを別の者に貸し付けた場合（いわゆるサブリース）も含まれることになります。不動産の所有者に左右されることなくサブリースの場合も国内源泉所得となり、貸主が非居住者等であれば賃借料等の支払者は源泉徴収が必要となります。

V 事例検討

16. 海外出向者所有の不動産の借上げ

> **問** 当社の社員甲は2年ほど前に新築住宅を購入し、そこに居住しておりました。
>
> ところが海外子会社への3年間の出向を命じられ、今年の9月10日に家族全員で赴任することとなりました。そこで、当社では甲からの申入れにより、甲の住宅を、甲が海外赴任している期間中当社の社宅として借り上げることにしました。甲に支払う家賃についてどのように税務処理をすればよいかお教えください。
>
> また、もし甲からこの住宅を購入するとすれば、どのようなことに気をつければよいですか。
>
> なお、甲の出国に当たって同人の9月10日までに支給した給与について年末調整をすることとなりますが、住宅取得控除はどのようになりますか。併せてご教示ください。

結 論

貴社は、社員甲氏に対して家賃の支払の都度、その20％【20.42％】を源泉徴収しなければなりません。

貴社が社員甲氏から住宅を購入するとすれば、購入価額の10％【10.21％】を源泉徴収しなければなりません。

社員甲氏は9月10日に出国してしまい、12月31日には住宅に居住していませんから、出国時に貴社が行う年末調整で住宅取得控除を適用することはできません。

〈事例16〉

検　討

1. 社員甲氏の税務上の立場は

　海外子会社で仕事をするために3年の予定で現地に赴任した社員甲氏は、出国後は日本の非居住者となります。

2. 非居住者から国内にある不動産を貸借すると

　不動産の貸付けとは、①国内にある不動産及び不動産の上に存する権利の貸付け、②採石法の規定による採石権の貸付け、③鉱業法の規定による租鉱権の設定、④居住者若しくは内国法人に対する船舶若しくは航空機の貸付けをいいます。

　不動産を非居住者から借りて賃借料等の支払を非居住者に対してする者は、原則として支払額の20％【20.42％】を源泉徴収しなければなりません。

　また、非居住者が国内にある不動産等を貸し付けて収入を得ると国内源泉所得となり、総合課税の対象として確定申告をする必要があります。

3. 非居住者又は外国法人（以下「非居住者等」といいます。）から不動産を賃借しても源泉徴収をしなくても良いケース

　自己又はその親族の居住の用に供するために借り受けた個人が支払う、非居住者等から賃借した不動産の賃料については、所得税法施行令第328条第2号で源泉徴収は要しないとされています。本件の場合は、貴社が直接借りていますから、たとえ社員の方の居住の用に供していてもこの取扱いを受けることはできませんので、源泉徴収を行うことになります。

4. 非居住者から国内にある不動産を購入すると

　不動産を非居住者から購入し、その購入の対価の支払を非居住者に対してする者は、原則として支払額の10％【10.21％】を源泉徴収するこ

ととなっています。

　また、非居住者が国内にある不動産を売却して収入を得ると、国内源泉所得となり、総合課税の対象として確定申告する必要があります。

5.　非居住者から不動産を購入しても源泉徴収をしなくても良いケース

　自己又はその親族の居住の用に供するために不動産を購入した個人が支払う、非居住者から購入した不動産の対価の支払については、所得税法施行令第281条の3で1億円以下の金額であれば源泉徴収は要しないとされています。

　本件の場合は、貴社が購入することにしていますから、たとえ社員の方の居住の用に供するためでもこの取扱いを受けることはできませんので、源泉徴収を行うことになります。

6.　出国時の年末調整といわゆる住宅取得控除

　居住者が出国し非居住者となる時は、居住者期間の給与所得に関して支払者である貴社において年末調整を行うことになりますが、対象となる給与は、その年の1月1日から出国の日までに支払うべきことが確定した給与額です。年末調整を行うときの各種控除は通常の年末調整と基本的に同じですが、住宅取得控除については、12月31日の時点まで居住の用に供していることが条件となっていますので、適用することができません。また、扶養控除や配偶者控除、基礎控除等の額は期間按分することなく全額を控除することができますが、社会保険料控除や生命保険料控除等は出国時までに支払ったものだけが対象となります（出国後に支払う予定の金額を含めて計算することはできません。）。控除対象配偶者や控除対象扶養親族等の判定は出国時の現況によることとなります。

〈事例16〉

【参　考】

1．非居住者が日本国内に所有する不動産を賃貸することによって得た所得については、確定申告をしなければなりませんが、あらかじめ源泉徴収された税額はこの確定申告により精算されます。
2．非居住者が日本国内に所有する不動産を売却することによって得た所得については、確定申告をしなければなりませんが、あらかじめ源泉徴収された税額はこの確定申告により精算されます。
3．譲渡には通常の売買のほか、「有償無償を問わず、所有している資産を移転させる一切の行為をいう」こととされているので、交換、競売、公売、代物弁済、財産分与、収用、法人に対する現物出資等も譲渡となり、源泉徴収の対象となります。また、国や地方自治体も源泉徴収義務者となりますので、公共事業の一環としての収用等も源泉徴収されることになります。
4．出国に当たって行われた年末調整において、居住者期間の所得から控除しきれなかった所得控除の額がある場合、控除しきれない額を非居住者期間の所得（本問の場合、不動産所得）から控除することができます。
5．帰国して居住者となり、住宅取得控除について適用年数が残っている場合、残りの年数については居住の用に供している等条件を満たしていれば適用を受けることができます。

V 事例検討

17. 人的役務提供事業（6号所得）と人的役務の提供（12号所得）（その1）～所得税法の規定

問 当社では社内システムの開発に際し、A国のソフト開発業者W社に依頼をして技術支援を受けることになりました。そして先日、A国のW社から社員のY氏とZ氏が来日し、数週間にわたり技術指導が行われました。当社ではこの費用1,000万円をW社に支払いますが、我が国における課税関係はどのようになるのでしょうか。

なお、日本とW国との間には所得に関する租税条約は結ばれていません。また、W社は日本に支店等恒久的施設は有していません。

結論

貴社は、W社に1,000万円を支払う際に、その20%【20.42%】である2,042,000円（復興特別所得税を含みます。）を源泉徴収し、税務署に納める必要があります。

W社の社員Y氏とZ氏の日本出張期間に対応する給与については、W社によって源泉徴収が行われたとみなされますので、格別の手続きは必要がありません。

またW社は、貴社から得た1,000万円について、たとえ日本に支店等を有していなくとも、W社の決算期に日本に対して法人税の確定申告をすることになります。貴社の支払の際に源泉徴収された2,042,000円については、社員Y氏とZ氏の日本出張に対応する給与に関する我が国の源泉徴収税額を控除した後の金額について、その法人税確定申告

の際に我が国の法人税額から控除する方法により我が国で精算され、控除しきれない場合には還付されることになります（結果として我が国で納税をしたこととなる我が国の法人税については、W国で二重課税となれば、W国の税法による外国税額控除等の方法によりW国で調整されることになります。）。

検　討

1．事実関係の整理

　この事例の回答を導くためには、まず、当社とA国のW社との取引においてどのようなことが生じたかという事実関係をみていきます。

　A国のW社から社員Y氏とZ氏が日本に来ました。Y氏とZ氏は日本に数週間滞在し、我が国でW社の社員として勤務（貴社に対するW社の社員としての人的役務の提供）をしました。そしてW社は貴社から1,000万円を受領し、社員Y氏とZ氏はW社から給与を得ました。

　これらの行為の結果、我が国で二つの所得が生じました。一つ目はW社が貴社から得た1,000万円であり、二つ目は社員Y氏とZ氏が得た給与です。この二つの所得とも所得源泉地は我が国すなわち日本です（くどいようですが、人的役務の提供は日本で行われており、同じことですが社員Y氏及びZ氏は日本で勤務を行いましたから。）。そしてこの二つの所得のうち、一つ（W社が得たもの）は日本で（貴社から）支払われ、他の一つ（社員Y氏及びZ氏が得た給与）はA国（日本国外）で（W社から）支払われました。

2．所得税法の規定

　ここで、これらの事実を我が国の所得税法に当てはめてみます。

　W社はその所得を、科学技術に関する専門的知識又は特別の技能を有する者の当該知識又は技能を活用して行う役務の提供を主たる内容と

する事業によって得たと認められますので、所得税法第161条第1項第6号に規定する人的役務提供事業の対価（6号所得）となり、また社員Y氏及びZ氏が得た所得（給与）は第12号に規定する人的役務提供の対価（12号所得）となります。

次に課税関係です。

W社が得た6号所得については、所得税法第212条第1項により支払者である貴社に源泉徴収義務が生じますので、まず源泉徴収によって所得税が課税されます。

一方、社員Y氏及びZ氏は、所得税法第7条第1項第3号により日本で課税が行われますが、貴社はY氏及びZ氏に対しては直接支払をしていませんので、貴社には源泉徴収義務は生じません。しかしながら所得税法第215条（非居住者の人的役務の提供による給与等に係る源泉徴収の特例）の、

> 「国内において第161条第1項第6号（国内源泉所得）に規定する事業を行う非居住者又は外国法人が同号に掲げる対価につき第212条第1項（源泉徴収義務）の規定により所得税を徴収された場合には、政令で定めるところにより、当該非居住者又は外国法人が当該所得税を徴収された対価のうちから当該事業のために人的役務の提供をする非居住者に対してその人的役務の提供につき支払う第161条第1項第12号イ又はハに掲げる給与又は報酬について、その支払の際、第212条第1項の規定による所得税の徴収が行われたものとみなす。」

という規定により、Y氏及びZ氏は源泉徴収により日本で課税が行われたとみなされます。そして所得税法第164条第2項の規定により、この源泉徴収により両氏の課税関係は完了します。

3. 法人税関係

ところで、W社は法人ですので、所得税法の規定により行われた所

〈事例17〉

得税の源泉徴収で日本でのすべての納税義務（税務手続き）が完了したことにはなりません。当然に法人税法の規定による手続きが必要になります。

すなわち法人税法では、W社のように日本に恒久的施設（いわゆるPE）が無い外国法人に対しても、「国内において人的役務の提供を主たる内容とする事業で政令で定めるものを行う法人」に対して法人税法第138条第1項第4号及び第141条第2号で法人税を課すと規定しています。課税方法は法人税の確定申告によることになります。

したがってW社は日本において人的役務の提供により所得（収入）を得た場合には、その収入を得た期には我が国で日本国内源泉所得に関しての法人税の確定申告を行わなければなりません。法人税の課税対象は所得（収入から費用を差し引いたもの、税法的表現をすれば、益金から損金を控除した残額）であり、収入金額ではありません。

一方、貴社により行われた源泉徴収は収入金額を対象としており、その税率は20％【20.42％】となっていますし、また、前述の所得税法第215条の規定を受けた法人税法第144条の、

「（途中省略）第68条第1項中「第69条の2第1項（」とあるのは「第144条の2の2第1項（外国法人に係る」と、「を除く」とあるのは「及び特定所得税の額（同法第161条第1項第6号（国内源泉所得）に掲げる対価につき同法第212条第1項（源泉徴収義務）の規定により徴収された所得税の額のうち、同法第215条（非居住者の人的役務の提供による給与等に係る源泉徴収の特例）の規定により同項の規定による徴収が行われたものとみなされる同法第161条第1項第12号イ又はハに掲げる給与又は報酬に対応する部分の金額をいう。）を除く」と、同条第2項中「利子及び配当等」とあるのは「第144条（外国法人に係る所得税額の控除）に規定する国内源泉所得」（途中省略）と読み替えるものとする。」

の規定によってもわかるように、源泉徴収税額と法人税額は通常は一致しません。

したがって、W社は法人税の確定申告によって、貴社によって収入金額を対象に源泉徴収された所得税の精算を行うことになります。一般的には人件費以外のコストもかかりますので、法人所得は小さくなりますから、源泉徴収された所得税は一部還付となることもしばしば生じます。最終的に我が国に納税された法人税（源泉所得税は法人税から差し引かれますので「0」になります。）は、W社の本国における法人税の申告の際にA国の法律により二重課税が調整されることになります（仮に我が国で日本国内源泉所得に係る法人税の申告が欠損になった場合には、源泉徴収された所得税は、Y氏及びZ氏の所得税以外の部分について、我が国で全額が還付されますので、二重課税は生じないことになり、A国において調整は行われません。）。

〈事例18〉

18. 人的役務提供事業（6号所得）と人的役務の提供（12号所得）（その2）～所得に関する租税条約による課税関係の修正

問 当社では社内システムの開発に際し、A国のソフト開発業者W社に依頼をして技術支援を受けることになりました。そして先日A国のW社から社員のY氏とZ氏が来日し、数週間にわたり技術指導が行われました。当社ではこの費用1,000万円をW社に支払いますが、我が国における課税関係はどのようになるのでしょうか。

なお、日本とW国との間にはごく一般的な規定がされている所得に関する租税条約が結ばれています。また、W社は日本に支店等恒久的施設は有していません。

結論

貴社は、W社に対し技術支援料1,000万円を支払う際に源泉徴収を行う必要はなく、全額をW社に支払って構いません。W社は貴社から支払を受ける前日までに貴社を経由して、貴社の管轄税務署長に租税条約に関する届出書（様式6：人的役務提供事業の対価に対する所得税及び復興特別所得税の免除）を提出する必要があります。

またY氏及びZ氏は、所得に関する租税条約に定める一定の条件を満たすことにより、我が国で得る人的役務の提供の対価（W社から得る日本勤務に対応する給与）は、免税となります。この場合、両氏は何の手続きをする必要もなく、自動的に免税となります。

Ⅴ 事例検討

検　　討

1. 所得に関する租税条約の関係条文等

　我が国が結んだ所得に関する租税条約には、通常、事業所得に関する条項、給与所得者に関する条項及び人的役務の提供に関する条項が規定されています。

　事業所得に関する条項は概ね、

　「一方の締約国の企業の利得に対しては、その企業が他方の締約国内にある恒久的施設を通じて当該他方の締約国において事業を行わない限り、当該一方の締約国においてのみ租税を課することができる。一方の締約国の企業が他方の締約国内にある恒久的施設を通じて当該他方の締約国において事業を行う場合には、その企業の利得のうち当該恒久的施設に帰せられる部分に対してのみ、当該他方の締約国において租税を課することができる。」

というような規定が織り込まれています。

　この規定により、人的役務提供事業が日本国内で行われた場合には、日本の所得税法や法人税法では人的役務提供事業はたとえ日本に恒久的施設を有していなくとも我が国で課税される（収入に対して源泉徴収が行われ、その後、法人税等の確定申告により事業所得に関して課税される）ことになるところを、免税にすることになります。この場合、源泉徴収の場面では、所得の受領者、すなわち相手国企業は、租税条約の届出書を、所得の支払者（源泉徴収義務者）を経由して支払者の管轄税務署長に、支払が行われる日の前日までに提出する必要があります。確定申告については、一般の租税条約の場合は、何ら手続きをとることなく自動的に免税となります（特典条項付条約の場合は、租税条約の届出書の提出が必要になることがあります。）。

　したがって貴社は、W社に対価の支払を行う際には何ら源泉徴収を

〈事例18〉

することなく、その全額を支払えばよいことになります。

　一方、実際に日本に来て勤務した者に関しては、租税条約に概ね次のような規定、

　「一方の締約国の居住者が他方の締約国内において行う勤務について取得する報酬に対しては、次の(a)から(c)までに掲げることを条件として、当該一方の締約国においてのみ租税を課することができる。
　(a)　報酬の受領者が継続するいかなる12箇月の期間においても合計183日を超えない期間当該他方の締約国内に滞在すること。
　(b)　報酬が当該他方の締約国の居住者でない雇用者又はこれに代わる者から支払われるものであること。
　(c)　報酬が雇用者の当該他方の締約国内に有する恒久的施設又は固定的施設によって負担されるものでないこと。」

があります。それによれば、
　①　相手国での滞在日数が183日以内（租税条約によって、183日のカウントの仕方は異なります。）であること。
　②　報酬が滞在地国の企業から支払われないこと。
　③　報酬が滞在地国の恒久的施設によって負担されていないこと。
の三つの要件を満たせば勤務地国では免税となります。

　したがって三つの条件を満たす限り、我が国での課税は無くなること（免税）になります。この場合は源泉徴収という場面はありませんので、何も手続きを行うことなく自動的に免税となります。

2. 租税条約による所得税法の修正結果

　ここまでの説明でおわかりいただいたとおり、日本の国内法（所得税法等）では事業者（W社）及び日本で勤務した者（Y氏とZ氏）が共に課税をされるのに対し、所得に関する租税条約が我が国と結ばれている国の企業及びその社員に関しては、我が国では全く課税が行われなくな

る（免税）ことになります。まさに所得に関する租税条約が二重課税の防止（所得源泉地（本設例の場合は日本）で免税とすることにより）のために働いたというか、その役割を果たしたということが理解できたと思います。

〈事例19〉

19. 人的役務提供事業（6号所得）と人的役務の提供（12号所得）（その3）～短期滞在者免税規定を満たさない場合の課税関係

問 当社（甲社）では社内システムの開発に際し、A国のソフト開発業者W社に依頼をして技術支援を受けることになりました。そして先日、A国のW社から社員のY氏とZ氏が数カ月の予定で来日し、技術指導が行われました。ところがシステムに色々な追加を行っていくうちに大幅に予定が狂い、結果としてY氏とZ氏は200日以上日本に滞在をしてしまいました。当社ではこの費用5,000万円をW社に支払いますが、我が国における課税関係はどのようになるのでしょうか。

なお、日本とW国との間にはごく一般的な規定がされている所得に関する租税条約が結ばれています。また、W社は日本に支店等恒久的施設は有していません。

結論

貴社は、W社に対し技術支援料5,000万円を支払う際に源泉徴収を行う必要はなく、全額をW社に支払って構いません。W社は貴社から支払を受ける前日までに貴社を経由して、貴社の管轄税務署長に租税条約に関する届出書（様式6：人的役務提供事業の対価に対する所得税及び復興特別所得税の免除）を提出する必要があります。

ところでY氏及びZ氏は、租税条約による短期滞在者免税の規定の要件を満たさなくなってしまいました（滞在日数が183日を超えてしまった）ので、我が国で入国当初から得たすべての所得について課税がされ

V　事例検討

ます。

　課税の方法は、源泉徴収ではなく申告書の提出によることになります。

検　討

1.　法人に関する事項

　W社への支払については、**事例17及び18**で説明したとおり、事業所得ですので我が国にW社の恒久的施設（PE）が無ければ所得に関する租税条約の事業所得条項によって免税となります。したがって甲社は源泉徴収を行うことなく全額をW社に支払うことになります。

2.　個人に関する事項

　一方、Y氏とZ氏の件は次のように考えます。

　所得に関する租税条約の短期滞在者免税規定の要件である183日以内の我が国における滞在を、来日して日本で勤務する者が183日を超えて日本に滞在をすることになった場合はどのようになるかということですが、この場合は派遣者である企業とその派遣される者である従業員とをセットで考える必要はなく、甲社（日本の企業）からW社（A国の企業）に支払われる対価については、所得に関する租税条約により免税という部分については変わりがありませんが、日本に来て勤務しているY氏とZ氏は短期滞在者免税の条件を満たさなくなるので、この両者（勤務者）のみが免税とはならないことになります。

　そこで我が国で課税となるのですが、所得税法第215条（非居住者の人的役務の提供による給与等に係る源泉徴収の特例）は、日本企業（本事例の場合は甲社）による海外企業等（本事例の場合はW社）への対価の支払については免税となっていますから源泉徴収が行われていませんので、適用することができません。また、両者（勤務者）への給与の支払は、日本国外で国外法人によって行われていますので、源泉徴収によっ

〈事例19〉

て日本での課税を行うことができません（我が国に恒久的施設を所有していない外国企業に対しては我が国の所得税の規定は及びません。）。

このような場合には、所得税法第172条（給与等につき源泉徴収を受けない場合の申告納税等）に、

「第169条（課税標準）に規定する非居住者が第161条第1項第12号イ又はハ（国内源泉所得）に掲げる給与又は報酬の支払を受ける場合において、当該給与又は報酬について次編第5章（非居住者又は法人の所得に係る源泉徴収）の規定の適用を受けないときは、その者は、次条の規定による申告書を提出することができる場合を除き、その年の翌年3月15日（同日前に国内に居所を有しないこととなる場合には、その有しないこととなる日）までに、税務署長に対し、次に掲げる事項を記載した申告書を提出しなければならない。」

という規定が設けられており、それに従って申告書の提出によって課税が行われることになります。対象となる所得は、我が国に入国した当初から得たすべての所得となります（183日を超えた日から得た所得ではなく、あくまでも当初に遡ってすべての所得が対象となります。）。

V 事例検討

20. インド企業に支払う技術的役務に関する対価と源泉徴収

> **問** 甲社では、現在自社の業務管理システムを全面改訂するために、ソフトの自社開発を行っていますが、費用と時間の節減のためにインドのソフト開発会社A社から技術支援を受けることになりました。技術支援は開発後の保守及び改良のことも考慮して、当社の技術者等をインドに派遣して現地で受けることを中心にし、必要に応じてメール等でのアドバイスも受けることにしています。この技術支援の対価として 4,000 万円程度の予算を組んでいますが、実際の支払の際には源泉徴収をしなければならないと聞きました。税務処理についてご教示ください。

結 論

甲社はインドのA社に技術支援料の支払をする際に、10％（租税条約による限度税率）の税率で源泉徴収を行わなければなりません。インドのA社は支払日の前日までに、甲社の管轄税務署長に、租税条約に関する届出書を、甲社を経由して提出する必要があります。

また、インドのA社は、日本国内源泉所得に関して、決算日から2カ月以内に法人税の申告を日本の税務当局に行わなければなりません。源泉徴収された所得税額はその法人税の申告の際に法人税から差し引く形で精算されます（引ききれない場合には還付されます。）。

検 討

1. 日本の所得税の規定

所得税法第 161 条（国内源泉所得）第 1 項第 6 号では、

〈事例20〉

　「国内において人的役務の提供を主たる内容とする事業で政令で定めるものを行う者が受ける当該人的役務の提供に係る対価」

を国内源泉所得として規定し、そして所得税法施行令第282条（人的役務の提供を主たる内容とする事業の範囲）第3号では、

　「科学技術、経営管理その他の分野に関する専門的知識又は特別の技能を有する者の当該知識又は技能を活用して行う役務の提供を主たる内容とする事業」

と規定していますので、甲社がインドのA社から受ける技術指導等に関しA社に支払う対価は、人的役務提供事業の対価とされることになります。

　しかしながら第161条第1項第6号の規定は、書出しが「国内において」となっていますので（このような所得源泉地に関する規定の仕方を「使用地主義」と呼んでいます。この「使用地主義」に対して、実際に支払を行った者がどの国の者であるかを基準にして所得源泉地を決める方式を「債務者主義」と呼んでいます。）、第161条の規定では、このたびの甲社がインド企業に支払う対価は国内源泉所得とはならないことになります。なぜなら、インドのA社が甲社に対して行う技術指導等は、すべてインド国内において行われることになっているからです。

2. 租税条約の規定と所得税法第162条の規定

　所得税法第162条（租税条約に異なる定めがある場合の国内源泉所得）では、

　「租税条約（第2条第1項第8号の4ただし書（定義）に規定する条約をいう。以下この条において同じ。）において国内源泉所得につき前条の規定と異なる定めがある場合には、その租税条約の適用を受ける者については、同条の規定にかかわらず、国内源泉所得は、その異なる定めがある限りにおいて、その租税条約に定めるところによる。この場

Ⅴ 事例検討

合において、その租税条約が同条第1項第6号から第16号までの規定に代わつて国内源泉所得を定めているときは、この法律中これらの号に規定する事項に関する部分の適用については、その租税条約により国内源泉所得とされたものをもつてこれに対応するこれらの号に掲げる国内源泉所得とみなす。」

とし、所得源泉地に関する置換えを規定しています。

　この第162条は、所得税法第161条の規定が「使用地主義」で規定されているものを、租税条約の規定が「使用地主義」でなく「債務者主義」で規定されている場合には、その所得源泉地の判断基準を「債務者主義」に置き換えることを意味しています。

　したがって第162条が適用される場合には、どこで役務提供が行われたかによって所得源泉地を判断するのではなく、誰がその対価の支払をしたかによって所得源泉地を判断することになります。

3. 日本とインドとの所得に関する租税条約の定め

　日本とインドとの所得に関する租税条約では、第12条（使用料）の第1項で、

「一方の締約国内において生じ、他方の締約国の居住者に支払われる使用料及び技術上の役務に対する料金に対しては、当該他方の締約国において租税を課することができる。」

と規定し、第2項で、

「1の使用料及び技術上の役務に対する料金に対しては、これらが生じた締約国においても、当該締約国の法令に従って租税を課することができる。（後段省略）」

とし、第4項で、

「この条において、「技術上の役務に対する料金」とは、技術者その他の人員によって提供される役務を含む経営的若しくは技術的性質の

> 役務又はコンサルタントの役務の対価としてのすべての支払金(支払者のその雇用する者に対する支払金及び第14条に定める独立の人的役務の対価としての個人に対する支払金を除く。)をいう。」

と規定しています。

してみると、我が国の所得税法第161条第1項第6号で規定している「人的役務提供事業」となるこのたびの甲社からインドのA社に対する支払は、この租税条約の第12条の規定に該当することになります。

また、第6項では、

> 「使用料及び技術上の役務に対する料金は、その支払者が一方の締約国又は当該一方の締約国の地方政府、地方公共団体若しくは居住者である場合には、当該一方の締約国内において生じたものとされる。」

と規定して、所得源泉地の決め方に「債務者主義」を採るとしています。

したがって、所得税法第162条によって、租税条約の適用がされる者であるインドのA社が受領する甲社からの対価は、所得源泉地の置換え(「使用地主義」から「債務者主義」への変更)が行われて、日本国内源泉所得となります(日印租税条約では「使用料及び技術上の役務に対する料金」として規定されていますが、我が国の所得税法では第161条第1項第6号に規定されている「人的役務提供事業」として日本国内源泉所得となります。)。

4. 源泉徴収の実施

所得税法第212条(源泉徴収義務)の規定により、非居住者に対して国内源泉所得の支払をする者は、第213条(徴収税額)に規定される税率により源泉徴収をしなければなりません。本件の場合は、甲社のインド企業A社に対する人的役務提供事業に関する対価の支払となりますので、所得税法上の源泉徴収税率は20%【20.42%】となります。

しかしながら、本支払は日印租税条約の適用があり、同条約第12条第2項の後段で、

「その租税の額は、当該使用料又は技術上の役務に対する料金の受領者が当該使用料又は技術上の役務に対する料金の受益者である場合には、当該使用料又は技術上の役務に対する料金の額の10％を超えないものとする。」

と規定していますので、限度税率は10％となります。

したがって、租税条約等の実施に伴う所得税法、法人税法及び地方税法の特例等に関する法律第3条の2の規定により、所得税法の規定する20％【20.42％】ではなく、限度税率である10％で、甲社はインドのA社に対して本件支払をする際に、源泉徴収をすることになります。

なお、租税条約等の実施に伴う所得税法、法人税法及び地方税法の特例等に関する法律の施行に関する省令第2条（相手国居住者等配当等に係る所得税の軽減又は免除を受ける者の届出等）の規定により、インド企業であるA社は、甲社から支払を受ける日の前日までに、「租税条約に関する届出書」を、甲社を経由して甲社の管轄税務署長に提出する必要があります。

5. インド企業A社の日本での法人税の確定申告

法人税法第138条（国内源泉所得）では、所得税法と同様に「人的役務提供事業」を「使用地主義」により国内源泉所得として規定しており、第139条（租税条約に異なる定めがある場合の国内源泉所得）では同様に、「債務者主義」による所得源泉地の置換えを規定しています。

また、第141条（外国法人に係る各事業年度の所得に対する法人税の課税標準）では、国内における恒久的施設（PE）の有無にかかわらず「人的役務提供事業」から生ずる所得に関しては、課税対象となると定めています。

〈事例20〉

　したがって、インドのA社が甲社から受領する技術指導の対価は日本国内源泉所得となり、恒久的施設の有無にかかわらず、日本において申告納税をしなければなりません。
　なおその際には、甲社から対価を受領する際に源泉徴収された税額は、法人税額から控除することができます。源泉徴収は収入金額に対して行われるのに対し、法人税額は収入から原価及びその他の経費が控除された後の所得に対して課されますから、結果として法人税額は小さくなり還付となるケースが大半です。

Ⅴ 事例検討

21. 海外のスポーツクラブへ支払う職業運動家の役務提供に関する対価

> **問** 当社はイタリアのサッカークラブからサッカー選手の派遣を受け、日本国内各地で企業イメージアップと新製品の広告宣伝を兼ねたサッカー教室の開催を企画しています。
>
> イタリアのサッカークラブからは有名選手数名の参加が予定されています。彼らの来日費用や日本国内における滞在費等は、当社が旅行社やホテルに直接支払うことにしていますが、彼らの日本への派遣料は、選手ではなくイタリアのサッカークラブに対して支払うようになります。これらの支払に関して源泉徴収をどのように行えばよいかご教示ください。

結論

イタリアのサッカークラブへの派遣料について、貴社は源泉徴収を行うことが必要です。税率は、イタリアのサッカークラブから、「免税芸能法人等に関する届出書」を貴社が受領し、それを貴社を管轄する税務署長に提出していれば15％【15.315％】に、「免税芸能法人等に関する届出書」の提出がなければ20％【20.42％】になります。

貴社が旅行社やホテルに直接支払う来日費用や日本国内における滞在費等は、源泉徴収の必要はありません。

なお、イタリアのサッカークラブは、日本に派遣したサッカー選手に対し、日本派遣の対価を支払う際に、その支払額の20％【20.42％】を源泉徴収し、支払月の翌月末までに貴社の所轄税務署に納税しなければなりません。

また、イタリアのサッカークラブは、日本とイタリアとの租税条約に

〈事例21〉

より免税となっていますので、源泉徴収された税額について、還付請求をすることができます（還付額から納税額を充当し、差額の還付を受けることも可能です。実務ではこの方式を用いるのが一般的です。）。

検　討

1.　所得税法の規定

　所得税法第161条第1項第6号で、国内で人的役務提供事業を行う者が受ける当該人的役務の提供に対する対価を、国内源泉所得とする旨を定めています。

　イタリアのサッカークラブが、貴社の求めに応じて自分のクラブに所属する選手を日本に派遣することは、人的役務提供事業に該当します。

　また、所得税法第161条第1項第12号では、人的役務の提供に対する報酬等を国内源泉所得とする旨を定めています。

　イタリアのサッカークラブが日本へ派遣したサッカー選手へ支払う、日本へ派遣したことに対する対価は、人的役務の提供に対する報酬となります。

　したがって、貴社がイタリアのサッカークラブへ支払う対価は、所得税法第161条第1項第6号の規定で、イタリアのサッカークラブが日本へ派遣したサッカー選手へ支払う日本へ派遣したことに対する対価は、所得税法第161条第1項第12号の規定でそれぞれ国内源泉所得となり、課税の対象となります。

　ただし、貴社が旅行社やホテルに直接支払った費用は、所得税基本通達161－19の規定により課税しなくてよいことになっています。

2.　日本とイタリアとの租税条約の規定

　日本とイタリアとの租税条約では、事業所得については、恒久的施設がなければ課税せずとなっていますが、芸能人（職業運動家を含みます。）

に関しては活動が行われた国にも課税権を認めています。

また、同条約第17条(2)では、

「この条約のいかなる規定にもかかわらず、(1)の芸能人又は運動家の役務が一方の締約国内において他方の締約国の企業により提供される場合において、その役務を行なう芸能人又は運動家が直接又は間接に当該企業を支配しているときは、その役務の提供により当該企業が取得する利得に対しては、当該一方の締約国において租税を課することができる。」

との例外規定を置いています。

今回貴社がイタリアのサッカークラブに支払う対価は、この例外規定に当てはまらない限りは条約上免税となります。

3. 租税条約の免税規定の受け方

芸能人の役務提供事業に関する免税規定の受け方は、その他の免税とされる所得とは相違して、支払の際に源泉徴収を免除するという方式にはなっていません。

租税条約等の実施に伴う所得税法、法人税法及び地方税法の特例等に関する法律の第3条の規定では、まず所得税法第212条第1項の規定の源泉徴収を行わせ、その後に還付を行うという手続きで免税としています。

したがって貴社は、イタリアのサッカークラブに支払を行う際に、20％【20.42％】の税率で源泉徴収を行わなければならないことになります。

4. 租税特別措置法の規定

租税特別措置法第41条の22（免税芸能法人等が支払う芸能人等の役務提供報酬等に係る源泉徴収の特例）では、非居住者等に所得税法第161条第1項第12号に規定する人的役務提供に関する報酬を支払う非居住者

等である芸能法人（租税条約で芸能法人等の人的役務提供事業に関して免税されるもの）について、源泉徴収義務を課しています。

規定によれば、支払額の 20 %【20.42 %】の源泉徴収義務を課し、支払月の翌月末までに源泉徴収した税額を納めるようになっています。

また、この「免税芸能法人」に対して芸能人等の人的役務提供事業の対価を支払う者に対して、「免税芸能法人等に関する届出書」を提出した「免税芸能法人」に対する源泉徴収税率を 15 %【15.315 %】に軽減することも規定しています。

もし、貴社がイタリアのサッカークラブから、「免税芸能法人等に関する届出書」を受領した場合は、この届出書を貴社を管轄する税務署長に提出するとともに、15 %【15.315 %】の税率で源泉徴収を行うこととなります。

5. 免税となる税額の還付請求

イタリアのサッカークラブは、「租税条約に関する芸能人等の役務提供事業の対価に係る源泉徴収税額の還付請求書」（様式 12）を支払者（日本法人）を経由して提出して、源泉徴収された税額の還付を受けることができます。

この際、選手に対する支払について源泉徴収をして納めなければならない税額を、還付税額から充当をして差額の還付金を受ける方法を採ることもできます。

Ⅴ　事例検討

22. 海外移住者等非居住者が受け取る配当金及び預金利子の日本での課税

> **問**　私は今年の3月に定年退職をいたしました。この秋に海外に移住することを計画しています。おおよそ10年ぐらいは海外で生活することを考えています。海外における生活費の一部に、在職中に取得した元勤務先の株式（非上場）の配当金、及び退職金の一部で購入した上場株式の配当金や、残りの退職金を日本の銀行で定期預金にした受取利子を充てることを計画しています。
> 　私が支給を受ける配当金や預金利子について、日本ではどのような課税がされるのでしょうか。ご教示ください。

結　論

　非居住者が受け取る日本の法人からの配当金は、日本国内源泉所得となり課税対象となります。具体的な課税方法は源泉徴収によって行われます。上場株式等以外の株式（非上場株）は20％【20.42％】の税率で、上場株式等は15％【15.315％】で源泉徴収が行われ、それで日本での課税は終了します。

　また、定期預金等の受取預金利子については、これも日本国内源泉所得となり課税対象となります。具体的な課税方法は源泉徴収によって行われ、その税率は15％【15.315％】となります。

　なお、日本と移住先国との間で租税条約が結ばれていて、あなたが受け取る配当金や預金利子について、国内法で規定する税率より低い税率で課税をする規定がある場合には、その低い税率で課税（源泉徴収）が行われ、それで日本での課税は終了します。

〈事例22〉

検　討

1. 非居住者が受け取る配当金に関する所得税法の規定

所得税法第161条第1項第9号イで「内国法人から受ける第24条第1項に規定する剰余金の配当、利益の配当、剰余金の分配、金銭の分配又は基金利息」と規定して内国法人から受ける配当等を国内源泉所得としています。したがって、非居住者が受け取る内国法人からの配当金等は日本で課税対象とされます。

課税方法は、所得税法第164条第2項の規定により分離課税となり、課税標準はその支払を受けるべき当該国内源泉所得の金額（配当金額）となります。

税率は所得税法第170条の規定により20％【20.42％】となります。

2. 租税特別措置法の規定

租税特別措置法第9条の3（上場株式等の配当等に係る源泉徴収税率等の特例）で、

「平成28年1月1日以後に支払を受けるべき所得税法第24条第1項に規定する配当等（以下この条及び次条において「配当等」という。）で次に掲げるものに係る同法第170条（中略）の規定の適用については、同法第170条（中略）の規定に規定する100分の20の税率は、100分の15の税率とする。

一　第37条の11第2項第1号に掲げる株式等の配当等（以下省略）」
と規定し、税率を20％から15％に軽減しています。

したがって、上場株式の配当金は、15％【15.315％】の税率で課税が行われることになります。

3. 非居住者が受け取る定期預金利子に関する所得税法の規定

所得税法第161条第1項第8号で、

「第23条第1項（利子所得）に規定する利子等のうち次に掲げるも

V 事例検討

の（中略）

　ハ　国内にある営業所、事務所その他これらに準ずるもの（括弧内省略）に預け入れられた預貯金の利子」

と規定して、日本の銀行等に預けられた定期預金から生じる預金利子を国内源泉所得としています。したがって、非居住者が受け取る定期預金利子は日本で課税対象とされます。

　課税方法は、所得税法第164条第2項の規定により分離課税となり、課税標準はその支払を受けるべき当該国内源泉所得の金額（預金利子額）となります。

　税率は所得税法第170条の規定により15％【15.315％】となります。

4. 我が国が結んでいる租税条約における配当金に関する規定

　我が国が各国と結んでいる租税条約のすべてに配当金に関する規定が置かれています。そして、その大半に一般配当金（親子会社間等以外の配当金）についての規定があります。その規定は概ね、

「1　一方の締約国の居住者である法人が他方の締約国の居住者に支払う配当に対しては、当該他方の締約国において租税を課することができる。

　2　1の配当金に対しては、当該配当金を支払った法人が居住者である国において、その国の法令に従って租税を課することができる。その租税の額は、当該配当金の〇％を超えないものとする。」

というようになっており、所得源泉地国での税率が規定されています。そこに記されている税率が、我が国内法で規定されている税率（非上場株の配当金の場合は20％【20.42％】）より低い場合には、その低い税率の適用を受けることができます（条約の税率の方が高い場合は、国内法で規定する低い税率により課税が行われます。）。条約の適用を受ける場合には、配当を支払う内国法人の所轄税務署長に「租税条約に関する届出書

(様式1)」を配当支払法人を経由して提出する必要があります。

5. 我が国が結んでいる租税条約における定期預金利子に関する規定

　我が国が各国と結んでいるほとんどの租税条約に利子に関する規定が置かれています。そしてこの「利子」の中には定期預金利子が含まれており、所得源泉地国での税率が規定されています。そこに規定されている税率が、我が国内法で規定されている税率（定期預金利子の場合は15％【15.315％】）より低い場合には、その低い税率の適用を受けることができます（条約の税率の方が高い場合は、配当金と同様に国内法で規定する低い税率により課税が行われます。）。また、適用を受ける際の手続きについても、配当金の場合と同様に「租税条約に関する届出書（様式2)」を提出する必要があります。

V 事例検討

23. アラブ首長国連邦に居住する者が受け取る配当金の日本での課税（その１）

問 当社はアラブ首長国連邦のドバイに居住するＡ氏が100％出資して作った株式会社（日本内国法人、非上場会社）です。今期は業績が順調であったため、株主総会において200,000ドルの決算配当を行うことが決議されました。

日本とアラブ首長国連邦との間には租税条約が締結されていますので、どのような処理をすればよいか、ご教示ください。

結論

貴社は、40,840ドル（200,000ドル×20.42％）の源泉徴収を行い、残金159,160ドルをＡ氏に送金します。そして、源泉徴収を行った40,840ドルを送金を行った日の翌月10日までに貴社を管轄する税務署に納付します。

検討

1. 非居住者が受け取る配当金に関する所得税法の規定

所得税法は、第161条第１項第９号イで、

「内国法人から受ける第24条第１項に規定する剰余金の配当、利益の配当、剰余金の分配、金銭の分配又は基金利息」

と規定して内国法人から受ける配当等を国内源泉所得としています。したがって、非居住者であるＡ氏が受け取る内国法人からの配当金等は日本で課税対象とされます。

課税方法は、所得税法第164条第２項の規定により分離課税となり、課税標準はその支払を受けるべき当該国内源泉所得の金額（配当金額）

200,000ドルとなります。

税率は所得税法第170条の規定により20％【20.42％】となります。

2. 租税条約における規定

日本とアラブ首長国連邦との間の租税条約は平成26年12月24日に発効し、源泉所得税については平成27年1月1日から適用が開始しています。

租税条約第2条（対象となる租税）第1項(b)で、アラブ首長国連邦については(i)所得税、(ii)法人税が対象とされており、第4条（居住者）第1項で、

> 「この条約の適用上、「一方の締約国の居住者」とは、一方の締約国の法令の下において、住所、居所、本店又は主たる事務所の所在地、事業の管理の場所その他これらに類する基準により当該一方の締約国において課税を受けるべきものとされる者をいい、（以下略）」

とされています。

ところが、平成26年12月24日現在のアラブ首長国連邦の法令では、この第4条の居住者に該当する「課税を受けるべきものとされる者」はおらず、条約の特典を享受することができる居住者は、アラブ首長国連邦、同国の各首長国、アラブ首長国連邦中央銀行、アブダビ投資庁、国際石油投資会社、アブダビ投資評議会、ドバイ投資公社、ムバダラ開発会社に限られていました。

その後もアラブ首長国連邦の所得税に関しての新たな発表はなされておらず、現状個人は租税条約の対象とはされていません。

したがって、貴社は、日本の所得税法に基づいて源泉徴収を行うことになります。

V 事例検討

24. アラブ首長国連邦に居住する者が受け取る配当金の日本での課税（その2）

> **問** 当社は5年前にアラブ首長国連邦のドバイに本店があるA社が100％出資して作った株式会社（日本内国法人、非上場会社）です。今期は業績が順調であったため、株主総会において200,000ドルの決算配当を行うことが決議されました。
>
> 日本とアラブ首長国連邦との間には租税条約が締結されていますので、どのような処理をすればよいか、ご教示ください。

結論

貴社は、10,000ドル（200,000ドル×5％）の源泉徴収を行い、残金190,000ドルをA社に送金します。そして、源泉徴収を行った10,000ドルを送金を行った日の翌月10日までに貴社を管轄する税務署に納付します。

検討

1. 非居住者が受け取る配当金に関する所得税法の規定

所得税法は、第161条第1項第9号イで、

「内国法人から受ける第24条第1項に規定する剰余金の配当、利益の配当、剰余金の分配、金銭の分配又は基金利息」

と規定して内国法人から受ける配当等を国内源泉所得としています。したがって、非居住者であるA氏が受け取る内国法人からの配当金等は日本で課税対象とされます。

課税方法は、所得税法第164条第2項の規定により分離課税となり、課税標準はその支払を受けるべき当該国内源泉所得の金額（配当金額）

200,000ドルとなります。

税率は所得税法第170条の規定により20％【20.42％】となります。

2. 租税条約における規定

日本とアラブ首長国連邦との間の租税条約は平成26年12月24日に発効し、源泉所得税については平成27年1月1日から適用が開始しています。

租税条約第2条（対象となる租税）第1項(b)で、アラブ首長国連邦については(i)所得税、(ii)法人税が対象とされており、第4条（居住者）第1項で、

> 「この条約の適用上、「一方の締約国の居住者」とは、一方の締約国の法令の下において、住所、居所、本店又は主たる事務所の所在地、事業の管理の場所その他これらに類する基準により当該一方の締約国において課税を受けるべきものとされる者をいう、（以下略）」

とされています。

ところが、平成26年12月24日現在のアラブ首長国連邦の法令では、この第4条の居住者に該当する「課税を受けるべきものとされる者」はおらず、条約の特典を享受することができる居住者は、アラブ首長国連邦、同国の各首長国、アラブ首長国連邦中央銀行、アブダビ投資庁、国際石油投資会社、アブダビ投資評議会、ドバイ投資公社、ムバダラ開発会社に限られていました。

そして、令和5年6月1日からアラブ首長国連邦において法人税が導入され、租税条約の特典を享受することができる居住者の範囲が法人まで広がりました。

3. 租税条約における配当金に関する規定

租税条約第10条（配当）は、

> 「1　一方の締約国の居住者である法人が他方の締約国の居住者に支

V 事例検討

払う配当に対しては、当該他方の締約国において租税を課することができる。

2 1に規定する配当に対しては、これを支払う法人が居住者とされる一方の締約国においても、当該一方の締約国の法令に従って租税を課することができる。その租税の額は、当該配当の受益者が他方の締約国の居住者である場合には、次の額を超えないものとする。

　(a)　当該配当の受益者が、当該配当の支払を受ける者が特定される日をその末日とする6箇月の期間を通じ、当該配当を支払う法人の議決権のある株式の10パーセント以上を直接又は間接に所有する法人である場合には、当該配当の額の5パーセント

　(b)　その他の全ての場合には、当該配当の額の10パーセント」

と規定し、所得源泉地国での税率を定めています。この税率が、我が国の国内法で規定されている税率より低い場合には、その低い税率の適用を受けることができます。

貴社は、5年前にA社が100％出資して設立した法人ですので、(a)の要件に該当し、税率は5％となります。この税率は所得税法の20％【20.42％】より低いので、貴社は租税条約を適用して5％の税率で源泉徴収を行うことになります。この場合、A社は「租税条約に関する届出書（様式1）」を貴社が配当金を支払う日の前日までに貴社を経由して貴社の所轄税務署長に提出する必要があります。

　（注）　アラブ首長国連邦の法人税の適用に関しては未だ情報が不足しているので、法人税が課される法人であるかの確認を十分に行うことが必要です。また、適用が可能かどうかに関しては所轄税務署にご確認ください。

〈事例25〉

25. 非居住者に支払う配当金と租税条約の適用（米国とドイツを例として）

問 当社はドイツの親会社 A GmbH & KG が 5 年前に 100％出資して作った株式会社（日本内国法人、非上場会社）ですが、業績が順調であったため、1 億円の配当を行うことを株主総会で決議しました。

　A GmbH & KG は、構成員課税の法人であり、構成員はドイツ法人 B KG 及び C GmbH とドイツ居住者 D で、それぞれの持分は 50％、25％、25％です。B KG も構成員課税の法人であり、構成員はドイツ居住者 E と米国居住者 F で、それぞれの持分は 50％ずつです。C GmbH は、ドイツの居住者が 100％出資して設立したドイツで課税主体となっている法人です。この株主構成は、5 年前から変わっていません。

　当社のこの配当金の支払に関して、日本での課税関係はどのようになるのでしょうか。ご教示ください。

結論

　貴社は、その支払に際して D 氏及び E 氏の持分に対して 15％の税率で計算した 750 万円、F 氏の持分に対して 10％の税率で計算した 250 万円、合計 1,000 万円の源泉徴収をしなければなりません。C GmbH は日独租税協定における特典条項を満たす企業であるため、その持分に対しては日本での課税は免除されることとなります。

　A GmbH & KG は、貴社が配当金を支払う日の前日までに、貴社を通して貴社の納税地の所轄税務署長にドイツを対象とする「租税条約に関する届出書（様式 1）」、A GmbH & KG 及び B KG の「外国法人の株

主等の名簿 兼 相手国団体の構成員の名簿（様式 16）」、C GmbH、D 氏及び E 氏の「特典条項に関する付表（独）（様式 17 − 独）」と「居住者証明書」、米国を対象とする「租税条約に関する届出書（様式 1）」、F 氏の「特典条項に関する付表（米）（様式 17 − 米）」と「居住者証明書」を提出する必要があります。

検　　討

1. 非居住者が受け取る配当金に関する所得税法の規定

配当金に関する所得税法の規定は、**事例 22** のとおりで、税率は支払額の 20 ％【20.42 ％】となります。

2. 日独租税協定の適用

日独租税協定第 10 条第 1 項では、

「一方の締約国の居住者である法人が他方の締約国の居住者に支払う配当に対しては、当該他方の締約国において租税を課することができる。」

と規定しており、配当の受益者の居住地国が課税できることとなっています。

また、同条第 2 項では、

「一方の締約国の居住者である法人が支払う配当に対しては、当該一方の締約国においても、当該一方の締約国の法令に従って租税を課することができる。その租税の額は、当該配当の受益者が他方の締約国の居住者である場合には、次の額を超えないものとする。

(a)　当該配当の受益者が、当該配当の支払を受ける者が特定される日をその末日とする 6 箇月の期間を通じ、当該配当を支払う法人の議決権のある株式の 10 パーセント以上を直接に所有する法人（組合を除く。）である場合には、当該配当の額の 5 パーセント

〈事例25〉

(b) その他の全ての場合には、当該配当の額の15パーセント」
と規定しており、配当の支払者の居住地国に対しても課税権を認めています。

さらに、同条第3項では、

「2の規定にかかわらず、配当の受益者が、一方の締約国の居住者であり、かつ、当該配当の支払を受ける者が特定される日をその末日とする18箇月の期間を通じ、当該配当を支払う法人の議決権のある株式の25パーセント以上を直接に所有する法人（組合を除く。）である場合には、当該配当に対しては、当該配当を支払う法人が居住者とされる他方の締約国においては、租税を課することができない。」
と規定し、一定の親子間配当である場合には、配当の支払者の居住地国では免税となることとしています。

加えて、日独租税協定第1条第2項では、

「この協定の適用上、いずれか一方の締約国の租税に関する法令の下において全面的に若しくは部分的に課税上存在しないものとして取り扱われる団体若しくは仕組みによって又はこのような団体若しくは仕組みを通じて取得される所得は、一方の締約国における課税上当該一方の締約国の居住者の所得として取り扱われる限りにおいて、当該一方の締約国の居住者の所得とみなす。（途中省略）この2の規定の適用上、「課税上存在しない」とは、一方の締約国の租税に関する法令の下において、団体又は仕組みの所得の全部又は一部について、当該団体又は仕組みに対してではなく、当該団体又は仕組みの持分を有する者に対して租税が課される場合をいう。」
と規定しており、構成員課税が行われる法人については構成員がその国の居住者である場合にはこの協定が適用されることとなっています。

A GmbH & KG は構成員課税の法人ですので、その構成員がドイツ

の居住者である場合には、この協定が適用されることになります。A GmbH & KG の構成員はドイツ法人 B KG 及び C GmbH とドイツ居住者 D 氏です。B KG も構成員課税の法人ですが、その構成員はドイツ居住者 E 氏と米国居住者 F 氏です。米国居住者 F 氏はドイツの居住者ではありませんので、この協定の適用はないこととなります。ドイツ居住者 D 氏（持分 25 ％）と E 氏（持分 50 ％ × 50 ％ = 25 ％）は、日独租税協定第 10 条第 2 項(b)に該当しますので、15 ％の税率で源泉徴収を行うこととなります。金額は、1 億円 ×（25 ％ + 25 ％）× 15 ％ = 750 万円となります。一方、C GmbH はドイツで課税主体となっている法人で 25 ％の持分を所有していますので、日独租税協定第 10 条第 3 項に該当し、日本での課税は免除されることとなります。

3. 特典条項に該当するか

この協定による減免の規定は、ドイツの居住者であれば誰でも適用されるというわけではありません。

日独租税協定第 21 条では、この租税協定による特典を受けられる者（適格居住者）を概略以下のように定めています。

A (1) 個人
　(2) 適格政府機関
　(3) 公開会社
　(4) 年金基金又は年金計画
　(5) 公益団体
B (1) A のいずれにも該当しないが、A の(1)から(5)までの者であるドイツの居住者が、議決権の 65 ％以上に相当する株式その他の受益に関する持分を直接又は間接に所有する個人以外の者
　(2) A のいずれにも該当しないが、一定の要件を満たすドイツの居住者

〈事例25〉

　C　Bにも該当しないが、次の(a)から(c)の要件を全て満たす者
　　(a)　居住地国において従事している事業が、自己の勘定のために投資を行い又は管理するもの（銀行、保険会社又は証券会社が行う銀行業、保険業又は証券業を除く。）ではないこと
　　(b)　所得が居住地国において従事している事業に関連又は付随して取得されるものであること
　　(c)　日本国内において行う事業から所得を取得する場合には、居住地国において行う事業が日本国内において行う事業との関係で実質的なものであること
　D　Cにも該当しないが、国税庁長官の認定を受けた者

　ドイツ居住者D氏とE氏は、A(1)に、ドイツ法人C GmbHはB(1)に該当しますので、この協定の特典を受けることができます。

　したがって、A GmbH & KGは、貴社が配当金を支払う日の前日までに、貴社を通して貴社の納税地の所轄税務署長にドイツを対象とする「租税条約に関する届出書（様式1）」、A GmbH & KG及びB KGの「外国法人の株主等の名簿　兼　相手国団体の構成員の名簿（様式16）」、C GmbH、D氏及びE氏の「特典条項に関する付表（独）（様式17－独）」と「居住者証明書」を提出する必要があります。実務的にはA GmbH & KG及びB KGが構成員課税の法人であることを証する書類も必要になり、両法人の「居住者証明書」をその証とする書類として提出することもあります。

4.　日米租税条約の適用

　米国居住者F氏に関しては、日独租税協定の適用はありません。けれども、日米租税条約第4条第6項(c)では、
　「一方の締約国において取得される所得であって、
　(i)　両締約国以外の国において組織された団体を通じて取得され、か

V 事例検討

　　つ、
　(ⅱ) 他方の締約国の租税に関する法令に基づき当該団体の受益者、構成員又は参加者の所得として取り扱われるもの

に対しては、当該一方の締約国又は当該両締約国以外の国の租税に関する法令に基づき当該受益者、構成員又は参加者の所得として取り扱われるか否かにかかわらず、当該他方の締約国の居住者である当該受益者、構成員又は参加者（この条約に別に定める要件を満たすものに限る。）の所得として取り扱われる部分についてのみ、この条約の特典（当該受益者、構成員又は参加者が直接に取得したものとした場合に認められる特典に限る。）が与えられる。」
と規定しており、米国の居住者が第三国の団体を通じて取得した所得についても日米租税条約の特典を認めることとしています。
　そして、日米租税条約第10条第1項で、
「一方の締約国の居住者である法人が他方の締約国の居住者に支払う配当に対しては、当該他方の締約国において租税を課することができる。」
と規定しており、配当の受益者の居住地国が課税できることとなっています。
　また、同条第2項では、
「1の配当に対しては、これを支払う法人が居住者とされる締約国においても、当該の締約国の法令に従って租税を課することができる。その租税の額は、当該配当の受益者が他方の締約国の居住者である場合には、4及び5に定める場合を除くほか、次の額を超えないものとする。
　(a) 当該配当の受益者が、当該配当の支払を受ける者が特定される日に、当該配当を支払う法人の議決権のある株式の10パーセント以

上を直接又は間接に所有する法人である場合には、当該配当の額の5パーセント

(b) その他のすべての場合には、当該配当の額の10パーセント」

と規定しており、配当の支払者の居住地国に対しても課税権を認めています。

米国居住者F氏（持分50％×50％＝25％）は、日米租税条約第10条第2項(b)に該当しますので、10％の税率で源泉徴収を行うこととなります。金額は、1億円×25％×10％＝250万円となります。

5. 特典条項に該当するか

この協定による減免の規定は、米国の居住者であれば誰でも適用されるというわけではありません。

日米租税条約第22条では、この租税条約による特典を受けられる者（適格居住者）を概略以下のように定めています。

A (1) 個人
　(2) 国、地方政府又は地方公共団体、中央銀行
　(3) 公開会社
　(4) 公開会社の関連会社（発行済株式の総数の50％以上が(3)の公開会社に該当する5以下の法人により直接又は間接に所有されているものに限る。）
　(5) 公益団体
　(6) 年金基金

B　Aのいずれにも該当しないが、次の(a)及び(b)の要件のいずれも満たす個人以外の者
　(a) 株式や受益に関する持分の50％以上が、Aの(1)、(2)、(3)、(5)及び(6)に該当する日本又は米国の居住者により直接又は間接に所有されていること

(b) 総所得のうち、課税所得の計算上控除される支出により、日本又は米国の居住者に該当しない者に対し直接又は間接に支払われる金額が、50％未満であること
C Bにも該当しないが、次の(a)から(c)の要件をすべて満たす者
(a) 居住地国において従事している営業又は事業の活動が、自己の勘定のために投資を行い又は管理する活動（商業銀行、保険会社又は登録を受けた証券会社が行う銀行業、保険業又は証券業活動を除く。）ではないこと
(b) 所得が居住地国において従事している営業又は事業の活動に関連又は付随して取得されるものであること
(c) 日本国内において営業又は事業の活動から所得を取得する場合には、居住地国において行う営業又は事業の活動が日本国内において行う営業又は事業の活動との関係で実質的なものであること
D Cにも該当しないが、国税庁長官の認定を受けた者

米国居住者F氏は、A(1)に該当しますので、この条約の特典を受けることができます。

したがって、A GmbH & KGは、貴社が配当金を支払う日の前日までに、貴社を通して貴社の納税地の所轄税務署長に米国を対象とする「租税条約に関する届出書（様式1）」、A GmbH & KG及びB KGの「外国法人の株主等の名簿 兼 相手国団体の構成員の名簿（様式16）」、F氏の「特典条項に関する付表（米）（様式17－米）」と「居住者証明書」を提出する必要があります。

〈事例26〉

26. 非居住者に支払うべき配当金について、未払いのまま1年が経過した場合の取扱い

問 当社は海外の親会社が100％出資して作った株式会社（日本内国法人、非上場会社）ですが、株主総会において配当決議を行った直後に、重要な顧客が民事再生法の適用を申請したため予定していた入金がなくなり、配当金の支払が滞っていました。事態が好転しないまま1年が過ぎようとしています。税務上何か注意する事項がありますか。

結論

配当の支払確定日から1年が経過した日に配当の支払があったものとみなされますので、源泉徴収が必要になります。

検討

所得税法第212条（源泉徴収義務）第4項で、

「第181条第2項（配当等の支払があったものとみなす場合（筆者注））の規定は第1項又は前項の規定を適用する場合について、第183条第2項（賞与の支払があったものとみなす場合（筆者注））の規定は第1項の規定を適用する場合についてそれぞれ準用する。」

と規定しており、第181条第2項は、

「配当等（括弧内省略）については、支払の確定した日から1年を経過した日までにその支払がされない場合には、その1年を経過した日においてその支払があつたものとみなして、前項の規定を適用する。」

と規定しています。

したがって、非居住者に対する配当金が未払いのまま配当確定日から

1年が経過してしまうと、1年を経過した日に支払があったものとされ、貴社に源泉徴収義務が生じます（税率は 20 %【20.42 %】になります。）。貴社は支払があったとみなされる日に、

　　　（未払配当金）　　　×××　//　（源泉税預かり金）　×××

と仕訳をし、みなされた日の翌月 10 日までに納税を行うことになります。

　　＜納付時＞
　　　（源泉税預かり金）　×××　//　（現金預金）　　　　×××

〈事例27〉

27. 海外投資に用いる資金を海外からの借入金で調達した場合の支払利子

問 当社ではこの度シンガポールに工場を新設することになり、必要な資金についてシンガポールのA銀行から融資を受けることになりました。A銀行から融資を受けた資金で海外工場を建設する場合と、融資を受けた資金を基に海外に製造子会社を設立し工場を建設させる場合とでは、融資資金に対する支払利子の取扱いについて税務上何か違いがありますか。また、既にシンガポールに設立している販売子会社が融資を受け、その孫会社として製造会社に出資し工場を建設する場合とでは違いがありますか。ご教示ください。

結論

貴社は、融資資金に対する支払利子について、A銀行から融資を受けた資金で海外工場を建設する場合と、融資を受けた資金を基に海外に製造子会社を設立する場合との両者とも、10％の税率（租税条約による限度税率）で源泉徴収を行う必要があります。

ただし、シンガポールの販売子会社が融資を受けその孫会社として製造会社に出資し、その資金で工場を建設する場合の支払利子については源泉徴収の必要はありません。

検 討

1. 国内源泉所得となる貸付金の利子とは

所得税法第161条第1項第10号では、国内において業務を行う者に対する貸付金で、当該業務に係るものの利子は国内源泉所得になると規定しています。「当該業務に係るもの」とは、文字どおりその貸付けに

よって供給された金銭（借入金）が、国内において行う業務の用に供されていることを意味しますから、海外事業に投資された借入金額に係る支払利子は国内源泉所得にはならないことになります。

　国内法では、海外工場の建設や海外子会社の資本金等に使われる資金に関しては、「当該業務に係るもの」には該当しないものとされています。

2.　源泉徴収の対象となる貸付金とは

　所得税法第161条第1項第10号では、国内源泉所得の対象となる貸付金利子を生じさせる対象を貸付金及びこれに準ずるものとしています。これは、名称によらず、その実質が貸付金であるものは対象とするということですが、具体的には、所得税基本通達161－30で、

　「(1)　預け金のうち同項第8号ハに掲げる預貯金以外のもの
　(2)　保証金、敷金、その他これらに類する債権
　(3)　前渡金その他これに類する債権
　(4)　他人のために立替払をした場合の立替金
　(5)　取引の対価に係る延払債権
　(6)　保証債務を履行したことに伴って取得した求償権
　(7)　損害賠償金に係る延払債権
　(8)　当座貸越に係る債権」

等が該当するとしています。

3.　租税条約と国内法の規定について

　租税条約と国内法である所得税法の規定が同じであれば、課税判断において迷うことはありませんが、往々にして、租税条約には国内法と違う規定がされていることがあります。そこで、このような場合に対して、憲法第98条②では、

　「日本国が締結した条約及び確立された国際法規は、これを誠実に遵

〈事例27〉

守することを必要とする」

と租税条約の優先適用を規定しています。また、これを受けて所得税法では第162条で「租税条約に異なる定めがある場合の国内源泉所得」についての規定を置いています。同条によれば、

「租税条約（第2条第1項第8号の4ただし書（定義）に規定する条約をいう。以下この条において同じ。）において国内源泉所得につき前条の規定と異なる定めがある場合には、その租税条約の適用を受ける者については、同条の規定にかかわらず、国内源泉所得は、その異なる定めがある限りにおいて、その租税条約に定めるところによる。この場合において、その租税条約が同条第1項第6号から第16号までの規定に代わつて国内源泉所得を定めているときは、この法律中これらの号に規定する事項に関する部分の適用については、その租税条約により国内源泉所得とされたものをもつてこれに対応するこれらの号に掲げる国内源泉所得とみなす。」

とされ、租税条約により所得源泉地が国内とされることにより、国内源泉所得とみなされる所得が生じる場合があることが規定されています。

4. 日本とシンガポールとの租税条約における支払金利の取扱いについて

日本とシンガポールとの租税条約においては、利子を第11条で規定しています。その第7項で、

「利子は、その支払者が一方の締約国又は当該一方の締約国の地方公共団体若しくは居住者である場合には、当該一方の締約国内において生じたものとされる。」（居住者には、法人及び法人以外の社団を含む）

と所得源泉地に関する規定が置かれています。また第2項に、

「その租税の額は、（中略）当該利子の額の10％を超えないものとする。」

V 事例検討

と限度税率の規定があります。

したがって前記3で説明しましたように、所得源泉地について条約が国内法より優先的に適用されますので、貴社が支払う利子は国内源泉所得とされ、またその源泉徴収税率は10％になります。

5. 海外子会社が現地で借り入れた資金に関する利子の取扱いについて

海外子会社は、たとえ日本の企業の資本で設立されているとしても、日本の法人ではなく、外国の法人となります。海外子会社の海外での借入金に関する利子については日本の法律は適用されませんので、日本での源泉課税が行われることはありません。

【参　考】

1．日本国内法の国内源泉所得の規定の仕方は使用地主義と呼ばれるものです。一方、日本が結んでいる大多数の租税条約の支払利子等の所得源泉地に関する規定の仕方は、債務者主義と呼ばれています。
2．憲法は第30条及び第84条で租税法律主義の規定をしていますので、通説では、租税条約の規定で新たに課税範囲を広げることはできないとされています。したがって、例えば、租税条約の使用料の条文の中で、我が国の所得税法第161条第1項第11号が規定するもの以外の事項（商業上、学術上の情報等）が課税対象として規定されていても、我が国では源泉徴収の対象とはならないとされています。
3．海外子会社から受け取る貸付金利子や配当金については、海外子会社の所在する国の法律により（そして、我が国とその国との間で結ばれている租税条約がある場合、その軽減税率の適用をして）、相手国による源泉課税が行われることが多々あります。

〈事例28〉

28. 仮価格で輸入した商品の事後調整金に係る支払金利と源泉徴収

問 当社では、海外の会社から国際相場のある商品を継続的に輸入しております。

輸入代金の支払については、日本の港についた日の10日後に支払うことになっていますが、輸入の都度価格を決めるのは煩わしいので、とりあえず仮の価格を設定して支払を行い、事後に国際相場を参考にしながら交渉を行って、過去にさかのぼって輸入価格を決め、仮価格との差額を決済しております。相手方との話合いにより、その差額に対して、輸入代金の支払をすべき日から差額の決済日までの間の金利を別途計算して支払い、あるいは受け取ることにしています。金利を支払うこととなった場合の税務処理についてご教示ください。

結 論

交渉によって決まった本価格と仮価格との差額のうち、輸入代金の支払をすべき日から差額決済をすべき日までの期間が6カ月を超える差額に付される支払金利に関しては、（支払金利の計算期間が6カ月を超える場合には）その支払金利額の20％【20.42％】について源泉徴収をしなければなりません（相手国との間に租税条約が締結されており、限度税率（軽減税率）について規定されている場合には、利子の受領者が租税条約の適用を受ける者であれば、その限度税率（軽減税率）になります。また、実際に決済される受取利子と支払利子との差額に対してではなく、あくまでも支払利子額に対して源泉徴収をすることになります。）。支払金利の計算期間が6カ月未満の場合には、その支払金利については源泉徴収をする必

Ⅴ 事例検討

要はありません（非課税となります。）。

検　討

1.　金利計算の基になった決済差額をどう捉えるか

　商品の本来の価格は交渉の後に決まった価格ですから、仮価格との差額は商品価格の一部と認められます。したがって、この差額は決済されるまでは買掛金又は未収金となります。また、一つ一つの輸入は独立した取引と認められますから、それぞれが別個の買掛金又は未収金となります。

2.　輸入の決済金額に関する特例

　所得税法第161条第1項第10号で規定されている貸付金利子は、名目で判断するのではなくその実質が貸付金であるものが対象とされます。ご質問のケースは売掛債権（相手先にとっての）に対して付された利子ですからこの貸付金利子に該当します。

　しかしながら、所得税法では短期の輸入代金の売掛債権等に付される利子については、貿易取引の円滑化等を考慮して、所得税法第161条第1項第10号及び所得税法施行令第283条で「国内において業務を行う者に対してする資産の譲渡又は役務の提供の対価に係る債権」に対する利子で、「その発生の日からその債務を履行すべき日までの期間が6月を超えないもの」については課税対象から除いています。したがって、お尋ねのケースでは本価格が決まるまでの期間が6カ月を超える決済差額に対して計算される支払利子が、源泉徴収の対象となる貸付金利子に該当します。

3.　利子の支払とはどのように捉えられているか

　源泉徴収を行わなければならない支払には、現実に金銭を交付する行為のほか、支払債務が消滅する一切の行為が含まれることとされていま

〈事例28〉

すので（所基通181〜223共－1）、いわゆる相殺も支払とされます。

4. 課税対象となる支払利子の額は

　実際に決済される利子額は、仮価格が交渉で決まった本価格より高い場合に計算される貴社の受取利子額と、仮価格が交渉で決まった本価格より低い場合に計算される支払利子額との差引額になると思われます。しかしながら、この決済額が課税対象となるのではなく、前記３でご説明したとおり相殺も支払とされますから、課税対象となる支払利子の額は、あくまでも仮価格が交渉で決まった本価格より低い場合に計算される差額に対する支払利子額となります。

5. 源泉徴収を行う時期

　支払を行った時が源泉徴収をすべき時となります。相殺については、相殺を行った時が支払の時となります。本件の場合、差額利子について実際に決済が行われた時に相殺の部分についてその債権債務が消滅したと認められますから、（仮に国際相場が下落傾向で、貴社が差額受取となった場合であっても）決済時に計算された支払利子総額について支払がされたことになり源泉徴収をすることになります。

【参　考】

1. 価格の決定をする際に金利相当額を考慮して代金を決めた場合に、利子の金額を別途に明らかにしていなければ、源泉徴収をしなくても良いとされることがあります。所得税基本通達161－31「商品等の輸入代金に係る延払債権の利子相当額」では、利子相当額が商品等の代金に含めて関税の課税標準とされる場合には、その利子相当額は貸付金の利子に該当しないものとされています。
　　関税定率法施行令第１条の４では、輸入貨物に係る輸入取引が延払条件付取引である場合における延払金利がその額を明らかにすること

ができない場合（すなわち現金決済の時の価格が明らかでない場合）、総額を課税価格にすると規定しています。
2. 一つの輸入代金を数回に分けて支払ういわゆる延払いの場合、6カ月以内に支払われる金額に対して付された利子であっても、最終代金の決済までの期間が6カ月を超える時は、全体の期間を判断基準とするため非課税とはなりません。したがって支払利子のすべてが源泉徴収の対象となります。
3. 本問のようなメーカーユーザンス等だけでなく、金融機関に対する輸入ユーザンス利子に対しても、同様の規定（6カ月以内非課税）が所得税法施行令第283条第1項第2号に置かれています。

〈事例29〉

29. 外国法人日本支店が海外の銀行に支払う借入金利子と租税条約の適用関係

> **問** 当社はイギリスに本店がある法人の日本支店ですが、本店から商品の供給を受けて日本国内で販売を行っていた従来のスキームに加えて、日本支店独自で東南アジアから商品を輸入して日本で販売することを計画しております。運転資金の不足が見込まれますので、本店の保証によりシンガポールの銀行から運転資金を借り入れることになりました。
> 　日本支店がシンガポールの銀行に支払う借入金利子については、どことどことの条約を適用して源泉徴収を行えばよいか、またその適用を受ける場合の手続きについてご教示ください。

結　論

　日本支店がシンガポールの居住者である銀行に支払う借入金利子は、日本国内源泉所得となります。また、日本とシンガポールとの間で結ばれた租税条約の規定により、日本とシンガポールとの租税条約が適用されます。したがって、貴社はシンガポールとの租税条約に規定されている限度税率(軽減税率)10％を適用して源泉徴収を行うことになります。

　なお、貴社は併せて利子の受領者であるシンガポールの銀行から租税条約に関する届出書を受理し、それを貴社を管轄する税務署に提出する必要があります。

検　討

1. 外国法人日本支店が海外の居住者等に支払う利子等の所得源泉地

　貴社は日本に支店を設けて営業を行っていますから、貴社の支店は恒

V 事例検討

久的施設に該当することになります。

所得税法第161条第1項第10号では「国内において業務を行う者に対する貸付金（これに準ずるものを含む。）で当該業務に係るものの利子」を国内源泉所得と規定しており、国内において業務を行う者については、内国法人や日本の居住者に限定をしていないので、非居住者や外国法人の恒久的施設もそれに含まれることになります。ですから、貴社がシンガポールの銀行から借り入れた資金に対して支払う利子は国内源泉所得となります。

2. 租税条約の恩恵を受ける者はだれか

租税条約の恩恵を受ける者は、所得の支払者か受領者かのどちらか一方か、あるいは両者かで三つのパターンが考えられます。支払者は支払総額については両当事者間の契約で定められた額で変化はなく、その支払先が契約の相手方となるか課税当局となるかの違いしか生じません。すなわち全額を契約の相手方に支払うのか、あるいはその一部を課税当局に支払うのかということです。一方、受領者は課税を受ける場合、税率によって手取額に違いがでますから、相手国の法律に定められた税率より租税条約に定められた税率の方が低い場合、租税条約の恩恵を受けることになります。したがって本件の場合、シンガポールの居住者である銀行が貸付金利子の受領者ですから、シンガポールと所得源泉地である日本との間で結ばれた条約について検討を行う必要があります。

3. 日本とシンガポールとの租税条約の検討

日本とシンガポールとの租税条約では第11条で利子について規定をしています。その第1項で、

「一方の締約国内において生じ、他方の締約国の居住者に支払われる利子に対しては、当該他方の締約国において租税を課することができる。」

〈事例29〉

とし、第2項では、

「1の利子に対しては、当該利子が生じた締約国においても、当該締約国の法令に従って租税を課することができる。」

として所得源泉地国と所得受領国との双方で課税ができるということを規定しています。そして第7項の前段で、

「利子は、その支払者が一方の締約国又は当該一方の締約国の地方公共団体若しくは居住者である場合には、当該一方の締約国内において生じたものとされる。」

として、所得源泉地の判定に債務者主義を採用することとしています。ただしこの部分では、支払者の居住地国を所得の源泉地としていますが、後段の、

「ただし、利子の支払者（締約国の居住者であるかないかを問わない。）が一方の締約国内に恒久的施設又は固定的施設を有する場合において、当該利子の支払の基因となった債務が当該恒久的施設又は固定的施設について生じ、かつ、当該利子が当該恒久的施設又は固定的施設によって負担されるものであるときは、当該利子は、当該恒久的施設又は固定的施設の存在する当該一方の締約国内において生じたものとされる。」

との部分で恒久的施設の所在地、すなわち本件では「日本」が所得源泉地となる旨（条約によって非課税とはしないこと。）を規定しています。しかも括弧書きで締約国の居住者であるかないかは問わないとしていますので、貴社のようにイギリスの法人の日本支店が支払者であっても受領者がシンガポールの法人であれば、日本とシンガポールとの租税条約が適用されることになります。したがって、国内法でも租税条約でも日本で課税が行われることになります。

197

4. 租税条約の規定と税率は

　日本とシンガポールとの租税条約の第11条第2項の後段で「その租税の額は、当該利子の受領者が当該利子の受益者である場合には、当該利子の額の10％を超えないものとする。」と規定しているのですが、これでは、0％から10％までの任意の税率になってしまいますので、租税条約等の実施に伴う所得税法、法人税法及び地方税法の特例等に関する法律の第2条でこの「10％を超えないものとする」の10％を「限度税率」と定義し、第3条の2（配当等に対する源泉徴収に係る所得税の特例等）第1項で租税条約による限度税率を租税条約を適用する場合の税率とすることを定めています。

5. 租税条約に規定されている限度（軽減）税率で源泉徴収を行うための手続き

　租税条約の規定は国内法に優先して適用されますから、利子の受領者が条約相手国の居住者であれば、限度税率で源泉徴収を行うことになります。

　手続きについては、実特法省令の第2条で相手国居住者等配当等に係る所得税の軽減又は免除を受ける者の届出について規定しています。それを要約すれば、①所得の受領者が、②「租税条約に関する届出書」を、③所得の受領日の前日までに、④支払者を経由して、⑤支払者を管轄する税務署長へ提出することとなります。記載事項についてはこの省令第2条に定められていますが、様式については定められていませんので、国税庁の法令解釈通達で定めている様式を実務上は使用することになります（本件では様式2を用いることになります。）。

30. 海外支店が支払う借入金の利子

問 当社のＡ国の海外支店では、このたび事業の拡大に伴い多額の運転資金が必要となり、現地の銀行から借入を行うことを検討しています。借入先であるＡ国の銀行に支払う利子は現地支店が支払うのですが、突き詰めて考えると当社が支払ったことになると思いますが、源泉徴収の必要があるのでしょうか。ご教示ください。

また、Ａ国と日本との間に租税条約が結ばれていて、貸付金利子に債務者主義が取られていた場合は、どのようになるのでしょうか。併せてご教示ください。

結 論

Ａ国支店が支払う利子は、日本国内源泉所得とはなりませんので、源泉徴収は不要です。

また、支払利子について債務者主義の規定がある租税条約においても、恒久的施設が支払う利子は、その恒久的施設において生じたものとされるので、日本国内源泉所得とはなりませんので、源泉徴収は不要です。

検 討

所得税法第161条第1項第10号では、

「国内において業務を行う者に対する貸付金（これに準ずるものを含む。）で当該業務に係るものの利子（政令で定める利子を除き、債券の買戻又は売戻条件付売買取引として政令で定めるものから生ずる差益として政令で定めるものを含む。）」

を国内源泉所得として規定しており、同法第212条第1項で、非居住者に対してこれらの利子の支払を行う者に源泉徴収義務を課しています。

しかしながら、今回貴社の海外支店が支払う利子は、その借入金の使途が海外支店の運転資金ですので、借り入れた資金が日本国内には直接は入ってきません。したがって「国内業務に係る貸付金利子」には該当しないことになりますから、支払利子は国内源泉所得とはならず、貴社には源泉徴収義務が生じることはありません。

ところで、日本が世界の80を超える国や地域との間で結んでいる租税条約では、貸付金利子について、

「利子は、その支払者が一方の締約国又はその地方政府、地方公共団体若しくは居住者である場合には、その締約国で生じたものとする。」

というような、いわゆる「債務者主義」の規定を置いているものが多数あります。この規定の部分だけをみると、貴社に源泉徴収義務が生じるように感じられますが、この規定には、

「ただし、利子の支払者が一方の締約国内に恒久的施設を有する場合において、その利子を支払う基因となった債務が当該恒久的施設について生じ、かつ、その利子を当該恒久的施設が負担するときは、その利子は、当該恒久的施設が存在する締約国内で生じたものとされる。」

というような但し書があり、貴社のケースもこの但し書に該当しますので、源泉徴収義務は生じないことになります。

〈事例31〉

31. 海外の美術館に支払う美術品等のレンタル料

問 当社では、国内において、販売促進や企業イメージを高めることを目的とした各種のイベントを企画し提供することを事業として展開しております。この度、世界各国の美術館が所蔵する美術品や、博物館が所有する古代の化石や遺跡の埋蔵品を借用して、日本全国各地でイベントを開催することを甲企業から請け負いました。イタリアやフランス、サウジアラビア等から美術品等を借用しますが、借用に当たって借用料の支払をすることになりました。これらの支払についての税務上の取扱いについてご教示ください。

結論

　海外の美術館や博物館に対する美術品等の借用料の支払は、所得税法第161条第1項第11号に規定する「機械、装置その他政令で定める用具の使用料」となりますので、支払に際しては支払額の20％【20.42％】を源泉徴収をしなければなりません。しかしながら、租税条約によっては所得税法とは異なる定めがある場合があり、フランスの美術館等への支払については、日本に恒久的施設がなければ課税されませんので、日本に美術館等借用先の恒久的施設がないとすれば、源泉徴収の必要はありません。また、イタリアやサウジアラビアとの租税条約には軽減税率の規定がありますので、それらの国の美術館等への支払は、それぞれの条約に規定される限度税率（軽減税率）で源泉徴収を行うことになります。

検　討

1. 所得税法第161条第1項第11号に規定する使用料について

　所得税法第161条第1項第11号ハでは「機械、装置その他政令で定める用具の使用料」を使用料の対象となる国内源泉所得と規定しています。したがってこれらを非居住者等から賃借し国内業務の用に供して料金を支払った場合は国内源泉所得となり、源泉徴収が必要となります。

　また所得税法施行令第284条では、用具について、「車両及び運搬具、工具並びに器具及び備品」と規定していますのでこれらに対する使用料についても課税対象に含まれることになります。

2. 絵画等の美術品や遺跡の埋蔵物等の取扱い

　所得税基本通達161－39で、

　「令第284条第1項《国内業務に係る使用料等》に規定する器具及び備品には、美術工芸品、古代の遺物等のほか、観賞用、興行用その他これらに準ずる用に供される生物が含まれることに留意する。」

としていますので、国内法では絵画等の美術品や遺跡の埋蔵物等は備品等に含まれることになります。

3. 国内法における課税について

　1及び2で検討したとおり、海外からの美術品等や遺跡の埋蔵品等の借用料については備品の使用料とされますので、国内にこれらを持ち込んで業務の用に供した場合には、その使用料として支払われる金額の20％【20.42％】について源泉徴収を行わなければなりません。

4. 借入先国との租税条約の検討

　租税条約と国内法である所得税法の規定が相違する場合には、国内法の規定より課税範囲を狭めるという場合においては租税条約が優先されることになります。

　租税条約においては、「産業上、商業上若しくは学術上の設備」とい

〈事例31〉

う規定が一般的に使われていますが（例えば、日伊租税条約や日加租税条約等）、ここでいう「設備」とは英文では「EQUIPMENT」という単語が用いられており、「EQUIPMENT」は「設備」のほか「備品」も意味しているとされています。したがって、租税条約においても国内法と同じように、絵画等の美術品や遺跡の埋蔵品等は備品等に含まれることとなります。

　我が国が締結している租税条約における設備の使用料に関する規定については、それを使用料条項に含めているか否か、という観点から分類を行うことができ、それは以下のようになります。

　①　使用料条項に含めるもの
　　【例】　イタリア、サウジアラビア、カナダ等
　②　使用料条項に含めないもの
　　【例】　アメリカ、イギリス、フランス等

　また、①の国々では軽減税率の規定が併せてありますので、源泉徴収を行う税率は、その軽減税率によります。なお、その際には、所得の受領者は「租税条約に関する届出書（様式3）」の提出が必要になります。

　②の国々の場合は当然に使用料としての源泉徴収は必要なく、その賃借料としての支払金額に対しては事業所得条項が適用されますので、日本国内に恒久的施設がなければ課税されません。この場合は「租税条約に関する届出書（様式10）」の提出が必要になります。

Ⅴ　事例検討

【参　考】

1. 機械、装置、器具備品等には、減価償却資産に限らず、書画骨董や展示用のクラシックカーなどの非減価償却資産も、使用料の対象となる資産に含まれます。また、所得税法施行令第6条の規定から、興行用の動物等も含まれるものと解されています。
2. ここで説明をした租税条約における「使用料」の取扱いは、主なものについてであり、これら以外にも独特の規定を持っている租税条約があります（例えば、タイとの条約）。
3. 海外の博物館等が所在地国の法律により非課税法人であるとしても、「**事例10**」でご説明したとおり、源泉徴収は行わなければなりません。

〈事例32〉

32. 海外法人に支払うコンテナーの使用料

> **問** 当社は、国際輸送を主たる業とする内国法人ですが、この度輸送に使うコンテナーの不足を補うため、海外数か国の法人からコンテナーを賃借することになりました。このコンテナーは、国内で使用することもありますが、日本と相手国の間や、場合によっては第三国間の輸送に使用することも、ケースバイケースであります。現在のところ、アメリカのA社と韓国のB社からは賃借に関して内諾を得ていますが、あといくつかの国の会社とも交渉中です。これらのコンテナーの賃借料を支払う際に、源泉徴収をする必要はありますか。ご教示ください。

結　論

　アメリカのA社に支払うコンテナーの賃借料は、そのコンテナーを日本国内でのみ使用する場合は源泉徴収が必要ですが、日本と米国間の輸送や、第三国間の輸送に使用される場合には、源泉徴収は不要となります。

　韓国のB社から賃借するコンテナーの賃借料は、そのコンテナーをどこで使用するかにかかわらず、すべてのケースで源泉徴収をしなければなりません。源泉徴収する際の税率は10％となります。

　また、他の国々の会社からの賃借の場合は、その国との所得に関する租税条約の有無や、その条約の内容、あるいはコンテナーの使用場所等によって、源泉徴収が必要か否かが異なりますので、注意をしてください。

検 討

1. 国内法の規定

所得税法第161条第1項第11号では、ハのところで「機械、装置その他政令で定める用具の使用料」と規定し、そして所得税法施行令第284条第1項で「車両及び運搬具、工具並びに器具及び備品」が規定されています。

そして、コンテナーは、減価償却資産の耐用年数表において、器具備品とされていますので、コンテナーの借用料は我が国においては使用料として課税の対象となります。ただし、使用料の条文は使用地主義で規定されていますので、第162条の所得源泉地に係る置換え規定の発動がなければ、コンテナーが日本国内でのみ使用された場合に課税され、源泉徴収が必要となります（日本以外で使用された場合には日本国内源泉所得とはなりませんので、課税はされません。）。

2. 所得に関する租税条約と所得税法第162条の規定

所得に関する租税条約の中には、所得源泉地を定める場合において、使用地主義ではなく債務者主義で所得源泉地を決める規定がかなり存在します。

使用地主義でなく債務者主義の規定が存在する場合、我が国の所得税法では第162条に所得源泉地に係る置換えが規定されており、これにより日本以外の国で使用されていても、その使用料の支払者が日本の企業等であれば、日本国内源泉所得となります。したがって我が国で源泉徴収を行うことが必要となります。

3. 所得に関する租税条約におけるコンテナーに関する規定

我が国が世界の80カ国以上の国との間で結んでいる所得に関する租税条約におけるコンテナーに関する規定は、いくつかの異なるタイプに分かれます。

一つ目は「国際運輸業所得」に関する条文（議定書等での規定を含む）で規定しているもの、二つ目は「使用料」に関する条文で規定しているもの、三つめは特段の規定がなく「その他所得条項（明示無き所得条項）」の規定が用いられるもの、四つ目は全く規定がないものとなります。

そして、「使用料」の条文においては、所得源泉地の規定を債務者主義で規定しているものがほとんどとなります。

そうすると、貴社がコンテナーの賃借を交渉する企業が存在する国と日本との間で租税条約が結ばれているのか、結ばれているとしたらコンテナーに関してどのような規定が置かれているのか、そしてそのコンテナーをどこで使うのかによって、使用料に関して我が国でどのような課税関係が生じるかを判断していくことになります。

4. 日本とアメリカとの租税条約の規定

日本とアメリカとの租税条約では、コンテナーに関しては第8条「国際運輸業所得」第4項のところに規定があり、そこではコンテナーを日本国内だけで使用する場合に限って日本での課税が規定されており、米国内や他国での使用の場合においては、日本での課税はないとされています。

5. 日本と韓国との租税条約の規定

日本と韓国との租税条約では、コンテナーに関しては第12条の使用料の条文で規定がされており、かつ債務者主義の規定がありますので、コンテナーがどこで使われていようと、貴社が使用料を支払いますので、日本国内源泉所得となり、我が国で使用料として課税が必要となり、源泉徴収を行わなければなりません。

Ⅴ 事例検討

33. 海外で制作が行われ上映された映画を、日本でDVD化するために支払う諸権利金

問 当社は、劇場映画をDVDにして日本国内で販売しています。このたび海外で話題の作品を日本語版DVDにすることを企画し、フランス、イタリア、及びハンガリーの映画制作会社と契約をすることができました。それぞれの会社に対して、1タイトルごとに映画フィルムの権利金として15万ドルを、日本語化権料として5万米ドルを支払うことにしていますが、税務上の取扱いはどのようになりますか。ご教示ください。

結論

映画フィルムの権利金15万ドル及び日本語化権料5万ドルの合計20万ドルが著作権の使用料となります。

フランスの会社に対する使用料は、その会社が日仏条約の適用がある者であれば免税となります。なお、その際にフランスの会社は租税条約に関する届出書（特典条項に関する付表（様式17－仏）を含む。）を提出する必要があります。

イタリアの会社に対する支払は、10％（租税条約による限度税率）の2万ドルを源泉徴収することになります。なお、その際にイタリアの会社は租税条約に関する届出書を提出する必要があります。

ハンガリーの会社に対する支払は、その会社が映画の原著作者等であれば、文化的使用料とされ免税となりますので源泉徴収の必要はありません。なお、その際にハンガリーの会社は租税条約に関する届出書を提出する必要があります。

〈事例33〉

検　討

1.　著作権の使用料とは

　所得税法第161条第1項第11号ロに規定されている著作権（出版権及び著作隣接権その他これに準ずるものを含みます。）の使用料とされるものについては、所得税基本通達161－35（使用料の意義）で明らかにされており、それによれば「著作物の利用又は出版権の設定につき支払を受ける対価の一切をいう」とされています。

　著作物とは、著作権法第2条第1項第1号で「思想又は感情を創作的に表現したものであつて、文芸、学術、美術又は音楽の範囲に属するものをいう」と規定されています。

　具体的な著作物については同法第10条に例示されています。

　「著作物の利用」という具体的内容については、所得税基本通達161－35で「著作物の複製、上演、演奏、放送、展示、上映、翻訳、編曲、脚色、映画化」等を挙げています。

2.　映画フィルムに対する権利金

　著作権法第10条第7号に「映画の著作物」が挙げられていますから、海外で制作された映画を日本で上映したり、あるいはテレビで放送したりして、国内の業務に供した場合は著作物の利用となり、そのために映画フィルムの代金を支払えば著作権の使用料とされ、源泉徴収の対象となります。

3.　日本語化権料

　外国語で制作された映画を日本語に翻訳すること（日本語への吹替えや字幕スーパーの挿入）は著作物の利用となります。したがって、国内の業務の用に供するために日本語化権として代金を支払えば著作権の使用料となり、源泉徴収の対象となります。

Ⅴ　事例検討

4.　フランスの映画会社に対する支払について

　フランスとは租税条約が締結されており、映画フィルムの使用料については第12条の使用料の条文に規定があります。それによれば、日仏租税条約の適用がある者は免税となりますので、源泉徴収は不要となります。その際にフランスの会社は、「租税条約に関する届出書（様式3と様式17－仏）」を提出することが必要になります。

5.　イタリアの映画会社に対する支払について

　イタリアとは租税条約が締結されており、映画フィルムの使用料についての規定があります。その中に軽減税率についての規定もあり、それぞれ10％にするとされていますから、支払総額の20万ドルの10％、2万ドルを源泉徴収することになります。その際に、イタリアの会社は「租税条約に関する届出書（様式3）」を提出することになります。

6.　ハンガリーの映画会社に対する支払について

　日本とハンガリーとの間で締結されている租税条約では、第12条第2項(b)で、

> 「文化的使用料に対しては、当該使用料の受領者が当該使用料の受益者である場合には、当該使用料が生じた締約国において租税を免除する。」

とし、いわゆる文化的使用料についての免税を規定しています。そして、第12条第3項(b)で、

> 「2において、「文化的使用料」とは、文学上、美術上又は学術上の著作物（映画フィルム及びラジオ放送用又はテレビジョン放送用のフィルム又はテープを含む。）の著作権の使用又は使用の権利の対価として受領するすべての種類の支払金をいう。」

と規定しています。

　ですから、ハンガリーの映画会社に対して支払う総額20万ドルにつ

〈事例33〉

いては免税となり、源泉徴収をする必要はありません。ハンガリーの会社は「租税条約に関する届出書（様式3)」を提出する必要があります。
　なお、この条文の規定の適用が受けられる者は、原著作者か、あるいは原著作者から映画フィルム等の著作権について、その全部又は一部について譲渡又は使用許諾を受けた者に限られます。したがって、単なる代理人や著作権の管理者は、たとえハンガリーの居住者であってもこの免税規定の適用を受けることはできないことになります。契約先のハンガリーの映画会社が代理人や著作権の管理者ではなく原著作者等であることの確認を、貴社で行ってください。

【参　考】

1．ハンガリーだけでなく東欧の国々やパキスタン等との租税条約にも、文化的使用料についての免税規定が存在します。
2．文化的使用料については、「文学上、美術上又は学術上の著作物の著作権の使用料等」とだけ定義され、これ以上の明確な定義は存在しませんので、実務においては、いわゆる常識で判断することになります。
　なお、取引が文化的使用料に該当する場合においても、使用料の受領者は代理人や著作権の管理者ではなく原著作者等であることが要件となります。

Ⅴ 事例検討

34. 外国のパートナーシップが所有する映画を日本で上映することにより支払う対価と源泉徴収

問 当社は、A国で組織されたYパートナーシップがA国で制作し所有しているアクション映画について、日本で上映する権利をYパートナーシップから取得しました。

取得の対価として、Yパートナーシップには、日本でのアクション映画の上映収入の40％を支払うことになっています。

このたび、日本での上映が終了しましたので計算を行ったところ、Yパートナーシップへの支払額が4億円になることが確定しました。A国のYパートナーシップの銀行口座に4億円を送金する予定ですが、この支払の際にどのように源泉徴収を行えばよいかご教示ください。

なお、Yパートナーシップは、A国の法人のF社、B国の個人のG氏、C国の法人のH社及び日本の法人の甲社の四者で組織され、それぞれの持分が25％ずつであることが通知されてきました。

また、日本とA国及びB国との間では、それぞれ所得に関する租税条約が結ばれています。

結論

貴社が、A国で組織されたYパートナーシップ名義の銀行口座へ送金した4億円は、Yパートナーシップへの使用料の支払とされるのではなく、Yパートナーシップの構成員である、F社、G氏、H社及び甲社へのそれぞれの持分に応じて計算された金額（本件の場合はそれぞれ1億円）が四者に対する日本国内源泉所得である著作権の使用料の支払とされます。

〈事例34〉

　F社、G氏、H社は、非居住者ないし外国法人に該当しますので、所得税法第212条第1項等の規定で、20％【20.42％】の税率で源泉徴収を行わなければなりません。

　ただし、日本とA国及びB国との間では租税条約が結ばれていますので、F社及びG氏がその租税条約の適用を受けることができる場合には、それぞれの条約に規定されている軽減税率（限度税率）で源泉徴収を行うことができます（F社及びG氏は租税条約に関する届出書を提出することになります。）。

　また、甲社に支払うこととなる1億円については、甲社が日本法人ですので源泉徴収の必要はありません（甲社は、自己の法人税の申告に、この1億円を含めることになります。）。

検　討

1.　映画の上映の対価

　貴社が、A国で組織されたYパートナーシップに支払う、アクション映画の日本上映に関する対価は、所得税法第161条第1項第11号ロに規定する著作権の使用料に該当し、国内源泉所得になります。

　また、非居住者等に対し国内源泉所得の支払を行う場合には、同法第212条第1項の規定により源泉徴収を行わなければならず、その税率は同法第213条第1項により20％【20.42％】とされています。

　したがって、貴社がアクション映画の日本上映に関する対価を支払う場合に、支払先が非居住者等であれば、20％【20.42％】の税率で源泉徴収を行わなければなりません。

2.　国内法上のパートナーシップの取扱い

　我が国の税務上、パートナーシップは法人としては取り扱われておりません。

パートナーシップが受領した所得は、そのパートナーシップ自体の所得ではなく、その構成員である者の所得とされます。

したがって、その所得に対する納税義務は、その個々の構成員が負うことになります。

貴社がパートナーシップに対して支払を行う場合には、たとえ一括してパートナーシップに送金をしたとしても、個々の構成員に対してその持分に応じた額の支払を行ったものとして取り扱われます。

個々の構成員に対する支払について、所得税法上源泉徴収義務がある場合には、貴社はその規定に沿って源泉徴収を行わなければなりません。

これを本件について見れば、A国の法人のF社、B国の個人のG氏、C国の法人のH社は非居住者等に該当しますから、前述のとおり源泉徴収を行う必要があります。

3. パートナーシップに対する租税条約の適用

我が国の税務上、パートナーシップは個々の構成員が所得の受領者として扱われ納税義務を課されていますから、租税条約の適用についても、パートナーシップ自体に対してではなく、個々の構成員ごとに行われます。

日本とA国及びB国との間では、それぞれ所得に関する租税条約が結ばれていますので、A国の法人のF社及びB国の個人のG氏については、租税条約の適用があります。

それぞれの条約に映画フィルムの使用料について軽減税率（限度税率）の規定があれば、所得税法上の20％【20.42％】ではなく、その軽減税率（限度税率）で源泉徴収を行うことになります。A国の法人のF社及びB国の個人のG氏は、それぞれ個別に租税条約に関する届出書を、貴社を経由して貴社の管轄税務署長へ提出する必要があります。

4. 日本法人が外国パートナーシップの構成員である場合

　日本法人が外国パートナーシップの構成員として所得を受領する場合には、まず所得の源泉に応じて課税が行われることになります。

　しかしながら、最終的には全世界所得課税ですから、法人税の申告に際しその所得は合算されることになります。

　貴社は、日本法人甲社に対し外国パートナーシップを通して国内源泉所得を支払うことになるわけですが、所得税法においては内国法人に対する著作権の使用料の支払に対しては、源泉徴収義務を課しておりませんので、源泉徴収を行う必要はありません。

　甲社は、法人税の確定申告を、外国パートナーシップを通して受領した所得を含めて行うことになります。

　　（注）　本設例は、一般的な租税条約締結国を想定して解説を行っております。

　　　　日米租税条約等では、パートナーシップについて、他の一般的な租税条約とは異なる規定を有しています。

Ⅴ 事例検討

35. 商標権の譲渡と日米租税条約

> **問** 当社は新規開発した製品を日本で売り出すことになり、ネーミングを考えておりました。複数の候補の中から新製品開発のコンセプトにぴったりの商品名があったので、類似商号等のチェックを行ったところ、すでに日本で商標登録がされていたことが判明しました。さらに調べた結果、この商標権を有している者は米国の企業でした。
>
> しかしながら、そのネーミングが何物にも代えがたいということになり、商標権登録者である米国の企業と交渉を行うことを経営会議で決定をしました。
>
> もしこの米国の企業から商標権の譲渡をしてもらうとすると、その対価の支払に関して、日本での課税関係はどのようになるのでしょうか。ご教示ください。

結論

商標権の譲渡の対価は、所得税法第161条第1項第11号に規定する「工業所有権その他の技術に関する権利、特別の技術による生産方式若しくはこれらに準ずるものの使用料又はその譲渡による対価」となりますので、その支払に際しては支払額の20％【20.42％】を源泉徴収しなければなりません。しかしながら、米国の企業が日米租税条約における特典条項を満たす企業である場合には、日本での課税が免除されることとなります。この場合には、米国の企業は、貴社が譲渡対価を支払う日の前日までに、貴社を通して貴社の納税地の所轄税務署長に「租税条約に関する届出書（様式10）」「特典条項に関する付表（米）（様式17－米）」、米国の企業の「居住者証明書」を提出する必要があります。

〈事例35〉

検　討

1．所得税法に規定する譲渡対価について

　所得税法第161条第1項第11号イでは「工業所有権その他の技術に関する権利、特別の技術による生産方式若しくはこれらに準ずるものの使用料又はその譲渡による対価」を国内源泉所得と規定しています。商標権は工業所有権の一つですので、商標権を譲り受けるために対価を支払った場合は国内源泉所得となります。

　そして、同法第212条第1項で「外国法人に対し国内において同法161条第1項第4号から第11号まで（途中省略）の支払をする者は、その支払の際、これらの国内源泉所得について所得税を徴収（以下省略）」と規定し、さらに同法第213条第1項第1号でその税率を20％と規定していますので、貴社はその商標権の譲渡対価を支払う際に支払額の20％【20.42％】の源泉徴収が必要となります。

2．日米租税条約の適用

　日米租税条約第13条第7項では、

　「1から6までに規定する財産以外の財産の譲渡から生ずる収益に対しては、譲渡者が居住者とされる締約国においてのみ租税を課することができる。」

と規定しており、譲渡者の居住地国のみが課税できることとなっています。租税条約は国内法に優先して適用されますので、貴社が支払う商標権の譲渡対価に関しては米国のみが課税できる、すなわち日本は課税できない、ということになりますので、貴社はその支払に際して源泉徴収を行う必要はなくなります。

3．特典条項に該当するか

　商標権の譲渡対価については租税条約の規定により米国のみが課税できることとなっていますが、米国の企業であれば誰でも租税条約の規定

が適用されるというわけではありません。

　日米租税条約第22条では、この租税条約による特典を受けられる者（適格居住者）を概略以下のように定めています。

A (1)　個人
　(2)　国、地方政府又は地方公共団体、中央銀行
　(3)　公開会社
　(4)　公開会社の関連会社（発行済株式の総数の50％以上が(3)の公開会社に該当する5以下の法人により直接又は間接に所有されているものに限る。）
　(5)　公益団体
　(6)　年金基金

B　Aのいずれにも該当しないが、次の(a)及び(b)の要件のいずれも満たす個人以外の者
　(a)　株式や受益に関する持分の50％以上が、Aの(1)、(2)、(3)、(5)及び(6)に該当する日本又は米国の居住者により直接又は間接に所有されていること
　(b)　総所得のうち、課税所得の計算上控除される支出により、日本又は米国の居住者に該当しない者に対し直接又は間接に支払われる金額が、50％未満であること

C　Bにも該当しないが、次の(a)から(c)の要件を全て満たす者
　(a)　居住地国において従事している営業又は事業の活動が、自己の勘定のために投資を行い又は管理する活動（商業銀行、保険会社又は登録を受けた証券会社が行う銀行業、保険業又は証券業活動を除く。）ではないこと
　(b)　所得が居住地国において従事している営業又は事業の活動に関連又は付随して取得されるものであること

(c) 日本国内において営業又は事業の活動から所得を取得する場合には、居住地国において行う営業又は事業の活動が日本国内において行う営業又は事業の活動との関係で実質的なものであること

Ｄ　Ｃにも該当しないが、国税庁長官の認定を受けた者

したがって、米国の企業が上記のいずれかに該当する場合には、日米租税条約第 13 条第 7 項の規定が適用され、貴社が譲渡対価を支払う際に源泉徴収を行う必要はなくなります。この場合には、米国の企業は、自己が適格居住者であることを証する書類である「租税条約に関する届出書（様式 10）」「特典条項に関する付表（米）（様式 17 − 米）」、米国の企業の「居住者証明書」を、貴社が譲渡対価を支払う日の前日までに、貴社を通して貴社の納税地の所轄税務署長に提出する必要があります。

36. 商標権の使用料と日米租税条約

> **問** 事例35の状況で、もしこの米国の企業から商標権の使用許諾を受けるとしたら、その対価の支払に関して、日本での課税関係はどのようになるのでしょうか。ご教示ください。

結論

商標権の使用許諾に対する使用料は、所得税法第161条第1項第11号に規定する「工業所有権その他の技術に関する権利、特別の技術による生産方式若しくはこれらに準ずるものの使用料又はその譲渡による対価」となりますので、その支払に際しては支払額の20％【20.42％】を源泉徴収しなければなりません。しかしながら、米国の企業が日米租税条約における特典条項を満たす企業である場合には、日本での課税が免除されることとなります。この場合には、米国の企業は、貴社が譲渡対価を支払う日の前日までに、貴社を通して貴社の納税地の所轄税務署長に「租税条約に関する届出書（様式3）」「特典条項に関する付表（米）（様式17－米）」、米国の企業の「居住者証明書」を提出する必要があります。

検討

1. 所得税法に規定する使用料について

所得税法第161条第1項第11号イでは「工業所有権その他の技術に関する権利、特別の技術による生産方式若しくはこれらに準ずるものの使用料又はその譲渡による対価」を国内源泉所得と規定しています。商標権は工業所有権の一つですので、商標権の使用許諾に対する使用料を支払った場合は国内源泉所得となります。

〈事例36〉

　そして、所得税法第212条第1項で「外国法人に対し国内において同法161条第1項（著者注）第4号から第11号まで（途中省略）の支払をする者は、その支払の際、これらの国内源泉所得について所得税を徴収（以下省略）」と規定し、さらに同法第213条第1項第1号でその税率を20％と規定していますので、貴社はその商標権の使用料を支払う際に支払額の20％【20.42％】の源泉徴収が必要となります。

2. 日米租税条約の適用

　日米租税条約第12条第1項では、

　「一方の締約国内において生じ、他方の締約国の居住者が受益者である使用料に対しては、当該他方の締約国においてのみ租税を課することができる。」

と規定しており、同条第2項では、

　「この条において、「使用料」とは、（途中省略）著作権、特許権、商標権、意匠、模型、図面、秘密方式若しくは秘密工程の使用若しくは使用の権利の対価として、（途中省略）受領されるすべての種類の支払金等をいう。」

と規定し、商標権の使用料については受益者の居住地国のみが課税できることとなっています。租税条約は国内法に優先して適用されますので、貴社が支払う商標権の使用許諾に対する使用料に関しては米国のみが課税できる、すなわち日本は課税できない、ということになりますので、貴社はその支払に際して源泉徴収を行う必要はなくなります。

3. 特典条項に該当するか

　商標権の使用料については租税条約の規定により米国のみが課税できることとなっていますが、米国の企業であれば誰でも租税条約の規定が適用されるというわけではありません。この租税条約による特典を受けられる者（適格居住者）については、**事例35**に記載の通りです。

221

V 事例検討

　したがって、米国の企業が適格居住者に該当する場合には、日米租税条約第12条第1項の規定が適用され、貴社が使用料を支払う際に源泉徴収を行う必要はなくなります。この場合には、米国の企業は、自己が適格居住者であることを証する書類である「租税条約に関する届出書（様式3）」「特典条項に関する付表（米）（様式17－米）」、米国の企業の「居住者証明書」を、貴社が譲渡対価を支払う日の前日までに、貴社を通して貴社の納税地の所轄税務署長に提出する必要があります。

〈事例37〉

37. 商標権の譲渡と使用地、そして日米租税条約

問 当社は新規開発した製品を日本で製造して、それを米国市場で売り出すことを計画し、ネーミングを考えておりました。複数の候補の中から新製品開発のコンセプトにぴったりの商品名があったので、類似商号等のチェックを行ったところ、すでに米国で商標登録がされていたことが判明しました。そしてこの商標権を有している者は米国の企業でした。

しかしながら、そのネーミングが何物にも代えがたいということになり、商標権登録者である米国の企業と交渉を行うことを経営会議で決定をしました。

もしこの米国の企業から商標権の譲渡をしてもらうとすると、その対価の支払に関して、日本での課税関係はどのようになるのでしょうか。また、もしこの米国の企業から商標権の使用許諾を受けるとしたら、日本での課税関係は変わるでしょうか。ご教示ください。

結論

米国で使用するために取得する商標権の譲渡の対価若しくは使用許諾に対する使用料は、所得税法第161条第1項第11号に規定する日本国内源泉所得には該当しませんので、その支払の際に源泉徴収を行う必要はありません。

検討

1. 所得税法に規定する譲渡対価若しくは使用料について

所得税法第161条第1項第11号では、「国内において業務を行う者か

223

ら受ける次に掲げる使用料又は対価で当該業務に係るもの」を国内源泉所得と規定し、その使用の場所が国内である場合に国内源泉所得となることを規定しています。

しかし、貴社は米国市場で売り出すために商標権を取得する若しくは使用許諾を受けるわけですから、日本国内で使用することにはなりません。したがって、日本国内源泉所得には該当しないことになります。

2. 使用地主義と債務者主義

所得税法は使用地主義を採用していますが、租税条約においては支払者を基準に所得源泉地を決める債務者主義を採用しているものがあります。所得税法第162条第1項は、

「租税条約（括弧内省略）において国内源泉所得につき前条の規定と異なる定めがある場合には、その租税条約の適用を受ける者については、同条の規定にかかわらず、国内源泉所得は、その異なる定めがある限りにおいて、その租税条約に定めるところによる。この場合において、その租税条約が同条第1項第6号から第16号までの規定に代わつて国内源泉所得を定めているときは、この法律中これらの号に規定する事項に関する部分の適用については、その租税条約により国内源泉所得とされたものをもつてこれに対応するこれらの号に掲げる国内源泉所得とみなす。」

と規定し、租税条約に異なる定めがある場合には所得源泉地が置き換えられることとなっています。したがって、日米租税条約において、異なる定めがあるかどうかを検討することになります。

3. 日米租税条約の検討

日米租税条約において、使用料については第12条に、譲渡収益については第13条にそれぞれ規定があります。

第12条は、

「一方の締約国内において生じ、他方の締約国の居住者が受益者である使用料に対しては、当該他方の締約国においてのみ租税を課することができる。」

と規定し、受益者の居住地国に課税権を認めています。

また、第13条第7項は、

「1から6までに規定する財産以外の財産の譲渡から生ずる収益に対しては、譲渡者が居住者とされる締約国においてのみ租税を課することができる。」

と規定し、こちらも譲渡者の居住地国に課税権を認めています。

そして、それ以外の規定はありませんので、租税条約によって所得源泉地が置き換えられることもありません。

したがって、所得税法第161条に戻り、使用料も譲渡収益も日本国内源泉所得に該当しないこととなるため、源泉徴収を行わずに全額を支払うことになります。

Ⅴ 事例検討

38. 米国LLCからの商標権の譲渡

問 当社は新規開発した製品を日本で売り出すことになり、ネーミングを考えておりました。複数の候補の中から新製品開発のコンセプトにぴったりの商品名があったので、類似商号等のチェックを行ったところ、すでに日本で商標登録がされていたことが判明しました。そして、この商標権を有している者は米国のLLCでした。

しかしながら、そのネーミングが何物にも代えがたいということになり、商標権登録者である米国のLLCと交渉を行うことを経営会議で決定をしました。

もしこの米国のLLCから商標権の譲渡をしてもらうとすると、その対価の支払に関して、日本での課税関係はどのようになるのでしょうか。ご教示ください。

結論

米国LLCそのものが課税主体となっており、かつ、特典条項を満たしている（適格居住者）場合には、日本での課税は免除されます。この場合には、米国LLCは、貴社が商標権の譲渡対価を支払う日の前日までに、貴社を通して貴社の納税地の所轄税務署長に「租税条約に関する届出書（様式10）」「特典条項に関する付表（米）（様式17－米）」、米国LLCの「居住者証明書」を提出する必要があります。

また、米国LLCが構成員課税を選択している場合には、適格居住者である構成員の持分に対応する金額についてのみ日本での課税は免除されます。この場合には、米国LLCは、貴社が商標権の譲渡対価を支払う日の前日までに、貴社を通して貴社の納税地の所轄税務署長に「租税条約に関する届出書（様式10）」「外国法人の株主等の名簿 兼 相手国団

〈事例38〉

体の構成員の名簿（様式16)」、構成員ごとの「特典条項に関する付表（米）（様式17－米)」、構成員ごとの「居住者証明書」を提出する必要があります。

米国LLCそのものが課税主体となっているが特典条項を満たしていない場合及び構成員課税を選択している米国LLCで特典条項を満たしていない構成員の持分に対しては、その支払に際しては支払額の20％【20.42％】を源泉徴収しなければなりません。

検　討

1．所得税法に規定する譲渡対価について

所得税法上、米国LLCは、外国法人として取り扱われますので、**事例35**のとおり、貴社はその商標権の譲渡対価を支払う際に支払額の20％【20.42％】の源泉徴収が必要となります。

2．日米租税条約の適用

日米租税条約第4条第6項では、

「(a)　一方の締約国において取得される所得であって、

　(i)　他方の締約国において組織された団体を通じて取得され、かつ、

　(ii)　当該他方の締約国の租税に関する法令に基づき当該団体の受益者、構成員又は参加者の所得として取り扱われるもの

に対しては、当該一方の締約国の租税に関する法令に基づき当該受益者、構成員又は参加者の所得として取り扱われるか否かにかかわらず、当該他方の締約国の居住者である当該受益者、構成員又は参加者（括弧内省略）の所得として取り扱われる部分についてのみ、この条約の特典（括弧内省略）が与えられる。

(b)　一方の締約国において取得される所得であって、

V 事例検討

(i) 他方の締約国において組織された団体を通じて取得され、かつ、
(ii) 当該他方の締約国の租税に関する法令に基づき当該団体の所得として取り扱われるもの

に対しては、当該一方の締約国の租税に関する法令に基づき当該団体の所得として取り扱われるか否かにかかわらず、当該団体が当該他方の締約国の居住者であり、かつ、この条約に別に定める要件を満たす場合にのみ、この条約の特典(括弧内省略)が与えられる。」

と規定しています。

3. 米国LLCが課税主体となっている場合

米国LLCが課税主体となっている場合は、米国LLCが適格居住者であるかどうかを検討する必要があります。適格居住者の要件は**事例35**のとおりです。米国LLCが要件のいずれかに該当する場合には、日米租税条約第13条第7項の規定が適用され、貴社が商標権の譲渡対価を支払う際に源泉徴収を行う必要はなくなります。

この場合には、米国の企業は、自己が適格居住者であることを証する書類である「租税条約に関する届出書(様式10)」「特典条項に関する付表(米)(様式17-米)」、米国LLCの「居住者証明書」を、貴社が商標権の譲渡対価を支払う日の前日までに、貴社を通して貴社の納税地の所轄税務署長に提出する必要があります。

4. 米国LLCが構成員課税を選択している場合

米国LLCが構成員課税を選択している場合は、構成員それぞれが適格居住者であるかどうかを検討することになります。免税の特典が与えられるのは適格居住者である構成員の持分に対してのみですので、構成員全員とそれぞれの持分の情報が必要となります。これは、「外国法人

〈事例38〉

の株主等の名簿 兼 相手国団体の構成員の名簿（様式16)」を提出してもらうことで確認ができます。米国LLCの構成員の中に構成員課税を選択している別のLLCが存在する場合には、その別のLLCの構成員が適格居住者であるかどうかも検討していくことになります。

　適格居住者の要件は**事例35**のとおりです。米国LLCの構成員が要件のいずれかに該当する場合には、日米租税条約第13条第7項の規定が適用され、貴社が商標権の譲渡対価を支払う際に源泉徴収を行う必要はなくなります。

　検討の結果、適格居住者である構成員がいた場合には、その構成員の持分に対応する金額についてのみ日本での課税は免除されます。この場合には、米国LLCは、貴社が商標権の譲渡対価を支払う日の前日までに、貴社を通して貴社の納税地の所轄税務署長に「租税条約に関する届出書（様式10)」「外国法人の株主等の名簿 兼 相手国団体の構成員の名簿（様式16)」、構成員ごとの「特典条項に関する付表（米）（様式17－米)」、構成員ごとの「居住者証明書」を提出する必要があります。また、実務的には米国LLCが構成員課税の法人であることを証する書類も必要になり、米国LLCの「居住者証明書」をその証とする書類として提出することもあります。

229

V 事例検討

39. 米国 LLC に支払う商標権の使用料

問 当社は新規開発した製品を日本で売り出すことになり、ネーミングを考えておりました。複数の候補の中から新製品開発のコンセプトにぴったりの商品名があったので、類似商号等のチェックを行ったところ、すでに日本で商標登録がされていたことが判明しました。そして、この商標権を有している者は米国の LLC でした。

しかしながら、そのネーミングが何物にも代えがたいということになり、商標権登録者である米国の LLC と交渉を行うことを経営会議で決定をしました。

もしこの米国の LLC から商標権の使用許諾を受けるとしたら、その対価の支払に関して、日本での課税関係はどのようになるのでしょうか。ご教示ください。

結論

米国 LLC そのものが課税主体となっており、かつ、特典条項を満たしている（適格居住者）場合には、日本での課税は免除されます。この場合には、米国 LLC は、貴社が商標権の使用許諾に対する使用料を支払う日の前日までに、貴社を通して貴社の納税地の所轄税務署長に「租税条約に関する届出書（様式3）」「特典条項に関する付表（米）（様式17－米）」、米国 LLC の「居住者証明書」を提出する必要があります。

また、米国 LLC が構成員課税を選択している場合には、適格居住者である構成員の持分に対応する金額についてのみ日本での課税は免除されます。この場合には、米国 LLC は、貴社が商標権の使用許諾に対する使用料を支払う日の前日までに、貴社を通して貴社の納税地の所轄税務署長に「租税条約に関する届出書（様式3）」「外国法人の株主等の名

簿 兼 相手国団体の構成員の名簿（様式16）」、構成員ごとの「特典条項に関する付表（米）（様式17－米）」、構成員ごとの「居住者証明書」を提出する必要があります。

米国LLCそのものが課税主体となっているが特典条項を満たしていない場合及び構成員課税を選択している米国LLCで特典条項を満たしていない構成員の持分に対しては、その支払に際しては支払額の20％【20.42％】を源泉徴収しなければなりません。

検　　討

1. 所得税法に規定する使用料について

所得税法上、米国LLCは、外国法人として取り扱われますので、**事例36**のとおり、貴社はその商標権の使用許諾に対する使用料を支払う際に支払額の20％【20.42％】の源泉徴収が必要となります。

2. 日米租税条約の適用

日米租税条約第4条第6項では、

「(a)　一方の締約国において取得される所得であって、

　　（ⅰ）　他方の締約国において組織された団体を通じて取得され、かつ、

　　（ⅱ）　当該他方の締約国の租税に関する法令に基づき当該団体の受益者、構成員又は参加者の所得として取り扱われるもの

に対しては、当該一方の締約国の租税に関する法令に基づき当該受益者、構成員又は参加者の所得として取り扱われるか否かにかかわらず、当該他方の締約国の居住者である当該受益者、構成員又は参加者（括弧内省略）の所得として取り扱われる部分についてのみ、この条約の特典（括弧内省略）が与えられる。

(b)　一方の締約国において取得される所得であって、

(i) 他方の締約国において組織された団体を通じて取得され、かつ、

(ii) 当該他方の締約国の租税に関する法令に基づき当該団体の所得として取り扱われるもの

に対しては、当該一方の締約国の租税に関する法令に基づき当該団体の所得として取り扱われるか否かにかかわらず、当該団体が当該他方の締約国の居住者であり、かつ、この条約に別に定める要件を満たす場合にのみ、この条約の特典（括弧内省略）が与えられる。」

と規定しています。

3. 米国LLCが課税主体となっている場合

米国LLCが課税主体となっている場合は、米国LLCが適格居住者であるかどうかを検討する必要があります。適格居住者の要件は**事例35**のとおりです。米国LLCが要件のいずれかに該当する場合には、日米租税条約第12条第1項の規定が適用され、貴社が商標権の使用許諾に対する使用料を支払う際に源泉徴収を行う必要はなくなります。

この場合には、米国の企業は、自己が適格居住者であることを証する書類である「租税条約に関する届出書（様式3）」「特典条項に関する付表（米）（様式17－米）」、米国LLCの「居住者証明書」を、貴社が商標権の使用料を支払う日の前日までに、貴社を通して貴社の納税地の所轄税務署長に提出する必要があります。

4. 米国LLCが構成員課税を選択している場合

米国LLCが構成員課税を選択している場合は、構成員それぞれが適格居住者であるかどうかを検討することになります。免税の特典が与えられるのは適格居住者である構成員の持分に対してのみですので、構成員全員とそれぞれの持分の情報が必要となります。これは、「外国法人

の株主等の名簿 兼 相手国団体の構成員の名簿（様式16)」を提出してもらうことで確認ができます。米国LLCの構成員の中に構成員課税を選択している別のLLCが存在する場合には、その別のLLCの構成員が適格居住者であるかどうかも検討していくことになります。

　適格居住者の要件は**事例35**のとおりです。米国LLCの構成員が要件のいずれかに該当する場合には、日米租税条約第12条第1項の規定が適用され、貴社が商標権の使用許諾に対する使用料を支払う際に源泉徴収を行う必要はなくなります。

　検討の結果、適格居住者である構成員がいた場合には、その構成員の持分に対応する金額についてのみ日本での課税は免除されます。この場合には、米国LLCは、貴社が商標権の使用許諾に対する使用料を支払う日の前日までに、貴社を通して貴社の納税地の所轄税務署長に「租税条約に関する届出書（様式3)」「外国法人の株主等の名簿 兼 相手国団体の構成員の名簿（様式16)」、構成員ごとの「特典条項に関する付表（米）（様式17－米)」、構成員ごとの「居住者証明書」を提出する必要があります。また、実務的には米国LLCが構成員課税の法人であることを証する書類も必要になり、米国LLCの「居住者証明書」をその証とする書類として提出することもあります。

40. 海外勤務者に支払う原稿料

問 当社は家庭用日用品の製造販売を行う法人ですが、当社のA国に設立した子会社に2年前から出向している社員甲から、3カ月に1回、A国の家庭用日用品に関する情報や、現地の社会経済状況等に関してレポートを送付してもらい、それらを社内報に掲載をしています。甲にはレポートの謝礼として1回当たり20万円を、甲の国内にある銀行口座に送金をしていますが、源泉徴収を行う必要があるか、ご教示ください。

結論

甲氏に支払うレポート料が、所得税法第161条第1項第11号「国内において業務を行う者から受ける次に掲げる使用料又は対価で当該業務に係るもの」の「ロ　著作権（出版権及び著作隣接権その他これに準ずるものを含む。）の使用料又はその譲渡による対価」に該当すれば、源泉徴収が必要となります。

しかしながら、甲氏から送られてくるレポートの内容が、単なるA国の家庭用日用品や経済状況等に関する情報であるのなら、源泉徴収は不要です。

検討

著作権の使用料の意義に関しては、所得税基本通達161－35（使用料の意義）で、

「同号ロの著作権の使用料とは、著作物（著作権法第2条第1項第1号《定義》に規定する著作物をいう。以下この項において同じ。）の複製、上演、演奏（中略）その他著作物の利用又は出版権の設定につき支払を

〈事例40〉

　受ける対価の一切をいうのであるから（以下省略）」
としています。
　したがって、このレポートが著作権法上の著作物となるか否かが、源泉徴収の要否を判断するポイントとなります。著作権法第2条第1項第1号では、
　「著作物　思想又は感情を創作的に表現したものであつて、文芸、学
　　術、美術又は音楽の範囲に属するものをいう。」
と規定しています。
　甲氏から送られてくるレポートの内容ですが、それが単なるA国の家庭用日用品や経済状況等に関する情報であるのなら、著作権法上の著作物には該当しないことになります。そうすると、貴社が甲氏に支払うレポート料は、国内源泉所得とされる著作権の使用料にはならないことになります。
　ちなみに、貴社の支払うレポート料は、甲氏がA国内で情報を集める対価、すなわち甲氏のA国内での人的役務の対価とされ、役務提供地は国外となりますので、国外源泉所得となり、日本国は課税権を持たないことになります。

V 事例検討

41. 海外在住者から受ける現地情報とその対価

問 当社は日用雑貨品の製造販売を行っていますが、新製品の開発には海外の家庭用品等の製造や販売状況の情報が重要な役割を果しております。

そこで海外在住の日本人に、日本で受け入れられると思われる面白い家庭用品に関する商品情報の提供や現地雑誌の収集を、定期的にお願いをしております。現物及び雑誌の代価や輸送料は実費を当社が負担し、また、現地での活動及びレポートの対価として毎月3,000ユーロを支払うことにしています。

これらの支払について源泉徴収が必要でしょうか。ご教示ください。

結 論

貴社が海外在住の方に支払うレポート代金については、源泉徴収の必要はありません。

検 討

貴社は海外の日本人から、現地の人気商品の情報やその商品に関する販売状況等の報告を受けているものと思われます。たとえ日本人であっても、海外に居住する者は日本の非居住者に該当しますから、その対価の支払が所得税法第161条に規定する国内源泉所得に該当する場合には、所得の支払者は支払の際に源泉徴収を行わなければなりません。

今回貴社が受けた情報について、国内源泉所得になるか否かについて判断する際に参考となる条文は、所得税法第161条第1項の第11号の使用料に関する規定が該当することになりますが、そこで検討の対象と

〈事例41〉

なる「ノウハウ」等の使用料に関する解釈に関して所得税基本通達161－34（工業所有権等の意義）では、その後段で、

　「海外における技術の動向、製品の販路、特定の品目の生産高等の情報又は機械、装置、原材料等の材質等の鑑定若しくは性能の調査、検査等は、これに該当しない。」

としています。してみると、今回貴社が海外の情報提供者から受けたこれらの情報は、いわゆる「ノウハウ」の提供には該当しないことになり、使用料とはなりません。

　そうすると、提供された情報は、現地での人的活動の結果によりもたらされたものと判断されます。人的役務提供の対価については、役務提供地で所得源泉地を判断することになり、ご質問の場合は、役務提供地は海外になるので日本国外源泉所得になり、したがって源泉徴収はしなくてよいことになります。

V 事例検討

42. クロスライセンス契約と源泉徴収について

> **問** 当社はZ国の企業であるY社と技術提携を行い、双方が所持している特許権や工業所有権を相互に開示及び利用して技術研究や商品開発を行うことになりました。契約で双方が開示等する特許権等の範囲を定めましたが、使用料についてはお互いに無償とすることにしました。この契約に基づくY社が所有する特許権等の使用に関して、当社は源泉徴収を行う必要があるのでしょうか。ご教示ください。

結論

源泉徴収の必要は現在のところありません。

検討

いわゆるクロスライセンス契約の際の使用料課税と源泉徴収についてのご質問ですが、貴社は、クロスライセンス契約における使用料について、双方にいったん使用料が発生しそれを相互に等価として相殺を行ったと考えられたのでしょう。

たしかに、所得税基本通達181〜223共-1（支払の意義）では、

「法第4編《源泉徴収》に規定する「支払の際」又は「支払をする際」の支払には、現実の金銭を交付する行為のほか、元本に繰り入れ又は預金口座に振り替えるなどその支払の債務が消滅する一切の行為が含まれることに留意する。」

としていますから、「相殺」も支払とされ、相殺時に源泉徴収をすることが必要とされています。

してみると、本件クロスライセンス契約により貴社からY社へ使用

〈事例42〉

料の支払が行われ、源泉徴収を貴社が行う必要があると考えることもできるわけです。ただ、この考え方のネックは、その対価の額をいくらにするかというところにあります。金額が定まらない限り、源泉徴収を行うことは不可能です。

　よって、現在までのところ、著者の知る限り、実務においては、クロスライセンス契約における使用料相当額については、使用料の支払はないものとして源泉徴収は行われておりません。

　したがって、新しい動きがあるまでの間は、源泉徴収を行う必要はないと解されます。

43. 損害賠償金と源泉徴収

問 当社は、A国の企業Z社とクロスライセンス契約を結び、双方が有する特許権等を相互に利用して製品の開発を行い、両国の市場で販売を行ってきました。

今般Z社から、当社が開発し日本国内で販売を行っている製品について、クロスライセンス契約の対象としていないZ社の特許権を使用しているとクレームが来ました。社内調査を実施したところ、契約によって許諾を受けている特許権以外のZ社の特許を使用していることが判明しました。Z社と交渉の結果、過去については損害賠償金を支払い、将来については特許権の使用料を支払うことで合意しました。将来において支払う使用料は源泉徴収の対象となるのはわかるのですが、損害賠償金はどのように税務処理をすればよいかご教示ください。

結論

損害賠償金も所得税法第161条第1項第11号に規定する使用料に該当しますので、日本国内源泉所得となり、通常は源泉徴収をする必要があります。

検討

所得税基本通達161-46（損害賠償金等）は、

「法第161条第1項第4号から第16号までに掲げる対価、使用料、給与、報酬等（以下この項においてこれらを「対価等」という。）には、当該対価等として支払われるものばかりでなく、当該対価等に代わる性質を有する損害賠償金その他これに類するものも含まれる。」

〈事例43〉

とし、支払の名目によらず、その実質で判断するよう規定しています。

　今回貴社が支払う損害賠償金も、将来において支払う使用料と同様に、もし、当初から支払を行っていれば、紛れもなく使用料とされるものですから、所得税法第9条（非課税所得）第18号に規定する非課税の損害賠償金には該当せず、第161条第1項第11号イに規定する特許権の使用料となり、その支払に際しては第212条第1項及び第213条第1項の規定により、支払時に20％【20.42％】の税率で源泉徴収をしなければなりません。

　なお、A国と我が国との間で租税条約が結ばれており、使用料に関して所得税法の20％【20.42％】より少ない税率（限度税率）や免税が規定されている場合には、免税ないしは、その条約に規定する限度税率によって源泉徴収を行うことになります。

　なおその際、Z社は「租税条約に関する届出書（様式3）」を、貴社を経由して貴社の管轄税務署長に提出する必要があります。

Ⅴ 事例検討

44. 海外スポーツの中継料と源泉徴収

問 当社は、A国のプロスポーツを日本でテレビ中継することを計画しています。そこでA国のプロチームWと交渉を行い、そのWチームが主催するゲームの日本でのテレビ中継に関して、100万ドルで許諾をしてもらうことになりました。そのために、当社ではA国に機材を運び込みテレビ中継スタッフを派遣し、自分達で日本で放映する映像を撮ることにしています。Wチームに支払う許諾料は、日本からWチームに支払う際に源泉徴収が必要でしょうか。

結論

貴社は、テレビ中継をさせてもらうための許諾料100万ドルを、Wチームに支払う際の源泉徴収は不要で、そのまま100万ドルを送金して差し支えありません。

検討

使用料に関して定めている所得税法第161条第1項第11号の規定は限定列挙ですから、この「テレビ中継料」が第11号の規定のいずれかに該当しなければ国内源泉所得に該当しません。

そして第11号の規定は、

「国内において業務を行う者から受ける次に掲げる使用料又は対価で当該業務に係るもの

イ 工業所有権その他の技術に関する権利、特別の技術による生産方式若しくはこれらに準ずるものの使用料又はその譲渡の対価

ロ 著作権（出版権及び著作隣接権その他これに準ずるものを含む）の

使用料又はその譲渡による対価

　ハ　機械、装置その他政令で定める用具の使用料」
と規定しています。

　確かにテレビ映像自体には著作権が生じますが、これは映像を作った者に生じ、今回の場合は貴社が映像を撮りますので、貴社に著作権は帰属します。そうすると貴社が支払った100万ドルはこのテレビ映像（著作権）の対価ではなく、ただただWチームが主催し行うゲームをテレビ中継させてもらうことの対価です。また、ゲーム自体も、筋書きのないドラマと言われているように、ゲームそのものにも著作権は生じません。してみると、貴社が支払う100万ドルの対象物は、結局第161条第1項第11号に規定するどれにも該当しませんので、源泉徴収は不要となるのです。

Ⅴ　事例検討

45. 独占的に取り扱う権利を得るために支出する開発負担金

問　当社では、海外の法人 A 社から開発研究中である新製品について、開発研究費が高額となることから、提携を条件に援助を求められました。A 社の開発中の製品は日本ではかなりの売上が得られることが予想されますので、日本において独占的に取り扱う権利を得ることを条件に、開発研究費の援助をすることに決定いたしました。その際 A 社からは、

① 開発研究は A 社の本店所在地国にある研究所で継続して行うこと
② 仮に開発が不調に終わっても援助金の返還はしないこと
③ 開発が成功して特許等を取得した場合でも特許権等はすべて A 社に帰属すること
④ 新製品の商標等も A 社が決め商標権は A 社が取得すること
⑤ 製品は A 社が製造を行い完成品を当社に納入すること
⑥ 当社は再輸出等日本以外に製品を販売しないこと

が条件として提示され、当社はそれを了承することにしました。開発援助金は毎年 1 億円で、A 社が開発に成功するか取り止めるまで支出をすることにしています。なお、当社の援助金がその目的に沿って支出されていることを確認するために会計士による監査が行われることになっております。この援助金が源泉徴収の対象となるか否かについてご教示ください。

結論

　貴社が毎年支払う援助金 1 億円は、所得税法第 161 条第 1 項第 6 号及

〈事例45〉

び第12号に規定されている人的役務提供事業及び人的役務提供の対価として課税されることはありませんし、また、所得税法第161条第1項第11号に規定されている使用料にも該当しませんので、源泉徴収をする必要はありません。

検　討

1.　研究開発の補助を行うことに対する税法上の意味

　企業が研究開発に対し投下する資源は、通常は研究者であり、原材料であり、機械装置や器具となります。したがって、研究開発行為は人的役務の固まりと捉えることができます。所得税法第161条第1項第6号及び第12号に人的役務の提供等に係る対価についての規定がありますが、いずれも国内において役務提供が行われる場合に国内源泉所得となり課税対象となるとしています。したがって貴社が行う、A社が日本国外で行う製品開発に対する資金援助は、それがたとえ人的役務提供に対する対価の支払とされても、日本で課税対象とされることはありません。

2.　国内源泉所得とされる使用料について

　所得税法第161条第1項第11号では、
　「国内において業務を行う者から受ける次に掲げる使用料又は対価で当該業務に係るもの
　　イ　工業所有権その他の技術に関する権利、特別の技術による生産方式若しくはこれらに準ずるものの使用料又はその譲渡による対価
　　ロ　著作権（出版権及び著作隣接権その他これに準ずるものを含む。）の使用料又はその譲渡による対価
　　ハ　機械、装置その他政令で定める用具の使用料」
を国内源泉所得として課税対象としています。

したがって、これらに該当する場合には使用料として源泉徴収の対象となります。

3. 工業所有権、その他の技術に関する権利等とは

　工業所有権とは、特許権、実用新案権、商標権、意匠権等を意味し、その他技術に関する権利とは、いわゆる出願権や実施権を意味するものとされ、特別の技術による生産方式等とは、秘訣や秘伝等いわゆるノウハウ等を意味します（所基通161－34）。

4. 本件で取得することになる独占的に取り扱う権利についての検討

　課非判定を行う場合には名称ではなく実質で行うことになりますので、本件の取得する権利について具体的に検討します。

　A社が開発に成功した際に取得するであろう特許権等はA社に帰属し、貴社は開発に際しては何の権利も取得しません。また、新製品のネーミングもA社が行い商標権もA社が取得し、製造もA社が行うこととされています。そうすると貴社が得ることができる権利は、課税対象とされている工業所有権等の権利ではなく、日本国内において新製品を独占的に取り扱う権利だけということになります。

　してみると、本件で取得することになる独占的に取り扱う権利は、前記所得税法第161条第1項第11号に規定するいずれの権利にも該当しませんから、たとえ貴社が支払う開発援助金が実費相当額を超えているとしても（A社において結果として利益が生じていても）課税対象となる使用料とはならないことになります。

〈事例45〉

【参 考】

1．租税条約においても、人的役務提供に関する所得に対する課税については、役務提供地で課税することを原則としています。
2．所得税法第161条第1項第6号では人的役務提供を事業とする場合の所得について、第12号では個人自らの人的役務提供による所得について規定しています。
3．国内法（所得税法）は使用料について使用地主義を採っていますが、我が国が各国と結んでいる租税条約は、その大半が債務者主義を採っています。
4．国内法では、工業所有権や著作権等については、使用料と譲渡の対価との両者を課税対象にしていますが（機械、装置等は使用料だけ）、租税条約によっては、譲渡の対価を課税対象から外しているものがあります。
5．共同研究に対する分担金について、共同研究に関する契約の時点でその研究についての成果が全く未知であることと、分担金が実費相当額であること等であれば、使用料に当たらないものとして扱われています（実費相当額を超えていれば使用料の前払いとされることがあります。）。
　　また、過去にさかのぼって共同研究分担金を支払う場合には、その内容（既にいくつかの特許が取得されている等）によっては、使用料とされ課税対象となることがあります。
6．支払金額について、数量、売上額、利益等を基準に決められていたり、後日に精算（過不足金額の調整）を行ったり、行うことが契約書上規定されている場合には、使用料等と認定され、源泉徴収の対象となることがあります。

Ⅴ 事例検討

46. ソフトウエアに関する支払と源泉徴収義務の有無の判断

> **問** 当社は、自動車関連の部品メーカーですが、この度 A 国のソフト開発会社 B 社から、製品開発に必要なソフトウエアを購入することになりました。購入に当たり、研究開発部門の担当者が交渉を行い、法務部のアシストを受けて契約の締結にこぎつけました。当社と B 社との合意事項は法務部の助言の基、すべてを契約書に書き込みました。購入の対価は 100 万ドルで、今月中に支払うことになっています。この 100 万ドルの支払に際して、源泉徴収が必要か否かをどのように判断すれば良いでしょうか。ご教示ください。

結 論

貴社が支払う予定の 100 万ドルが、日本の著作権法上の著作権の利用の対価に該当するか否かを判断し、利用の対価に該当する場合には、204,200 ドル（100 万ドル × 20.42 %）を源泉徴収する必要があります。

判断は法令解釈ではなく、事実認定です。

本件における事実認定の最適任者は、日本の著作権法に精通している者となります。

なお、源泉徴収する際には、204,200 ドルを円にして納税しますので、いわゆる TTB で換算した円貨で、支払月の翌月 10 日までに納税をします。

また、日本と B 社が所在する国との間で所得に関する租税条約が結ばれている場合には、その条約の使用料に関する規定に従って、源泉徴収が免除されるか、源泉徴収税率が軽減されることになります。

〈事例46〉

検　討

1. 何が著作権の使用料となるか

所得税基本通達161-35（使用料の意義）は、

「法第161条第1項第11号イの工業所有権等の使用料とは、工業所有権等の実施、使用、採用、提供若しくは伝授又は工業所有権等に係る実施権若しくは使用権の設定、許諾若しくはその譲渡の承諾につき支払を受ける対価の一切をいい、同号ロの著作物の使用料とは、著作物（著作権法第2条第1項第1号《定義》に規定する著作物をいう。以下この項において同じ。）の複製、上演、演奏、放送、展示、上映、翻訳、編曲、脚色、映画化その他著作物の利用又は出版権の設定につき支払を受ける対価の一切をいうのであるから、これらの使用料には、契約を締結するに当たって支払を受けるいわゆる頭金、権利金等のほか、これらのものを提供し、又は伝授するために要する費用に充てるものとして支払を受けるものも含まれることに留意する。」

と規定しています。

この通達で判るように、著作権法に規定する著作権の利用に該当するものが、所得税法第161条第1項第11号の著作権の使用料になるとしているのです。

2. 源泉徴収の有無を判断する際にしなければならない事項

貴社がB社に支払う100万ドルについて、源泉徴収の有無について判断する際に必要な事項は、法令解釈ではなく、事実認定です。

すなわち、貴社とB社との間での合意事項のうちに、それが日本の著作権法上の利用に該当するものが存在するか否かを見極めれば良いわけです。くどいようですが、法令解釈ではなく事実認定です。そうすると、事実認定を誰が行うかということになるのですが、一番の適任者は日本の著作権法に精通している者となります。それは貴社の税務担当者

でもなければ、決して税理士でもありません。著作権法をいつも取り扱っている者、つまり法務の担当者であり、あるいは弁護士ということになります。弁護士であればだれでも良い訳ではありません。例えば医者の世界でも、「内科」「小児科」「眼科」「耳鼻科」「産婦人科」「外科」「整形外科」と専門が分かれ、先進医療の世界では外科も「心臓外科」「脳外科」「消化器外科」と分かれています。頭が痛いというときに、普通は「消化器外科」の専門のお医者様のところには行きません。それと同じです。著作権法を専門としている弁護士に、契約書を基に事実関係をきちんと説明して、事実認定をしていただくのが一番です。

　ここで実務で問題になるのが税務調査です。注意していただきたいのは調査官が必ずしも著作権法の精通者ではないということです。調査官は税務の専門家ではありますが、ソフトウエアの事実認定を行うのに適任者であるかは、場合によれば疑問が生じることもあるでしょう。

　源泉徴収義務者である貴社は、社内に事実認定の適任者（著作権法に精通している者）を求め、もし不在の場合は、弁護士や、大学の教授等著作権法の専門家に事実認定を依頼して鑑定意見書を求め、それにそって、源泉徴収の有無について判断をするのが最善の方法であると、著者である私は考えます。

　税務調査に際しても、この専門家の鑑定意見書を提示して臨むのが税務リスク軽減の一番の策だと思います。

　もし、仮に税務当局と意見が合わない場合には、知財裁判所の判断を仰ぐのが最善の方法ではないでしょうか。

　なお、専門家により著作権の利用の対価と判断とされた場合には、源泉徴収を行う必要がありますが、その際に注意しなければならない事項は、結論のところに記した通りです。

〈事例47〉

47. 海外出向者と賞与

問 当社の社員甲は今年の9月10日に海外子会社への3年間の出向を命じられ、9月30日に日本を出国し現地に赴任しました。当社の賞与は年2回で、11月から4月までの査定期間分を6月20日に、5月から10月までの査定期間分を12月10日にそれぞれ支給することとしていましたが、このたび成果報酬方式を導入して事業年度の利益に対する貢献度合を賞与に反映させることとし、6月の賞与支給時に上乗せ支給することとしました。

甲に対し今年の12月以降支給する賞与は、現地の社会情勢等を勘案して日本本社で支給することを予定していますが、税務上問題はないでしょうか。ご教示ください。なお、当社の事業年度は4月1日から3月31日までです。

結 論

本年12月支給賞与はその支給額の6分の5について20％【20.42％】の源泉徴収を、翌6月支給賞与については利益貢献部分の12分の6について20％【20.42％】の源泉徴収をそれぞれ行うこととなります。なお、源泉徴収をした金額は支払月の翌月10日までに「非居住者・外国法人の所得についての所得税徴収高計算書（納付書）」によって国へ納めることになります。

検 討

1. 社員甲氏の税務上の立場は？

社員甲氏は9月30日に日本を出国した翌日から日本の非居住者となります。我が国の所得税法は、納税者を居住者と非居住者とに区分し、

それぞれの納税義務について規定をしています。居住者について「国内に住所を有し、又は現在まで引き続いて1年以上居所を有する個人をいう」と規定し、非居住者については「居住者以外の個人」と規定しています（所法2条）。日本で生活をしている一般の人は当然に居住者となります。居住者であった甲氏は、いつから国内に住所を有しなくなるか、すなわちいつの時点から非居住者と判定されるかですが、これについては、所得税法施行令と所得税基本通達において明らかにされています。それによると、「その者が国外において、継続して1年以上居住することを通常必要とする職業を有すること」となった時であり（所令15条）、国外において事業を営み又は職業に従事することとなった者は国外における「在留期間が契約等によりあらかじめ1年未満であることが明らかであると認められる場合を除き」上記規定に該当することとされ（所基通3－3）、非居住者となることとなっています。

甲氏は、辞令で3年間の海外出国を命じられていますから、出国の時点から非居住者となります。

なお、出国の日は所得税基本通達2－4（居住期間の計算の起算日）と同様の考え方により居住期間に含まれますので、10月1日から非居住者となります。

2. 非居住者である社員甲氏の日本における納税義務は？

非居住者である社員甲氏は、日本国内源泉所得を有する場合にだけ課税を受けます（所法5条）。

3. 国内源泉所得とは？

一般的には、国内において生じる勤労所得や営業所得、不動産所得や譲渡所得をいいますが、国内源泉所得の種類やその範囲については所得税法第161条で規定されています。その内容は以下の通りです。

① 事業所得

② 国内にある資産の運用又は保有により生ずる所得
③ 国内にある資産の譲渡により生ずる所得
④ 組合契約事業利益
⑤ 土地等の譲渡による対価
⑥ 人的役務の提供に係る対価
⑦ 不動産等の貸付けによる対価
⑧ 預金利子等
⑨ 配当等
⑩ 貸付金等の利子
⑪ 使用料等
⑫ 給料等
⑬ 事業の広告宣伝のための賞金
⑭ 生命保険契約等による年金
⑮ 定期積金に係る給付補填金等
⑯ 匿名組合契約に基づいて受ける利益の分配
⑰ その他の国内源泉所得

4. 甲氏に出国後に支給される賞与は国内源泉所得となるか

今年の12月に支給される賞与はその支給対象期間が5月から10月までですから、甲氏はこの6カ月の内5カ月（9月30日までの期間）を国内で勤務し、その後の1カ月を海外で勤務したことになります。12月に支給された賞与の内6分の5はこの国内で勤務したことによって得られたと認められますから、この分が給与等としての日本国内源泉所得となります。

また、翌年の6月に支給される賞与ですが、これはその内容が二つに区分されていますからそれに沿って考えることが必要です。11月から翌4月までの査定期間に対応する部分はその全期間を海外で勤務してい

Ⅴ　事例検討

ますから日本国外源泉所得とされます。利益貢献度合を対象とした上乗部分は4月から3月までを対象期間としていますから、出国するまでの期間分（4月から9月末までの6カ月間）は日本国内源泉所得になります。

5. 賞与支給者である貴社の税務処理

　甲氏に対する賞与は日本国内で貴社から支給されますから、貴社は非居住者に対し国内源泉所得を支払ったことになります。所得税法では、非居住者等に対し所得税法第161条第1項第1号から第3号に規定された所得以外の国内源泉所得（第161条第1項第4号から第16号まで）を支払う場合に、その支払者に対し原則として20％【20.42％】の割合で源泉徴収するよう義務づけております。

【参　考】

1．海外出向者について、通常は出国後の最初の賞与の支給時だけを注意すれば済んでいましたが、成果報酬型賞与体系を採用する場合は、複数回税務調整が必要となることがあります。
2．社員甲氏は海外勤務中に日本で支給された賞与について、現地の法律に基づいて現地で所得税の納税を行う必要があります。

48. 海外子会社に出向した役員に対して支給する役員報酬と留守宅手当

> **問** 当社の常務取締役甲は、このたび東南アジアにある当社の子会社の経営を行うために、社長として3年間の予定で単身で赴任することとなりました。甲の現地での給与は子会社が負担し現地で支払いますが、甲は出向後も当社の常務取締役ですので、多少の減額はしますが役員報酬を支払う予定です。この役員報酬は日本で当社から支払うことにしています。また若干ではありますが役員報酬とは別に、甲に対し日本に残る家族の生活費の一部として留守宅手当を支給することにしました。この手当は日本で当社から支払うこととしますが、その負担は海外子会社にさせることにしています。税務上これらの支払についてどのように処理をすればよいかをご教示ください。

結 論

　甲氏に対して貴社が支給した役員報酬は、非居住者に対する日本国内源泉所得の支払となりますので、その支給額の20％【20.42％】を貴社が源泉徴収を行うこととなります。

　貴社が支給した留守宅手当は日本で支払われていても、日本においては非課税となりますので、なんら税務処理は必要がありません。

　源泉徴収を行った金額は翌月10日までに納付を行うことになります（なお、いわゆる「納期の特例」は非居住者源泉には適用されませんので、納期の特例を受けられている方も翌月10日までに納付を行うことになります。）。

Ⅴ 事例検討

検　討

1.　常務取締役甲氏の税務上の立場は？

　海外子会社で仕事をするために3年の予定で現地に赴任した常務取締役甲氏は、出国後は日本の非居住者となります（内国法人の役員であるという身分によって、判断が左右されることはありません。）。非居住者に対する日本での課税は日本国内源泉所得に限られることになります。

2.　常務取締役である甲氏に支払う役員報酬は？

　非居住者の海外における勤務に基づく給与等は、日本国外源泉所得となり我が国では課税されないこととなっています。

　しかしながら、非居住者である内国法人の役員に対してその内国法人が支払った役員報酬については、所得税法は別段の規定を設けています。所得税法第161条第1項第12号イによると「内国法人の役員として国外において行う勤務」に基因して得る報酬は、役員が居住者であると非居住者であるとにかかわらず日本国内源泉所得となるとされています。ただし、この規定に関しては「内国法人の使用人として常時勤務を行う場合」に関しての例外として国内源泉所得としない旨が所得税法施行令第285条で定められておりますが、この規定は「内国法人の役員が内国法人の海外にある支店の長として常時その支店に勤務するような場合」に適用されます。また、本問のような海外子会社に勤務する場合には、

　「(1)　その子会社の設置が現地の特殊事情に基づくものであって、その子会社の実態が内国法人の支店、出張所と異ならないものであること。

　(2)　その役員の子会社における勤務が内国法人の命令に基づくものであって、その内国法人の使用人としての勤務であると認められること。」

〈事例48〉

の二つの条件を満たす場合に、国内源泉所得としない旨が所得税基本通達161－43で明らかにされています。

したがって、甲氏に支払う役員報酬は甲氏が内国法人の常務取締役のまま海外に赴任し、現地子会社の社長に就任し、経営に従事しますから、例外規定には該当しませんので、日本国内源泉所得となり課税対象となります。

3. 留守宅手当の性格は？

留守宅手当が日本国内で支払われる理由は、日本に残る家族の生活費に充てられるということはもちろんですが、それ以外にも、給与全額を現地で支給することにより現地従業員との給与格差が明らかになり現地採用従業員の士気が下がるのを避けるとか、誘拐等の標的にならないようにするとかいろいろとあります。しかし留守宅手当は、海外出向者が現地で勤務していることに基因して支給されていることは否定できません。

ですから留守宅手当は、それがどこで支払われたかにかかわらず、また誰によって負担されたかにかかわらず日本国外源泉所得となります。非居住者に対する国外源泉所得を国内で支払っても日本での課税関係は生じません（たとえ海外出向者が内国法人の役員であっても、留守宅手当が役員報酬でない限り同様です。）。

【参　考】

1. 日本で支給され課税された役員報酬は、海外での勤務に基因するものですから、たとえ日本で課税されているとしても、現地の税法に従って課税されることがあります。場合によっては二重課税となるケースもありますが、日本で納めた税金について現地で外国税額控除を受けられることがあります。現地の税法を調べるようにしてくださ

257

V 事例検討

い。
2．日本で支給された留守宅手当は、日本法人の負担で海外子会社等が全く負担していないとしても、海外勤務を基因として支給されていますから、現地の税法によって現地で課税されることが多々あります。必ず現地の税法を調べるようにしてください。
3．非居住者役員に対して支給する手当等について、法人税基本通達に次のものがあります。参考にしてください。

（海外在勤役員に対する滞在手当等）

　9-2-25　法人が海外にある支店、出張所等に勤務する役員に対して支給する滞在手当等の金額を令第70条第1号ロ《限度額等を超える役員給与の額》に定める役員給与の限度額等に含めていない場合には、同条の規定の適用については、当該滞在手当等の金額のうち相当と認められる金額は、これを当該役員に対する給与の額に含めないものとする。

〈事例49〉

49. 社外取締役に非居住者を起用した場合の役員報酬と退職金の課税処理

問 当社では海外に製造拠点及び販売拠点が増え、これからも増加が見込まれるため、このたび企業統治の観点から、海外の有識者を社外取締役として数名招聘することを検討しています。

社外取締役就任をお願いする海外に在住する方々（当然に非居住者となります。）にも、居住者である常勤役員と同様に毎月の役員報酬と、将来の退職時には退職金を支給することを予定しています。これら外国人社外取締役に支払う報酬等の課税についてどのように処理をすればよいかご教示ください。

なお、今回就任をお願いする方の中には、日本と租税条約を結んでいる国の方もいらっしゃいます。この役員に支給する退職金について、租税条約の適用はどのようになるのでしょうか。一般的な解釈で結構ですので併せてご教示ください。

結論

非居住者外国人社外取締役に支給する役員報酬については、支給時に支払額の20％【20.42％】を源泉徴収し、支給月の翌月10日までに納税をすることになります。

また、退職金についても、役員報酬と同様に支給時に支払額の20％【20.42％】を源泉徴収し、支給月の翌月10日までに納税をすることになります。

租税条約の適用に関しては、役員報酬も役員退職金も共に役員報酬に関して規定した条項が適用されます。すなわち両者とも原則として法人所在地国（日本）で課税を受けることになります。

検　討

1.　役員報酬に関する所得税法の規定

　所得税法第161条第1項第12号では「次に掲げる給与、報酬又は年金」を国内源泉所得とし、そのイで、

　　「俸給、給料、賃金、歳費、賞与又はこれらの性質を有する給与その他人的役務の提供に対する報酬のうち、国内において行う勤務その他の人的役務の提供（内国法人の役員として国外において行う勤務その他の政令で定める人的役務の提供を含む。）に基因するもの」

と定めています。この括弧書きの部分で、「内国法人の役員として国外において行う勤務」に基因するものも国内源泉所得になると規定していますので、非居住者外国人社外取締役に支給する役員報酬は、日本国内源泉所得となります。

2.　非居住者に国内源泉所得となる給与等を支給した場合の課税処理

　国内に恒久的施設を有しない非居住者が支給を受ける、国内源泉所得となる給与等に対する課税方法は、所得税法第164条第2項第2号により分離課税となり、課税標準は第169条により受領する金額となります。税率は第170条により20％【20.42％】となります。具体的な課税方法は第212条により源泉徴収によることになります。

　したがって貴社は、非居住者外国人社外取締役に役員報酬を支給する際に、その支給額の20％【20.42％】について源泉徴収を行い、支給月の翌月10日までに納税を行わなければなりません。

3.　役員退職金に関する所得税法の規定

　所得税法第161条第1項第12号ハでは、

　　「第30条第1項（退職所得）に規定する退職手当等のうちその支払を受ける者が居住者であつた期間に行つた勤務その他の人的役務の提供（内国法人の役員として非居住者であつた期間に行つた勤務その他の政

〈事例49〉

令で定める人的役務の提供を含む。）に基因するもの」が国内源泉所得になると定めています。この括弧書きの部分で、「内国法人の役員として非居住者であつた期間に行つた勤務」に基因する退職金も国内源泉所得になると規定していますので、非居住者外国人社外取締役に支給する役員退職金は、国内源泉所得となります。

4. 非居住者に国内源泉所得となる退職金を支給した場合の課税処理

非居住者が支給を受ける、国内源泉所得となる退職金に対する課税の方法の原則は、前記2の役員報酬の場合と同様になります。

したがって貴社は、非居住者外国人社外取締役に役員退職金を支給する際に、その支給額の20％【20.42％】について源泉徴収を行い、支給月の翌月10日までに納税を行わなければなりません。

ところで、所得税法では、非居住者が受領する退職金の課税方法について、居住者の受ける退職所得に対する課税額との著しい税負担の不均衡が生じた場合の調整を図る規定を、第171条（退職所得についての選択課税）に置いています。この規定は国籍に関係なく非居住者であれば適用を受けることができますので、勤務年数と支給額とを勘案して、支払総額の20％【20.42％】の課税を受ける方が有利か、それとも、居住者と同様に退職所得控除を受けた後に累進税率による2分の1課税（注）を受けた方が有利かを計算して、その適用を受けることができます。適用を受ける場合は、第173条（退職所得の選択課税による還付）に規定する還付申告書を提出することになります（外国人取締役がどちらにより課税を受けるかにかかわらず、貴社は前述のとおりの源泉徴収をしなければなりません。）。

(注) 役員等勤続年数が5年以下で特定役員退職金に該当する場合には、2分の1課税は適用できません。

5. 役員退職金に関する租税条約の適用について

　我が国が結んでいる租税条約では、「退職金」について明文の規定を置いているものはありません。

　そうすると「その他所得条項」の適用があるかと思われがちですが、そもそも退職金は、所得税法第30条（退職所得）においても、

　　「退職所得とは、退職手当、一時恩給その他の退職により一時に受ける給与及びこれらの性質を有する給与（括弧内省略）に係る所得をいう。」

として給与の一つとされていますので、役員退職金は広い意味での役員報酬に含まれることになります。したがってその他所得条項の適用はなく、「役員報酬に関する条項」が適用されることになります。

　そうすると、租税条約の「役員報酬に関する条項」では、ほとんどの条約では法人所在地国においても課税権を認めていますので、我が国で課税をすることができます。しかも限度税率に関しても規定をしていませんので、結果、所得税法の規定どおりの課税が行われることになります。

〈事例50〉

50. 海外出向中に退職する日本人従業員に支給する退職金（その1）

問 内国法人である当社の社員甲は、当社のA国に所在する海外子会社B社に数年前から家族と共に出向していましたが、このたび当社を定年退職し、海外子会社B社に就職することになりました。退職金は当社から甲に対し、海外子会社B社に出向中の期間も含めて支給することになりました。甲を日本に一時帰国させて日本本社で退職辞令を交付し、退職金を日本で支払います。どのように源泉徴収を行えば良いでしょうか。ご教示ください。

結論

甲氏を一時帰国させて日本で退職金の支給をしても、通常の退職金の支給のように、退職所得控除の適用及び2分の1課税の適用はできず、

甲氏に退職金を支払うに際しては、甲氏に支給する退職金総額のうち、国内で働いたことにより支給される国内源泉所得となる金額についてだけ、20％【20.42％】の税率で源泉徴収をしなければなりません。

検討

1. 社員甲氏の退職時の税務上の立場

甲氏は、家族をA国に残して一時帰国をしており、また貴社を退職後A国のB社に就職をすることが決まっていますので、今回の帰国は一時的なもので、甲氏の住所は引き続きA国にあり、したがってA国の居住者であり日本の非居住者のままとなります。

2. 非居住者に退職金を支払う際の課税方法

貴社は非居住者に退職金を支払うことになりますので、支払の際に日

本国内源泉所得の支払があれば、その部分に関して20％【20.42％】の税率で源泉徴収をしなければなりません。

3．課税される退職金の範囲

　非居住者に対して支払う退職金のうち、国内源泉所得とされる金額は、居住者期間を対象として支払われる退職金であり、具体的には次の算式のように支給総額の計算の基礎となった全勤務期間に占める国内勤務期間の割合を基に計算を行います。

$$支給総額 \times \frac{居住者としての勤務期間}{全勤務期間} = 課税対象退職金額$$

　この場合、居住者の退職所得に関して認められている勤続年数に応じた退職所得控除の適用はなく、算出された国内源泉所得とされる総額が課税対象となり（2分の1にもしません）、20％【20.42％】の税率で課税が行われます。

51. 海外出向中に退職する日本人従業員に支給する退職金（その２）

問 内国法人である当社の社員甲は、当社の海外子会社Ａ社に数年前から家族を日本に残し単身で出向していましたが、このたび定年となり、当社及び海外子会社Ａ社を退職することになりました。退職金は当社から甲に対し、海外子会社Ａ社に出向中の期間も含めて支給することになりました。甲を日本に呼び戻さず現地で退職させ、海外に退職金を送金する場合と、甲を日本本社に呼び戻して退職辞令を交付し、退職金を日本国内で支払う場合とでは、税務上の取扱いに違いが生じるでしょうか。ご教示下さい。

結 論

甲氏を海外で退職させ退職金を支払う場合は、甲氏に支給する退職金総額のうち、居住者として働いたことにより支給される国内源泉所得となる金額についてだけ、20％【20.42％】の税率で源泉徴収をすることになります（この場合はいわゆる退職所得控除の適用及び２分の１課税の適用はありません。）。

なお、甲氏は、日本源泉所得とされる退職金額の20％【20.42％】の税額が、非居住者としての退職所得に関する確定申告書を提出して課税を受ける場合と比較して高額となる場合は、非居住者としての退職所得に関する確定申告（還付申告）を行って、差額について還付を受けることができます。

一方、国内に帰国させて国内で退職させる場合は、甲氏は日本国籍者であり家族も日本に住んでいますから、日本の居住者となりますので、通常通り退職給与の受給に関する申告書を提出させ、退職金総額に対し

退職所得に係る所得税の源泉徴収を行うことになります（退職所得控除の適用をし、残額の2分の1に課税を行うことになります。）。

検　討

1.　退職所得の収入金額を収入すべきとき

　所得税基本通達36－10で「退職所得の収入金額の収入すべき時期は、その支給の基因となった退職の日によるものとする」とされているように、退職金の課税関係は退職の日によって決められます（実際に退職金を受け取る日ではありません。）。

　海外で非居住者のまま退職をすれば非居住者としての課税を、国内に戻り居住者として退職をすれば、居住者としての課税を受けることになります。

　ですので、海外で退職をして、その後日本に戻って来て、日本帰国後に退職金を支給したとしても、非居住者としての源泉徴収をしなければならなくなります。

2.　課税される退職金の範囲

　非居住者に対し退職金を支払う場合は、国内源泉所得とされる金額にだけ課税（源泉徴収）が行われます。国内源泉所得とされる金額は、居住者期間を対象として支払われる退職金であり、具体的には次の算式のように支給総額の計算の基礎となった全勤務期間に占める居住者としての勤務期間の割合を基に計算を行います。

$$\text{支給総額} \times \frac{\text{居住者としての勤務期間}}{\text{全勤務期間}} = \text{課税対象退職金額}$$

　この場合、居住者の退職所得に関して認められている勤続年数に応じた退職所得控除の適用はなく、算出された国内源泉所得とされる総額が

〈事例51〉

課税対象となり（2分の1にもしません。）、20％【20.42％】の税率で課税が行われます。

　一方、日本の居住者に対し支払われる退職金は、海外勤務部分も含むその総額に対し退職所得としての課税が行われます。支給総額から退職所得控除額を差し引き（海外勤務期間も含めて退職所得控除額を計算します。）、その残額の2分の1に対して税率を乗じて税額を算出し、源泉徴収をすることになります（退職給与の受給に関する申告書を提出させなければなりません。）。

3.　非居住者の退職所得についての選択課税

　国内勤務期間の長短と退職時の居住状況によって、退職所得に対する税金の負担額に相当の不均衡が生じる場合があります。非居住者の退職所得の税負担額の調整を図ることを目的として、所得税法では第171条に「退職所得についての選択課税」の規定を設けています。それによれば、

　「非居住者が第161条第1項第12号ハ（国内源泉所得）の規定に該当する退職手当等（中略）の支払を受ける場合には、その者は、前条の規定にかかわらず、当該退職手当等について、その支払の基因となつた退職（中略）を事由としてその年中に支払を受ける退職手当等の総額を居住者として受けたものとみなして、これに第30条及び第89条（税率）の規定を適用するものとした場合の税額に相当する金額により所得税を課されることを選択することができる」

とされ、居住者と同様の計算方法による税額の負担で済むようにしています。

　非居住者で退職をし退職金を受けた者は、源泉徴収された税額と居住者として総額を対象に課税される金額とを比較して、有利な方を選ぶことができることになります。

267

Ⅴ　事例検討

　第171条の「退職所得についての選択課税」を受けた方が有利な人は、第173条の規定に従って翌年の1月1日以後、若しくは、退職手当等の総額が確定した日のどちらか早い日以後に、所得税の還付を受けるための申告書を提出することになります。

【参　考】

1．居住者として退職所得の課税を受けた者が、海外勤務期間の退職金とされる部分について外国税務当局から課税をされた場合は、その課税について確定申告をして外国税額控除を受けることができます。
2．非居住者として退職所得の課税を受けた者が、日本勤務部分も含めて外国税務当局から退職所得についての課税を受けても、日本において「退職所得についての選択課税」の確定申告を行う際に、その外国税額について外国税額控除は受けることはできません。なぜならば、外国税額控除を受けられる要件は居住者とされているからです。
3．各国との間で結ばれた租税条約において、退職年金について居住地国課税を規定している条約が多数あります。しかしながら、退職金についてはこの退職年金には含まれないこととされています（「租税条約の相手国の居住者に対して支払う退職金については、その租税条約に定める退職年金に関する規定の適用はないこと及び給与所得に関する規定〔退職金の支払を受ける者が内国法人の役員の場合にあっては役員報酬に関する規定〕を適用することを明らかにした。」昭和53.7.28　直法6－11　個別通達）。
4．非居住者として退職所得の課税を受けた者が、その年中に帰国し、翌年1月1日現在で居住者となっている場合は、翌年3月15日までに住民税の確定申告を行うこととなります。その際に申告する金額は、通常の支給総額から退職所得控除額を差し引き（海外勤務期間も含めて退職所得控除額を計算します。）、その残額の2分の1に対して税率を乗じて税額を算出することとなります。

〈事例52〉

52. 死亡した非居住者に対して支払われる死亡退職金と源泉徴収

問 当社のＡ国に所在するＢ子会社に出向中の社員甲が、Ａ国内で業務中に交通事故にあい、死亡しました。当社では甲の妻に対して退職金を支払うのですが、国内勤務分に対応する退職金に関して、源泉徴収をしなければなりませんか。ご教示ください。

結 論

死亡後に支払うことになる甲への退職金は、源泉徴収する必要はありません。

検 討

いわゆる死亡退職金は、そもそも国内源泉所得には該当しませんので、源泉徴収は不要となります。

なお、相続人が受領する死亡退職金は、ほとんどの場合みなし相続財産となって相続税の対象となります。

53. 海外支店等に出向中の社員に現地で支給する永年勤続表彰の表彰金（国内源泉所得の国外払いに関する例外：所得税法第212条第2項の規定の解説を含む）

> **問** 当社では、福利厚生の一環として永年勤続表彰制度を採用しています。勤続20年の社員には有給休暇3日と現金10万円を、勤続30年の社員には有給休暇5日と現金30万円を支給しています。
>
> 今回表彰を受ける勤続30年の社員の中に、A国の海外支店に勤務する社員甲と、B国の現地法人に出向中の社員乙の2名が含まれています。これらの社員には30万円相当額を、海外支店及び海外子会社から現地の通貨で支給することにしておりますが、税務処理をどのようにすればよいかご教示ください。なお、甲は最初の海外赴任がA国の海外支店であり、4年前から勤務しています。また、乙はB国の現地法人が4カ国目の出向先で、海外勤務は通算10年となります。

結論

永年勤続表彰において支給される記念品等については、一定の要件を満たすものは非課税とされていますが、金銭を支給する場合は給与として課税されます。

したがって、永年勤続表彰金のうち国内勤務期間に係る部分は、所得税法第161条第1項第12号に規定する国内源泉所得となります。

A国の貴社の海外支店から甲氏に対して支払われる永年勤続表彰金のうち、国内勤務期間に対応する26万円については、所得税法第212

〈事例53〉

条第2項によって、貴社に源泉徴収義務が生じますので、支払月の翌月末までに源泉徴収を行って納税をすることになります（復興特別所得税の対象となりますので、適用対象期間中の税率は20.42％です。）。

　また、B国の貴社の現地法人から乙氏に対して支払われる永年勤続表彰金のうち、国内勤務期間に対応する20万円については国内源泉所得となりますが、貴社及びB国の現地法人いずれにも源泉徴収義務が生じませんので、翌年の3月15日までの確定申告期間中に、乙氏が確定申告をして納税をすることになります。

検　討

1.　永年勤続表彰における記念品等の支給と課税

　所得税基本通達36－21（課税しない経済的利益……永年勤続者の記念品等）で永年勤続表彰に伴って支給される記念品等について、課税しなくても差し支えのない範囲について規定されていますが、その本文中の括弧書きで「現物に代えて支給する金銭は含まない。」とされていますから、現金で支給する表彰金は、非課税とはなりません。したがって金銭で支給される表彰金は、永年勤続の対価とされますので給与となります（臨時の給与ですから賞与となります。）。

2.　非居住者に対し支給される給与（賞与）と国内源泉所得

　所得税法第161条第1項第12号イでは、

　　「俸給、給料、賃金、歳費、賞与又はこれらの性質を有する給与その他人的役務の提供に対する報酬のうち、国内において行う勤務その他の人的役務の提供（内国法人の役員として国外において行う勤務その他の政令で定める人的役務の提供を含む。）に基因するもの」

を国内源泉所得としています。ですから、永年勤続表彰金のうち国内勤務期間に対応する部分は国内源泉所得となります。対象勤続期間に海外

勤務期間がある場合の国内源泉所得は、

$$支給金額 \times \frac{国内勤務期間}{全勤務期間}$$

で計算されます。甲氏の場合は、

$$30万円 \times \frac{30年 - 4年}{30年} = 26万円$$

が国内源泉所得となり、乙氏の場合は、

$$30万円 \times \frac{30年 - 10年}{30年} = 20万円$$

が国内源泉所得となります。

3. 非居住者に国内源泉所得となる給与を支払った場合の源泉徴収義務とその税率

所得税法第212条第1項では、

「非居住者に対し国内において第161条第1項第4号から第16号まで（国内源泉所得）に掲げる国内源泉所得（括弧内省略）の支払をする者（中略）は、その支払の際、これらの国内源泉所得について所得税を徴収し、その徴収の日の属する月の翌月10日までに、これを国に納付しなければならない。」

と規定し、同じく第213条第1項では、

「前条第1項の規定により徴収すべき所得税の額は、次の各号の区分に応じ当該各号に定める金額とする。

一 前条第1項に規定する国内源泉所得（次号及び第3号に掲げるものを除く。） その金額（次に掲げる国内源泉所得については、それぞれ次に定める金額）に100分の20の税率を乗じて計算した金額」

と規定して、国内において国内源泉所得の支払をする者に対して源泉徴収義務を課し、その税率を原則として20％【20.42％】としています。

ところで、B国の現地法人に出向している乙氏に対する表彰金は、支払地が海外であり、かつ支払者が現地法人ですから、誰にも源泉徴収義務が生じません。したがって、乙氏に対する支払に関しては源泉徴収の必要はありません。しかしながら乙氏は、所得税法第172条第1項の規定により、確定申告により納税を行わなければなりません。

4. 海外支店で国内源泉所得の支払が行われる場合の源泉徴収

　所得税法第212条第2項では、

「前項に規定する国内源泉所得の支払が国外において行われる場合において、その支払をする者が国内に住所若しくは居所を有し、又は国内に事務所、事業所その他これらに準ずるものを有するときは、その者が当該国内源泉所得を国内において支払うものとみなして、同項の規定を適用する。この場合において、同項中「翌月10日まで」とあるのは、「翌月末日まで」とする。」

と規定して、海外支店での国内源泉所得の支払に対して、国内にある本支店等に源泉徴収義務を課しています。したがってA国の甲氏に対して貴社のA国支店が支払う永年勤続表彰金は、貴社に源泉徴収義務が生じます。税率は前記3のとおり20％【20.42％】で、法定納期限は支払月の翌月末日となります。

　　（注）　海外勤務から帰国して居住者となった者に対して、永年勤続表彰金を支給する場合には、たとえ過去に海外勤務期間があったとしても、支給される時点が居住者（非永住者以外の居住者＝永住者）であれば、全世界所得が課税対象となるので、全額が課税対象となり、源泉徴収の対象となります。

54. 住宅取得資金の無利息貸付を受けていた社員の海外出向

問 当社では社員の持ち家比率を向上させるため、一定の条件を満たした社員には、住宅取得資金の一部を無利息で貸し付ける制度をとっています。このたび、この制度を利用して当社から住宅取得資金の借入を行っている社員の甲が、海外の支店に出向することになりました。現在までは、利息相当額の経済的利益について毎給料日に課税処理を行っていましたが、海外出向後はどのように処理をしたら良いかご教示ください。

結論

海外出向後の甲氏に対する我が国での課税はありません。

検討

甲氏が、貴社から無利息で住宅取得資金の借入れを受けられるのは、彼が貴社の社員であるからであり、それによって受ける経済的利益（免除されている利息額）は甲氏の人的役務の対価となり、貴社から甲氏への給与とされます。それゆえ、現在まで貴社は毎給与日に課税処理を行ってきたわけです。

今回の海外出向により、甲氏の役務提供地は、国内から海外に移ることになります。所得税法第161条第1項第12号イでは「国内において行う勤務その他の人的役務の提供（括弧内省略）に基因するもの」を国内源泉所得と規定していますので、海外出向後に甲氏が貴社から受ける経済的利益については、国外源泉所得となり日本では課税を受けませんので、日本における課税処理は必要がありません。

〈事例54〉

　ただし、相手国において課税される可能性がありますのでご確認ください。

55. 海外出向社員のストックオプションと税務

> **問** 当社では従業員及び取締役に対して、会社業績に責任を持たせるために、4年ほど前からストックオプション制度を採用し、課長には税制適格オプションを、部長及び取締役には非適格オプションを付与しています。
>
> 当社の株価は、ここ数年の好決算により順調に推移しており、特に最近はその上昇傾向が強くなっています。
>
> 部長甲及び課長乙と取締役丙は、A国に設立した海外子会社に一昨年の10月からそれぞれ3年の予定で出向をしていますが、全員から本年の3月末日にストックオプションの権利を行使したい旨の連絡がありました。全員とも取得する株式を直ちに売却をするとは言ってきておりませんが、権利行使時の税務処理及び将来売却した時の課税関係についてご教示ください。

結 論

非適格オプションを行使する部長の甲氏は、権利行使価格と権利行使時の株価との差額について給与所得とされ、権利付与時から権利行使時までの期間のうち国内で勤務した期間に対応する金額が国内源泉所得となりますから、その国内源泉所得となる金額について、貴社は20％【20.42％】の税率で源泉徴収をしなければなりません。

課長乙氏は税制適格オプションですので、権利行使時に海外で勤務をしていても、日本における課税に関しては日本の税法が適用されますので、権利行使時には課税はされません。

非適格オプションを行使する取締役丙氏は、権利行使価格と権利行使時の株価との差額が役員報酬（給与所得）となりますが、従業員の場合

と異なり、内国法人の役員報酬はたとえその勤務地が日本国外であったとしても、日本国内源泉所得になりますので、その全額が我が国で課税対象となります。したがって、貴社は全額に対して20％【20.42％】の税率で源泉徴収をしなければなりません。

権利行使をして得た株式を海外出向中に売却した場合には、部長甲氏及び取締役丙氏は、日本に恒久的施設を有していなければ、貴社の特殊関係株主等に該当する等特別な場合以外は、日本では課税は受けません。しかしながら課長乙氏は、売却価格と権利行使価格との差額について、譲渡所得として課税されるので確定申告を行わなければなりません。

なお、課長乙氏のケースにおいて、A国と我が国との間で租税条約が結ばれている場合に、その条約に有価証券の譲渡所得に関して、所得源泉地国における免税規定が存在すれば、譲渡時における我が国での課税はありません（課長乙氏は我が国では全く課税を受けないことになります。）。

また、A国における全員の課税については、A国の税法の規定に従ってください。

検　討

1. ストックオプションにおける課税の時期と所得区分

ストックオプションに関して課税が行われる時期については、①権利付与時、②権利行使時、③株式売却時の三つの時点が理論的には存在しますが、我が国では、税制非適格オプションについては、権利行使時（所得税基本通達23～35共－6の2）と売却時に課税をし、税制適格オプションについては権利行使時には課税せず（租税特別措置法第29条の2）、株式売却時にのみ課税をすることになっています。

また所得区分について、非適格オプションの権利行使時の利益については、所得税基本通達23～35共－6で、取締役又は使用人が職務の遂行に関連をして株式を取得した場合に得た利益は給与所得としています。また、非適格、適格ともに取得した株式を売却して得た利益は譲渡所得となります。

2. 税制適格オプションを非居住者が権利行使をした場合の課税関係

租税特別措置法第29条の2（特定の取締役等が受ける新株予約権の行使による株式の取得に係る経済的利益の非課税等）の規定では、その対象者を居住者に限定はしていませんから、非居住者にも同条の適用があります。したがって、海外出向中の課長乙氏が権利行使をして株式を取得しても、我が国では権利行使時には課税は行われません。

3. 税制非適格オプションを非居住者が権利行使をした場合の課税関係

前記1のとおり税制非適格オプションについては、権利行使時に権利行使時の株式の時価と権利行使価格との差額が給与所得として課税されます。非居住者が権利行使を行えば、給与となる額のうち権利付与から権利行使をした時点までの期間に占める国内勤務期間の割合を用いて計算した金額が所得税法第161条第1項第12号イに規定する国内源泉所得となり、貴社はその金額に関して20％【20.42％】の税率で源泉徴収を行わなければなりません。したがって部長甲氏が権利行使をした場合には、貴社は源泉徴収を行わなければならないのですが、実際には金銭の支給がありませんから、天引きをすることはできません。そこで、実務上は源泉徴収すべき金額を部長甲氏から支払ってもらうことによって対応することになります。

ところで、内国法人の役員に対する報酬（毎月の給与や臨時の賞与）は、所得税法第161条第1項第12号の括弧書きの規定により、役務提

〈事例55〉

供地（勤務地）がどこであろうと日本国内源泉所得となりますので、我が国で課税が行われることになります。したがって取締役丙氏が権利行使した場合は、得た利益全額に対して源泉徴収を行わなければなりません。

4. 日本に恒久的施設を有しない非居住者が所有する国内企業の株式の譲渡に関する課税

所得税法第164条第1項第2号及び所得税法施行令第289条の規定により、日本に恒久的施設を有しない非居住者が所有する国内企業の株式の譲渡は、特殊関係株主等に該当する等特別な場合以外は、日本では課税は受けません。したがって部長甲氏及び役員丙氏が行う株式の譲渡については、日本では非課税となります。

しかしながら、租税特別措置法施行令第19条の3第14項の規定により、非居住者が税制適格オプションの権利行使により取得した株式の譲渡に関しては、日本で課税が行われます。租税特別措置法第37条の12の規定により申告分離課税となり、その税率は15％【15.315％】となります。したがって課長乙氏が行う株式の譲渡については、税制適格オプションによってその株式を取得しているので、日本で課税が行われますから、乙氏は確定申告を行って納税をすることになります。

5. 租税条約による免税

我が国が結んだ租税条約の中には、例えばシンガポールとの租税条約のように、特殊な場合以外の通常の株式の譲渡について、居住地国においてのみ課税権を認め、所得源泉地における免税を規定しているものがあります。非居住者が行う税制適格オプションによって取得した株式の譲渡に関しても、このような租税条約が締結されている国の居住者に対しては、その租税条約の適用がありますので、仮に課長乙氏が勤務する海外子会社が存在するA国と我が国との間に租税条約が結ばれており、

V 事例検討

そこに株式の譲渡について所得源泉地における免税規定が存在すれば、結果としてA国居住者である課長乙氏は我が国では全く課税を受けないことになります。

　（注）　この解説は我が国における課税について行ったものです。相手国における三者に対する課税は相手国の税法によって行われますから、相手国の税法を確認してください。

〈事例56〉

56. 海外出向者の日本出張と課税問題（その１）
～出向先国との間に租税条約が結ばれていない場合

問 当社では社員甲を、昨年の９月から４年間の予定でＺ国の海外子会社に出向させていますが、本年４月から本社内に立ち上げた全社プロジェクトの一員としたため、数カ月おきに２～３週間程度、日本にＺ国より出張で帰国させています。

社員甲には、海外出向に当たって、月給は現地法人から支払わせていますが、賞与及び留守宅手当は日本本社から支給しています。

甲の日本出張に関して、日本で税務問題が生じるのでしょうか。

なお、Ｚ国と日本との間では租税条約は結ばれていません。

結 論

貴社が甲氏に支給する留守宅手当や賞与のうち、日本出張期間に対応する国内源泉所得部分については、貴社は甲氏に支給する際に20％【20.42％】の税率で源泉徴収を行わなければなりません。

また、甲氏がＺ国の海外子会社から支給される給与のうち、国内出張に対応する部分については、甲氏は確定申告をして日本への納税をすることになります。

検 討

1. 甲氏の居住判定及び課税の範囲

社員甲氏は、昨年の９月から４年間の予定でＺ国の海外子会社に出向していますから、昨年の９月から日本の非居住者、Ｚ国の居住者となっています。

日本の非居住者である甲氏の、日本における課税の範囲は、日本国内

源泉所得に限られています。甲氏がＺ国の子会社から受けている給与や現在日本本社から支給されている賞与や留守宅手当は、甲氏がＺ国の子会社に勤務することに基因して支給されていますので、Ｚ国の子会社から支給される給与はもちろん、賞与や留守宅手当の所得源泉地も甲氏の勤務が日本以外で行われている限り日本国外源泉所得となり、日本での課税は生じません。

2. 甲氏の日本出張と所得源泉地

甲氏が日本に出張を行うと、甲氏は日本国内で働くことになります。所得税法第161条第1項第12号イでは、

「俸給、給料、賃金、歳費、賞与又はこれらの性質を有する給与その他人的役務の提供に対する報酬のうち、国内において行う勤務その他の人的役務の提供（括弧内省略）に基因するもの」

を国内源泉所得と規定していますので、甲氏が受け取る日本出張期間に対応する給与や手当等の所得源泉地はＺ国ではなく日本となります。

3. 甲氏の日本出張と居住判定

日本国内に短期間の出張で来ている甲氏は、たとえ日本国籍所有者であってもＺ国の居住者で、日本の非居住者となります。

4. 甲氏に対する我が国での課税及び貴社等の対応

甲氏が日本に出張して来ている間の労働によって得る所得は、非居住者の国内源泉所得となり、日本での課税が生じます。

貴社が甲氏に支給する留守宅手当や賞与のうち、日本出張期間に対応する国内源泉所得部分については、貴社は甲氏に支給する際に源泉徴収を行わなければなりません。税率は所得税法第213条第1項の規定により20％【20.42％】となります。源泉徴収を行った税額は支払月の翌月10日までに納付をしなければなりません。

また、甲氏がＺ国の海外子会社から支給される給与のうち、日本出

張に対応する部分についても同様に日本国内源泉所得となりますが、Z国の海外子会社では日本国の課税のための源泉徴収は当然に行われません（日本の法律は海外子会社には適用がされません。）ので、甲氏は確定申告をして日本への納税をすることになります。

Ⅴ 事例検討

57. 海外出向者の日本出張と課税問題（その2）
〜出向先国との間に租税条約が結ばれている場合

問 もし事例56の状況で、Z国と日本との間で租税条約が結ばれていると、課税関係はどのように変わるのでしょうか。

結論

貴社が甲氏に支給する留守宅手当や賞与のうち、日本出張期間に対応する国内源泉所得部分については、貴社は甲氏に支給する際に20％【20.42％】の税率で源泉徴収を行わなければなりません。

しかしながら甲氏がZ国の海外子会社から支給される給与は、たとえ国内出張に対応する部分であっても、すべて日本では非課税となります。

検討

1. 租税条約の規定

日本が世界の80以上の国や地域との間で結んでいる租税条約には「給与所得」に関する条項があり、そこには俗に「183日条項」と呼ばれている「短期滞在者免税」がおよそ次のように規定されています。

(1) 一方の締約国の居住者がその勤務について取得する給料、賃金その他これらに類する報酬に対しては、勤務が他方の締約国内において行われない限り、当該一方の締約国においてのみ租税を課すことができる。勤務が他方の締約国内において行われる場合には、当該勤務について取得する給料、賃金その他これらに類する報酬に対しては、当該他方の締約国において租税を課すことができる。

(2) (1)の規定にかかわらず、一方の締約国の居住者が他方の締約国内

〈事例57〉

において行う勤務について取得する報酬に対しては、次の(a)から(c)までに掲げることを条件として、当該一方の締約国においてのみ租税を課することができる。

(a) 報酬の受領者が継続するいかなる12箇月の期間においても合計183日を超えない期間当該他方の締約国内に滞在すること。
(b) 報酬が当該他方の締約国の居住者でない雇用者又はこれに代わる者から支払われるものであること。
(c) 報酬が雇用者の当該他方の締約国内に有する恒久的施設又は固定的施設によって負担されるものでないこと。

これを要約すると、短期滞在者免税が受けられる要件は、

① 相手国での滞在日数が183日以内（租税条約によって、183日のカウントの仕方は異なります。）であること
② 報酬が滞在地国の企業から支払われないこと
③ 報酬が滞在地国の恒久的施設によって負担されていないこと

の三つとなります。

2. Z国の海外子会社から支払われる給与と租税条約

甲氏が日本に出張している期間に対応するZ国の海外子会社から甲氏に支払われる給与は、租税条約で規定している短期滞在者免税の3要件をすべて満たしている限り、日本では免税となります（租税条約に関する届出書の提出は不要です。）。

3. 日本の親会社から支払われる留守宅手当等の取扱い

日本の親会社から支払われる留守宅手当等は、前問回答のとおり国内源泉所得となり、また、租税条約の短期滞在者免税の要件の2番目の「報酬が滞在地国の企業から支払われないこと」を満たしていませんから、日本で課税が行われます。

貴社が甲氏に支給する留守宅手当や賞与のうち、日本出張部分に対応

する部分については、甲氏に支給する際に源泉徴収を行わなければなりません。税率は所得税法第213条第1項の規定により20％【20.42％】となります。

〈事例58〉

58. 海外出向者の日本出張と課税問題（その３）
～出向先が海外支店の場合

問 また、事例56の状況で、Ｚ国と日本との間で租税条約が結ばれているとして、出向先が当社の海外支店であるとしたら、課税関係は変わるのでしょうか。

結　論

　貴社が甲氏に支給する留守宅手当や賞与のうち、日本出張期間に対応する国内源泉所得部分については、貴社は甲氏に支給する際に20％【20.42％】の税率で源泉徴収を行わなければなりません。

　また、甲氏がＺ国の海外支店から支給される給与のうち、国内出張に対応する部分については、短期滞在者免税の規定の要件を満たさないことになりますから我が国で課税となり、所得税法第212条第2項及び第213条第1項第1号の規定により、貴社が20％【20.42％】の税率で源泉徴収を行い、日本へ納税をすることになります。

検　討

1．Ｚ国の支店から支払われる日本出張期間の給与

　甲氏が日本に出張している期間に対応する甲氏の給与は、貴社のＺ国に所在する支店から支払われますが、貴社の我が国の法人税の計算上損金算入されますから、租税条約で規定している短期滞在者免税の要件のうち、「報酬が滞在地国の企業から支払われないこと。」の要件を満たさないことになりますので、免税とはならず、日本で課税がされます。

2．所得税法第212条（源泉徴収義務）第2項の規定

　所得税法第212条（源泉徴収義務）第2項は、

V　事例検討

　「前項に規定する国内源泉所得の支払が国外において行われる場合において、その支払をする者が国内に住所若しくは居所を有し、又は国内に事務所、事業所その他これらに準ずるものを有するときは、その者が当該国内源泉所得を国内において支払うものとみなして、同項の規定を適用する。この場合において、同項中「翌月10日まで」とあるのは、「翌月末日まで」とする。」
と規定して、海外支店等から支払われる国内源泉所得について、国内の本社等に源泉徴収義務を課しています。

　したがって、Z国に所在する貴社の支店から甲氏に支払う給与のうち、日本出張に対応する国内源泉所得部分については、貴社は源泉徴収義務を負うことになります（税率は20％【20.42％】）。Z国支店が甲氏に国内源泉所得となる給与を支払った月の翌月末までに納付をしなければなりません。

3.　日本の親会社から支払われる留守宅手当等の取扱い

　日本の親会社から支払われる留守宅手当等は、**事例56**の結論のとおり国内源泉所得となり、また、租税条約の短期滞在者免税の要件の2番目の「報酬が滞在地国の企業から支払われないこと」を満たしていませんから、日本で課税が行われます。貴社が支払者ですから貴社で源泉徴収を行うことになります。

4.　まとめ

　事例56～58の結論内容を整理すると次表のようになります。

		本社支払 留守宅手当等	海外支払 給与
租税条約 非締結国	現地法人	源泉徴収	確定申告
	支店	源泉徴収	源泉徴収
租税条約 締結国	現地法人	源泉徴収	免　税
	支店	源泉徴収	源泉徴収

〈事例59〉

59. 海外で採用した外国人社員に支払う支度金と来日後の諸費用

問 当社では、開発に成功した新製品をＡ国に輸出して販売をすることを計画しています。Ａ国に新たに販路を開拓するために、Ａ国の言語に堪能でＡ国の商慣習や流通に詳しい日本の非居住者のＹを当社の社員にスカウトすることにしました。

当社はＹと雇用契約を結ぶに当たって、Ｙに支度金を支払うことにしています。

また、Ｙは日本勤務に当たって家族とともに来日することになりますので、来日後は居住する住宅やその水道光熱費も当社で負担することにしています。これらの支払に対する税務上の取扱いについてご教示ください。

結論

Ｙ氏に対し支払う支度金は、人的役務提供の対価として国内源泉所得になり、契約が来日前に結ばれ履行されていれば、来日前に支払われようと来日後に支払われようと非居住者に対する支払となりますので、20％【20.42％】の税率で源泉徴収をしなければなりません。来日後に支度金に関する契約を結んで支払う場合には、所得税法第204条第1項第7号に規定する契約金の支払となりますので、報酬料金としての源泉徴収を行うことになります。1回の支払が100万円を超える場合は、100万円までは10％【10.21％】の税率で、それを超える部分は20％【20.42％】の税率で源泉徴収を行うことになります。

来日後に住宅を提供したり水道光熱費を負担すれば、それらは経済的利益を供与したとされますので、居住者に対しての給与の支給を行った

ことになります。「給与所得者の扶養控除等申告書」を提出させて、毎月の給与の額に経済的利益の額を加算した後に、「給与所得の源泉徴収税額表(月額表)甲欄」を適用して源泉徴収を行うことになります。

検　討

1. 支度金の性格と所得源泉地

　貴社とY氏が雇用契約を結ぶに当たって貴社からY氏に支払われる金品は、所得税法施行令第320条第6項の、

　「一定の者に専属して役務の提供をする者で、当該一定の者のために役務を提供し、又はそれ以外の者のために役務を提供しないことを約することにより一時に受ける契約金」

の規定に該当することになります。この点に関しては、同法の解釈を示した所得税基本通達204－29（役務の提供の対価が給与等とされる者の受ける契約金）により明らかにされています。

　ところで、貴社は、Y氏を日本で雇用するために契約を結び支度金を支払うのですから、その支度金は国内において人的役務提供を受けるための対価とされ、国内源泉所得になります。

2. 支度金の支払と源泉徴収

　Y氏が支度金を収入すべきときは、支度金に関する契約内容を履行した日となります。契約内容が雇用契約を締結することであれば雇用契約を結んだときが、来日することが条件とされていれば来日したときが収入すべきときとなります。

　貴社とY氏が、Y氏の来日前に契約を結んでいれば、どちらにしてもY氏が非居住者の時点（Y氏は、日本に入国した日の翌日から日本の居住者となります（所基通2－4）。）で収入すべきときが確定しますから、非居住者に対する国内源泉所得の支払となりますので、来日前に支払が

〈事例59〉

行われようと来日後に支払が行われようと、支払時に20％【20.42％】の税率で源泉徴収を行うことになります（支度金に関する課税は、この源泉徴収で完了します。）。

また、Y氏の来日後に支度金を支払う契約を結ぶ場合は、Y氏は日本で長期間にわたって働く意思を持って来日していますから、入国の時点（入国の翌日）から日本の居住者とされますので、Y氏に対する支度金の支払は所得税法第204条に規定する契約金の支払とされます。したがって、報酬料金の支払となりますから、第205条第1号により100万円までの金額については10％【10.21％】の税率で、それを超える金額については20％【20.42％】の税率で源泉徴収を行うことになります。

なお、Y氏は給与所得者ですが、給与所得者が受ける契約金は給与所得ではなく雑所得とされますので、貴社が行うY氏の給与所得の年末調整に含めることはできず、翌年3月にY氏は確定申告をしなければなりません（総合課税となりますから、支度金の部分に関する税率は、課税総所得金額によって左右されます。また、住民税の課税の対象にもなります。）。

3. 住宅の提供や水道光熱費の負担

給与所得には給与や賞与等として金銭で支払われるもののほかに、所得税法第36条第1項の、

「収入すべき金額（金銭以外の物又は権利その他経済的な利益をもつて収入する場合には、その金銭以外の物又は権利その他経済的な利益の価額）とする」

の規定により、いわゆる現物給与も含まれることになります。

① 無償又は低い価格で物や資産を取得すること
② 住宅等を無償又は低い価格で借りること
③ 金銭を無償又は低い利子で借り入れること

④ 個人的な債務を免除や負担をしてもらうこと

等が代表的な現物給与に当たるものとして挙げられます。

これらについては、日本人、外国人を区分することなく適用されますから、住宅を無償で提供したり水道光熱費を会社で負担すれば、経済的利益の供与となり、給与を支給したことになります。したがって、金銭で支給した給与に上乗せをして毎月の給与支給額を計算し、源泉徴収を行うことになります。

給与に関する源泉徴収の手続きも、日本人・外国人の区分を行う必要はなく、通常どおり「給与所得者の扶養控除等申告書」を提出させ、「給与所得の源泉徴収税額表（月額表）甲欄」を適用して行うことになります。

【参　考】

> 支度金の他に来日費用等が別途支払われる場合は、「その役務の提供の対価が給与等とされる者の就職に伴う転居のための費用で、他の契約金と明確に区分して支払われ、かつ、法第9条第1項第4号に掲げる金品に該当すると認められるものについては、この限りではない。」と所得税基本通達204－30でされているとおり、その来日費用は支度金とはされず非課税となります。

〈事例60〉

60. 外国人社員に帰国後に支払う賞与と、同人に対し帰国後に課税された住民税の法人負担

問 当社に、A 国の海外子会社 B 社から出向していた A 国人の Y は、本年の 4 月に出向元の B 社に帰国しました。当社は Y に対して利益貢献度合いに応じてボーナスを支払う契約をしていました。3 月の決算が終了し 6 月に Y のボーナス額が確定することになりましたので、A 国の Y の口座に送金をする予定にしています。また、Y との日本出向に当たっての契約では、日本における Y の税金はすべて当社が負担することになっていました。Y の帰国後に支払うことになる昨年度分の住民税の特別徴収の税額と、本年に新たに課税される住民税についても契約により当社で納税をすることになりますが、これらの支払額についてどのように処理をすればよいかご教示ください。

もし、Y に対するボーナスを、A 国の海外子会社 B 社が、同社が支給する賞与に合算して支払った場合はどのように処理をすればよいか、併せてご教示ください。

結論

貴社が Y 氏に対して支払うボーナスは日本国内源泉所得となります。Y 氏はボーナスを支給する時点では日本の非居住者となっていますから、非居住者に対する国内源泉所得の支払となり 20％【20.42％】の税率で源泉徴収をしなければなりません。貴社と Y 氏との契約で、Y 氏の日本における税金は貴社が負担することになっていますので、貴社は Y 氏への送金額を手取り額としたグロスアップ課税により源泉徴収を行うことになります。

Ⅴ　事例検討

　もし、このボーナスをA国の海外子会社B社から支払った場合は、海外子会社B社は日本の法人ではありませんので、源泉徴収義務は生じません。したがって、貴社もB社も源泉徴収を行う必要はありません。しかしながら、Y氏は日本国内源泉所得になる部分については日本に納税をしなければなりませんので、確定申告を行い納税をすることになります。

　次に住民税の負担ですが、貴社がY氏の住民税の支払をすれば、これも国内源泉所得になりますので、住民税額を手取り額としたグロスアップにより20％【20.42％】の税率で源泉徴収をすることになります。

検　討

1.　帰国後にY氏に対し支払うボーナス

　Y氏がA国に帰国した後に貴社がY氏に支払うボーナスは、Y氏が日本において勤務したこと（貴社の利益に貢献したこと）に基因するものですので国内源泉所得になります。

2.　Y氏の税務上の扱い

　Y氏は母国であるA国に帰国するために日本から出国していますので、出国の時点（出国日の翌日）から日本の非居住者となります。

3.　Y氏に対し海外送金を行って支払うボーナスへの課税

　非居住者に対し、国内源泉所得を国内から送金して支払う場合は国内払いとなり、支払者に源泉徴収義務が生じます。貴社は支払時に、Y氏への送金額を手取り額とした20％【20.42％】の税率によるグロスアップ課税により源泉徴収をすることになります。

　具体的には、

〈事例60〉

> 〔送金額〕÷ (1 − 0.2) =〔グロスアップされた支払額〕
> 〔グロスアップされた支払額〕× 20%=〔源泉徴収税額〕

という算式で計算され、例えば送金額が100であれば、

　　100 ÷ 0.8 = 125

　　125 × 20 % = 25〔源泉徴収税額〕

となります。

　これに復興特別所得税を加味すると、

> 〔送金額〕÷ (1 − 0.2042) =〔グロスアップされた支払額〕
> 〔グロスアップされた支払額〕× 20.42%=〔源泉徴収税額〕

となり、実務では、

> 〔送金額（支給額）〕× 25.66%=〔源泉徴収税額〕

という算式で源泉徴収すべき金額を計算しています。また会計処理は、

　　（給　　与）　125.66　//　（現金預金）　　　　100
　　　　　　　　　　　　　　　（源泉税預かり金）25.66

となります（実際の税額算出時には円未満は切り捨てます。）。

4. 国内源泉所得の海外払いの場合

　国内源泉所得を海外で支払った場合も日本国に課税権があります。しかしながら、支払者である法人等が日本の法人等ではなく海外で設立された法人等である場合、日本の所得税法を適用することができませんので、源泉徴収義務は生じないことになります。

　また、貴社はY氏に支払を行っておりませんので、貴社にも源泉徴収義務は生じません。

　そこで、Y氏は確定申告を、国内源泉所得である賞与を受領した年の

295

翌年の3月15日までの確定申告期間内に行い、納税をすることになります。Y氏は非居住者ですから、税率は源泉徴収税率と同率の20％【20.42％】になります。

5．Y氏の住民税の未精算分の負担

個人に対し課税される所得税等本来社員個人が負担すべきものを、個人の勤務先である法人が社員に代わって支払えば、社員に対する経済的利益の供与とされます。社員に対する給与（この場合は臨時の給与となりますから賞与となります。）の支給となり源泉徴収が必要となります。

Y氏が帰国した後の支払ですから、非居住者に対する国内源泉所得の支払となり、20％【20.42％】の税率で源泉徴収をすることになります（住民税額を手取り額としてグロスアップ課税となります。）。

6．Y氏の帰国後に課税された住民税

個人住民税は、1月1日に日本に住所を有する者に、その住所地の地方税当局から前年の所得を課税標準として課税されます。

今回のY氏の帰国後に課税された住民税は、Y氏の帰国前の日本勤務を原因としたものであり、本来Y氏個人が負担しなければならないY氏の税金を、貴社がY氏に日本勤務をさせることの条件としてY氏との間で結んだ契約により支払うことになりますので、Y氏の未精算分の住民税と同様に国内源泉所得とされ、Y氏への経済的利益の供与となり給与（賞与）の支給となります。したがって20％【20.42％】の税率で源泉徴収を行うことになります（住民税額を手取り額としてグロスアップ課税となります。）。

〈事例60〉

【参　考】

1．海外子会社B社が支払った日本国内源泉所得となるY氏の賞与について、貴社とB社との間で精算を行わないと、A国の税務当局からB社が是正を受ける可能性があります。
2．Y氏の出国時に、Y氏の1月から出国時点までの給与について年末調整を行うことになります。還付税額が生じた場合は、手取契約ですので、
　　（源泉税預かり金）　×××　//　（給　与）　×××
　と会計処理をします。

V 事例検討

61. 日本からの帰国後に海外の支店と現地法人それぞれに勤務することとなった外国人社員達に、それぞれの勤務先から支払う日本勤務中の賞与

問 当社にA国の海外子会社B社から出向していたA国人のXと、本社着任後しばらくした後に日本の当社子会社甲社に出向していたY及びZは、本年の4月にA国に帰国しました。帰国後XとYはA国の当社の支店に、Zは海外子会社B社にそれぞれ勤務をしております。

当社はX、Y及びZに対して、日本勤務に際し利益貢献度合いに応じてボーナスを支給する契約をしていました。3月の決算が終了し6月にXらのボーナス額が確定することになりましたので、A国の支店及び子会社B社から、それぞれに対して支給する通常の賞与の額に合算して支払うことにしました。これらの支払額についてどのように処理をすればよいかご教示ください。

結論

X氏及びY氏に対し貴社の海外支店から国内源泉所得となる賞与を支払う場合は、所得税法第212条第2項の規定により「みなし国内払い」となり、国内において支払ったものとされ、貴社に源泉徴収義務が生じます。

貴社は支払った国内源泉所得となる額に対して20％【20.42％】の税率で源泉徴収を行わなければなりません。納期限は通常の場合に適用される支払月の翌月10日ではなく、延長され翌月末となりますので、預かった金額を翌月末までに納付することになります。

Z氏に対して海外子会社B社から支払う賞与については、海外子会

〈事例61〉

社B社には日本の法律を適用する余地はありませんので源泉徴収義務はなく、また日本国内子会社甲社も支払をしていませんので、貴社の本社ともども源泉徴収義務は生じません。Z氏は日本国内源泉所得になる部分について、確定申告を行い納税をすることになります。

検　討

1. X氏らの勤務状況と税務上の扱い

X氏らの勤務状況は次の図のようになります。

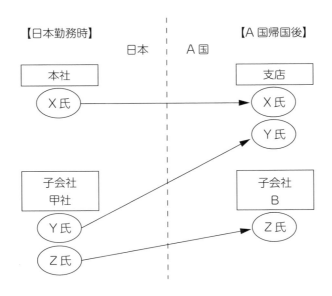

X氏をはじめ3名は母国であるA国に帰国していますから、日本を出国した日の翌日から日本の非居住者になります。非居住者に対しては日本国内源泉所得にだけ課税が行われます。

2. 帰国後に3名に対して支払われる利益貢献度合いに応じたボーナス

X氏やY氏、Z氏に対して支払われる貴社の利益に貢献したことにより支給されるボーナスは、日本で労働を行ったことに基因しますから

国内源泉所得となります。

3. 海外の支店から支払われる国内源泉所得に関する取扱い

所得税法第212条第2項は、

「前項に規定する国内源泉所得の支払が国外において行われる場合において、その支払をする者が国内に住所若しくは居所を有し、又は国内に事務所、事業所その他これらに準ずるものを有するときは、その者が当該国内源泉所得を国内において支払うものとみなして、同項の規定を適用する。この場合において、同項中「翌月10日まで」とあるのは、「翌月末日まで」とする。」

と規定し、本来源泉徴収義務が及ばないとされている国内源泉所得の海外払いについて例外規定を置いています。

ところで、源泉徴収は支払という事実に着目をしてその支払者に源泉徴収義務を課していますので、実際に費用負担をし損金経理をするか否かは要件ではなく、いわゆる立替払いをする者も源泉徴収義務を負うことになります。

貴社グループの場合についてみると、A国の貴社の支店はX氏とY氏の日本国内源泉所得であるボーナスの支払を行っています。そしてA国の貴社の支店は日本国内に貴社本店が存在しますから、所得税法第212条第2項に規定する事務所を日本国内に有することになります。したがって貴社のA国支店で支払ったX氏とY氏の日本国内源泉所得となるボーナス部分については、貴社が源泉徴収をし、納税を行わなければなりません。税率は非居住者に適用される20％【20.42％】で納期限は支払った月の翌月末となります。

なお、貴社はX氏に対する賞与の支払額は貴社の法人税上の損金となりますが、Y氏に対する国内源泉所得となる部分の支払額は、貴社の国内子会社甲社が負担すべきものとなりますので、立替金処理をする必

要があります。

4. 海外の現地法人から支払われる国内源泉所得となる賞与

　海外で設立された法人に対しては日本の法律は適用されませんから、Ｚ氏に対して国内源泉所得の支払を行う海外子会社のＢ社には何ら源泉徴収義務は生じません。また、貴社も国内子会社甲社もＺ氏に対して何らの支払を行っていませんので、同様に一切の源泉徴収義務は生じません。

　Ｚ氏は日本源泉所得となる賞与を受けた翌年の３月15日までの確定申告期限内に確定申告を行い、日本国内源泉所得となる部分についての納税を行うことになります。

【参　考】

1．法人税の納税義務が課されていない駐在員事務所等も、「事務所、事業所その他これらに準ずるもの」に含まれます。
2．本例と逆さまの「国内が支店等」、「海外が本社等」の場合も同様の扱いとなります。また、両者が「支店等」という場合も同様の扱いとなります。
3．海外支店が支払った、Ｘ氏及びＹ氏に対する国内源泉所得となる賞与の部分は、Ａ国での海外支店の所得の計算上費用から除外しないと、Ａ国の税務当局から是正を受ける可能性があります。同様にＺ氏に対して支払った国内源泉所得となる賞与の部分について、海外子会社Ｂ社は国内子会社甲社との間で精算をしないと、Ａ国の税務当局から是正を受ける可能性があります。

62. 海外出向者への給与の支払をめぐる税務（その１）～出国直後に支払う出国日以前に計算期間が満了している給与

問 内国法人甲社の社員乙は、出向期間３年間の条件で海外子会社への出向を命じられ４月19日に日本を出国しました。甲社の給与体系は、前月の16日から当月の15日までの分を当月末に支払うことになっています。乙に対しても３月16日から４月15日までの給与を４月末に支払うことを予定しています。日本における課税関係はどのようになるでしょうか。

結論

甲社は、乙氏に対して４月末に給与を支払う際に、その支給総額について20％【20.42％】の税率で源泉徴収を行うことになります（乙氏の出国直前の居住者としての最後の給与支給時に行われる年末調整には、当然にこの給与は含まれません。）。

検討

1. 乙氏の日本所得税法上の立場

乙氏は３年の予定で海外子会社へ出向のため、４月19日に日本を出国していますので、所得税法第２条、同施行令第13条及び所得税基本通達２−４の規定によって、出国の日の翌日である４月20日から日本の非居住者になります。

日本の非居住者に対する課税の範囲は、所得税法第７条により同法第161条に規定されている日本国内源泉所得に限られます。

2. 4月末日に乙氏に支払われる給与に関して

　乙氏に4月末日に支払われる給与は乙氏の3月16日から4月15日までの勤務期間に対応するものです。乙氏はこの期間中は日本国内で勤務していましたので、本件給与は所得税法第161条第1項第12号の規定により国内源泉所得になります。

3. 非居住者に支払われる国内源泉所得に関する課税

　所得税法第212条第1項では、非居住者に対して国内において国内源泉所得の支払を行う者に対して源泉徴収を行うよう定めています。また、その際の税率に関しては同法第213条で定めており、給与等に関しては第1項で20％【20.42％】としています。

　したがって乙氏に対して、乙氏が出国後非居住者となってから支給される居住者時代の給与は、この同法第212条第1項及び第213条第1項の規定が適用されることになります。

V 事例検討

63. 海外出向者への給与の支払をめぐる税務（その２）～給与の計算期間の途中で出国をした者（非居住者となった者）に関する特例

問 内国法人甲社の社員乙は、出向期間３年間の条件で海外子会社への出向を命じられ４月１日に日本を出国しました。甲社の給与体系は、前月の16日から当月の15日までの分を当月末に支払うことになっています。乙に対しても３月16日から４月15日までの給与を４月末に支払うことを予定しています。日本における課税関係はどのようになるでしょうか。

結　論

甲社は何ら日本における税務手続きをすることなく乙氏に給与を支給してよい（非課税となります。）ことになります（乙氏の出国直前の居住者としての最後の給与支給時に行われる年末調整でも、当然にこの給与は含まれません。）。

検　討

所得税基本通達212－5（給与等の計算期間の中途で非居住者となった者の給与等）では、

「給与等の計算期間の中途において居住者から非居住者となった者に支払うその非居住者となった日以後に支給期の到来する当該計算期間の給与等のうち、当該計算期間が１月以下であるものについては、その給与等の全額がその者の国内において行った勤務に対応するものである場合を除き、その総額を国内源泉所得に該当しないものとして差し支えない。」

〈事例63〉

としています。ここで決めている要件は、①計算期間の中途で出国をしている、すなわち国内源泉所得と国外源泉所得との両者が存在しているということと、②給与等の計算期間が1月以下ということの2点です。この2点を満たしていれば、たとえ非居住者に対する国内源泉所得の支払であっても、例外的な扱いをするということになります。

　乙氏は、出国して非居住者となってから支給される給与の、その支給対象期間中に日本を出国して非居住者となっています。また、その支給される給与計算期間は1カ月となっており、所得税基本通達212－5で定めている二つの要件を満たしていますので、日本での課税は行われないことになります。

V 事例検討

64. 日本で使用するテレビコマーシャルフィルムを海外で制作する際の費用と源泉徴収

問 当社は、日本国内のテレビに使用するコマーシャルにイタリアのサッカー選手を起用して制作をしようと企画しています。できれば、全世界に同時に同じテレビコマーシャルを流したいとも思っております。当社はイタリアをはじめ海外にいくつかの子会社を有していますが、このコマーシャルの制作に当たってどの社に担当させるか、どこで撮影するかについて、

① イタリアの子会社に制作させて当社で買い取り全世界に向けて流す

② イタリアの子会社に制作させて、当社を含めてそれぞれがイタリアの子会社にコマーシャルフィルムの使用料を支払う

③ 当社で制作を担当し、イタリアのサッカー選手を日本に呼んで撮影を行い制作をする

④ 当社で制作を担当し、イタリアのサッカー選手をイタリアで撮影を行い制作をする

等いくつかの案を検討しております。

これらの場合、イタリアのサッカー選手に対して支払う金銭をはじめとした制作に要する費用等について、当社の税務上の取扱いはどのようになりますか。ご教示ください。

結論

①の場合は、日伊租税条約により譲渡所得は免税とされていますので、我が国での課税はありません。その際イタリアの子会社は、「租税条約に関する届出書（様式10）」を提出する必要があります。

〈事例64〉

②の場合は、貴社が支払う金額は、著作権（テレビジョン用のフィルム）の使用料となりますので、源泉徴収が必要となります。日伊租税条約に規定されている限度税率10％で源泉徴収をすることになります。その際イタリアの子会社は、「租税条約に関する届出書（様式3）」を提出する必要があります。

③の場合は、イタリアのサッカー選手に対する支払は人的役務提供の対価となり、人的役務提供が日本で行われていますから国内源泉所得となります。日伊租税条約には運動家に対する支払についての軽減税率の規定がありませんから、所得税法で規定されている20％【20.42％】の税率で源泉徴収を行うことになります。

④の場合は、イタリアのサッカー選手への支払は③と同様に人的役務提供の対価とされますが、人的役務提供が海外で行われていますから、国内源泉所得とはなりませんので、源泉徴収の必要はありません。

検　討

1.　著作権の譲渡を受け、対価を支払った場合

所得税法第161条第1項第11号では「国内において業務を行う者から受ける次に掲げる使用料又は対価で当該業務に係るもの」を国内源泉所得とし、同号ロで「著作権（出版権及び著作隣接権その他これに準ずるものを含む。）の使用料又はその譲渡による対価」を規定していますから、テレビジョン用のコマーシャルフィルムを買い取る費用は、コマーシャルフィルムが著作物とされることから著作権の譲渡の対価に該当し国内源泉所得となりますので、源泉徴収が必要となります。

しかしながら、国内法である所得税法の規定に原則として優先する日伊租税条約においては、使用料の条文である第12条では著作権の譲渡については規定をしていませんので、譲渡収益の条文である第13条が

適用されることになります。その第13条の(3)では、

「一方の締約国の居住者が(1)及び(2)に規定する財産以外の財産の譲渡によつて取得する収益に対しては、当該一方の締約国においてのみ租税を課することができる。」

（編注：(1)は不動産、(2)は恒久的施設に帰属する事業用資産等です。）

として、著作権の譲渡を所得源泉地国（本事案の場合は日本）では非課税としています。

したがって、コマーシャルフィルムの譲渡に関しては我が国では非課税となります。なお、イタリアの子会社は「租税条約に関する届出書（様式10）」を提出する必要があります。

2. 著作権の使用の対価を支払った場合

著作権の使用料については、所得税法においても日伊租税条約においても課税対象としていますので、コマーシャルフィルムの使用料は著作権の使用料として源泉徴収が必要となります。租税条約で規定する限度税率10％で源泉徴収を行います。なお、イタリアの子会社は「租税条約に関する届出書（様式3）」を提出する必要があります。

3. 日本において海外の運動家のコマーシャルフィルムの撮影を行った場合

貴社がイタリアのサッカー選手に対し支払う金銭の内容は、おそらく①撮影の対価と②コマーシャルとしてテレビ放映をすることに対する許諾の対価との両方が存在すると思われます。撮影の対価はとりもなおさずコマーシャルフィルムへの出演の対価であり、これは人的役務の提供の対価となります。人的役務の提供地は撮影が行われた日本となりますから、所得税法第161条第1項第12号により国内源泉所得となり、20％【20.42％】の税率で源泉徴収を行うことになります。

また、テレビ放映をすることに対する許諾の対価は著作隣接権とされ

〈事例64〉

ますが、所得税基本通達161－22「芸能人の役務の提供に係る対価の範囲」により、著作隣接権の使用料部分についても人的役務の提供の対価と同時に支払われる場合は、全額が人的役務の提供の対価とされることになります。したがって、あらためてこの著作隣接権の使用料部分を抜き出して使用料としての課税を行う必要はありません。

4. 海外において海外の運動家のコマーシャルフィルムの撮影を行った場合

貴社がイタリアのサッカー選手に対し支払う金銭の内容は前記3と同様になりますが、人的役務の提供が行われた場所はイタリアとなります。この場合は国外源泉所得となりますから、日本での課税関係は生じないことになります。

また、コマーシャルとしてテレビ放映をすることに対する許諾の対価に関する部分についても、前述のとおり著作隣接権の使用料とはせず、人的役務の提供の対価と同時に支払われる限り全額が人的役務の提供の対価とされ、役務提供地に基づき国外源泉所得となりますから、日本での課税関係は生じないことになります。

【参　考】

1．運動家や芸能人に対する支払が、法人に対して行われた場合は、所得税法第161条第1項第12号所得（人的役務の提供に対する報酬）ではなく第6号所得（人的役務提供事業の対価）となります。

　一般的な人的役務提供事業の場合、所得税法では第6号所得として課税の対象となりますが、各国との間で結ばれている租税条約では、「産業上又は商業上の利得」とされ、「日本に恒久的施設がなければ課税せず」となり課税されないことが多々あります。

　しかしながら、「芸能人等の役務提供事業の対価」については租税

309

V 事例検討

> 条約上に特別の規定が存在することが通常であり、その規定により日本で課税され源泉徴収の対象となることがありますので、注意が必要です。
>
> 2．譲渡の対価については、相手国によっては租税条約の使用料条項に含めていないことが多々あります。「真正な譲渡」という言葉は、取引が使用料条項に該当するか否かということについて判断する際によく使われます。

〈事例65〉

65. 自由職業者の報酬に関する課税と租税条約における免税規定

問 当社では海外企業の買収を行うため、A国から弁護士のY氏とB国から会計士のZ氏を招聘して、検討に加わってもらう予定にしています。およその検討期間は5カ月を予定しています。Y氏及びZ氏に対しては往復の交通費及び滞在中のホテル代は当社負担とし、また、報酬として毎月250万円を支払うことにしています。Y氏及びZ氏に対する我が国での課税はどのようになるのかご教示ください。なお、日本とA国との間には租税条約は結ばれていませんが、B国との間では租税条約が結ばれています。

もし、検討に時間がかかり、滞在期間が延びた場合には、課税関係に何か影響が出るでしょうか。併せてご教示ください。

結 論

貴社がY氏及びZ氏に支払う報酬は、所得税法第161条第1項第12号イに規定されている国内源泉所得となります。非居住者に国内源泉所得の支払を行う場合には源泉徴収が必要となりますので、貴社はY氏に対する報酬の支払の際に20％【20.42％】の税率で源泉徴収を行わなければなりません。一方、Z氏に支払う報酬は、日本とZ氏の居住するB国との間で結ばれている租税条約に「自由職業者に対する所得源泉地における免税」が規定されている場合には、租税条約の適用を受け免税となりますので、貴社は源泉徴収を行う必要はありません。なお、Z氏は租税条約に関する届出書を、貴社を管轄する税務署長に、最初の報酬が支払われる前日までに提出する必要があります。

ところで、租税条約の適用により免税となるZ氏が、当初の予定を

超えて「自由職業者に対する所得源泉地における免税」で規定している日数（通常183日）以上に日本に滞在する場合は、その規定日数を超えることが明らかになった時点で、入国時に遡及して支払われた報酬に対して20％【20.42％】の税率で源泉徴収を行わなければなりません。

検　討

1. Y氏及びZ氏の居住性

Y氏及びZ氏は日本に5カ月間の予定で入国をしていますので、所得税法第2条第5号及び同法施行令第14条の規定により入国後1年を経過する日までは、日本の非居住者に該当します。

2. 非居住者である弁護士及び会計士の報酬に関する所得税法の規定

所得税法第161条第1項第12号イでは、

「俸給、給料、賃金、歳費、賞与又はこれらの性質を有する給与その他人的役務の提供に対する報酬のうち、国内において行う勤務その他の人的役務の提供（括弧内省略）に基因するもの」

を国内源泉所得と規定していますから、非居住者である弁護士及び会計士が国内で行う役務の提供によって得る報酬は、国内源泉所得となります。

3. 我が国と租税条約が結ばれていないA国の弁護士Y氏の報酬

所得税法の規定がすべてですので、所得税法第212条第1項の規定により、非居住者に対し同項で規定する国内源泉所得の支払をする者は、その支払の際に源泉徴収を行わなければなりませんので、貴社は、我が国と租税条約が結ばれていないA国の弁護士Y氏に、報酬を支払う際に源泉徴収を行う必要があります。源泉徴収税率は所得税法第213条により20％【20.42％】となり、源泉徴収を行った所得税は、翌月10日までに納付をしなければなりません。

4. 租税条約の「自由職業者免税」に関する規定

我が国が結んでいる租税条約の中に、

「一方の締約国の居住者が自由職業その他の独立の性格を有する活動について取得する所得に対しては、次の(a)又は(b)に該当する場合を除くほか、当該一方の締約国においてのみ租税を課すことができる。

(a) その者が、自己の活動を行うため通常その用に供している固定的施設を他方の締約国内に有する場合

(b) その者が、継続するいずれかの12箇月の期間において、合計183日を超える期間当該他方の締約国内に滞在する場合」

というような規定を有しているものがあります。このような規定を有している租税条約の締約国の自由職業を有する居住者が、我が国で活動をして得た所得に関しては、二つの条件が満たされていれば、すなわち、我が国に固定的施設を有しておらず、かつ滞在日数が183日以内であれば、我が国では課税はされません。

ところで「自由職業」については、

「特に、学術上、文学上、美術上及び教育上の独立の活動並びに医師、弁護士、技術士、建築士、歯科医師及び公認会計士の独立の活動を含む。」

とされています。

したがってB国の会計士であるZ氏に貴社が支払う報酬は、日本とB国との間で結ばれた租税条約に前述のような規定があれば、源泉徴収は不要となります。この場合Z氏は、貴社から最初の報酬を受領する前日までに、貴社を経由して貴社を管轄する税務署長に「租税条約に関する届出書（様式7「自由職業者・芸能人・運動家・短期滞在者の報酬・給与に対する所得税及び復興特別所得税の免除」）」を提出しなければなりません。

Ⅴ 事例検討

5. 滞在期間が延びて183日を超えることになった場合の処理

　当初183日以内の滞在で仕事が終わり、出国することが予定されていた自由職業者が、「租税条約に関する届出書」を提出して免税扱いを受けていた場合に、183日を超えて日本に滞在することが明らかになったときは、その183日を超えて滞在することが明らかになった時点で、当初に遡及して免税扱いができなくなります。

　したがって、報酬の支払者は、当初の支払からその滞在が183日を超えることが明らかになった時点までに支払った報酬について、源泉徴収を行わなければなりません。この場合、源泉徴収を行うべき日は、その滞在が183日を超えることが明らかになった日です。

　してみると、貴社は、免税扱いをしていたＺ氏が仮に滞在日数が183日を超えることになった場合には、Ｚ氏に対する会計士報酬について源泉徴収義務が生じることになります。

　実務的には、すでに支払が行われていますので、

　　　（未収金）　　　　　×××　//　（源泉税預かり金）　×××

と会計処理をし、その超えることが明らかになった日の属する月の翌月10日までに納税をすることになります。

　　　（源泉税預かり金）　×××　//　（現金預金）　　　　×××

　そして、Ｚ氏から源泉徴収すべき金額について返還が行われたら、その時点で、

　　　（現金預金）　　　　×××　//　（未収金）　　　　　×××

と会計処理をすることになります。

　　（注）　我が国が結んだ租税条約の中には、「自由職業者の免税規定」に関して、滞在日数183日以内という要件を課していないものも数多くあります。

〈事例66〉

66. 海外からの旅行者を臨時雇用した場合の課税関係について

問 当社では、A国より先月から日本に旅行に来ていたB氏を、A国の資料の翻訳のため臨時に短期のアルバイトとして雇用しました。1日当たり2万円の報酬と、当社事務所までの通勤費980円を、翻訳が終了するまで毎月末に支払うことにしています。どのように税務処理をすればよいのでしょうか。

結　論

貴社はB氏に支払う報酬については、支払額の20％【20.42％】について源泉徴収を行い、納税する必要があります。

しかしながらB氏に支給する通勤費については、非課税通勤費となりますので、課税する必要はありません。

検　討

1. 居住判定について

所得税法第2条（定義）では、第3号で居住者を「国内に住所を有し、又は現在まで引き続いて1年以上居所を有する個人をいう。」と定義し、非居住者を第5号で「居住者以外の個人をいう。」と定義しています。
居住者と非居住者とでは当然に課税の範囲や課税方法が異なりますから、居住判定は重要な意味を持ちます。

所得税法施行令第14条（国内に住所を有する者と推定する場合）第1項第1号で「その者が国内において、継続して1年以上居住することを通常必要とする職業を有すること。」と規定しており、所得税基本通達

315

2-3（国内に居住する者の非永住者等の区分）で、

「国内に居住する者については、次により非居住者、非永住者等の区分を行うことに留意する。

(1) 入国後1年を経過する日まで住所を有しない場合　入国後1年を経過する日までの間は非居住者、1年を経過する日の翌日以後は居住者」

としていますので、B氏は旅行で日本に来ていますから、入国をしてから1年を経過する日までは非居住者となります。

2. 非居住者の課税の範囲

所得税法第7条（課税所得の範囲）第1項第3号で非居住者の課税範囲を、

「第164条第1項各号（非居住者に対する課税の方法）に掲げる非居住者の区分に応じそれぞれ同項各号及び同条第2項各号に定める国内源泉所得」

とし、第164条では国内に恒久的施設を持たない非居住者の課税対象国内源泉所得を、次のように規定しています。

＜総合課税＞（所法第164条第1項第2号）

「第161条第1項第2号、第3号、第5号から第7号まで及び第17号に掲げる国内源泉所得」

＜分離課税＞（所法第164条第2項第2号）

「第161条第1項第8号から第16号までに掲げる国内源泉所得」

3. アルバイト収入は国内源泉所得となるか

所得税法第161条（国内源泉所得）第1項第12号では、

「次に掲げる給与、報酬又は年金

イ　俸給、給料、賃金、歳費、賞与又はこれらの性質を有する給与その他人的役務の提供に対する報酬のうち、国内において行う勤務そ

〈事例66〉

の他の人的役務の提供（括弧内省略）に基因するもの」
と規定しており、アルバイトにより得られる所得は、この第12号に規定する所得に該当することになり、国内源泉所得となります。この場合、B氏が適法に日本国内で労働ができるか否かは、この課非判定には何ら影響を及ぼしません。

4. 国内に恒久的施設を有しない非居住者が取得する12号所得に対する課税方法

　国内に恒久的施設を有しない非居住者が取得する12号所得に対する課税方法は、所得税法第164条第2項第2号により分離課税となり、課税標準は所得税法第169条により支払を受けるべき金額（つまり受領額そのもの）となります。税率は第170条により20％【20.42％】となります。具体的な課税は所得税法第212条に規定されている源泉徴収により行われます。

　貴社の場合は、国内においてアルバイト料を支払いますから、第212条第1項の規定に該当し、第213条により支払時に支払額の20％【20.42％】を源泉徴収し、その徴収の日の属する月の翌月10日までに納付をすることになります。

5. 通勤費の取扱い（実費支給される通勤費は、12号所得となるのか、それとも非課税所得となるのか）

　所得税法第9条（非課税所得）第1項第5号では、
　「給与所得を有する者で通勤するもの（以下この号において「通勤者」という。）がその通勤に必要な交通機関の利用又は交通用具の使用のために支出する費用に充てるものとして通常の給与に加算して受ける通勤手当（これに類するものを含む。）のうち、一般の通勤者につき通常必要であると認められる部分として政令で定めるもの」
と規定し、通勤手当を非課税としています。この規定の対象者は「給与

V 事例検討

所得を有する者」となっていて、「居住者」「非居住者」という区分をしていません。ですからB氏が給与所得者であればこの非課税規定が適用されることになります。

ちなみに、その適用を居住者に限定する場合は、例えば、配偶者控除の規定では所得税法第83条（配偶者控除）で「居住者が控除対象配偶者を有する場合には、（以下省略）」というように条文上ではっきり規定がされています。

したがって、貴社がB氏に支給する通勤費は非課税所得となり、源泉徴収を行う必要はありません。

〈事例67〉

67. 日本語学校に通う海外留学生をパートとして雇用した場合の課税について

問 当社では、今年の春にA国から日本の語学学校に就学期間2年の予定で留学してきたB氏を、長期のパートとして雇用することにしました。給与は1時間当たり1,200円で、毎月15日締めの25日払いとすることにしています。どのように税務処理をすればよいのでしょうか。

結論

貴社はB氏から「給与所得者の扶養控除等申告書」の申告書を受理し、「給与所得の源泉徴収税額表（月額表）甲欄」により源泉徴収をすることになります。

検討

1. 留学生はどの時点から日本の居住者となるか

所得税基本通達3－2（学術、技芸を習得する者の住所の判定）の、
「学術、技芸の習得のため国内又は国外に居住することとなった者の住所が国内又は国外のいずれにあるかは、その習得のために居住する期間その居住する地に職業を有するものとして、令第14条第1項《国内に住所を有する者と推定する場合》又は第15条第1項《国内に住所を有しない者と推定する場合》の規定により推定するものとする。」
により、留学生の居住性を判定しますから、B氏は日本語学校に入学をするために日本に入国をしたその時点から日本の居住者とされます。

したがって貴社は、居住者を雇用したことになります。

2. 居住者である留学生に支払う給与の課税

　我が国の所得税法では、居住者と非居住者とは、その課税の範囲や方法が異なりますが、国籍の違いによって課税上の取扱いを異にすることは原則としてありません。

　居住者となる留学生に給与の支給をした場合は、通常の社員に対する給与の支給と同様に、「給与所得者の扶養控除等申告書」の提出の有無によって源泉徴収の方法が決まり、それに従って給与の支給時に源泉徴収を行うことになります。

　したがって、B氏に「給与所得者の扶養控除等申告書」の提出をさせ、「給与所得の源泉徴収税額表（月額表）甲欄」により源泉徴収を行えばよいことになります。

68. 中国からの留学生を雇用した場合の税務処理について

問 当社では、中国から日本の大学院に留学している甲氏を、中国語の翻訳者として雇用し、給与として毎月25万円を支払うことにしています。

ところで、日本と中国との間で租税条約が結ばれていますが、甲氏は適用があるのでしょうか。あるとすればどのように税務処理をすればよいのでしょうか。

結論

貴社は甲氏に給与を支払う際に源泉徴収を行う必要はありません（甲氏が受領する貴社からの給与は非課税となります。）。

なお、甲氏は、「租税条約に関する届出書（様式8）」を提出する必要があります。

検討

1. 所得税法の規定

所得税法の規定による留学生に対する課税は、**事例67**で解説をした通りです。留学先が日本語学校であろうと、4年制の大学であろうと、大学院であろうと違いはありません。

2. 日本と中国との間で結ばれた租税条約の規定

日本と中国との間で昭和59年から「所得に対する租税に関する二重課税の回避及び脱税の防止のための日本国政府と中華人民共和国政府との間の協定」（以下「日中租税条約」といいます。）が効力を発生しました。その第21条が学生に関する事項を規定しており、その規定は、

「専ら教育若しくは訓練を受けるため又は特別の技術的経験を習得するため一方の締約国内に滞在する学生、事業修習者又は研修員であつて、現に他方の締約国の居住者であるもの又はその滞在の直前に他方の締約国の居住者であつたものがその生計、教育又は訓練のために受け取る給付又は所得については、当該一方の締約国の租税を免除する。」

というものです。

ところで、ここで使われている「学生」という用語については、日中租税条約では直接には定義がされていません。また、日本が世界の80以上の国や地域との間で結んだ租税条約でも、同様にそこで使われている用語がすべて定義されているわけではありません。このような場合には、国内法で定義がされていればそれに従うことになります。「学生」に関しては、「租税条約等の実施に伴う所得税法、法人税法及び地方税法の特例等に関する法律の施行に関する省令」（以下「実特法省令」といいます。）の第8条（留学生、事業修習者等の届出等）で「（学校教育法第1条）第1項に規定する学校の学生、生徒又は児童をいう。」としていますので、これによることになります。

甲氏の留学先が、学校教育法第1条に規定する学校であれば、甲氏は日中租税条約上の学生となり、第21条のその余の条件を満たせば適用を受けることができ、貴社から受ける給与は非課税となります。

3. 日中租税条約の適用を受ける際の届出書

甲氏が日中租税条約の適用を受ける際には、実特法省令第8条の規定により、届出書（以下「租税条約に関する届出書」といいます。）の提出をしなければなりません。法定された様式はありませんが、実務上は国税庁の通達で定められた様式を使用することになります。甲氏の場合は、「租税条約に関する届出書（様式8）」を提出することになります。甲氏

〈事例68〉

は様式8に所定の事項を記入して、貴社から最初の給与の支給を受ける日の前日までに、貴社を通じて、貴社を管轄する税務署長に「租税条約に関する届出書」を提出する必要があります。貴社はその届出書の提出を受けて、甲氏に給与を源泉徴収することなく全額を支払うことになります。

V 事例検討

69. 定年退職者等の海外移住者が受け取る厚生年金等の日本での課税

問 私は今年の3月末日に無事定年退職をいたしました。60歳になるのを契機に、夫婦で海外に移住することを計画しています。健康なうちは海外で過ごすこととし、おおよそ10年ぐらいは海外で生活をすることを考えています。海外における生活費は、日本の厚生年金と、退職金を現地で預金して得られる利息を充てることを計画しています。

私が支給を受ける公的年金について、日本においてはどのような課税がされるのでしょうか。ご教示ください。

結 論

非居住者が受け取る日本の公的年金は、日本国内源泉所得となり課税対象となります。具体的な課税方法は源泉徴収によって行われ、その税率は20％【20.42％】となります。一定額の控除があり、支払額から控除額を引いた残額に対して20％【20.42％】の源泉徴収が行われ、それで日本での課税は終了します。

なお、日本と移住先国との間で租税条約が結ばれていて、あなたが受け取る公的年金について免税規定がある場合には、日本では非課税となり、満額を受領することができます。

検 討

1. 非居住者が受け取る我が国の公的年金に関する所得税法の規定

所得税法第161条第1項第12号ロで「第35条第3項（公的年金等の定義）に規定する公的年金等（政令で定めるものを除く。）」と規定して、

〈事例69〉

公的年金を国内源泉所得としています。したがって非居住者が受け取る厚生年金等の公的年金は、日本で課税対象となります。

課税方法は、所得税法第164条第2項の規定により分離課税となり、課税標準は第169条第3号で、

「第161条第1項第12号ロに掲げる年金 その支払を受けるべき年金の額から5万円にその支払を受けるべき年金の額に係る月数を乗じて計算した金額を控除した金額」

と規定しています。税率は第170条の規定により20％【20.42％】となります。

具体的には、第212条の、

「非居住者に対し国内において第161条第1項第4号から第16号まで（国内源泉所得）に掲げる国内源泉所得（括弧内省略）の支払をする者（途中省略）は、その支払の際、これらの国内源泉所得について所得税を徴収し、その徴収の日の属する月の翌月10日までに、これを国に納付しなければならない。」

の規定に従って、支払者である日本年金機構によって源泉徴収が行われます。源泉徴収税額は第213条の、

「前条第1項の規定により徴収すべき所得税の額は、次の各号の区分に応じ当該各号に定める金額とする。

一 前条第1項に規定する国内源泉所得（次号及び第3号に掲げるものを除く。） その金額（次に掲げる国内源泉所得については、それぞれ次に定める金額）に100分の20の税率を乗じて計算した金額

イ 第161条第1項第12号ロ（国内源泉所得）に掲げる年金 その支払われる年金の額から5万円にその支払われる年金の額に係る月数を乗じて計算した金額を控除した残額」

の規定により計算されます。

例えば2カ月分合計42万円が支払われる場合は、42万円から10万円（5万円×2カ月）を引いた残額32万円の20％【20.42％】、65,344円が源泉徴収され、354,656円が日本年金機構から支払われることになります。

2. 我が国が結んでいる租税条約の公的年金に関する規定

我が国が各国と結んでいる租税条約のほとんどに退職年金に係る規定が置かれています。その条文は概ね、

「過去の勤務につき一方の締約国の居住者に支払われる退職年金その他これに類する報酬に対しては、当該一方の締約国においてのみ租税を課することができる。」

のように規定しており、居住地国での課税だけを認めています（源泉地国では非課税）。したがって我が国と租税条約が結ばれていて、その条約に年金条項がある場合は、我が国での課税は行われず、厚生年金等は満額を受け取ることができます。

租税条約の規定に従って我が国で非課税となる場合には、年金の支払者である日本年金機構を経由して、日本年金機構の所轄税務署である杉並税務署長に「租税条約に関する届出書」を提出する必要があります。実務的には、租税条約に関する届出書「退職年金・保険年金等に対する所得税及び復興特別所得税の免除（様式9）」に、あなたの移住先等必要事項を記入して支払者である日本年金機構（最終住所地の年金事務所等）に提出します（提出を受けた日本年金機構が所轄税務署である杉並税務署長に提出をします。）。

3. 租税条約に年金条項がない場合

我が国と移住地国との間に租税条約は結ばれているが、年金に関する規定がない国が若干あります。この場合はその他所得条項（明示なき所得に関する条項）の規定があればその規定に従うことになり（源泉地国

（日本）課税を規定するその他所得条項があります。）、その他所得条項の規定もない場合は、我が国の所得税法の規定に従う（我が国で所得税課税、源泉徴収が行われます。）ことになります。

所得源泉地国での免税を規定しているその他所得条項が存在する場合には、保険年金等はその条文によって、我が国では非課税となります（この場合に提出する「租税条約に関する届出書」も、様式9を使用することになります。）。

4. 相手国における課税

移住地国の所得税法の規定によって課税関係が決まります。

移住地国から見れば、日本からあなたが受け取る公的年金は国外源泉所得となりますが、移住地国の所得税法が全世界所得課税を規定していれば課税対象となります。この場合、あなたが受け取る年金は、日本と居住地国とで二重課税となる場合（租税条約の結ばれていない国等）がありますが、この二重課税については居住地国である相手国で調整を受けることになります（所得源泉地国である我が国では外国税額控除による調整は行われません。）。

Ⅴ　事例検討

70. 海外移住者等非居住者が受け取る保険年金等の日本での課税

問　私は今年の3月に無事定年退職をいたしました。この秋に夫婦で海外に移住することを計画しています。健康なうちは海外で過ごすこととし、おおよそ10年ぐらいは海外で生活することを考えています。海外における生活費の一部に、在職中に日本の生命保険会社にかけていた年金保険から受け取る年金を充てることを計画しています。

私が支給を受ける保険年金について、日本ではどのような課税がされるのでしょうか。ご教示ください。

結論

非居住者が受け取る日本の保険年金等は、日本国内源泉所得となり課税対象となります。具体的な課税方法は源泉徴収によって行われます。払い込まれた保険料等の控除があり、支払額から控除額を引いた残額に対して20％【20.42％】の税率で源泉徴収が行われ、それで日本での課税は終了します。

なお、日本と移住先国との間で租税条約が結ばれていて、あなたが受け取る保険年金等について免税規定がある場合には、日本では非課税となり、満額を受領することができます。

検討

1. 非居住者が受け取る保険年金等に関する所得税法の規定

所得税法第161条第1項第14号で、

「国内にある営業所又は国内において契約の締結の代理をする者を通

〈事例70〉

じて締結した保険業法第2条第3項（定義）に規定する生命保険会社又は同条第4項に規定する損害保険会社の締結する保険契約その他の年金に係る契約で政令で定めるものに基づいて受ける年金（第209条第2号（源泉徴収を要しない年金）に掲げる年金に該当するものを除く。）で第12号ロに該当するもの以外のもの（括弧内省略）」

と規定して保険年金等を国内源泉所得としています。なお、所得税法施行令第287条（年金に係る契約の範囲）の規定は以下のようになっています。

「法第161条第1項第14号（国内源泉所得）に規定する政令で定める契約は、第183条第3項（生命保険契約等の意義）に規定する生命保険契約等又は第184条第1項（損害保険年金等に係る雑所得の金額の計算上控除する保険料等）に規定する損害保険契約等であつて、年金を給付する定めのあるものとする。」

したがって、非居住者が受け取る保険年金等は日本で課税対象となります。

課税方法は、所得税法第164条第2項の規定により分離課税となり、課税標準は第169条第5号で、

「第161条第1項第14号に掲げる年金　同号に規定する契約に基づいて支払を受けるべき金額から当該契約に基づいて払い込まれた保険料又は掛金の額のうちその支払を受けるべき金額に対応するものとして政令で定めるところにより計算した金額を控除した金額」

と規定しています。税率は第170条の規定により20％【20.42％】となります。

具体的には、第213条の規定により計算されます（政令による定めは、所得税法施行令第296条（生命保険契約等に基づく年金等に係る課税標準）に置かれています。）。

例えば10年間にわたり毎月10万円支払われる場合に、当該年金保険契約に係る保険料の総額が480万円であった場合、10万円から4万円（注）を引いた残額6万円の20％【20.42％】、12,252円が源泉徴収され、87,748円が保険会社から支払われることになります。

(注) $\dfrac{10万円（毎月の受取額）\times 480万円（総保険料額）}{10万円 \times 12カ月 \times 10年（受取年金総額）} = 4万円$

2. 我が国が結んでいる租税条約の保険年金に関する規定

我が国が各国と結んでいる租税条約のいくつかに保険年金に係る規定が置かれているものがあります。その条文は概ね、

「一方の締約国の居住者である個人に支払われる退職年金その他これに類する報酬及び一方の締約国の居住者である個人に支払われる保険年金に対しては、当該一方の締約国においてのみ租税を課することができる。「保険年金」とは、金銭又はその等価物による適正かつ十分な積立てに応ずる給付を行う義務に基づき、終身にわたり又は特定の若しくは確定することができる期間中、所定の時期において定期的に支払われる所定の金額をいう。」

のように規定しており、居住地国での課税だけを認めています（源泉地国では非課税）。したがって移住地国と我が国との間で租税条約が結ばれていて、その条約に保険年金条項がある場合は、我が国での課税は行われず、保険年金等は満額を受け取ることができます。

租税条約の規定に従って我が国で非課税となる場合には、保険年金等の支払者である保険会社等を経由して、保険会社等の所轄税務署長に「租税条約に関する届出書」を提出する必要があります。実務的には、租税条約に関する届出書「退職年金・保険年金等に対する所得税及び復興特別所得税の免除（様式9）」に、あなたの移住先等必要事項を記入して支払者である保険会社等に提出します（提出を受けた保険会社等が所轄

税務署長に提出をします。）。

3. 租税条約に保険年金条項がない場合

　我が国と移住地国との間に租税条約は結ばれているが、保険年金に関する規定がない国が多数あります。この場合はその他所得条項（明示なき所得に関する条項）の規定があればその規定に従うことになり（源泉地国（日本）課税を規定するその他所得条項もあります。）、その他所得条項の規定もない場合は、我が国の所得税法の規定に従う（我が国で所得税課税、源泉徴収が行われます。）ことになります。

　所得源泉地国での免税を規定しているその他所得条項が存在する場合には、保険年金等はその条文によって、我が国では非課税となります（この場合に提出する「租税条約に関する届出書」も、様式9を使用することになります。）。

4. 相手国における課税

　移住地国の所得税法の規定によって課税関係が決まります。

　移住地国から見れば、日本からあなたが受け取る保険年金等は国外源泉所得となりますが、移住地国の所得税法が全世界所得課税を規定していれば課税対象となります。この場合、あなたが受け取る年金は、日本と居住地国とで二重課税となりますが、この二重課税については居住地国である相手国で調整を受けることになります（所得源泉地国である我が国では外国税額控除による調整は行われません。）。

V 事例検討

71. 日本に勤務している間にかけていた生命保険を、海外出向中に解約した場合の課税関係

問 当社の海外子会社であるA国のB会社へ出向中の社員甲は、大阪支店に勤務していた7年前に日本の生命保険会社の終身保険に加入し、また、数年前に同じ日本の生命保険会社の一時払い養老保険に加入していました。

このたび甲は、終身保険と一時払い養老保険の両方を解約する予定をし、それぞれ解約返戻金の計算を保険会社に依頼したところ、次のように報告がありました。終身保険は解約返戻金が700万円で7年間に支払った保険料の合計金額は550万円、一時払い養老保険は解約返戻金が2,100万円で当初の払込み金額は2,000万円でした。両方の保険とも若干の利益が生じることになりますが、日本での課税関係はどのようになるのでしょうか。また、何かしなければならない手続きはあるのでしょうか、ご教示ください（なお、甲は日本に恒久的施設を有していません。）。

結論

終身保険から生じた利益150万円（700万円－550万円）は、所得税法第161条第1項第2号所得に該当し、国内源泉所得となります。したがって甲氏は、保険契約の解約によって生じた利益について総合課税を受けることになりますので、解約返戻金を受け取った年の翌年3月15日までに、確定申告を行わなければなりません。

一時払い養老保険から生じた利益100万円（2,100万円－2,000万円）は、保険契約開始から5年以内に解約されることになりますから、所得税法第161条第1項第15号ヘに規定されている国内源泉所得に該当し

〈事例71〉

ますので、保険会社から支払を受ける際に、15％【15.315％】の税率で源泉徴収が行われます。

ところで、日本とA国との間で租税条約が結ばれている場合には、租税条約の規定が優先されます。租税条約の規定によっては、両方の利益とも日本では免税となることがありますので、その条約の内容をチェックする必要があります。免税となる規定があり、その利益が所得税法第161条第1項第15号所得に該当する場合は、支払を受ける前日までに支払者を経由して、「租税条約に関する届出書（様式10）」を提出することになります。

なお、所得税法第161条第1項第2号所得に該当する場合には、なんら手続きをすることなく自動的に免税となります（確定申告も、「租税条約に関する届出書」の提出も必要がありません。）。

検　討

1.　保険の解約による差益と国内源泉所得

日本国内にある営業所等で契約された保険等に関して得た所得は、所得税法第161条第1項第2号に規定されている国内源泉所得か、第15号に規定されている国内源泉所得かのいずれかの国内源泉所得に該当することになります（第15号に該当しなければ第2号に該当することになります。）。

2.　所得税法第161条第1項第15号への規定の内容

所得税法第161条第1項第15号ヘでは、生命保険等（損害保険や共済等が含まれます。）に係る契約で、保険料等を一時に支払うことなどを内容とし、保険期間が5年以内のものや、保険期間が5年を超えるものでもその保険期間の初日から5年以内に解約されたものに基づく差益（満期保険金等から支払った保険料等を差し引いた金額）を国内源泉所得とす

る旨を規定しています。

3. 非居住者に対する課税の方法

非居住者に対する国内源泉所得の課税方法については、国内に恒久的施設を持つ者と持たない者とで異なり、また、所得の内容によっても異なります。具体的な課税方法は所得税法第164条で規定されていますが、総合課税（確定申告）か源泉分離課税のどちらかによって課税されます。

甲氏の場合は、国内に恒久的施設を有していませんので、所得税法第161条第1項第2号に該当する所得の場合は確定申告によって、第161条第1項第15号に該当する所得の場合は源泉徴収によって課税を受けることになります。

税率は、総合課税の場合は居住者と同様の所得税率となり、源泉分離課税の場合は所得税法第170条の規定によります。第161条第1項第15号所得の場合は15％【15.315％】となります。

4. 生命保険等から生じる所得と租税条約の規定

日本が結んでいる租税条約では、投資所得や事業所得等各種の所得について、所得源泉地国での免税や軽減についての規定が置かれていますが、すべての種類の所得について規定がされているわけではありません。そこで、条約によっては、条約中に個別に規定がされていない所得について、一括してその取扱いを定めたものがあります。この一括して規定している条文を「その他所得条項」（「明示なき所得条項」）と呼んでいます。「その他所得条項」には所得源泉地国と居住地国両国での課税を規定するものと、所得源泉地国での免税を規定し居住地国のみの課税を規定するものとの二つのタイプがあります。

後者のタイプの租税条約が結ばれている国の場合は、保険等の差益について個別に規定がされていなければ、保険等の差益は「その他所得条

〈事例71〉

項」に従うことになり、結果として所得源泉地国日本では免税とされることになります。

5. 租税条約で免税とされる場合に必要となる手続き

租税条約により免税となるケースにおいて、総合課税（確定申告）となる所得の場合は、原則としてなんら手続きをすることなく、いわば自動的に免税となります。一方、源泉徴収が行われる所得の場合は、対象となる所得の支払が行われる日の前日までに、支払者を経由して租税条約に関する届出書を、支払者の管轄税務署の署長に提出する必要があります。

本件の場合は、所得税法第161条第1項第15号所得となる一時払い養老保険の解約返戻差金が、該当することになります。

Ⅴ 事例検討

72. 日本に単身赴任した外国人社員の国外に居住する家族と扶養控除等（その１）

問 当社のＡ国の現地法人Ｂ社に勤務している外国人社員Ｙを、この４月から３年の予定で日本本社に勤務させることにしましたが、Ｙは子供の学校（高校及び大学）の都合で、家族をＡ国に残して単身で日本本社に赴任することになりました。

当社ではＹに給与を毎月6,000ドル相当額支給することを予定していますが、Ｙからの申入れで、その内の3,000ドルをＡ国の現地法人Ｂ社からＡ国に残っている家族に対して留守宅手当として支給することにし、残額を日本で円貨でＹに支払うことにしております。

日本での給与支給に際して、Ｙから「給与所得者の扶養控除等申告書」の提出を受けることになりましたが、Ｙの妻ＺがＡ国において他社でアルバイトを行っており、毎月1,500ドル程度の収入があることをＹから告げられました。Ｙの家族たちは、Ａ国の現地法人Ｂ社から支給される留守宅手当と妻Ｚの収入で生活をするそうです。

Ｙは妻Ｚを同人の控除対象配偶者とすることができるのでしょうか。また、子供たちを控除対象扶養親族とすることができるでしょうか。そして当社はどのようにＹに対して支払う給与について源泉徴収を行えばよいのかご教示ください。

結　論

　Ｙ氏の妻Ｚ及び子供たちは、海外に居住していても日本の居住者であるＹ氏と生計を一にしていると認められ、また妻Ｚがアルバイトで

〈事例72〉

得た年間収入 18,000 ドル（1,500 ドル× 12 カ月）は合計所得金額には算入されませんので、妻及び子供たちの合計所得金額はそれぞれ 48 万円以下となり、Y 氏は、妻及び子供たちを控除対象配偶者及び控除対象扶養親族とすることができます。

貴社は日本本社から Y 氏に支払う給与について、「給与所得者の扶養控除等申告書」の提出を受けて「給与所得の源泉徴収税額表（月額表）甲欄」に基づき源泉徴収を行うことになります。

なお、A 国の現地法人 B 社から家族に支給される留守宅手当は、Y 氏の日本国内源泉所得になりますが、貴社には源泉徴収義務はなく、Y 氏が翌年 3 月の確定申告において、貴社から支給された給与と合算して申告をすることになります。

検　討

1．同一生計配偶者及び扶養親族とされる要件

同一生計配偶者について所得税法では、第 2 条第 1 項第 33 号で、

「居住者の配偶者でその居住者と生計を一にするもの（括弧内省略）のうち、合計所得金額が 48 万円以下である者をいう。」

と定義をしており、扶養親族については同条同項第 34 号で、

「居住者の親族（中略）でその居住者と生計を一にするもの（中略）のうち、合計所得金額が 48 万円以下である者をいう。」

と定義をし、控除対象扶養親族について同条同項第 34 号の 2 で、

「扶養親族のうち年齢 16 歳以上の者をいう。」

と定義しています。ここで要件とされている重要な点は、「居住者と生計を一にする」ということと、「合計所得金額が 48 万円以下である」ということの二点です。

2. Y氏は日本の居住者に該当するか

　Y氏は、貴社の日本本社に3年の予定で赴任をしてきますから、所得税法第2条第1項第3号の、

　「国内に住所を有し、又は現在まで引き続いて1年以上居所を有する個人をいう。」

及び同法施行令第14条第1項の、

　「国内に居住することとなつた個人が次の各号のいずれかに該当する場合には、その者は、国内に住所を有する者と推定する。

　一　その者が国内において、継続して1年以上居住することを通常必要とする職業を有すること。」

に該当しますので、所得税基本通達2－4の、

　「法第2条第1項第3号に規定する「1年以上」の期間の計算の起算日は、入国の日の翌日となることに留意する。」

により、入国の日の翌日から日本の居住者となります。

3. Y氏とその家族は生計を一にするか

　Y氏の家族に対してA国の現地法人B社から支給される留守宅手当は、Y氏が日本本社で勤務することにより支給されるものですから、Y氏が収入すべき給与であり日本国内源泉所得に該当します。

　Y氏の妻ZはA国で収入を得ていますが、その金額は月額1,500ドル程ですので、留守家族全員が生活をするのに要する金額が、留守宅手当3,000ドルと妻の得る収入1,500ドルの合計額であるのならば、その主要な部分はY氏の収入すべき給与によって賄われていることになりますので、Y氏とその家族は生計を一にしていることになります。

4. 合計所得金額に国外源泉所得は含まれるか

　所得税法では、合計所得金額について第2条第1項第30号で、

「第22条(課税標準)に規定する総所得金額、退職所得金額及び山林所得金額の合計額(以下この条において「合計所得金額」という。)」と定義しています。

そして第22条では総所得金額及び退職所得金額及び山林所得金額について具体的な計算方法について規定をしていますが、いずれにも非居住者の国外源泉所得は含まれておりません。

してみると、Y氏の妻Zは非居住者でありA国でのアルバイトで得た所得は国外源泉所得ですから、妻Zの合計所得金額は0円となります。したがって妻Z及び子供たちは、生計を一にするという要件と、合計所得金額が48万円以下という要件の二つを満たしていますから、同一生計配偶者及び控除対象扶養親族に該当することになります。

5. 給与所得に関する源泉徴収

給与所得に対する源泉徴収義務は、所得税法第6条及び第183条第1項で規定されており、それによれば国内において給与の支払を行う者に対して、原則として国内で支払う給与について源泉徴収を行うよう規定しています。そして「給与所得者の扶養控除等申告書」の提出を受けた場合は、そこに記された内容に従って「給与所得の源泉徴収税額表(月額表)甲欄」に基づき源泉徴収を行うことになります。

6. 国外の現地法人から支払われた留守宅手当

Y氏に支払われる留守宅手当は本来ならば貴社が支給し負担すべきものですが、このケースでは海外の現地法人から支払われていますので、A国の現地法人B社には源泉徴収義務はなく、また貴社も支払を行っておりませんので、貴社にも源泉徴収義務はありません。

留守宅手当はY氏の給与所得にはなりますので、Y氏は日本で納税義務を負うことになります。そこでY氏は翌年の3月に確定申告を行っ

V 事例検討

て納税をする事になります。

　また、貴社は現地法人Ｂ社との間で、留守宅手当に関して精算をする必要があります。

〈事例73〉

73. 日本に単身赴任した外国人社員の国外に居住する家族と扶養控除等（その2）

問 当社のA国の現地法人B社に勤務している外国人社員Yを、この4月から3年の予定で日本本社に勤務させることにしましたが、Yは子供の学校（高校及び大学）の都合で、家族をA国に残して単身で日本本社に赴任することになりました。

当社では、Yに給与を毎月6,000ドル相当額支給することを予定していますが、Yからの申入れで、そのうちの3,000ドルをA国の現地法人B社からA国に残っている家族に対して留守宅手当として支給することにし、残額を日本で円貨でYに支払うことにしております。

日本での給与支給に際して、Yから「給与所得者の扶養控除等申告書」の提出があり、Yの妻ZがA国において毎月1,500ドル程度の収入があることと子供たちは収入がないことが記載されていましたが、その他の書類の提出はありませんでした。Yの家族たちは、A国の現地法人B社から支給される留守宅手当と妻Zの収入で生活するそうです。

Yは妻Zを同人の控除対象配偶者とすることができるでしょうか。また、子供たちを控除対象扶養親族とすることができるでしょうか。そして当社はYに対して支払う給与についてどのように源泉徴収を行えばよいのかご教示ください。

結論

Y氏は、Y氏の妻Z及び子供たちがY氏の親族に該当することを証する「親族関係書類」及び妻Z及び子供たちと生計を一にすることを

Ⅴ　事例検討

証する「送金関係書類」を提示していないので、妻Z及び子供たちを控除対象配偶者及び控除対象扶養親族とすることはできません。

　貴社は、日本本社からY氏に支払う給与について、「給与所得者の扶養控除等申告書」の提出を受けて「給与所得の源泉徴収税額表（月額表）甲欄」に基づき源泉徴収を行うことになります。

　なお、A国の現地法人B社から家族に支給される留守宅手当は、Y氏の日本源泉所得になりますが、貴社には源泉徴収義務はなく、Y氏が翌年3月の確定申告において、貴社から支給された給与と合算して申告をすることになります。

検　討

1.　同一生計配偶者及び扶養親族とされる要件

　同一生計配偶者について所得税法では、第2条第1項第33号で、
　「居住者の配偶者でその居住者と生計を一にするもの（括弧内省略）のうち、合計所得金額が48万円以下である者をいう。」
と定義しています。

　そして、扶養親族については同条同項第34号で、
　「居住者の親族（中略）でその居住者と生計を一にするもの（括弧内省略）のうち、合計所得金額が48万円以下である者をいう。」
と定義をし、非居住者である控除対象扶養親族については同条同項第34号の2ロで、
　「扶養親族のうち、（中略）年齢16歳以上30歳未満の者（中略）」
と定義しています。

　ここで要件とされている重要な点は、「居住者と生計を一にする」ということと、「合計所得金額が48万円以下である」ということの二点です。

〈事例73〉

2. Y氏は日本の居住者に該当するか

　Y氏は、貴社の日本本社に3年の予定で赴任をしてきますから、所得税法第2条第1項第3号の、

　「国内に住所を有し、又は現在まで引き続いて1年以上居所を有する個人をいう。」

及び同法施行令第14条第1項の、

　「国内に居住することとなつた個人が次の各号のいずれかに該当する場合には、その者は、国内に住所を有する者と推定する。

　一　その者が国内において、継続して1年以上居住することを通常必要とする職業を有すること。」

に該当しますので、所得税基本通達2－4の、

　「法第2条第1項第3号に規定する「1年以上」の期間の計算の起算日は、入国の日の翌日となることに留意する。」

により、入国の日の翌日から日本の居住者となります。

3. Y氏とその家族は生計を一にするか

　Y氏の家族に対してA国の現地法人B社から支給される留守宅手当は、Y氏が日本本社で勤務することにより支給されるものですから、Y氏が収入すべき給与であり日本国内源泉所得に該当します。

　Y氏の妻ZはA国で収入を得ていますが、その金額は月額1,500ドル程ですので、留守家族全員が生活をするのに要する金額が、留守宅手当3,000ドルと妻Zの得る収入1,500ドルの合計額であるのならば、その主要な部分はY氏の収入すべき給与によって賄われていることになりますので、Y氏とその家族は生計を一にしていることになります。

4. 合計所得金額に国外源泉所得は含まれるか

　所得税法では、合計所得金額について第2条第1項第30号で、

　「第22条（課税標準）に規定する総所得金額、退職所得金額及び山

林所得金額の合計額（以下この条において「合計所得金額」という。）」と定義しています。

そして、第22条では総所得金額、退職所得金額及び山林所得金額について具体的な計算方法の規定をしていますが、いずれにも非居住者の国外源泉所得は含まれておりません。

してみると、Y氏の妻Zは非居住者でありA国でのアルバイトで得た所得は国外源泉所得ですから、妻Zの合計所得金額は0円となります。したがって、妻Z及び子供たちは、生計を一にするという要件と、合計所得金額が48万円以下という要件の二つを満たしていますから、同一生計配偶者及び控除対象扶養親族に該当することになります。

5. 国外居住親族に関する要件

平成28年1月1日以降、国外に居住する親族を扶養対象とする場合の要件が厳格化されました。

所得税法第194条第1項第7号で、「給与所得者の扶養控除等申告書」に、

「源泉控除対象配偶者（括弧内省略）が非居住者である親族である場合にはその旨並びに第5号の控除対象扶養親族（括弧内省略）が非居住者である親族である場合にはその旨及び控除対象扶養親族に該当する事実」

を記載することが規定され、さらに同条第5項で、

「第1項第7号に掲げる事項の記載をした居住者（括弧内省略）は、政令で定めるところにより、当該記載がされた者（第2項の規定により当該記載に代えて異動がない旨の記載がされた者を含む。以下第7項までにおいて「国外居住親族」という。）が当該居住者の親族に該当する旨を証する書類（括弧内省略）を提出し、又は提示しなければならない。」

と規定され、同条第7項で、

> 「前項の規定による申告書を提出する居住者は、政令で定めるところにより、同項の国外居住親族が当該居住者と生計を一にすることを明らかにする書類（括弧内省略）を提出し、又は提示しなければならない。」

と規定され、国外居住親族に関しては親族に該当することを証する「親族関係書類」及び生計を一にすることを明らかにする「送金関係書類」を提出することが義務付けられました。

　Y氏は、「給与所得者の扶養控除等申告書」を提出していますが、「親族関係書類」及び「送金関係書類」を提出していませんので、妻Z及び子供たちを控除対象配偶者及び控除対象扶養親族とすることはできません。

6.　給与所得に関する源泉徴収

　給与所得に対する源泉徴収義務は、所得税法第6条及び第183条第1項で規定されており、それによれば国内において給与の支払を行う者に対して、原則として国内で支払う給与について源泉徴収を行うよう規定しています。そして「給与所得者の扶養控除等申告書」の提出を受けた場合は、そこに記載された内容に従って「給与所得の源泉徴収税額表（月額表）甲欄」に基づき源泉徴収を行うことになります。

7.　国外の現地法人から支払われた留守宅手当

　Y氏に支払われる留守宅手当は本来ならば貴社が支給し負担すべきものですが、このケースでは海外の現地法人から支払われていますので、A国の現地法人B社には源泉徴収義務はなく、また貴社も支払を行っておりませんので、貴社にも源泉徴収義務はありません。

　留守宅手当はY氏の給与所得になりますので、Y氏は日本で納税義務を負うことになります。そこでY氏は翌年の3月に確定申告を行って納税をすることになります。

また、貴社は現地法人Ｂ社との間で、留守宅手当に関して精算をする必要があります。

74. 日本に単身赴任した外国人社員の国外に居住する家族と扶養控除等（その3）

問 事例73の状況で、Yから「給与所得者の扶養控除等申告書」の提出があった際に、Yと妻Zの婚姻証明書と子供たちの出生証明書及び各人のパスポートの写し、妻ZがZ及び子供たちの日常の生活費をYのクレジットカードの家族カードを利用して支払っていることを示す利用明細書の写しの提出があった場合には、扶養控除等はどうのように変わるでしょうか。子供たちは家族カードを所有しておらず、個別の銀行口座も有していません。

結論

Y氏は、Y氏の妻ZがY氏の親族に該当することを証する「親族関係書類」を提出しており、かつ、妻ZがYのクレジットカードの家族カードを利用して生活費又は教育費に充てるための支払をしたことを証する「送金関係書類」を提示しているので、妻Zを控除対象配偶者とすることができます。

一方、Y氏は、Y氏の子供たちがY氏の親族に該当することを証する「親族関係書類」を提出していますが、子供たちの生活費又は教育費に充てるための支払をしたことを証する「送金関係書類」を提示していないので、子供たちを控除対象扶養親族とすることはできません。

検討

1. 親族関係書類

事例73で説明したとおり、国外居住親族を控除対象扶養親族等とするための要件の一つとして、所得税法は第194条第4項で、国外居住親

Ⅴ 事例検討

族が居住者の親族であることを証する書類の提出を規定しています。そして、同法施行令第316条の2第2項で、親族であることを証する書類を各人別に添付することとしています。

　Y氏は、Zが国外に居住する配偶者であることを婚姻証明書とパスポートで、子供たちがY氏の国外に居住する子供であることをそれぞれの出生証明書とパスワードで証明しています。

　よって、妻Z及び子供たちは要件の一つ目は満たしていると言えます。

2．送金関係書類

　国外居住親族を控除対象扶養親族等とするための要件の二つ目として、所得税法は第194条第7項で、国外居住親族が居住者と生計を一にすることを明らかにする書類の提出を規定しています。そして、同法施行令第316条の2第3項で、生計を一にすることを明らかにする書類を各人別に添付することとしています。さらに、その具体的書類を同法施行規則第73条の2第3項で、

　「令第316の2第3項に規定する生計を一にすることを明らかにする書類として財務省令で定める書類は、次に掲げるいずれかの書類であつて、同項に規定する居住者がその年において国外居住親族の生活費又は教育費に充てるための支払を必要の都度、各人に行つたことを明らかにするもの（括弧内省略）とする。

一　内国税の適正な課税の確保を図るための国外送金等に係る調書の提出等に関する法律第2条第3号（定義）に規定する金融機関の書類又はその写しで、当該金融機関が行う為替取引によつて当該居住者から当該国外居住親族に支払をしたことを明らかにするもの

二　第47条の2第6項第2号に規定するクレジットカード等購入あつせん業者の書類又はその写しで、同号に規定するクレジットカー

〈事例74〉

ド等を当該国外居住親族が提示し又は通知して、特定の販売業者から商品若しくは権利を購入し、又は同号に規定する特定の役務提供事業者から有償で役務の提供を受けたことにより支払うこととなる当該商品若しくは権利の代金又は当該役務の対価に相当する額の金銭を当該居住者から受領し、又は受領することとなることを明らかにするもの（以下略）」

と定めています。

ここで重要なのが、「各人別に生計を一にすることを明らかにする」ということです。つまり、生計を一にすることを明らかにする方法として金融機関による送金又はクレジットカードの家族カードの利用が規定されているわけですが、その送金又は家族カードの利用が対象者ごとに行われる必要があるということです。

Ｙ氏の場合、妻ＺはＹ氏の家族カードを所有し、日常の生活費をその家族カードを利用して支払っており、そのことを証明するクレジットカード利用明細書が提出されていますので、要件の二つ目を満たすこととなり、控除対象配偶者とすることができます。

一方、子供たちの場合は、家族カードも銀行口座も有していないため、Ｙ氏が生活費を支払っていることを証する書類が無いことになります。妻ＺがＺの所有する家族カードを利用して子供たちの生活費を支払っているとしても、「各人別に生計を一にすることを明らかにする」ことが求められているので、それを証する書類が提出できなければ要件の二つ目は満たさないことになってしまいます。したがって、子供たちは控除対象扶養親族とすることはできません。

子供たちを控除対象扶養親族とするためには、子供たちそれぞれの名義の銀行口座を作成してそれぞれの口座に送金するか、子供たちそれぞれの家族カードを作成して子供たちが利用することが必要です。

V　事例検討

75. 一夫多妻制の制度を持つ国の居住者から日本の居住者となった者に対する配偶者控除の適用法

問　中東のＹ国の国籍を有するＢが、当社の東京支店に３年間の予定で赴任してきました。最初の給与を支給する際してＢから「給与所得者の扶養控除等申告書」の提出を受けたところ、配偶者の名前が３名記載されていました。Ｂに確認をしたところＹ国では複数の配偶者を持つことができ、Ｂには生計を一にする３人の妻がいるとの説明を受けました。「給与所得の源泉徴収税額表（月額表）甲欄」により源泉徴収税額の計算を行うのですが、配偶者控除をどのように行えばよいかお教えください。

結論

Ｂ氏の配偶者控除の金額は、たとえ配偶者が何名いようと、38万円になります。

検討

所得税法第83条（配偶者控除）では、

「居住者が控除対象配偶者を有する場合には、その居住者のその年分の総所得金額、退職所得金額又は山林所得金額から次の各号に掲げる場合の区分に応じ当該各号に定める金額を控除する。」

と規定し、第２条（定義）第１項第33号では、

「同一生計配偶者　居住者の配偶者でその居住者と生計を一にするもの（括弧内省略）のうち、合計所得金額が48万円以下である者をいう。」

としています。

〈事例75〉

　B氏の3人の奥様はB氏と生計を一にしており、かつそれぞれの合計所得金額が48万円以下であれば、全員が控除対象配偶者にはなりえます。しかしながら第83条の規定は「控除対象配偶者を有すれば各号に定める金額を控除する」と規定するのみで、「1人につき38万円を控除する」とは規定していません。したがって控除対象配偶者が複数いるとしても38万円の控除しか認められないことになります。

　してみると、B氏の源泉徴収税額を計算するに際しては、「給与所得の源泉徴収税額表（月額表）甲欄」の「扶養親族等の数」となる妻の人数は1人として計算することになります。

　そして、**事例72**で解説したとおり、控除対象配偶者となる妻1人に関する親族関係書類が提示されており、同人に対して38万円以上の送金が行われていることが必要となります。

　ちなみに第84条（扶養控除）では、

　「居住者が控除対象扶養親族を有する場合には、その居住者のその年分の総所得金額、退職所得金額又は山林所得金額から、その控除対象扶養親族1人につき38万円（括弧内省略）を控除する。」

と規定し、控除対象扶養親族の数に比例して扶養控除を受けることが認められています。

　なお、第2条第1項第34号で「扶養親族　居住者の親族（その居住者の配偶者を除く。）（以下省略）」と規定しており、配偶者は扶養親族とはなりませんので、配偶者が複数いても控除対象扶養親族とすることはできません。

Ⅴ　事例検討

76. 外国人社員の日本での社会保険料の個人負担部分の会社負担について

> **問**　当社は、海外子会社から数年間の予定で日本に出向してくる外国人社員Ａについて、日本で給与を支給する際に、日本における社会保険料の個人負担部分も当社が負担をし、差し引かずに支払うことにしています。どのように処理をすればよいかご教示ください。

結　論

　貴社が負担したＡ氏の社会保険料は、Ａ氏への給与の支給となりますが、源泉徴収税額には影響を及ぼすことはありません。

検　討

　厚生年金等の社会保険料の個人負担額は当然に個人が支払われなければなりません。これを貴社が肩代わりをすれば、貴社からＡ氏に対し経済的利益の供与が行われたことになり、Ａ氏に対し給与の支払がされたことになります。

　しかしながら、肩代わりがされた社会保険料はＡ氏が支払ったことになりますので、Ａ氏の給与に関する源泉徴収税額を計算する際にはこれを考慮しなければなりません。結果的には、貴社が負担した個人負担部分を給与の支給額に加算をし、同額を社会保険料控除額として差し引きますので、手取り額を基準として計算した源泉徴収税額と同額となります。

　なお、貴社が負担したＡ氏が負担すべき社会保険料は、法定福利費ではなく給与として会計処理を行うことになります。

〈事例 77〉

77. 外国人社員の休暇帰国のための旅費（ホーム・リーブ費用）の支給とその税務処理

問 当社では、A国の海外子会社B社で採用した外国人社員Yを、約4年程を目安に日本本社に勤務させております。Yは家族をA国に残して単身で日本に本年の1月に来ましたが、Yを日本に転勤させるに当たっての契約で、Yに対して概ね1年ごとに家族のいるA国に休暇帰国する際の費用を当社で負担することを約束しています。Yは今年の夏休みに休暇帰国することを希望していますが、その費用の税務上の取扱いについてご教示ください。

また、日本の大学院に留学していたA国人のZを当社の東京支店でこの4月から採用する予定ですが、Yと同様にZのA国への休暇帰国の費用も負担する予定でいます。そこで就業規則で、全外国人社員について、休暇帰国の費用負担を当社が行うことを定めました。Zの休暇帰国の費用の取扱いについても併せてご教示ください。

結論

Y氏に対して支給する本年の夏の休暇帰国に関する費用については、Y氏に対する経済的利益の供与（賞与の支給）として給与課税を行わなければなりません。なお、来年以降の休暇帰国の費用負担については、A国との往復に要する通常必要とされる費用の範囲内であれば、あえて課税する必要はありません（非課税となります。）。

また、Z氏に対する休暇帰国の費用負担は、Y氏の場合とは違ってすべて経済的利益の供与（賞与の支給）として給与課税を行わなければなりません（非課税とはなりません。）。

Ⅴ　事例検討

検　討

1.　社員の個人的な費用を会社が負担すると

　社員の個人的な費用を会社（雇用者）が負担すれば、それらは経済的な利益の供与とされ給与の支給がされたことになります。

　社員の公務以外の私的な旅行費用を貴社が負担する場合も、同様に経済的な利益の供与とされ、原則として給与所得として課税しなければなりません。

2.　いわゆるホーム・リーブ通達

　「国内において勤務する外国人に対し休暇帰国のための旅費として支給する金品に対する所得税の取扱いについて」（昭和50年1月16日付直法6－1）というホーム・リーブに関する通達により、原則として課税対象となる個人的な旅行に要する費用の会社負担について、例外として非課税として扱ってよいケースが定められています。

　それによると、

　「使用者が、国内において長期間引続き勤務する外国人に対し、就業規則等に定めるところにより相当の勤務期間（おおむね1年以上の期間）を経過するごとに休暇のための帰国を認め、その帰国のための旅行に必要な支出（その者と生計を一にする配偶者その他の親族に係る支出を含む。）に充てるものとして支給する金品については、その支給する金品のうち、国内とその旅行の目的とする国（原則として、その者又はその者の配偶者の国籍又は市民権の属する国をいう。）との往復に要する運賃（航空機等の乗継地においてやむを得ない事情で宿泊した場合の宿泊料を含む。）でその旅行に係る運賃、時間、距離等の事情に照らし最も経済的かつ合理的と認められる通常の旅行の経路及び方法によるものに相当する部分に限り、課税しなくて差支えない。」

とされています。

〈事例77〉

　Y氏の場合、貴社の業務命令でA国から日本に転勤が行われ、長期間日本で勤務することになっており、就業規則にホーム・リーブに関する定めがありますから、貴社が負担するY氏の1年ごとの、A国との往復に要する通常必要とされるホーム・リーブ費用については、個人的な旅行費用の負担ではありますが、非課税として差支えありません。

3. 日本着任後1年を経たないで行われたホーム・リーブ費用の負担

　長期間日本に勤務することを前提に来日した者が、毎年夏にホーム・リーブを行うことを計画した場合、最初の夏休み帰国は、昨夏に来日した場合を除けば来日後1年を経過しないうちに迎えることになります。2回目以降のホーム・リーブは、通達が定める「おおむね1年以上の期間を経過するごとに」との条件をクリアしますが、最初のホーム・リーブは、通達で定める「おおむね1年を経過するごとに」との条件には当てはまりません。したがって、今夏のY氏のホーム・リーブは来日後6カ月しかたっていませんので、貴社がY氏のホーム・リーブ費用を負担することは貴社とY氏との約束ごとですから構わないのですが、非課税扱いとすることはできません。貴社は給与（賞与）の支給を行ったことになりますから、給与所得に関する源泉徴収を行うことになります（この場合、費用負担額を手取額としたグロスアップ計算をすることになります。）。

4. 日本に居住していた外国人を採用した場合のホーム・リーブ費用の負担

　日本の学校に留学していた外国人や、日本の他の会社を退職して日本で採用された外国人については、たとえ外国人社員全員を対象としたホーム・リーブ費用の会社負担が就業規則等で定められていたとしても、ホーム・リーブ通達の非課税扱いを適用することはできません。なぜならば、そもそも前述のホーム・リーブ通達の前提が、海外で勤務し

355

ていた外国人社員を業務命令によって、気候、風土、社会慣習等の異なる我が国に勤務させることになった場合の、その者の労働環境の特殊性に対する配慮として使用者が費用負担するホーム・リーブ費用についての取扱いを定めたものだからです。したがって本人の意思によって日本に居住し、本人の意思によって日本で就職する者や、日本で起業する者に対しては適用がされません。

　Ｚ氏は、本人の意思で日本に留学をし、そして貴社に就職をすることになりますから、貴社がホーム・リーブ費用の負担を行うことは構いませんが、非課税とはならず給与所得として源泉徴収を行わなければなりません。

【参　考】

> ホーム・リーブ費用が課税対象とされた場合、対象となった者が法人の役員の場合は役員賞与とされ、損金不算入となります。

〈事例78〉

78. ホーム・リーブを利用しての観光旅行について

問 当社に海外子会社から出向してきている外国人社員Aは、当社のホーム・リーブ規定に従い、この夏休みに家族と一緒にホーム・リーブを行いました。Aらはヨーロッパの母国に帰るに際してハワイに立ち寄り観光を行いましたが、復路は直行便で日本に戻って来ました。当社はAらがこれらに要した航空運賃等の旅費の全額を負担しましたが、税務上どのように処理をすればよいかご教示ください。

なお、ハワイでの宿泊費等観光に要した費用は、Aが個人で支出しています。

結　論

ヨーロッパの母国に直行便で往復する料金と、今回のハワイに立ち寄って往復した料金とに差額が生じているのならば、その差額（増額）分だけが課税対象となります。賞与の支給となりますので、その差額分を手取金額として源泉徴収を行うことになります。

検　討

「国内において勤務する外国人に対し休暇帰国のための旅費として支給する金品に対する所得税の取扱いについて」（昭和50年1月16日付直法6－1）（ホーム・リーブ通達）では、

「国内とその旅行の目的とする国（括弧内省略）との往復に要する運賃（括弧内省略）でその旅行に係る運賃、時間、距離等の事情に照らし最も経済的かつ合理的と認められる通常の旅行の経路及び方法によるものに相当する部分に限り、課税しなくて差支えない。」

としています。ヨーロッパの母国に帰るのに際し、ハワイを経由することは通常の経路及び方法によるものには該当しません。しかしながらこの通達は、「通常の旅行の経路及び方法によるものに相当する部分に限り、課税しなくて差支えない」としていますので、今回かかった旅費の総額のうち、ハワイを経由するために増額となった航空運賃の部分についてだけが非課税とはならないことになります。

そこで貴社は、日本とＡ氏の母国との間の直行便等を基準とした往復運賃の金額を非課税のホーム・リーブ費用（旅費交通費）として処理を行い、観光旅行による増額部分をＡ氏に対する臨時の給与（賞与）として処理を行うことになります。すなわち増額となる部分について、賞与として手取額を基準とした源泉徴収を行うことになります。

仮にＡ氏が貴社の役員だったとしたら、法人税法上は役員賞与となった部分については損金不算入となります。

〈事例79〉

79. 外国人社員の休暇帰国（ホーム・リーブ）に代えて、家族を日本に呼び寄せるための旅費の支給とその税務処理

> **問** 当社では、A国の海外子会社B社で採用した外国人社員Yを、4年程度を目安に日本本社に勤務させております。Yは家族をA国に残して単身で日本に一昨年の1月に赴任しましたが、Yを日本に転勤させるに当たっての契約で、Yに対して概ね1年ごとに家族のいるA国に休暇帰国する際の費用を当社で負担することを約束しています。Yは昨年の夏休みにはA国に休暇帰国をしましたが、本年は多忙のため自分の帰国はあきらめ、代わりに家族を日本に呼び寄せることを希望しています。Yが単身で休暇帰国する費用に比べて家族全員を日本に呼び寄せるのですから金額が増加しますが、Yが休暇帰国できない事情を斟酌して、当社ではYの希望を認め、その費用を全額負担することにしますので、税務上の取扱いについてご教示ください。

結 論

　貴社が負担するY氏の家族を日本に呼び寄せる費用に関しては、その家族の来日に通常要する往復の運賃程度であれば、課税する必要はありません（非課税となります。）。

検 討

1. 社員の個人的な費用を会社が負担すると

　社員の個人的な費用を会社（雇用者）が負担すれば、それらは経済的な利益の供与として給与の支給がされたことになります。したがって、

貴社が、単にY氏が家族を日本に呼び寄せるための費用や、Y氏の家族の観光旅行のための費用を支給したのなら、それは給与として課税をしなければなりません。

2. ホーム・リーブ通達の趣旨

「国内において勤務する外国人に対し休暇帰国のための旅費として支給する金品に対する所得税の取扱いについて」(昭和50年1月16日付直法6-1)(ホーム・リーブ通達)が定められたその趣旨について、

「本国を離れ、気候、風土、社会慣習等の異なる国において勤務する者について、使用者が、その者に対し休暇帰国を認め、その帰国のための旅行の費用を負担することとしている場合があるが、その休暇帰国はその者の労働環境の特殊性に対する配慮に基づくものであることに顧み、使用者がその旅行の費用に充てるものとして支給する金品については、強いて課税しないこととするのが相当と認められるからである。」

と説明がされています。

3. 本人の休暇帰国に代えて家族を呼び寄せる費用に関して

外国人社員が業務の多忙等やむを得ない理由により休暇帰国できない場合の代替処置として、企業が家族の呼び寄せ費用を負担した場合においても、2に記載したホーム・リーブ費用を非課税にするその趣旨に合致していると認められる限り、あえて課税を行う理由を見出すことはできませんので、本人が休暇帰国する費用を企業が負担した場合の非課税処置と同様に、たとえその金額が増加しようとも非課税として問題はありません。

したがって、貴社がY氏の家族の日本への呼び寄せ費用を全額支給しても、それが通常の旅行に要する費用の範囲内であれば、本人が休暇

〈事例79〉

帰国する際の費用よりも増加したとしても、非課税として処理をすることができます。

Ⅴ　事例検討

80. 家族が時期をずらして行うホーム・リーブ

> **問**　当社では、A国の海外子会社B社で採用した外国人社員Xを、4年程度を目安に日本本社に勤務させております。Xは家族を伴って一昨年の9月に日本本社に赴任してきました。
>
> 　Xは本年の夏のホーム・リーブに際して、子供の夏休みの日程及びXの仕事の都合で、親子ばらばらにA国への帰国を行いたいとの希望を伝えてきました。つまり、子供達は兄弟2人で8月中にA国へ帰国し、X夫婦はその後9月下旬にA国にホーム・リーブするということです。この場合家族4人全員分の帰国旅費を当社が負担する場合、その課税関係はどのようになるのでしょうか。

結　論

　X氏及び妻の帰国費用については、「国内において勤務する外国人に対し休暇帰国のための旅費として支給する金品に対する所得税の取扱いについて」（昭和50年1月16日付直法6－1）（ホーム・リーブ通達）の適用がされ、非課税となりますが、子供達に係る旅費交通費の部分は、X氏への経済的利益の供与となり、給与所得（賞与）として源泉徴収をしなければなりません。

検　討

　ホーム・リーブ制度の本来の趣旨の一つとして、国内勤務者に比べて著しく精神的緊張を強いられる外国勤務者（本国を離れて日本で勤務する者）の緊張感を緩和し、その者の通常の労働能力を維持しようとするために与えられるものであるとも考えられています。ですので、本質的には勤務者本人だけを対象にすればよいところ、家族ともども国外（日

本）で生活する者がその家族を伴って帰国する際には、家族についても、勤務者本人に準じて強いて課税をしないと取り扱われているのです。したがって、本人と一緒に帰国しない家族のその帰国旅費についてまで、課税しないとしたと解するのには無理があります。

そうすると、本件の場合は、子供達の帰国旅費については、貴社が負担するのはかまいませんが、税務上はX氏への臨時の給与支給とされることになり、賞与としての源泉徴収を行うことになります。実務的には、現金の支給でなく航空券の支給になると思われますので、航空券の代金を手取額としてグロスアップにより源泉徴収税額を計算することになります。

もし、X氏が貴社の役員である場合、役員賞与となってしまいますので、法人税法上損金算入ができませんので注意が必要です。

なお、グロスアップ計算により源泉徴収をした税額は、翌月10日までに納税することになります。

Ⅴ 事例検討

81. ファーストクラスやビジネスクラスを利用したホーム・リーブの費用負担

問 当社に海外親会社から出向してきている外国人役員Aは、当社のホーム・リーブ規定に従いこの夏休みに家族と一緒にホーム・リーブを行う予定にしています。当社のホーム・リーブ規定では、当社の企業規模等を考慮して、役員にはファーストクラスを利用してのホーム・リーブを認めています。したがって、Aは自身及びその家族ともどもファーストクラスを利用して休暇帰国をすることを求めていますが、この費用を会社負担した場合の税務処理について教えてください。

結論

貴社が負担する役員A氏がホーム・リーブする際のファーストクラス運賃は、貴社の企業規模やA氏の役職等を勘案して社会通念上相当とされるのであれば、家族の分も含め、非課税として処理をすることができます。

検討

「国内において勤務する外国人に対し休暇帰国のための旅費として支給する金品に対する所得税の取扱いについて」(昭和50年1月16日付直法6-1)(ホーム・リーブ通達)では、

「その帰国のための旅行に必要な支出(その者と生計を一にする配偶者その他の親族に係る支出を含む。)に充てるものとして支給する金品については、その支給する金品のうち、国内とその旅行の目的とする国(原則として、その者又はその者の配偶者の国籍又は市民権の属する国を

〈事例81〉

いう。）との往復に要する運賃（航空機等の乗継地においてやむを得ない事情で宿泊した場合の宿泊料を含む。）でその旅行に係る運賃、時間、距離等の事情に照らし最も経済的かつ合理的と認められる通常の旅行の経路及び方法によるものに相当する部分に限り、課税しなくて差支えない。」
としていますが、この「その旅行に係る運賃、時間、距離等の事情に照らし最も経済的かつ合理的と認められる通常の旅行の経路及び方法によるもの」とは一律に同じになると解する必要はなく、企業が異なったり、あるいは対象者の社内における地位や置かれた状況によって差異が生じることはありえます。

　貴社が世界的に著名な企業であり、かつ、Ａ氏がしかるべき役職者であることにより、その社会的立場を考慮すると、航空機を利用する際にはファーストクラスを利用するのが通常とされるのであれば、それは通常の旅行の方法と認められることになります。

　同様に、例えば配偶者が妊娠をしていて医者からビジネスクラスの利用を推奨されているようなケースも、通常の旅行の方法と認められることになります。

Ⅴ 事例検討

82. 外国人社員の子弟の教育費の負担とインターナショナルスクールに対する寄附金

問 当社では、A国の海外子会社B社で採用した外国人社員Yを、4年程を目安に日本本社に勤務させております。Yは家族を伴って来日していますが、Yを日本に転勤させるに当たっての契約で、Yの子供たちの教育費については当社で負担することにしております。具体的には、学校の授業料について当社が支払うことになっております。Yの長女は日本の私立の高等学校に通っているので授業料を当社で支払っております。次女はインターナショナルスクールに通っており、そのインターナショナルスクールでは当社がそのインターナショナルスクールに寄附を行うと、そこに通学する当社の従業員の子弟については授業料を免除することになっていますので、当社では応分の寄附をしております。

これら当社が支払った金額について、税務上どのように処理をすればよいかご教示ください。

結論

Y氏の子女が通う学校に対して支払う諸費用は、本来Y氏が個人的に負担しなければならない教育費の一部ですから、それらを貴社が支払えばY氏に対する経済的利益の供与となり給与の支給とされます。実際に学校に対して諸費用を支払った時にY氏に対して給与（賞与）を支給したことになりますので、その時点で源泉徴収を行うことになります。実務的にはグロスアップ課税を行うことになります。

ただし、インターナショナルスクールに対する寄附は、アメリカンスクールをはじめとした大半のインターナショナルスクールについては、

〈事例82〉

法人税法上の寄附金として取り扱うことができますので、次女が通うインターナショナルスクールへの寄附が該当する場合には、給与（賞与）ではなく寄附金として処理をすることができます。

検　討

1.　社員の個人的な費用を会社が負担すると

　社員の個人的な費用を会社（雇用者）が負担すれば、それらは経済的な利益の供与とされ給与の支給がされたことになります。

　社員の子弟の教育費も、住居費や水道光熱費と同様に社員個人が自己の所得の中から支出しなければならない個人的な費用になります。したがって、授業料やスクールバスの費用等を貴社が負担すれば、住居費等と同様に経済的な利益の供与とされ、原則として給与所得として課税をしなければなりません。

2.　学校等に対する寄附金

　法人が、例えば地域への貢献の一貫として、自己の業務に直接関係のない学校等に金銭等を贈与することがありますが、これらは法人税法上は寄附金として扱われています。

　しかしながら個人として負担すべきものは、たとえ法人が寄附を行ったとしても、法人税基本通達9－4－2の2で、

　　「法人が損金として支出した寄附金で、その法人の役員等が個人として負担すべきものと認められるものは、その負担すべき者に対する給与とする。」

こととされ、個人に対する給与になります。

　Y氏の次女が通うインターナショナルスクールに対する寄附金が、Y氏の次女が通学するということ以外に貴社が寄附を行う合理的理由が無い場合は、その寄附金はY氏が負担すべきものとされます。それにも

V 事例検討

かかわらず貴社が寄附を行えばY氏に対する経済的利益の供与とされ、給与の支給を行ったとして源泉徴収を行わなければなりません。

3. 学校法人アメリカンスクール・イン・ジャパン・ファンデーションをはじめとしたいくつかのインターナショナルスクールに対する寄附金について

アメリカンスクールをはじめとしたいくつかのインターナショナルスクールには、会社等が同スクールに寄附を行うと、その会社等に勤務している従業員の子弟については授業料が無償になるという制度をとっている所があります。

これらスクールに対して会社が支出する寄附金は、寄附を行うことに合理的な理由がないのであれば、2でご説明したとおり従業員等に対する経済的利益の供与とされ給与として課税しなければならないものではありますが、通常は、企業の社会への貢献等合理的理由を有していると解されていますので、現在までのところ法人税法上の「寄附金」として取り扱われています。

したがって、上記に該当する場合、貴社が支払うY氏の次女が通うインターナショナルスクールに対する寄附金は、Y氏に対する給与の支給ではなく、法人税法上の寄附金として処理をすることになります。

【参　考】

> 寄附金の額が通学する生徒の数に比例して決まる等、寄附金額と免除される授業料の額とがいわゆるひもつき関係にある場合には、寄附金ではなく従業員等に対する給与の支給とされます。

83. 海外子会社に長期出張した日本の居住者である本社社員に対し海外子会社で支払う出張期間中の給与

問 当社は海外のＹ国に製品販売のための子会社を有していますが、このたびＹ国において新製品を販売することになり、その立上げのため、日本人社員甲と、Ｙ国の子会社から４年の約束で２年程前から日本本社に出向してきている技術者の外国人社員Ａを、今年の６月から10月までの５カ月間、Ｙ国の子会社に長期出張させていました。出張中の両名の給与はＹ国の子会社からＹ国の通貨で直接両名に全額を支給し、Ｙ国子会社で経費処理をしました。この子会社で支給した両名の５カ月分の給与について、当社では源泉徴収を行う必要があるのでしょうか。また、年末調整の際に含めて計算をすることができるのでしょうか。ご教示ください。

なお、両社員に対する日本における給与は当社で支給をしています。

結論

貴社は、甲氏及びＡ氏の両名に対しＹ国の子会社が支給した給与については源泉徴収を行う必要はありません。また、両名に関する年末調整においては、Ｙ国の子会社から支給された給与を含めることができません。したがって、日本人社員甲氏はＹ国で支給された給与について、確定申告を行って税額の精算をすることが必要となります。また、外国人社員Ａ氏は非永住者に該当しますので、Ｙ国勤務によってＹ国で支給された給与については、日本に送金が行われていない限り、日本での課税は行われません（Ｙ国で支給された給与に関しての確定申告の必要は

Ⅴ 事例検討

ありません。)。

検　討

1. Y国で支給された給与の所得源泉地

甲氏及びA氏に対してY国の子会社から支給された両名の給与は、両名がY国において働いた結果として支給されたものですから、Y国源泉所得となり日本からみて国外源泉所得となります。

2. 甲氏及びA氏は日本の居住者とされるか

甲氏及びA氏は5カ月の間Y国に長期出張していましたが、あらかじめ1年を超える期間を予定して日本から出国したわけではありませんので、両名は結果として出国してから1年を経過する日までは日本の居住者とされます。今回は5カ月後に日本に戻りましたから当然に出張期間中も日本の居住者として扱われます。

なおA氏は、当初日本に出向して来るときに出向期間として4年間を予定していましたから、来日した日の翌日から居住者ではありますが来日してから2年程しか経過していませんので、非永住者となります。

3. 給与所得に係る源泉徴収義務

我が国の所得税法では、その第6条で、

「第28条第1項（給与所得）に規定する給与等の支払をする者その他第4編第1章から第6章まで（源泉徴収）に規定する支払をする者は、この法律により、その支払に係る金額につき源泉徴収をする義務がある。」

と規定していますが、第183条第1項で、

「居住者に対し国内において第28条第1項（給与所得）に規定する給与等（括弧内省略）の支払をする者は、その支払の際、その給与等について所得税を徴収し、その徴収の日の属する月の翌月10日まで

に、これを国に納付しなければならない。」
と規定し、源泉徴収義務を国内において給与等の支払をする者に限定をしています。貴社は甲氏やA氏に対してY国勤務における給与を国内で支払っていませんから、Y国勤務に関する給与についてはなんら源泉徴収義務を負うことはありません。

また、Y国の子会社には日本の法律は及びませんので、Y国の子会社も源泉徴収義務はありません。

4. 年末調整について

所得税法第190条の規定により行う年末調整は、扶養控除等申告書の提出を受けた給与の支払者が支払った給与について行うことを原則としていますので、Y国の子会社が支払った給与は年末調整の対象となる給与とはなりません。ですから貴社は、甲氏及びA氏の年末調整においてY国で子会社が支払った給与を含めて計算をすることはできません。

5. 甲氏の課税所得の範囲

甲氏は日本の居住者であり、かつ、日本の永住者ですので、甲氏の課税所得は国内源泉所得だけではなく、全世界所得がその対象となります。したがって、Y国出張でY国の子会社から支給されたY国勤務に係る給与も課税所得に含めなければなりません。年末調整ではこのY国給与が含まれていませんから、甲氏は翌年に確定申告をしてY国給与を含めたところで所得税の再計算を行い、算出された税額の納税を行うことになります。

6. A氏の課税所得の範囲

A氏は日本の居住者ではありますが非永住者ですので、課税所得の範囲は所得税法第7条第1項第2号で、

「第95条第1項（外国税額控除）に規定する国外源泉所得（括弧内省略）以外の所得及び国外源泉所得で国内において支払われ、又は国外

から送金されたもの」

とされ、Y国出張でY国の子会社からY国で支給されたY国勤務に係る給与は、国外源泉所得であり、また日本国内で支払われてはいませんから課税所得とはなりません。

したがって、A氏は甲氏とは違い、Y国勤務に係る給与については翌年に確定申告を行う必要はありません。

〈事例84〉

84. 海外子会社に勤務していた社員の現地税務調査によって是正された所得税とその会社負担

問 当社のＡ国の海外子会社に勤務している、あるいはしていた日本人社員の所得税に関して、Ａ国の税務当局による調査が行われました。

当社は、日本人社員をＡ国に赴任させるに際し、日本勤務と海外勤務とで給与格差が生じないように給与手取り保証をしており、現地で発生する所得税について当社負担としています。また、現地での給与について現地採用の従業員との間で甚だしい格差が生じないように、日本から赴任した社員の給与の一部を留守宅手当として日本払いとしており、賞与についても日本で支給していました。

今回の調査でこの留守宅手当と賞与について課税漏れであるとの指摘を受け、過去10年にわたって追徴課税を受けました。追徴課税を受けた社員は、①現在もＡ国で勤務している者、②日本に帰国している者、③他国の海外子会社で勤務している者の3グループに分かれます。どの社員もその追徴税額については当社で負担を行いましたが、どのように処理をすればよいかご教示ください。

結論

貴社が負担した日本人社員に対するＡ国の税務当局によって追徴された所得税額は、法人税法上、通常は貴社の給与等として損金に計上できます。

現在日本に帰国している者に対する追徴税額の負担部分については、彼らが日本の永住者であるとされる限り全世界所得が課税対象とされますので、貴社からの臨時の給与（賞与）の支給とされ日本での課税が行

V 事例検討

われます。追徴税額を手取り額としたいわゆるグロスアップ計算を行って、賞与としての源泉徴収を行わなければなりません。

その他の現在 A 国及び他の海外で勤務している者に対する追徴税額は、彼らは日本の非居住者ですので、日本での課税はありません（それぞれの現地国で、その国の法律によって課税されることがあります。）。

検　討

1. いわゆるグロスアップ課税を行う際の税額相当額の経費性について

手取り額を確定させた契約を行い源泉所得税額を支払者負担とするいわゆるグロスアップ契約において、支払者が負担する税額は租税公課ではなく、その契約の対象となった支払目的に沿った経費として認識されます。例えば、貴社が給与手取り保証を行ったことにより負担する従業員の所得税は、従業員に対する給与となります。

2. 海外勤務から帰国した社員の所得税法上の取扱い

日本人社員は海外赴任のために日本を出国した日の翌日から非居住者となり、海外赴任を終了して日本に帰国した日の翌日から日本の居住者（永住者）になります。

非居住者に対する日本の所得税法における課税の範囲は所得税法第161条第1項の各号に規定する国内源泉所得に限られます。したがって海外勤務に基因した国外源泉所得に対して課税は行われません。

一方、居住者である日本人は通常は永住者となり、永住者に対する日本の所得税の課税の範囲は全世界所得となります。ですから国内源泉所得は勿論のこと、海外での労働による所得等を含めた国外源泉所得に対しても課税が行われることになります。

3. 外国所得税を会社が負担した場合の所得税法上の取扱い

所得税は個人の所得を課税対象として個人に対して課税されますか

〈事例84〉

ら、その租税債務は個人に帰属します。個人の租税債務を他の者が代わりに支払うということは、当事者間の問題であって所得税法上は何ら問題はありません。しかしながら、この行為は「個人債務の肩代わり」として、本来負担しなければならない者に対する肩代わりを実行した者からの経済的利益の供与とされます。

会社が、社員の外国勤務に関して外国税務当局から課税された所得税額を社員に代わって納税を行えば、会社から社員に対して経済的利益の供与を行ったことになります。

4. 経済的利益の供与を行ったとされる時期

経済的利益の供与がいつ行われたかという時点の捉え方には、

① そもそも海外で勤務したことを基因とする外国所得税であるから、この税金は非居住者期間（海外勤務時期）に発生したもので、海外勤務に係る所得税を会社負担とする契約によって生じた経済的利益の供与はこれを非居住者期間の所得とする

という考え方と、

② そもそもの原因は海外勤務によるものであっても、外国所得税を会社が負担したことによって生じる経済的利益は、あくまでも実際に肩代わりが行われたその時点で生じたとする

という二つの考え方があります。

確かに外国所得税は海外で勤務をしたことによって生じていますが、それが具体的に租税債務として認識されるのは、外国税務当局の調査を受けその結果として税額が確定された時点となりますし、経済的利益の供与（個人の租税債務の肩代わり）が行われたのは、現実に会社によって外国税務当局に納税が行われ租税債務が消滅した時点となります。したがって②の考え方が相当となります。

してみると、永住者は全世界所得課税となりますから、貴社は帰国し

375

た従業員の外国所得税の納税を行った時点で臨時の給与の支給を行ったとされ、賞与としての源泉徴収を行うことになります。

【参　考】

1．税務調査によって加算税や延滞税が課された場合に、その加算税や延滞税が個人に対して課されそれを会社が負担したときは、本税と同様に経済的利益の供与とされ帰国社員への給与の支給となります。
2．加算税や延滞税が海外子会社に対して課された場合に、その加算税や延滞税を日本親会社が負担をした場合は、海外子会社に対する海外寄附金とされることがあります。
3．外国所得税を納税したことになる社員が、その外国所得税額を納税したことになる年の確定申告において外国税額控除を受けることは、所得税法施行令第222条の2第4項の規定によってできないことになっています。

〈事例85〉

85. 海外出向から日本に戻った社員に支給する帰国手当

問 海外出向から8月10日に帰国し本社勤務となった甲に、当社は帰国のための引越費用等を全額負担し、さらに帰国後の8月31日に子供の入学金等に充てるための帰国手当を、給与の2カ月分支給しました。これらの支払についてどのように税務処理をすればよいでしょうか。

結論

貴社が甲氏に対して支給した帰国手当（給与の2カ月分）は、非課税の旅費には該当しません。

したがって甲氏に対する賞与の支給となり、源泉徴収を行わなければなりません。また当然に、年末調整はこの金額を含めたところで行うことになります。

検討

所得税法第9条（非課税所得）第1項第4号では、

「給与所得を有する者が勤務する場所を離れてその職務を遂行するため旅行をし、若しくは転任に伴う転居のための旅行をした場合（途中省略）に、その旅行に必要な支出に充てるため支給される金品で、その旅行について通常必要であると認められるもの」

と、いわゆる非課税旅費について規定しています。貴社が負担した帰国のための引越費用等はこの非課税旅費として認められます。しかしながら、子供の入学金等に充てるための帰国手当は、通常の旅行に要する費用ではなく、生活のための支出に充てるものであるので、非課税旅費に

V 事例検討

は該当しません。

したがって賞与の支給とされ、源泉徴収が必要となります。

甲氏の年末調整はこの金額を含めたところで行うことになります。

Ⅵ 参考法令（抄）

（編注）　令和7年1月1日現在で施行されている法令を掲載しています。

1　所得税法

（定義）
第2条　この法律において、次の各号に掲げる用語の意義は、当該各号に定めるところによる。
一　国内　この法律の施行地をいう。
二　国外　この法律の施行地外の地域をいう。
三　居住者　国内に住所を有し、又は現在まで引き続いて1年以上居所を有する個人をいう。
四　非永住者　居住者のうち、日本の国籍を有しておらず、かつ、過去10年以内において国内に住所又は居所を有していた期間の合計が5年以下である個人をいう。
五　非居住者　居住者以外の個人をいう。
六　内国法人　国内に本店又は主たる事務所を有する法人をいう。
七　外国法人　内国法人以外の法人をいう。
（中　略）
八の四　恒久的施設　次に掲げるものをいう。ただし、我が国が締結した所得に対する租税に関する二重課税の回避又は脱税の防止のための条約において次に掲げるものと異なる定めがある場合には、その条約の適用を受ける非居住者又は外国法人については、その条約において恒久的施設と定められたもの（国内にあるものに限る。）とする。
　イ　非居住者又は外国法人の国内にある支店、工場その他事業を行う一定の場所で政令で定めるもの
　ロ　非居住者又は外国法人の国内にある建設若しくは据付けの工事又はこれらの指揮監督の役務の提供を行う場所その他これに準ずるものとして政令で定めるもの
　ハ　非居住者又は外国法人が国内に置く自己のために契約を締結する権限のある者その他これに準ずる者で政令で定めるもの

Ⅵ　参考法令（抄）

九　公社債　公債及び社債（会社以外の法人が特別の法律により発行する債券を含む。）をいう。
十　預貯金　預金及び貯金（これらに準ずるものとして政令で定めるものを含む。）をいう。
（中　略）
二十一　各種所得　第二編第2章第2節第一款（所得の種類及び各種所得の金額）に規定する利子所得、配当所得、不動産所得、事業所得、給与所得、退職所得、山林所得、譲渡所得、一時所得及び雑所得をいう。
二十二　各種所得の金額　第二編第2章第2節第一款に規定する利子所得の金額、配当所得の金額、不動産所得の金額、事業所得の金額、給与所得の金額、退職所得の金額、山林所得の金額、譲渡所得の金額、一時所得の金額及び雑所得の金額をいう。
（中　略）
二十七　災害　震災、風水害、火災その他政令で定める災害をいう。
二十八　障害者　精神上の障害により事理を弁識する能力を欠く常況にある者、失明者その他の精神又は身体に障害がある者で政令で定めるものをいう。
二十九　特別障害者　障害者のうち、精神又は身体に重度の障害がある者で政令で定めるものをいう。
三十　寡婦　次に掲げる者でひとり親に該当しないものをいう。
　イ　夫と離婚した後婚姻をしていない者のうち、次に掲げる要件を満たすもの
　　(1)　扶養親族を有すること。
　　(2)　第70条（純損失の繰越控除）及び第71条（雑損失の繰越控除）の規定を適用しないで計算した場合における第22条（課税標準）に規定する総所得金額、退職所得金額及び山林所得金額の合計額（以下この条において「合計所得金額」という。）が500万円以下であること。
　　(3)　その者と事実上婚姻関係と同様の事情にあると認められる者として財務省令で定めるものがいないこと。
　ロ　夫と死別した後婚姻をしていない者又は夫の生死の明らかでない者で政令で定めるもののうち、イ(2)及び(3)に掲げる要件を満たすもの
三十一　ひとり親　現に婚姻をしていない者又は配偶者の生死の明らかでない者で政令で定めるもののうち、次に掲げる要件を満たすものをいう。
　イ　その者と生計を一にする子で政令で定めるものを有すること。
　ロ　合計所得金額が500万円以下であること。
　ハ　その者と事実上婚姻関係と同様の事情にあると認められる者として財務省令で定めるものがいないこと。
三十二　勤労学生　次に掲げる者で、自己の勤労に基づいて得た事業所得、給与所得、退職所得又は雑所得（以下この号において「給与所得等」という。）を

有するもののうち、合計所得金額が75万円以下であり、かつ、合計所得金額のうち給与所得等以外の所得に係る部分の金額が10万円以下であるものをいう。
  - イ 学校教育法（昭和22年法律第26号）第1条（学校の範囲）に規定する学校の学生、生徒又は児童
  - ロ 国、地方公共団体又は私立学校法（昭和24年法律第270号）第3条（定義）に規定する学校法人、同法第64条第4項（私立専修学校及び私立各種学校）の規定により設立された法人若しくはこれらに準ずるものとして政令で定める者の設置した学校教育法第124条（専修学校）に規定する専修学校又は同法第134条第1項（各種学校）に規定する各種学校の生徒で政令で定める課程を履修するもの
  - ハ 職業訓練法人の行う職業能力開発促進法（昭和44年法律第64号）第24条第3項（職業訓練の認定）に規定する認定職業訓練を受ける者で政令で定める課程を履修するもの

三十三 同一生計配偶者 居住者の配偶者でその居住者と生計を一にするもの（第57条第1項（事業に専従する親族がある場合の必要経費の特例等）に規定する青色事業専従者に該当するもので同項に規定する給与の支払を受けるもの及び同条第3項に規定する事業専従者に該当するもの（第33号の4において「青色事業専従者等」という。）を除く。）のうち、合計所得金額が48万円以下である者をいう。

三十三の二 控除対象配偶者 同一生計配偶者のうち、合計所得金額が1,000万円以下である居住者の配偶者をいう。

三十三の三 老人控除対象配偶者 控除対象配偶者のうち、年齢70歳以上の者をいう。

三十三の四 源泉控除対象配偶者 居住者（合計所得金額が900万円以下であるものに限る。）の配偶者でその居住者と生計を一にするもの（青色事業専従者等を除く。）のうち、合計所得金額が95万円以下である者をいう。

三十四 扶養親族 居住者の親族（その居住者の配偶者を除く。）並びに児童福祉法（昭和22年法律第164号）第27条第1項第3号（都道府県の採るべき措置）の規定により同法第6条の4（定義）に規定する里親に委託された児童及び老人福祉法（昭和38年法律第133号）第11条第1項第3号（市町村の採るべき措置）の規定により同号に規定する養護受託者に委託された老人でその居住者と生計を一にするもの（第57条第1項に規定する青色事業専従者に該当するもので同項に規定する給与の支払を受けるもの及び同条第3項に規定する事業専従者に該当するものを除く。）のうち、合計所得金額が48万円以下である者をいう。

三十四の二 控除対象扶養親族 扶養親族のうち、次に掲げる者の区分に応じそ

れぞれ次に定める者をいう。
　イ　居住者　年齢16歳以上の者
　ロ　非居住者　年齢16歳以上30歳未満の者及び年齢70歳以上の者並びに年齢30歳以上70歳未満の者であつて次に掲げる者のいずれかに該当するもの
　　(1)　留学により国内に住所及び居所を有しなくなつた者
　　(2)　障害者
　　(3)　その居住者からその年において生活費又は教育費に充てるための支払を38万円以上受けている者

三十四の三　特定扶養親族　控除対象扶養親族のうち、年齢19歳以上23歳未満の者をいう。

三十四の四　老人扶養親族　控除対象扶養親族のうち、年齢70歳以上の者をいう。

（中　略）

四十二　出国　居住者については、国税通則法第117条第2項（納税管理人）の規定による納税管理人の届出をしないで国内に住所及び居所を有しないこととなることをいい、非居住者については、同項の規定による納税管理人の届出をしないで国内に居所を有しないこととなること（国内に居所を有しない非居住者で恒久的施設を有するものについては、恒久的施設を有しないこととなることとし、国内に居所を有しない非居住者で恒久的施設を有しないものについては、国内において行う第161条第1項第6号（国内源泉所得）に規定する事業を廃止することとする。）をいう。

四十三　更正　国税通則法第24条（更正）又は第26条（再更正）の規定による更正をいう。

四十四　決定　第19条（納税地指定の処分の取消しがあつた場合の申告等の効力）、第44条の2（免責許可の決定等により債務免除を受けた場合の経済的利益の総収入金額不算入）、第52条（貸倒引当金）、第57条の4（株式交換等に係る譲渡所得等の特例）、第151条の4（相続により取得した有価証券等の取得費の額に変更があつた場合等の修正申告の特例）、第159条（更正等による源泉徴収税額等の還付）、第160条（更正等による予納税額の還付）及び第228条の2（新株予約権の行使に関する調書）の場合を除き、国税通則法第25条（決定）の規定による決定をいう。

四十五　源泉徴収　第四編第1章から第6章まで（源泉徴収）の規定により所得税を徴収し及び納付することをいう。

四十六　附帯税　国税通則法第2条第4号（定義）に規定する附帯税をいう。

（中　略）

（居住者及び非居住者の区分）

第3条 国家公務員又は地方公務員（これらのうち日本の国籍を有しない者その他政令で定める者を除く。）は、国内に住所を有しない期間についても国内に住所を有するものとみなして、この法律（第10条（障害者等の少額預金の利子所得等の非課税）、第15条（納税地）及び第16条（納税地の特例）を除く。）の規定を適用する。

2 前項に定めるもののほか、居住者及び非居住者の区分に関し、個人が国内に住所を有するかどうかの判定について必要な事項は、政令で定める。

（納税義務者）

第5条 居住者は、この法律により、所得税を納める義務がある。

2 非居住者は、次に掲げる場合には、この法律により、所得税を納める義務がある。

一　第161条第1項（国内源泉所得）に規定する国内源泉所得（次号において「国内源泉所得」という。）を有するとき（同号に掲げる場合を除く。）。

二　その引受けを行う法人課税信託の信託財産に帰せられる内国法人課税所得（第174条各号（内国法人に係る所得税の課税標準）に掲げる利子等、配当等、給付補塡金、利息、利益、差益、利益の分配又は賞金をいう。以下この条において同じ。）の支払を国内において受けるとき又は当該信託財産に帰せられる外国法人課税所得（国内源泉所得のうち第161条第1項第4号から第11号まで又は第13号から第16号までに掲げるものをいう。以下この条において同じ。）の支払を受けるとき。

（中　略）

（課税所得の範囲）

第7条 所得税は、次の各号に掲げる者の区分に応じ当該各号に定める所得について課する。

一　非永住者以外の居住者　全ての所得

二　非永住者　第95条第1項（外国税額控除）に規定する国外源泉所得（国外にある有価証券の譲渡により生ずる所得として政令で定めるものを含む。以下この号において「国外源泉所得」という。）以外の所得及び国外源泉所得で国内において支払われ、又は国外から送金されたもの

三　非居住者　第164条第1項各号（非居住者に対する課税の方法）に掲げる非居住者の区分に応じそれぞれ同項各号及び同条第2項各号に定める国内源泉所得

四　内国法人　国内において支払われる第174条各号（内国法人に係る所得税の課税標準）に掲げる利子等、配当等、給付補塡金、利息、利益、差益、利益の

分配及び賞金
　五　外国法人　第161条第1項（国内源泉所得）に規定する国内源泉所得のうち同項第4号から第11号まで及び第13号から第16号までに掲げるもの
2　前項第2号に掲げる所得の範囲に関し必要な事項は、政令で定める。

（非課税所得）
第9条　次に掲げる所得については、所得税を課さない。
　一　当座預金の利子（政令で定めるものを除く。）
　　（中　略）
　四　給与所得を有する者が勤務する場所を離れてその職務を遂行するため旅行をし、若しくは転任に伴う転居のための旅行をした場合又は就職若しくは退職をした者若しくは死亡による退職をした者の遺族がこれらに伴う転居のための旅行をした場合に、その旅行に必要な支出に充てるため支給される金品で、その旅行について通常必要であると認められるもの
　五　給与所得を有する者で通勤するもの（以下この号において「通勤者」という。）がその通勤に必要な交通機関の利用又は交通用具の使用のために支出する費用に充てるものとして通常の給与に加算して受ける通勤手当（これに類するものを含む。）のうち、一般の通勤者につき通常必要であると認められる部分として政令で定めるもの
　六　給与所得を有する者がその使用者から受ける金銭以外の物（経済的な利益を含む。）でその職務の性質上欠くことのできないものとして政令で定めるもの
　七　国外で勤務する居住者の受ける給与のうち、その勤務により国内で勤務した場合に受けるべき通常の給与に加算して受ける在勤手当（これに類する特別の手当を含む。）で政令で定めるもの
　　（中　略）
　十五　学資に充てるため給付される金品（給与その他対価の性質を有するもの（給与所得を有する者がその使用者から受けるものにあつては、通常の給与に加算して受けるものであつて、次に掲げる場合に該当するもの以外のものを除く。）を除く。）及び扶養義務者相互間において扶養義務を履行するため給付される金品
　　イ　法人である使用者から当該法人の役員（法人税法第2条第15号（定義）に規定する役員をいう。ロにおいて同じ。）の学資に充てるため給付する場合
　　ロ　法人である使用者から当該法人の使用人（当該法人の役員を含む。）の配偶者その他の当該使用人と政令で定める特別の関係がある者の学資に充てるため給付する場合
　　ハ　個人である使用者から当該個人の営む事業に従事する当該個人の配偶者そ

の他の親族（当該個人と生計を一にする者を除く。）の学資に充てるため給付する場合
  ニ　個人である使用者から当該個人の使用人（当該個人の営む事業に従事する当該個人の配偶者その他の親族を含む。）の配偶者その他の当該使用人と政令で定める特別の関係がある者（当該個人と生計を一にする当該個人の配偶者その他の親族に該当する者を除く。）の学資に充てるため給付する場合
十六　国又は地方公共団体が保育その他の子育てに対する助成を行う事業その他これに類する事業で財務省令で定めるものにより、その業務を利用する者の居宅その他財務省令で定める場所において保育その他の日常生活を営むのに必要な便宜の供与を行う業務又は児童福祉法第59条の2第1項（認可外保育施設の届出）に規定する施設その他の財務省令で定める施設の利用に要する費用に充てるため支給される金品（前号に規定する学資に充てるため給付される金品を除く。）
十七　相続、遺贈又は個人からの贈与により取得するもの（相続税法（昭和25年法律第73号）の規定により相続、遺贈又は個人からの贈与により取得したものとみなされるものを含む。）
十八　保険業法（平成7年法律第105号）第2条第4項（定義）に規定する損害保険会社又は同条第9項に規定する外国損害保険会社等の締結した保険契約に基づき支払を受ける保険金及び損害賠償金（これらに類するものを含む。）で、心身に加えられた損害又は突発的な事故により資産に加えられた損害に基因して取得するものその他の政令で定めるもの
　（中　略）

（納税地）
第15条　所得税の納税地は、納税義務者が次の各号に掲げる場合のいずれに該当するかに応じ当該各号に定める場所とする。
一　国内に住所を有する場合　その住所地
二　国内に住所を有せず、居所を有する場合　その居所地
三　前2号に掲げる場合を除き、恒久的施設を有する非居住者である場合　その恒久的施設を通じて行う事業に係る事務所、事業所その他これらに準ずるものの所在地（これらが2以上ある場合には、主たるものの所在地）
四　第1号又は第2号の規定により納税地を定められていた者が国内に住所及び居所を有しないこととなつた場合において、その者がその有しないこととなつた時に前号に規定する事業に係る事務所、事業所その他これらに準ずるものを有せず、かつ、その納税地とされていた場所にその者の親族その他その者と特殊の関係を有する者として政令で定める者が引き続き、又はその者に代わつて居住しているとき。　その納税地とされていた場所

五　前各号に掲げる場合を除き、第161条第1項第7号（国内源泉所得）に掲げる対価（船舶又は航空機の貸付けによるものを除く。）を受ける場合　当該対価に係る資産の所在地（その資産が2以上ある場合には、主たる資産の所在地）

六　前各号に掲げる場合以外の場合　政令で定める場所

（源泉徴収に係る所得税の納税地）
第17条　第28条第1項（給与所得）に規定する給与等の支払をする者その他第四編第1章から第6章まで（源泉徴収）に規定する支払をする者（以下この条において「給与等支払者」という。）のその支払につき源泉徴収をすべき所得税の納税地は、当該給与等支払者の事務所、事業所その他これらに準ずるものでその支払事務を取り扱うもの（以下この条において「事務所等」という。）のその支払の日における所在地（当該支払の日以後に当該給与等支払者が国内において事務所等を移転した場合には、当該事務所等の移転後の所在地その他の政令で定める場所）とする。ただし、公社債の利子、内国法人（第6条の3第1号（受託法人等に関するこの法律の適用）の規定により内国法人とされる同条に規定する受託法人を含む。）が支払う第24条第1項（配当所得）に規定する剰余金の配当その他の政令で定めるものについては、その支払をする者の本店又は主たる事務所の所在地その他の政令で定める場所とする。

（医療費控除）
第73条　居住者が、各年において、自己又は自己と生計を一にする配偶者その他の親族に係る医療費を支払つた場合において、その年中に支払つた当該医療費の金額（保険金、損害賠償金その他これらに類するものにより補てんされる部分の金額を除く。）の合計額がその居住者のその年分の総所得金額、退職所得金額及び山林所得金額の合計額の100分の5に相当する金額（当該金額が10万円を超える場合には、10万円）を超えるときは、その超える部分の金額（当該金額が200万円を超える場合には、200万円）を、その居住者のその年分の総所得金額、退職所得金額又は山林所得金額から控除する。

2　前項に規定する医療費とは、医師又は歯科医師による診療又は治療、治療又は療養に必要な医薬品の購入その他医療又はこれに関連する人的役務の提供の対価のうち通常必要であると認められるものとして政令で定めるものをいう。

3　第一項の規定による控除は、医療費控除という。

（社会保険料控除）
第74条　居住者が、各年において、自己又は自己と生計を一にする配偶者その他の親族の負担すべき社会保険料を支払つた場合又は給与から控除される場合に

は、その支払つた金額又はその控除される金額を、その居住者のその年分の総所得金額、退職所得金額又は山林所得金額から控除する。
2　前項に規定する社会保険料とは、次に掲げるものその他これらに準ずるもので政令で定めるもの（第9条第1項第7号（在勤手当の非課税）に掲げる給与に係るものを除く。）をいう。
　一　健康保険法（大正11年法律第70号）の規定により被保険者として負担する健康保険の保険料
　二　国民健康保険法（昭和33年法律第192号）の規定による国民健康保険の保険料又は地方税法の規定による国民健康保険税
　二の二　高齢者の医療の確保に関する法律（昭和57年法律第80号）の規定による保険料
　三　介護保険法（平成9年法律第123号）の規定による介護保険の保険料
　四　労働保険の保険料の徴収等に関する法律（昭和44年法律第84号）の規定により雇用保険の被保険者として負担する労働保険料
　五　国民年金法の規定により被保険者として負担する国民年金の保険料及び国民年金基金の加入員として負担する掛金
　六　独立行政法人農業者年金基金法の規定により被保険者として負担する農業者年金の保険料
　七　厚生年金保険法の規定により被保険者として負担する厚生年金保険の保険料
　八　船員保険法の規定により被保険者として負担する船員保険の保険料
　九　国家公務員共済組合法の規定による掛金
　十　地方公務員等共済組合法の規定による掛金（特別掛金を含む。）
　十一　私立学校教職員共済法の規定により加入者として負担する掛金
　十二　恩給法第59条（恩給納金）（他の法律において準用する場合を含む。）の規定による納金
3　第一項の規定による控除は、社会保険料控除という。

（生命保険料控除）
第76条　居住者が、各年において、新生命保険契約等に係る保険料若しくは掛金（第5項第1号から第3号までに掲げる契約に係るものにあつては生存又は死亡に基因して一定額の保険金、共済金その他の給付金（以下この条において「保険金等」という。）を支払うことを約する部分（第3項において「生存死亡部分」という。）に係るものその他政令で定めるものに限るものとし、次項に規定する介護医療保険料及び第3項に規定する新個人年金保険料を除く。以下この項及び次項において「新生命保険料」という。）又は旧生命保険契約等に係る保険料若しくは掛金（第3項に規定する旧個人年金保険料その他政令で定めるものを除く。以下この項において「旧生命保険料」という。）を支払つた場合には、次の

Ⅵ 参考法令（抄）

各号に掲げる場合の区分に応じ当該各号に定める金額を、その居住者のその年分の総所得金額、退職所得金額又は山林所得金額から控除する。
一　新生命保険料を支払つた場合（第3号に掲げる場合を除く。）　次に掲げる場合の区分に応じそれぞれ次に定める金額
　　イ　その年中に支払つた新生命保険料の金額の合計額（その年において新生命保険契約等に基づく剰余金の分配若しくは割戻金の割戻しを受け、又は新生命保険契約等に基づき分配を受ける剰余金若しくは割戻しを受ける割戻金をもつて新生命保険料の払込みに充てた場合には、当該剰余金又は割戻金の額（新生命保険料に係る部分の金額として政令で定めるところにより計算した金額に限る。）を控除した残額。以下この号及び第3号イにおいて同じ。）が2万円以下である場合　当該合計額
　　ロ　その年中に支払つた新生命保険料の金額の合計額が2万円を超え4万円以下である場合　2万円と当該合計額から2万円を控除した金額の2分の1に相当する金額との合計額
　　ハ　その年中に支払つた新生命保険料の金額の合計額が4万円を超え8万円以下である場合　3万円と当該合計額から4万円を控除した金額の4分の1に相当する金額との合計額
　　ニ　その年中に支払つた新生命保険料の金額の合計額が8万円を超える場合　4万円
二　旧生命保険料を支払つた場合（次号に掲げる場合を除く。）　次に掲げる場合の区分に応じそれぞれ次に定める金額
　　イ　その年中に支払つた旧生命保険料の金額の合計額（その年において旧生命保険契約等に基づく剰余金の分配若しくは割戻金の割戻しを受け、又は旧生命保険契約等に基づき分配を受ける剰余金若しくは割戻しを受ける割戻金をもつて旧生命保険料の払込みに充てた場合には、当該剰余金又は割戻金の額（旧生命保険料に係る部分の金額に限る。）を控除した残額。以下この号及び次号ロにおいて同じ。）が2万5,000円以下である場合　当該合計額
　　ロ　その年中に支払つた旧生命保険料の金額の合計額が2万5,000円を超え5万円以下である場合　2万5,000円と当該合計額から2万5,000円を控除した金額の2分の1に相当する金額との合計額
　　ハ　その年中に支払つた旧生命保険料の金額の合計額が5万円を超え10万円以下である場合　3万7,500円と当該合計額から5万円を控除した金額の4分の1に相当する金額との合計額
　　ニ　その年中に支払つた旧生命保険料の金額の合計額が10万円を超える場合　5万円
三　新生命保険料及び旧生命保険料を支払つた場合　その支払つた次に掲げる保険料の区分に応じそれぞれ次に定める金額の合計額（当該合計額が4万円を超

える場合には、4万円）
　　イ　新生命保険料　その年中に支払つた新生命保険料の金額の合計額の第1号イからニまでに掲げる場合の区分に応じそれぞれ同号イからニまでに定める金額
　　ロ　旧生命保険料　その年中に支払つた旧生命保険料の金額の合計額の前号イからニまでに掲げる場合の区分に応じそれぞれ同号イからニまでに定める金額
2　居住者が、各年において、介護医療保険契約等に係る保険料又は掛金（病院又は診療所に入院して第73条第2項（医療費控除）に規定する医療費を支払つたことその他の政令で定める事由（第6項及び第7項において「医療費等支払事由」という。）に基因して保険金等を支払うことを約する部分に係るものその他政令で定めるものに限るものとし、新生命保険料を除く。以下この項において「介護医療保険料」という。）を支払つた場合には、次の各号に掲げる場合の区分に応じ当該各号に定める金額を、その居住者のその年分の総所得金額、退職所得金額又は山林所得金額から控除する。
　一　その年中に支払つた介護医療保険料の金額の合計額（その年において介護医療保険契約等に基づく剰余金の分配若しくは割戻金の割戻しを受け、又は介護医療保険契約等に基づき分配を受ける剰余金若しくは割戻しを受ける割戻金をもつて介護医療保険料の払込みに充てた場合には、当該剰余金又は割戻金の額（介護医療保険料に係る部分の金額として政令で定めるところにより計算した金額に限る。）を控除した残額。以下この項において同じ。）が2万円以下である場合　当該合計額
　二　その年中に支払つた介護医療保険料の金額の合計額が2万円を超え4万円以下である場合　2万円と当該合計額から2万円を控除した金額の2分の1に相当する金額との合計額
　三　その年中に支払つた介護医療保険料の金額の合計額が4万円を超え8万円以下である場合　3万円と当該合計額から4万円を控除した金額の4分の1に相当する金額との合計額
　四　その年中に支払つた介護医療保険料の金額の合計額が8万円を超える場合　4万円
3　居住者が、各年において、新個人年金保険契約等に係る保険料若しくは掛金（生存死亡部分に係るものに限る。以下この項において「新個人年金保険料」という。）又は旧個人年金保険契約等に係る保険料若しくは掛金（その者の疾病又は身体の傷害その他これらに類する事由に基因して保険金等を支払う旨の特約が付されている契約にあつては、当該特約に係る保険料又は掛金を除く。以下この項において「旧個人年金保険料」という。）を支払つた場合には、次の各号に掲げる場合の区分に応じ当該各号に定める金額を、その居住者のその年分の総所得

Ⅵ 参考法令（抄）

金額、退職所得金額又は山林所得金額から控除する。
一 新個人年金保険料を支払つた場合（第3号に掲げる場合を除く。）　次に掲げる場合の区分に応じそれぞれ次に定める金額
　　イ　その年中に支払つた新個人年金保険料の金額の合計額（その年において新個人年金保険契約等に基づく剰余金の分配若しくは割戻金の割戻しを受け、又は新個人年金保険契約等に基づき分配を受ける剰余金若しくは割戻しを受ける割戻金をもつて新個人年金保険料の払込みに充てた場合には、当該剰余金又は割戻金の額（新個人年金保険料に係る部分の金額として政令で定めるところにより計算した金額に限る。）を控除した残額。以下この号及び第3号イにおいて同じ。）が2万円以下である場合　当該合計額
　　ロ　その年中に支払つた新個人年金保険料の金額の合計額が2万円を超え4万円以下である場合　2万円と当該合計額から2万円を控除した金額の2分の1に相当する金額との合計額
　　ハ　その年中に支払つた新個人年金保険料の金額の合計額が4万円を超え8万円以下である場合　3万円と当該合計額から4万円を控除した金額の4分の1に相当する金額との合計額
　　ニ　その年中に支払つた新個人年金保険料の金額の合計額が8万円を超える場合　4万円
二 旧個人年金保険料を支払つた場合（次号に掲げる場合を除く。）　次に掲げる場合の区分に応じそれぞれ次に定める金額
　　イ　その年中に支払つた旧個人年金保険料の金額の合計額（その年において旧個人年金保険契約等に基づく剰余金の分配若しくは割戻金の割戻しを受け、又は旧個人年金保険契約等に基づき分配を受ける剰余金若しくは割戻しを受ける割戻金をもつて旧個人年金保険料の払込みに充てた場合には、当該剰余金又は割戻金の額（旧個人年金保険料に係る部分の金額に限る。）を控除した残額。以下この号及び次号ロにおいて同じ。）が2万5,000円以下である場合　当該合計額
　　ロ　その年中に支払つた旧個人年金保険料の金額の合計額が2万5,000円を超え5万円以下である場合　2万5,000円と当該合計額から2万5,000円を控除した金額の2分の1に相当する金額との合計額
　　ハ　その年中に支払つた旧個人年金保険料の金額の合計額が5万円を超え10万円以下である場合　3万7,500円と当該合計額から5万円を控除した金額の4分の1に相当する金額との合計額
　　ニ　その年中に支払つた旧個人年金保険料の金額の合計額が10万円を超える場合　5万円
三 新個人年金保険料及び旧個人年金保険料を支払つた場合　その支払つた次に掲げる保険料の区分に応じそれぞれ次に定める金額の合計額（当該合計額が4

万円を超える場合には、4万円）
  イ　新個人年金保険料　その年中に支払つた新個人年金保険料の金額の合計額の第1号イからニまでに掲げる場合の区分に応じそれぞれ同号イからニまでに定める金額
  ロ　旧個人年金保険料　その年中に支払つた旧個人年金保険料の金額の合計額の前号イからニまでに掲げる場合の区分に応じそれぞれ同号イからニまでに定める金額
4　前3項の規定によりその居住者のその年分の総所得金額、退職所得金額又は山林所得金額から控除する金額の合計額が12万円を超える場合には、これらの規定により当該居住者のその年分の総所得金額、退職所得金額又は山林所得金額から控除する金額は、これらの規定にかかわらず、12万円とする。
（中　略）
11　第1項から第4項までの規定による控除は、生命保険料控除という。

（配偶者控除）
第83条　居住者が控除対象配偶者を有する場合には、その居住者のその年分の総所得金額、退職所得金額又は山林所得金額から次の各号に掲げる場合の区分に応じ当該各号に定める金額を控除する。
  一　その居住者の第2条第1項第30号（定義）に規定する合計所得金額（以下この項、次条第1項及び第86条第1項（基礎控除）において「合計所得金額」という。）が900万円以下である場合　38万円（その控除対象配偶者が老人控除対象配偶者である場合には、48万円）
  二　その居住者の合計所得金額が900万円を超え950万円以下である場合　26万円（その控除対象配偶者が老人控除対象配偶者である場合には、32万円）
  三　その居住者の合計所得金額が950万円を超え1,000万円以下である場合　13万円（その控除対象配偶者が老人控除対象配偶者である場合には、16万円）
2　前項の規定による控除は、配偶者控除という。

（扶養控除）
第84条　居住者が控除対象扶養親族を有する場合には、その居住者のその年分の総所得金額、退職所得金額又は山林所得金額から、その控除対象扶養親族1人につき38万円（その者が特定扶養親族である場合には63万円とし、その者が老人扶養親族である場合には48万円とする。）を控除する。
2　前項の規定による控除は、扶養控除という。

（扶養親族等の判定の時期等）
第85条　第79条第1項（障害者控除）又は第80条から第82条まで（寡婦控除

等)の場合において、居住者が特別障害者若しくはその他の障害者、寡婦、ひとり親又は勤労学生に該当するかどうかの判定は、その年12月31日(その者がその年の中途において死亡し、又は出国をする場合には、その死亡又は出国の時。以下この条において同じ。)の現況による。ただし、その居住者の子がその当時既に死亡している場合におけるその子がその居住者の第2条第1項第31号イ(定義)に規定する政令で定める子に該当するかどうかの判定は、当該死亡の時の現況による。

2 第79条第2項又は第3項の場合において、居住者の同一生計配偶者又は扶養親族が同項の規定に該当する特別障害者(第187条(障害者控除等の適用を受ける者に係る徴収税額)、第190条第2号ハ(年末調整)、第194条第1項第3号(給与所得者の扶養控除等申告書)、第203条の3第1号ト(徴収税額)及び第203条の6第1項第5号(公的年金等の受給者の扶養親族等申告書)において「同居特別障害者」という。)若しくはその他の特別障害者又は特別障害者以外の障害者に該当するかどうかの判定は、その年12月31日の現況による。ただし、その同一生計配偶者又は扶養親族がその当時既に死亡している場合は、当該死亡の時の現況による。

3 第79条から前条までの場合において、その者が居住者の老人控除対象配偶者若しくはその他の控除対象配偶者若しくはその他の同一生計配偶者若しくは第83条の2第1項(配偶者特別控除)に規定する生計を一にする配偶者又は特定扶養親族、老人扶養親族若しくはその他の控除対象扶養親族若しくはその他の扶養親族に該当するかどうかの判定は、その年12月31日の現況による。ただし、その判定に係る者がその当時既に死亡している場合は、当該死亡の時の現況による。

4 一の居住者の配偶者がその居住者の同一生計配偶者に該当し、かつ、他の居住者の扶養親族にも該当する場合には、その配偶者は、政令で定めるところにより、これらのうちいずれか一にのみ該当するものとみなす。

5 2以上の居住者の扶養親族に該当する者がある場合には、その者は、政令で定めるところにより、これらの居住者のうちいずれか一の居住者の扶養親族にのみ該当するものとみなす。

6 年の中途において居住者の配偶者が死亡し、その年中にその居住者が再婚した場合におけるその死亡し、又は再婚した配偶者に係る同一生計配偶者及び第83条の2第1項に規定する生計を一にする配偶者並びに扶養親族の範囲の特例については、政令で定める。

(外国税額控除)
第95条 居住者が各年において外国所得税(外国の法令により課される所得税に相当する税で政令で定めるものをいう。以下この項及び第9項において同じ。)

を納付することとなる場合には、第89条から第93条まで（税率等）の規定により計算したその年分の所得税の額のうち、その年において生じた国外所得金額（国外源泉所得に係る所得のみについて所得税を課するものとした場合に課税標準となるべき金額に相当するものとして政令で定める金額をいう。）に対応するものとして政令で定めるところにより計算した金額（以下この条において「控除限度額」という。）を限度として、その外国所得税の額（居住者の通常行われる取引と認められないものとして政令で定める取引に基因して生じた所得に対して課される外国所得税の額、居住者の所得税に関する法令の規定により所得税が課されないこととなる金額を課税標準として外国所得税に関する法令により課されるものとして政令で定める外国所得税の額その他政令で定める外国所得税の額を除く。以下この条において「控除対象外国所得税の額」という。）をその年分の所得税の額から控除する。

2　居住者が各年において納付することとなる控除対象外国所得税の額がその年の控除限度額と地方税控除限度額として政令で定める金額との合計額を超える場合において、その年の前年以前3年内の各年（以下この条において「前3年以内の各年」という。）の控除限度額のうちその年に繰り越される部分として政令で定める金額（以下この条において「繰越控除限度額」という。）があるときは、政令で定めるところにより、その繰越控除限度額を限度として、その超える部分の金額をその年分の所得税の額から控除する。

3　居住者が各年において納付することとなる控除対象外国所得税の額がその年の控除限度額に満たない場合において、その前3年以内の各年において納付することとなつた控除対象外国所得税の額のうちその年に繰り越される部分として政令で定める金額（以下この条において「繰越控除対象外国所得税額」という。）があるときは、政令で定めるところにより、当該控除限度額からその年において納付することとなる控除対象外国所得税の額を控除した残額を限度として、その繰越控除対象外国所得税額をその年分の所得税の額から控除する。

4　第1項に規定する国外源泉所得とは、次に掲げるものをいう。
　一　居住者が国外事業所等（国外にある恒久的施設に相当するものその他の政令で定めるものをいう。以下この条において同じ。）を通じて事業を行う場合において、当該国外事業所等が当該居住者から独立して事業を行う事業者であるとしたならば、当該国外事業所等が果たす機能、当該国外事業所等において使用する資産、当該国外事業所等と当該居住者の事業場等（当該居住者の事業に係る事業場その他これに準ずるものとして政令で定めるものであつて当該国外事業所等以外のものをいう。以下この条において同じ。）との間の内部取引その他の状況を勘案して、当該国外事業所等に帰せられるべき所得（当該国外事業所等の譲渡により生ずる所得を含み、第15号に該当するものを除く。）
　二　国外にある資産の運用又は保有により生ずる所得

三 国外にある資産の譲渡により生ずる所得として政令で定めるもの
四 国外において人的役務の提供を主たる内容とする事業で政令で定めるものを行う者が受ける当該人的役務の提供に係る対価
五 国外にある不動産、国外にある不動産の上に存する権利若しくは国外における採石権の貸付け（地上権又は採石権の設定その他他人に不動産、不動産の上に存する権利又は採石権を使用させる一切の行為を含む。）、国外における租鉱権の設定又は非居住者若しくは外国法人に対する船舶若しくは航空機の貸付けによる対価
六 第23条第1項（利子所得）に規定する利子等及びこれに相当するもののうち次に掲げるもの
　イ 外国の国債若しくは地方債又は外国法人の発行する債券の利子
　ロ 国外にある営業所、事務所その他これらに準ずるもの（以下この項において「営業所」という。）に預け入れられた預金又は貯金（第2条第1項第10号（定義）に規定する政令で定めるものに相当するものを含む。）の利子
　ハ 国外にある営業所に信託された合同運用信託若しくはこれに相当する信託、公社債投資信託又は公募公社債等運用投資信託若しくはこれに相当する信託の収益の分配
七 第24条第1項（配当所得）に規定する配当等及びこれに相当するもののうち次に掲げるもの
　イ 外国法人から受ける第24条第1項に規定する剰余金の配当、利益の配当若しくは剰余金の分配又は同項に規定する金銭の分配若しくは基金利息に相当するもの
　ロ 国外にある営業所に信託された投資信託（公社債投資信託並びに公募公社債等運用投資信託及びこれに相当する信託を除く。）又は特定受益証券発行信託若しくはこれに相当する信託の収益の分配
八 国外において業務を行う者に対する貸付金（これに準ずるものを含む。）で当該業務に係るものの利子（債券の買戻又は売戻条件付売買取引として政令で定めるものから生ずる差益として政令で定めるものを含む。）
九 国外において業務を行う者から受ける次に掲げる使用料又は対価で当該業務に係るもの
　イ 工業所有権その他の技術に関する権利、特別の技術による生産方式若しくはこれらに準ずるものの使用料又はその譲渡による対価
　ロ 著作権（出版権及び著作隣接権その他これに準ずるものを含む。）の使用料又はその譲渡による対価
　ハ 機械、装置その他政令で定める用具の使用料
十 次に掲げる給与、報酬又は年金
　イ 俸給、給料、賃金、歳費、賞与又はこれらの性質を有する給与その他人的

役務の提供に対する報酬のうち、国外において行う勤務その他の人的役務の提供（内国法人の役員として国外において行う勤務その他の政令で定める人的役務の提供を除く。）に基因するもの
　ロ　外国の法令に基づく保険又は共済に関する制度で第31条第1号及び第2号（退職手当等とみなす一時金）に規定する法律の規定による社会保険又は共済に関する制度に類するものに基づいて支給される年金（これに類する給付を含む。）
　ハ　第30条第1項（退職所得）に規定する退職手当等のうちその支払を受ける者が非居住者であつた期間に行つた勤務その他の人的役務の提供（内国法人の役員として非居住者であつた期間に行つた勤務その他の政令で定める人的役務の提供を除く。）に基因するもの
十一　国外において行う事業の広告宣伝のための賞金として政令で定めるもの
十二　国外にある営業所又は国外において契約の締結の代理をする者を通じて締結した保険業法第2条第6項（定義）に規定する外国保険業者の締結する保険契約その他の年金に係る契約で政令で定めるものに基づいて受ける年金（年金の支払の開始の日以後に当該年金に係る契約に基づき分配を受ける剰余金又は割戻しを受ける割戻金及び当該契約に基づき年金に代えて支給される一時金を含む。）
十三　次に掲げる給付補填金、利息、利益又は差益
　イ　第174条第3号（内国法人に係る所得税の課税標準）に掲げる給付補填金のうち国外にある営業所が受け入れた定期積金に係るもの
　ロ　第174条第4号に掲げる給付補填金に相当するもののうち国外にある営業所が受け入れた同号に規定する掛金に相当するものに係るもの
　ハ　第174条第5号に掲げる利息に相当するもののうち国外にある営業所を通じて締結された同号に規定する契約に相当するものに係るもの
　ニ　第174条第6号に掲げる利益のうち国外にある営業所を通じて締結された同号に規定する契約に係るもの
　ホ　第174条第7号に掲げる差益のうち国外にある営業所が受け入れた預金又は貯金に係るもの
　ヘ　第174条第8号に掲げる差益に相当するもののうち国外にある営業所又は国外において契約の締結の代理をする者を通じて締結された同号に規定する契約に相当するものに係るもの
十四　国外において事業を行う者に対する出資につき、匿名組合契約（これに準ずる契約として政令で定めるものを含む。）に基づいて受ける利益の分配
十五　国内及び国外にわたつて船舶又は航空機による運送の事業を行うことにより生ずる所得のうち国外において行う業務につき生ずべき所得として政令で定めるもの

十六　第2条第1項第8号の4ただし書に規定する条約（以下この号及び第六項から第8項までにおいて「租税条約」という。）の規定により当該租税条約の我が国以外の締約国又は締約者（第7項及び第8項において「相手国等」という。）において租税を課することができることとされる所得のうち政令で定めるもの

十七　前各号に掲げるもののほかその源泉が国外にある所得として政令で定めるもの

5　前項第1号に規定する内部取引とは、居住者の国外事業所等と事業場等との間で行われた資産の移転、役務の提供その他の事実で、独立の事業者の間で同様の事実があつたとしたならば、これらの事業者の間で、資産の販売、資産の購入、役務の提供その他の取引（資金の借入れに係る債務の保証、保険契約に係る保険責任についての再保険の引受けその他これらに類する取引として政令で定めるものを除く。）が行われたと認められるものをいう。

6　租税条約において国外源泉所得（第1項に規定する国外源泉所得をいう。以下この項において同じ。）につき前2項の規定と異なる定めがある場合には、その租税条約の適用を受ける居住者については、これらの規定にかかわらず、国外源泉所得は、その異なる定めがある限りにおいて、その租税条約に定めるところによる。

7　居住者の第4項第1号に掲げる所得を算定する場合において、当該居住者の国外事業所等が、租税条約（当該居住者の同号に掲げる所得に対して租税を課することができる旨の定めのあるものに限るものとし、同号に規定する内部取引から所得が生ずる旨の定めのあるものを除く。）の相手国等に所在するときは、同号に規定する内部取引には、当該居住者の国外事業所等と事業場等との間の利子（これに準ずるものとして政令で定めるものを含む。）の支払に相当する事実その他政令で定める事実は、含まれないものとする。

8　居住者の国外事業所等が、租税条約（居住者の国外事業所等が事業場等のために棚卸資産を購入する業務及びそれ以外の業務を行う場合に、その棚卸資産を購入する業務から生ずる所得が、その国外事業所等に帰せられるべき所得に含まれないとする定めのあるものに限る。）の相手国等に所在し、かつ、当該居住者の国外事業所等が事業場等のために棚卸資産を購入する業務及びそれ以外の業務を行う場合には、当該国外事業所等のその棚卸資産を購入する業務から生ずる第4項第1号に掲げる所得は、ないものとする。

9　居住者が納付することとなつた外国所得税の額につき第1項から第3項までの規定の適用を受けた年の翌年以後7年内の各年において当該外国所得税の額が減額された場合におけるその減額されることとなつた日の属する年のこれらの規定の適用については、政令で定めるところによる。

10　第1項の規定は、確定申告書、修正申告書又は更正請求書（次項において「申

告書等」という。)に第1項の規定による控除を受けるべき金額及びその計算に関する明細を記載した書類、控除対象外国所得税の額を課されたことを証する書類その他財務省令で定める書類(以下この項において「明細書」という。)の添付がある場合に限り、適用する。この場合において、第1項の規定による控除をされるべき金額の計算の基礎となる控除対象外国所得税の額その他の財務省令で定める金額は、税務署長において特別の事情があると認める場合を除くほか、当該明細書に当該金額として記載された金額を限度とする。

11　第2項及び第3項の規定は、繰越控除限度額又は繰越控除対象外国所得税額に係る年のうち最も古い年以後の各年分の申告書等に当該各年の控除限度額及び当該各年において納付することとなつた控除対象外国所得税の額を記載した書類の添付があり、かつ、これらの規定の適用を受けようとする年分の申告書等にこれらの規定による控除を受けるべき金額及び繰越控除限度額又は繰越控除対象外国所得税額の計算の基礎となるべき事項を記載した書類その他財務省令で定める書類の添付がある場合に限り、適用する。この場合において、これらの規定による控除をされるべき金額の計算の基礎となる当該各年の控除限度額及び当該各年において納付することとなつた控除対象外国所得税の額その他の財務省令で定める金額は、税務署長において特別の事情があると認める場合を除くほか、当該各年分の申告書等にこの項前段の規定により添付された書類に当該計算の基礎となる金額として記載された金額を限度とする。

12　第1項から第3項までの規定の適用を受ける居住者は、当該居住者が他の者との間で行つた取引のうち、当該居住者のその年の第1項に規定する国外所得金額の計算上、当該取引から生ずる所得が当該居住者の国外事業所等に帰せられるものについては、財務省令で定めるところにより、当該国外事業所等に帰せられる取引に係る明細を記載した書類その他の財務省令で定める書類を作成しなければならない。

13　第1項から第3項までの規定の適用を受ける居住者は、当該居住者の事業場等と国外事業所等との間の資産の移転、役務の提供その他の事実が第4項第1号に規定する内部取引に該当するときは、財務省令で定めるところにより、当該事実に係る明細を記載した書類その他の財務省令で定める書類を作成しなければならない。

14　第92条第2項前段（配当控除）の規定は、第1項から第3項までの規定による控除をすべき金額について準用する。

15　第9項から前項までに定めるもののほか、第1項から第8項までの規定の適用に関し必要な事項は、政令で定める。

16　第1項から第3項までの規定による控除は、外国税額控除という。

(年の中途で非居住者が居住者となつた場合の税額の計算)
第102条 その年12月31日(その年の中途において死亡した場合には、その死亡の日)において居住者である者でその年において非居住者であつた期間を有するもの又はその年の中途において出国をする居住者でその年1月1日からその出国の日までの間に非居住者であつた期間を有するものに対して課する所得税の額は、前2章(課税標準及び税額の計算)の規定により計算した所得税の額によらず、居住者であつた期間内に生じた第7条第1項第1号(居住者の課税所得の範囲)に掲げる所得(非永住者であつた期間がある場合には、当該期間については、同項第2号に掲げる所得)並びに非居住者であつた期間内に生じた第164条第1項各号(非居住者に対する課税の方法)に掲げる非居住者の区分に応ずる同項各号及び同条第2項各号に掲げる国内源泉所得に係る所得を基礎として政令で定めるところにより計算した金額による。

(年の中途で出国をする場合の確定申告)
第127条 居住者は、年の中途において出国をする場合において、その年1月1日からその出国の時までの間における総所得金額、退職所得金額及び山林所得金額について、第120条第1項(確定所得申告)の規定による申告書を提出しなければならない場合に該当するときは、第3項の規定による申告書を提出する場合を除き、その出国の時までに、税務署長に対し、その時の現況により同条第一項各号に掲げる事項を記載した申告書を提出しなければならない。
2 居住者は、年の中途において出国をする場合において、その年1月1日からその出国の時までの間における総所得金額、退職所得金額及び山林所得金額について、第122条第1項(還付等を受けるための申告)の規定による申告書を提出することができる場合に該当するときは、次項の規定による申告書を提出することができる場合を除き、税務署長に対し、その時の現況により第120条第1項各号及び第122条第1項各号に掲げる事項を記載した申告書を提出することができる。
3 居住者は、年の中途において出国をする場合において、その年1月1日からその出国の時までの間における純損失の金額若しくは雑損失の金額又はその年の前年以前3年内(第70条の2第1項から第3項まで(特定非常災害に係る純損失の繰越控除の特例)又は第71条の2第1項(特定非常災害に係る雑損失の繰越控除の特例)の規定の適用がある場合には、前年以前5年内)の各年において生じたこれらの金額について、第123条第1項(確定損失申告)の規定による申告書を提出することができる場合に該当するときは、その出国の時までに、税務署長に対し、その時の現況により同条第2項各号に掲げる事項を記載した申告書を提出することができる。
4 第120条第1項後段の規定は第1項又は第2項の規定による申告書の記載事項

について、同条第3項から第7項までの規定は前3項の規定による申告書の提出について、それぞれ準用する。この場合において、同条第5項中「確定申告期限」とあるのは「確定申告期限（当該申告書が国税通則法第61条第1項第2号（延滞税の額の計算の基礎となる期間の特例）に規定する還付請求申告書である場合には、当該申告書の提出があつた日）」と、「国税通則法」とあるのは「同法」と読み替えるものとする。

（国内源泉所得）
第161条 この編において「国内源泉所得」とは、次に掲げるものをいう。
一 非居住者が恒久的施設を通じて事業を行う場合において、当該恒久的施設が当該非居住者から独立して事業を行う事業者であるとしたならば、当該恒久的施設が果たす機能、当該恒久的施設において使用する資産、当該恒久的施設と当該非居住者の事業場等（当該非居住者の事業に係る事業場その他これに準ずるものとして政令で定めるものであつて当該恒久的施設以外のものをいう。次項及び次条第2項において同じ。）との間の内部取引その他の状況を勘案して、当該恒久的施設に帰せられるべき所得（当該恒久的施設の譲渡により生ずる所得を含む。）
二 国内にある資産の運用又は保有により生ずる所得（第8号から第16号までに該当するものを除く。）
三 国内にある資産の譲渡により生ずる所得として政令で定めるもの
四 民法第667条第1項（組合契約）に規定する組合契約（これに類するものとして政令で定める契約を含む。以下この号において同じ。）に基づいて恒久的施設を通じて行う事業から生ずる利益で当該組合契約に基づいて配分を受けるもののうち政令で定めるもの
五 国内にある土地若しくは土地の上に存する権利又は建物及びその附属設備若しくは構築物の譲渡による対価（政令で定めるものを除く。）
六 国内において人的役務の提供を主たる内容とする事業で政令で定めるものを行う者が受ける当該人的役務の提供に係る対価
七 国内にある不動産、国内にある不動産の上に存する権利若しくは採石法（昭和25年法律第291号）の規定による採石権の貸付け（地上権又は採石権の設定その他他人に不動産、不動産の上に存する権利又は採石権を使用させる一切の行為を含む。）、鉱業法（昭和25年法律第289号）の規定による租鉱権の設定又は居住者若しくは内国法人に対する船舶若しくは航空機の貸付けによる対価
八 第23条第1項（利子所得）に規定する利子等のうち次に掲げるもの
　イ 日本国の国債若しくは地方債又は内国法人の発行する債券の利子
　ロ 外国法人の発行する債券の利子のうち当該外国法人の恒久的施設を通じて

行う事業に係るもの
- ハ　国内にある営業所、事務所その他これらに準ずるもの（以下この編において「営業所」という。）に預け入れられた預貯金の利子
- ニ　国内にある営業所に信託された合同運用信託、公社債投資信託又は公募公社債等運用投資信託の収益の分配

九　第24条第1項（配当所得）に規定する配当等のうち次に掲げるもの
- イ　内国法人から受ける第24条第1項に規定する剰余金の配当、利益の配当、剰余金の分配、金銭の分配又は基金利息
- ロ　国内にある営業所に信託された投資信託（公社債投資信託及び公募公社債等運用投資信託を除く。）又は特定受益証券発行信託の収益の分配

十　国内において業務を行う者に対する貸付金（これに準ずるものを含む。）で当該業務に係るものの利子（政令で定める利子を除き、債券の買戻又は売戻条件付売買取引として政令で定めるものから生ずる差益として政令で定めるものを含む。）

十一　国内において業務を行う者から受ける次に掲げる使用料又は対価で当該業務に係るもの
- イ　工業所有権その他の技術に関する権利、特別の技術による生産方式若しくはこれらに準ずるものの使用料又はその譲渡による対価
- ロ　著作権（出版権及び著作隣接権その他これに準ずるものを含む。）の使用料又はその譲渡による対価
- ハ　機械、装置その他政令で定める用具の使用料

十二　次に掲げる給与、報酬又は年金
- イ　俸給、給料、賃金、歳費、賞与又はこれらの性質を有する給与その他人的役務の提供に対する報酬のうち、国内において行う勤務その他の人的役務の提供（内国法人の役員として国外において行う勤務その他の政令で定める人的役務の提供を含む。）に基因するもの
- ロ　第35条第3項（公的年金等の定義）に規定する公的年金等（政令で定めるものを除く。）
- ハ　第30条第1項（退職所得）に規定する退職手当等のうちその支払を受ける者が居住者であつた期間に行つた勤務その他の人的役務の提供（内国法人の役員として非居住者であつた期間に行つた勤務その他の政令で定める人的役務の提供を含む。）に基因するもの

十三　国内において行う事業の広告宣伝のための賞金として政令で定めるもの

十四　国内にある営業所又は国内において契約の締結の代理をする者を通じて締結した保険業法第2条第3項（定義）に規定する生命保険会社又は同条第四項に規定する損害保険会社の締結する保険契約その他の年金に係る契約で政令で定めるものに基づいて受ける年金（第209条第2号（源泉徴収を要しない年

金）に掲げる年金に該当するものを除く。）で第12号ロに該当するもの以外のもの（年金の支払の開始の日以後に当該年金に係る契約に基づき分配を受ける剰余金又は割戻しを受ける割戻金及び当該契約に基づき年金に代えて支給される一時金を含む。）
十五　次に掲げる給付補塡金、利息、利益又は差益
　　イ　第174条第3号（内国法人に係る所得税の課税標準）に掲げる給付補塡金のうち国内にある営業所が受け入れた定期積金に係るもの
　　ロ　第174条第4号に掲げる給付補塡金のうち国内にある営業所が受け入れた同号に規定する掛金に係るもの
　　ハ　第174条第5号に掲げる利息のうち国内にある営業所を通じて締結された同号に規定する契約に係るもの
　　ニ　第174条第6号に掲げる利益のうち国内にある営業所を通じて締結された同号に規定する契約に係るもの
　　ホ　第174条第7号に掲げる差益のうち国内にある営業所が受け入れた預貯金に係るもの
　　ヘ　第174条第8号に掲げる差益のうち国内にある営業所又は国内において契約の締結の代理をする者を通じて締結された同号に規定する契約に係るもの
十六　国内において事業を行う者に対する出資につき、匿名組合契約（これに準ずる契約として政令で定めるものを含む。）に基づいて受ける利益の分配
十七　前各号に掲げるもののほかその源泉が国内にある所得として政令で定めるもの
2　前項第1号に規定する内部取引とは、非居住者の恒久的施設と事業場等との間で行われた資産の移転、役務の提供その他の事実で、独立の事業者の間で同様の事実があつたとしたならば、これらの事業者の間で、資産の販売、資産の購入、役務の提供その他の取引（資金の借入れに係る債務の保証、保険契約に係る保険責任についての再保険の引受けその他これらに類する取引として政令で定めるものを除く。）が行われたと認められるものをいう。
3　恒久的施設を有する非居住者が国内及び国外にわたつて船舶又は航空機による運送の事業を行う場合には、当該事業から生ずる所得のうち国内において行う業務につき生ずべき所得として政令で定めるものをもつて、第1項第1号に掲げる所得とする。

（租税条約に異なる定めがある場合の国内源泉所得）
第162条　租税条約（第2条第1項第8号の4ただし書（定義）に規定する条約をいう。以下この条において同じ。）において国内源泉所得につき前条の規定と異なる定めがある場合には、その租税条約の適用を受ける者については、同条の規定にかかわらず、国内源泉所得は、その異なる定めがある限りにおいて、その

租税条約に定めるところによる。この場合において、その租税条約が同条第1項第6号から第16号までの規定に代わつて国内源泉所得を定めているときは、この法律中これらの号に規定する事項に関する部分の適用については、その租税条約により国内源泉所得とされたものをもつてこれに対応するこれらの号に掲げる国内源泉所得とみなす。

2　恒久的施設を有する非居住者の前条第1項第1号に掲げる所得を算定する場合において、租税条約（当該非居住者の同号に掲げる所得に対して租税を課することができる旨の定めのあるものに限るものとし、当該非居住者の恒久的施設と事業場等との間の同号に規定する内部取引から所得が生ずる旨の定めのあるものを除く。）の適用があるときは、同号に規定する内部取引には、当該非居住者の恒久的施設と事業場等との間の利子（これに準ずるものとして政令で定めるものを含む。）の支払に相当する事実その他政令で定める事実は、含まれないものとする。

（非居住者に対する課税の方法）
第164条　非居住者に対して課する所得税の額は、次の各号に掲げる非居住者の区分に応じ当該各号に定める国内源泉所得について、次節第一款（非居住者に対する所得税の総合課税）の規定を適用して計算したところによる。
　一　恒久的施設を有する非居住者　次に掲げる国内源泉所得
　　イ　第161条第1項第1号及び第4号（国内源泉所得）に掲げる国内源泉所得
　　ロ　第161条第1項第2号、第3号、第5号から第7号まで及び第17号に掲げる国内源泉所得（同項第一号に掲げる国内源泉所得に該当するものを除く。）
　二　恒久的施設を有しない非居住者　第161条第1項第2号、第3号、第5号から第7号まで及び第17号に掲げる国内源泉所得
2　次の各号に掲げる非居住者が当該各号に定める国内源泉所得を有する場合には、当該非居住者に対して課する所得税の額は、前項の規定によるもののほか、当該各号に定める国内源泉所得について第3節（非居住者に対する所得税の分離課税）の規定を適用して計算したところによる。
　一　恒久的施設を有する非居住者　第161条第1項第8号から第16号までに掲げる国内源泉所得（同項第1号に掲げる国内源泉所得に該当するものを除く。）
　二　恒久的施設を有しない非居住者　第161条第1項第8号から第16号までに掲げる国内源泉所得

※平成26年法律第10号による改正前の旧条文
第164条　非居住者に対する課税の方法　（旧）
　非居住者に対して課する所得税の額は、次の各号に掲げる非居住者の区分に応じ

当該各号に掲げる国内源泉所得について、次節第1款（非居住者に対する所得税の総合課税）の規定を適用して計算したところによる。
一　国内に支店、工場その他事業を行う一定の場所で政令で定めるものを有する非居住者　すべての国内源泉所得
二　国内において建設、据付け、組立てその他の作業又はその作業の指揮監督の役務の提供（以下この条において「建設作業等」という。）を1年を超えて行う非居住者（前号に該当する者を除く。）　次に掲げる国内源泉所得
　イ　第161条第1号から第3号まで（国内源泉所得）に掲げる国内源泉所得
　ロ　第161条第4号から第12号までに掲げる国内源泉所得のうち、その非居住者が国内において行う建設作業等に係る事業に帰せられるもの
三　国内に自己のために契約を締結する権限のある者その他これに準ずる者で政令で定めるもの（以下この条において「代理人等」という。）を置く非居住者（第1号に該当する者を除く。）　次に掲げる国内源泉所得
　イ　第161条第1号から第3号までに掲げる国内源泉所得
　ロ　第161条第4号から第12号までに掲げる国内源泉所得のうち、その非居住者が国内においてその代理人等を通じて行う事業に帰せられるもの
四　前3号に掲げる非居住者以外の非居住者　次に掲げる国内源泉所得
　イ　第161条第1号及び第1号の3に掲げる国内源泉所得のうち、国内にある資産の運用若しくは保有又は国内にある不動産の譲渡により生ずるものその他政令で定めるもの
　ロ　第161条第2号及び第3号に掲げる国内源泉所得
2　次の各号に掲げる非居住者が当該各号に掲げる国内源泉所得を有する場合には、当該非居住者に対して課する所得税の額は、前項の規定によるもののほか、当該各号に掲げる国内源泉所得について第3節（非居住者に対する所得税の分離課税）の規定を適用して計算したところによる。
一　前項第2号又は第3号に掲げる非居住者　第161条第4号から第12号までに掲げる国内源泉所得のうち、前項第2号に規定する建設作業等に係る事業又は同項第3号に規定する代理人等を通じて行う事業に帰せられるもの以外のもの
二　前項第4号に掲げる非居住者　第161条第4号から第12号までに掲げる国内源泉所得

（総合課税に係る所得税の課税標準、税額等の計算）

第165条　前条第1項各号に掲げる非居住者の当該各号に定める国内源泉所得について課する所得税（以下この節において「総合課税に係る所得税」という。）の課税標準及び所得税の額は、当該各号に定める国内源泉所得について、別段の定めがあるものを除き、前編第1章から第4章まで（居住者に係る所得税の課税標準、税額等の計算）（第44条の3（減額された外国所得税額の総収入金額不算

入等)、第46条(所得税額から控除する外国税額の必要経費不算入)、第60条の4(外国転出時課税の規定の適用を受けた場合の譲渡所得等の特例)、第73条から第77条まで(医療費控除等)、第79条から第85条まで(障害者控除等)、第93条(分配時調整外国税相当額控除)、第95条(外国税額控除)及び第95条の2(国外転出をする場合の譲渡所得等の特例に係る外国税額控除の特例)を除く。)の規定に準じて計算した金額とする。

2 　前条第1項第1号に掲げる非居住者の同号イに掲げる国内源泉所得(以下この款において「恒久的施設帰属所得」という。)に係る各種所得の金額につき前項の規定により前編第2章第2節第一款及び第二款(各種所得の金額の計算)の規定に準じて計算する場合には、次に定めるところによる。

一 　第37条第1項(必要経費)に規定する販売費、一般管理費その他同項に規定する所得を生ずべき業務について生じた費用(次号において「販売費等」という。)及び同条第2項に規定する山林の植林費、取得に要した費用、管理費、伐採費その他その山林の育成又は譲渡に要した費用(同号において「育成費等」という。)のうち、第161条第1項第1号(国内源泉所得)に規定する内部取引に係るものについては、債務の確定しないものを含むものとする。

二 　販売費等及び育成費等並びに支出した金額(第34条第2項(一時所得)に規定する支出した金額をいう。以下この号において同じ。)には、非居住者の恒久的施設を通じて行う事業及びそれ以外の事業に共通する販売費等及び育成費等並びに支出した金額のうち、当該恒久的施設を通じて行う事業に係るものとして政令で定めるところにより配分した金額を含むものとする。

3 　前項に定めるもののほか、第1項の規定の適用に関し必要な事項は、政令で定める。

(申告、納付及び還付)
第166条 　前編第5章及び第6章(居住者に係る申告、納付及び還付)の規定は、非居住者の総合課税に係る所得税についての申告、納付及び還付について準用する。この場合において、第112条第2項(予定納税額の減額の承認の申請手続)中「取引」とあるのは「取引(恒久的施設を有する非居住者にあつては、第161条第1項第1号(国内源泉所得)に規定する内部取引に該当するものを含む。)」と、「同項」とあるのは「前項」と、第120条第1項(確定所得申告)中「外国税額控除」とあるのは「第165条の6第1項から第3項まで(非居住者に係る外国税額の控除)の規定による控除」と、同項第3号中「第3章(税額の計算)」とあるのは「第3章(第93条(分配時調整外国税相当額控除)及び第95条(外国税額控除)を除く。)(税額の計算)並びに第165条の5の3(非居住者に係る分配時調整外国税相当額の控除)及び第165条の6」と、同条第6項中「山林所得を生ずべき業務」とあるのは「山林所得を生ずべき業務(第164条第

1項各号(非居住者に対する課税の方法)に定める国内源泉所得に係るものに限る。以下この項において「特定業務」という。)」と、「雑所得を生ずべき業務」とあるのは「雑所得を生ずべき特定業務」と、「業務に」とあるのは「特定業務に」と、「ならない」とあるのは「ならないものとし、国内及び国外の双方にわたつて業務を行う非居住者が同項の規定による申告書を提出する場合には、収入及び支出に関する明細書で財務省令で定めるものを当該申告書に添付しなければならないものとする」と、第122条第1項第1号(還付等を受けるための申告)中「外国税額控除」とあるのは「第165条の6第1項から第3項まで(非居住者に係る外国税額の控除)の規定による控除」と、同条第2項中「第95条第2項又は第3項(外国税額控除)」とあるのは「第165条の6第2項又は第3項」と、第123条第2項第6号(確定損失申告)中「第95条(外国税額控除)」とあるのは「第165条の6(非居住者に係る外国税額の控除)」と、第143条(青色申告)中「業務」とあるのは「業務(第164条第1項各号(非居住者に対する課税の方法)に定める国内源泉所得に係るものに限る。)」と、第144条(青色申告の承認の申請)中「業務を開始した場合」とあるのは「業務(第164条第1項各号(非居住者に対する課税の方法)に定める国内源泉所得に係るものに限る。)を開始した場合」と、第145条第2号(青色申告の承認申請の却下)中「取引」とあるのは「取引(恒久的施設を有する非居住者にあつては、第161条第1項第1号(国内源泉所得)に規定する内部取引に該当するものを含む。第148条第1項及び第150条第1項第3号(青色申告の承認の取消し)において同じ。)」と、第147条(青色申告の承認があつたものとみなす場合)中「業務」とあるのは「業務(第164条第1項各号(非居住者に対する課税の方法)に定める国内源泉所得に係るものに限る。)」と読み替えるものとする。

(分離課税に係る所得税の課税標準)
第169条 第164条第2項各号(非居住者に対する課税の方法)に掲げる非居住者の当該各号に定める国内源泉所得については、他の所得と区分して所得税を課するものとし、その所得税の課税標準は、その支払を受けるべき当該国内源泉所得の金額(次の各号に掲げる国内源泉所得については、当該各号に定める金額)とする。
一 第161条第1項第8号(国内源泉所得)に掲げる利子等のうち無記名の公社債の利子又は無記名の貸付信託、公社債投資信託若しくは公募公社債等運用投資信託の受益証券に係る収益の分配 その支払を受けた金額
二 第161条第1項第9号に掲げる配当等のうち無記名株式等の剰余金の配当(第24条第1項(配当所得)に規定する剰余金の配当をいう。)又は無記名の投資信託(公社債投資信託及び公募公社債等運用投資信託を除く。)若しくは特定受益証券発行信託の受益証券に係る収益の分配 その支払を受けた金額

三　第161条第1項第12号ロに掲げる年金　その支払を受けるべき年金の額から5万円にその支払を受けるべき年金の額に係る月数を乗じて計算した金額を控除した金額
四　第161条第1項第13号に掲げる賞金　その支払を受けるべき金額から50万円を控除した金額
五　第161条第1項第14号に掲げる年金　同号に規定する契約に基づいて支払を受けるべき金額から当該契約に基づいて払い込まれた保険料又は掛金の額のうちその支払を受けるべき金額に対応するものとして政令で定めるところにより計算した金額を控除した金額

(分離課税に係る所得税の税率)
第170条　前条に規定する所得税の額は、同条に規定する国内源泉所得の金額に100分の20（当該国内源泉所得の金額のうち第161条第1項第8号及び第15号（国内源泉所得）に掲げる国内源泉所得に係るものについては、100分の15）の税率を乗じて計算した金額とする。

(退職所得についての選択課税)
第171条　第169条（課税標準）に規定する非居住者が第161条第1項第12号ハ（国内源泉所得）の規定に該当する退職手当等（第30条第1項（退職所得）に規定する退職手当等をいう。以下この節において同じ。）の支払を受ける場合には、その者は、前条の規定にかかわらず、当該退職手当等について、その支払の基因となつた退職（その年中に支払を受ける当該退職手当等が2以上ある場合には、それぞれの退職手当等の支払の基因となつた退職）を事由としてその年中に支払を受ける退職手当等の総額を居住者として受けたものとみなして、これに第30条及び第89条（税率）の規定を適用するものとした場合の税額に相当する金額により所得税を課されることを選択することができる。

(給与等につき源泉徴収を受けない場合の申告納税等)
第172条　第169条（課税標準）に規定する非居住者が第161条第1項第12号イ又はハ（国内源泉所得）に掲げる給与又は報酬の支払を受ける場合において、当該給与又は報酬について次編第5章（非居住者又は法人の所得に係る源泉徴収）の規定の適用を受けないときは、その者は、次条の規定による申告書を提出することができる場合を除き、その年の翌年3月15日（同日前に国内に居所を有しないこととなる場合には、その有しないこととなる日）までに、税務署長に対し、次に掲げる事項を記載した申告書を提出しなければならない。
一　その年中に支払を受ける第161条第1項第12号イ又はハに掲げる給与又は報酬の額のうち次編第5章の規定の適用を受けない部分の金額（当該適用を受

けない部分の金額のうちに前条に規定する退職手当等の額があり、かつ、当該退職手当等につき同条の選択をする場合には、当該退職手当等の額を除く。）及び当該金額につき第170条（税率）の規定を適用して計算した所得税の額
二　前号に規定する給与又は報酬の額のうちに、その年の中途において国内に居所を有しないこととなつたことにより提出するこの項の規定による申告書に記載すべき部分の金額がある場合には、当該金額及び当該金額につき第170条の規定を適用して計算した所得税の額
三　第1号に掲げる所得税の額から前号に掲げる所得税の額を控除した金額
四　第1号に掲げる金額の計算の基礎、その者の国内における勤務の種類その他財務省令で定める事項

2　前条に規定する退職手当等につき前項の規定による申告書を提出すべき者が、当該退職手当等について同条の選択をする場合には、その申告書に、同項各号に掲げる事項のほか、次に掲げる事項を記載しなければならない。
一　その年中に支払を受ける退職手当等の総額（前条の規定の適用がある部分の金額に限る。）及び当該総額につき同条の規定を適用して計算した所得税の額
二　その年中に支払を受ける退職手当等につき次編第5章の規定により徴収された又は徴収されるべき所得税の額がある場合には、その所得税の額（当該退職手当等の額のうちに、その年の中途において国内に居所を有しないこととなつたことにより提出する前項の規定による申告書に記載すべき部分の金額がある場合には、当該金額につき第170条の規定を適用して計算した所得税の額を含む。）
三　第1号に掲げる所得税の額から前号に掲げる所得税の額を控除した金額
四　第1号に掲げる退職手当等の総額の支払者別の内訳及びその支払者の氏名又は名称及び住所若しくは居所又は本店若しくは主たる事務所の所在地
五　第1号に掲げる所得税の額の計算の基礎

3　第1項の規定による申告書を提出した非居住者は、当該申告書の提出期限までに、同項第3号に掲げる金額（前項の規定の適用を受ける者については、当該金額と同項第3号に掲げる金額との合計額）に相当する所得税を国に納付しなければならない。

（退職所得の選択課税による還付）
第173条　第169条（課税標準）に規定する非居住者がその支払を受ける第171条（退職所得についての選択課税）に規定する退職手当等につき次編第5章（非居住者又は法人の所得に係る源泉徴収）の規定の適用を受ける場合において、当該退職手当等につき同条の選択をするときは、その者は、当該退職手当等に係る所得税の還付を受けるため、その年の翌年1月1日（同日前に同条に規定する退職手当等の総額が確定した場合には、その確定した日）以後に、税務署長に対

し、次に掲げる事項を記載した申告書を提出することができる。
一　前条第2項第1号に掲げる退職手当等の総額及び所得税の額
二　前条第2項第2号に掲げる所得税の額
三　前号に掲げる所得税の額から第1号に掲げる所得税の額を控除した金額
四　前条第2項第4号及び第5号に掲げる事項その他財務省令で定める事項
2　前項の規定による申告書の提出があつた場合には、税務署長は、同項第3号に掲げる金額に相当する所得税を還付する。
3　前項の場合において、同項の申告書に記載された第1項第2号に掲げる所得税の額（次編第5章の規定により徴収されるべきものに限る。）のうちにまだ納付されていないものがあるときは、前項の規定による還付金の額のうちその納付されていない部分の金額に相当する金額については、その納付があるまでは、還付しない。
4　第2項の規定による還付金について還付加算金を計算する場合には、その計算の基礎となる国税通則法第58条第1項（還付加算金）の期間は、第1項の規定による申告書の提出があつた日（同日後に納付された前項に規定する所得税の額に係る還付金については、その納付の日）の翌日からその還付のための支払決定をする日又はその還付金につき充当をする日（同日前に充当をするのに適することとなつた日がある場合には、その適することとなつた日）までの期間とする。
5　前2項に定めるもののほか、第2項の還付の手続その他同項の規定の適用に関し必要な事項は、政令で定める。

（外国法人に係る所得税の課税標準）
第178条　外国法人に対して課する所得税の課税標準は、その外国法人が支払を受けるべき第161条第1項第4号から第11号まで及び第13号から第16号まで（国内源泉所得）に掲げる国内源泉所得（政令で定めるものを除く。）の金額（第169条第1号、第2号、第4号及び第5号（分離課税に係る所得税の課税標準）に掲げる国内源泉所得については、これらの規定に定める金額）とする。

（外国法人に係る所得税の税率）
第179条　外国法人に対して課する所得税の額は、次の各号の区分に応じ当該各号に定める金額とする。
一　前条に規定する国内源泉所得（次号及び第3号に掲げるものを除く。）　その金額（第169条第2号、第4号及び第5号（分離課税に係る所得税の課税標準）に掲げる国内源泉所得については、これらの規定に定める金額）に100分の20の税率を乗じて計算した金額
二　第161条第1項第5号（国内源泉所得）に掲げる国内源泉所得　その金額に100分の10の税率を乗じて計算した金額

三　第161条第1項第8号及び第15号に掲げる国内源泉所得　その金額（第169条第1号に掲げる国内源泉所得については、同号に定める金額）に100分の15の税率を乗じて計算した金額

（恒久的施設を有する外国法人の受ける国内源泉所得に係る課税の特例）
第180条　第7条第1項第5号（外国法人の課税所得の範囲）及び前2条の規定は、恒久的施設を有する外国法人で政令で定める要件を備えているもののうち第161条第1項第4号から第7号まで、第10号、第11号、第13号又は第14号（国内源泉所得）に掲げる国内源泉所得（同項第5号に規定する対価にあつては、第13条第1項ただし書（信託財産に属する資産及び負債並びに信託財産に帰せられる収益及び費用の帰属）に規定する信託で国内にある営業所に信託されたものの信託財産に帰せられるものに係るものに限る。）でその外国法人の恒久的施設に帰せられるもの（第161条第1項第4号に掲げる国内源泉所得にあつては、同号に規定する事業に係る恒久的施設以外の恒久的施設に帰せられるものに限る。以下この項において「対象国内源泉所得」という。）の支払を受けるものが、政令で定めるところにより、当該支払を受けるものが当該要件を備えていること及びその支払を受けることとなる国内源泉所得が対象国内源泉所得に該当することにつきその法人税の納税地の所轄税務署長（以下この条において「所轄税務署長」という。）の証明書の交付を受け、その証明書を当該国内源泉所得の支払をする者に提示した場合には、その証明書が効力を有している間に支払を受ける当該国内源泉所得については、適用しない。
2　前項に規定する外国法人で同項に規定する証明書の交付を受けたものが、その交付を受けた後、同項に規定する要件に該当しないこととなり、又は恒久的施設を有しないこととなつた場合には、その該当しないこととなつた日又は有しないこととなつた日以後遅滞なく、政令で定めるところにより、その旨を所轄税務署長に届け出るとともに、その証明書の提示先にその旨を通知しなければならない。
3　所轄税務署長は、第1項に規定する外国法人で同項に規定する証明書の交付を受けたものが、その交付を受けた後、同項に規定する要件に該当しないこととなり、又は恒久的施設を有しないこととなつたと認める場合には、当該証明書の交付を受けたものに対し、書面によりその旨を通知するものとする。
4　前項の場合において、同項に規定する通知を受けた者は、当該通知を受けた日以後遅滞なく、第1項に規定する証明書の提示先に当該通知を受けた旨を通知しなければならない。
5　所轄税務署長は、第2項の規定による届出があつた場合又は第3項の規定により通知をした場合には、財務省令で定めるところにより、当該届出をした者又は当該通知を受けた者の名称その他の財務省令で定める事項を公示するものとす

る。
6 第1項に規定する証明書は、次に掲げる場合には、その効力を失う。
一 当該証明書につき所轄税務署長が定めた有効期限を経過したとき。
二 前項の規定による公示があつたとき。

(源泉徴収義務)
第183条 居住者に対し国内において第28条第1項(給与所得)に規定する給与等(以下この章において「給与等」という。)の支払をする者は、その支払の際、その給与等について所得税を徴収し、その徴収の日の属する月の翌月10日までに、これを国に納付しなければならない。
2 法人の法人税法第2条第15号(定義)に規定する役員に対する賞与については、支払の確定した日から1年を経過した日までにその支払がされない場合には、その1年を経過した日においてその支払があつたものとみなして、前項の規定を適用する。

(年末調整)
第190条 給与所得者の扶養控除等申告書を提出した居住者で、第1号に規定するその年中に支払うべきことが確定した給与等の金額が2,000万円以下であるものに対し、その提出の際に経由した給与等の支払者がその年最後に給与等の支払をする場合(その居住者がその後その年12月31日までの間に当該支払者以外の者に当該申告書を提出すると見込まれる場合を除く。)において、同号に掲げる所得税の額の合計額がその年最後に給与等の支払をする時の現況により計算した第2号に掲げる税額に比し過不足があるときは、その超過額は、その年最後に給与等の支払をする際徴収すべき所得税に充当し、その不足額は、その年最後に給与等の支払をする際徴収してその徴収の日の属する月の翌月10日までに国に納付しなければならない。
一 その年中にその居住者に対し支払うべきことが確定した給与等(その居住者がその年において他の給与等の支払者を経由して他の給与所得者の扶養控除等申告書を提出したことがある場合には、当該他の給与等の支払者がその年中にその居住者に対し支払うべきことが確定した給与等で政令で定めるものを含む。次号において同じ。)につき第183条第1項(源泉徴収義務)の規定により徴収された又は徴収されるべき所得税の額の合計額
二 別表第五により、その年中にその居住者に対し支払うべきことが確定した給与等の金額に応じて求めた同表の給与所得控除後の給与等の金額から次に掲げる金額の合計額を控除した金額(当該金額に1,000円未満の端数があるとき、又は当該金額の全額が1,000円未満であるときは、その端数金額又はその全額を切り捨てた金額)を課税総所得金額とみなして第89条第1項(税率)の規

定を適用して計算した場合の税額
イ　その給与等から控除される第74条第2項（社会保険料控除）に規定する社会保険料（ロにおいて「社会保険料」という。）の金額及び第75条第2項（小規模企業共済等掛金控除）に規定する小規模企業共済等掛金（ロにおいて「小規模企業共済等掛金」という。）の額
ロ　その年中に支払つた社会保険料の金額及び小規模企業共済等掛金の額（それぞれイに掲げるものを除くものとし、その居住者がその年において提出した給与所得者の保険料控除申告書に記載されたもの（第196条第2項（給与所得者の保険料控除申告書）に規定する社会保険料の金額及び小規模企業共済等掛金の額にあつては、同項に規定する書類の提出又は提示のあつたものに限る。）に限る。）並びに第76条第1項（生命保険料控除）に規定する新生命保険料の金額及び旧生命保険料の金額、同条第2項に規定する介護医療保険料の金額、同条第3項に規定する新個人年金保険料の金額及び旧個人年金保険料の金額並びに第77条第1項（地震保険料控除）に規定する地震保険料の金額（これらの金額のうち当該申告書に記載され、かつ、第196条第2項に規定する書類の提出又は提示のあつたものに限る。）につき第74条から第77条までの規定の適用があるものとした場合に控除されるべき金額
ハ　当該給与所得者の扶養控除等申告書に記載された同居特別障害者若しくはその他の特別障害者又は特別障害者以外の障害者（当該同居特別障害者若しくはその他の特別障害者又は特別障害者以外の障害者が国外居住親族である場合には、第194条第5項及び第7項（給与所得者の扶養控除等申告書）に規定する書類の提出又は提示がされた同居特別障害者若しくはその他の特別障害者又は特別障害者以外の障害者に限る。）の有無及びその数並びに当該申告書にその居住者が特別障害者若しくはその他の障害者、寡婦、ひとり親又は勤労学生に該当する旨の記載があるかどうか（当該勤労学生が第2条第1項第32号ロ又はハ（定義）に掲げる者に該当する場合には、当該申告書に勤労学生に該当する旨の記載があるかどうかのほか、第194条第4項に規定する書類の提出又は提示があつたかどうか）並びに当該申告書に記載された控除対象扶養親族（2以上の給与等の支払者から給与等の支払を受ける場合には同条第1項第6号に規定する控除対象扶養親族とし、当該申告書に記載された控除対象扶養親族が国外居住親族である場合には同条第5項及び第7項に規定する書類の提出又は提示がされた控除対象扶養親族に限る。）の有無、その控除対象扶養親族の数その他の事項に応じ、第79条から第82条まで（障害者控除等）及び第84条（扶養控除）の規定に準じて計算した障害者控除の額、寡婦控除の額、ひとり親控除の額、勤労学生控除の額及び扶養控除の額に相当する金額
ニ　給与所得者の配偶者控除等申告書に記載されたその居住者の第2条第1項

第30号に規定する合計所得金額(以下この号において「合計所得金額」という。)の見積額、当該申告書に記載された控除対象配偶者又は第83条の2第1項(配偶者特別控除)に規定する生計を一にする配偶者(当該控除対象配偶者又は配偶者が第194条第5項又は第195条の2第2項(給与所得者の配偶者控除等申告書)の記載がされた者である場合には、これらの規定に規定する書類の提出又は提示がされた控除対象配偶者又は配偶者に限る。)の有無、その控除対象配偶者が老人控除対象配偶者に該当するかどうか、その控除対象配偶者又は配偶者がこの条に規定する居住者として当該申告書を提出しているかどうか、その控除対象配偶者又は配偶者が第203条の6第1項(公的年金等の受給者の扶養親族等申告書)に規定する居住者として同項第3号に掲げる事項を記載した公的年金等の受給者の扶養親族等申告書を提出しているかどうか及びその控除対象配偶者又は配偶者の合計所得金額又はその見積額に応じ、第83条(配偶者控除)又は第83条の2の規定に準じて計算した配偶者控除の額又は配偶者特別控除の額に相当する金額

ホ　給与所得者の基礎控除申告書に記載されたその居住者の合計所得金額の見積額に応じ、第86条(基礎控除)の規定に準じて計算した基礎控除の額に相当する金額

(給与所得者の扶養控除等申告書)
第194条　国内において給与等の支払を受ける居住者は、その給与等の支払者(その支払者が2以上ある場合には、主たる給与等の支払者)から毎年最初に給与等の支払を受ける日の前日までに、次に掲げる事項を記載した申告書を、当該給与等の支払者を経由して、その給与等に係る所得税の第17条(源泉徴収に係る所得税の納税地)の規定による納税地(第18条第2項(納税地の指定)の規定による指定があつた場合には、その指定をされた納税地。以下この節において同じ。)の所轄税務署長に提出しなければならない。

一　当該給与等の支払者の氏名又は名称
二　その居住者が、特別障害者若しくはその他の障害者又は勤労学生に該当する場合にはその旨及びその該当する事実並びに寡婦又はひとり親に該当する場合にはその旨
三　同一生計配偶者又は扶養親族のうちに同居特別障害者若しくはその他の特別障害者又は特別障害者以外の障害者がある場合には、その旨、その数、その者の氏名及び個人番号(個人番号を有しない者にあつては、氏名)並びにその該当する事実
四　源泉控除対象配偶者の氏名及び個人番号(個人番号を有しない者にあつては、氏名)
五　控除対象扶養親族の氏名及び個人番号(個人番号を有しない者にあつては、

氏名）並びに控除対象扶養親族のうちに特定扶養親族又は老人扶養親族がある場合には、その旨及びその該当する事実
　六　2以上の給与等の支払者から給与等の支払を受ける場合には、源泉控除対象配偶者又は控除対象扶養親族のうち、主たる給与等の支払者から支払を受ける給与等について第183条第1項（源泉徴収義務）の規定により徴収される所得税の額の計算の基礎としようとするものの氏名
　七　第3号の同居特別障害者若しくはその他の特別障害者若しくは特別障害者以外の障害者又は第4号の源泉控除対象配偶者（前号に規定する場合に該当するときは、同号に規定する源泉控除対象配偶者に限る。）が非居住者である親族である場合にはその旨並びに第5号の控除対象扶養親族（前号に規定する場合に該当するときは、同号に規定する控除対象扶養親族に限る。）が非居住者である親族である場合にはその旨及び控除対象扶養親族に該当する事実
　八　その他財務省令で定める事項
2　前項の規定による申告書を同項の給与等の支払者を経由して提出する場合において、当該申告書に記載すべき事項がその年の前年において当該支払者を経由して提出した同項の規定による申告書（その者が当該前年の中途において次項の規定による申告書を当該支払者を経由して提出した場合には、当該前年の最後に提出した同項の規定による申告書）に記載した事項と異動がないときは、居住者は、前項の規定により記載すべき事項に代えて当該異動がない旨を記載した同項の規定による申告書を提出することができる。
3　第1項の規定による申告書を提出した居住者は、その年の中途において当該申告書に記載した事項について異動を生じた場合には、同項の給与等の支払者からその異動を生じた日後最初に給与等の支払を受ける日の前日までに、その異動の内容その他財務省令で定める事項を記載した申告書を、当該支払者を経由して、その給与等に係る所得税の第17条の規定による納税地の所轄税務署長に提出しなければならない。
4　第1項又は前項の規定による申告書に勤労学生に該当する旨の記載をした居住者（第2項の規定により当該記載に代えて異動がない旨の記載をした居住者を含む。）で第2条第1項第32号ロ又はハ（定義）に掲げる者に該当するものは、政令で定めるところにより、これらの者に該当する旨を証する書類を提出し、又は提示しなければならない。
5　第1項又は第3項の規定による申告書に第1項第7号に掲げる事項の記載をした居住者（第2項の規定により当該記載に代えて異動がない旨の記載をした居住者を含む。）は、政令で定めるところにより、当該記載がされた者（第2項の規定により当該記載に代えて異動がない旨の記載がされた者を含む。以下第7項までにおいて「国外居住親族」という。）が当該居住者の親族に該当する旨を証する書類（当該国外居住親族が同号に規定する控除対象扶養親族であり、かつ、同

号に掲げる控除対象扶養親族に該当する事実が第2条第1項第34号の2ロ(1)に掲げる者に該当することである場合には、当該書類及び同号ロ(1)に掲げる者に該当する旨を証する書類）を提出し、又は提示しなければならない。

6　前項に規定する居住者は、第190条（年末調整）に規定する過不足の額の計算上、国外居住親族に係る同条第2号ハに掲げる障害者控除の額又は扶養控除の額に相当する金額の控除を受けようとする場合には、第1項に規定する給与等の支払者からその年最後に給与等の支払を受ける日の前日までに、当該国外居住親族が当該居住者と生計を一にする事実（当該国外居住親族が第2条第1項第34号の2ロ(3)に掲げる者に該当するものとして扶養控除の額に相当する金額の控除を受けようとする場合には、当該国外居住親族が同号ロ(3)に掲げる者に該当する事実）その他財務省令で定める事項を記載した申告書を、当該支払者を経由して、その給与等に係る所得税の第17条の規定による納税地の所轄税務署長に提出しなければならない。

7　前項の規定による申告書を提出する居住者は、政令で定めるところにより、同項の国外居住親族が当該居住者と生計を一にすることを明らかにする書類（当該国外居住親族が第2条第1項第34号の2ロ(3)に掲げる者に該当するものとして扶養控除の額に相当する金額の控除を受けようとする場合には、当該国外居住親族が同号ロ(3)に掲げる者に該当することを明らかにする書類）を提出し、又は提示しなければならない。

8　第1項、第3項又は第6項の規定による申告書は、給与所得者の扶養控除等申告書という。

（源泉徴収義務）
第212条　非居住者に対し国内において第161条第1項第4号から第16号まで（国内源泉所得）に掲げる国内源泉所得（政令で定めるものを除く。）の支払をする者又は外国法人に対し国内において同項第4号から第11号まで若しくは第13号から第16号までに掲げる国内源泉所得（第180条第1項（恒久的施設を有する外国法人の受ける国内源泉所得に係る課税の特例）又は第180条の2第1項若しくは第2項（信託財産に係る利子等の課税の特例）の規定に該当するもの及び政令で定めるものを除く。）の支払をする者は、その支払の際、これらの国内源泉所得について所得税を徴収し、その徴収の日の属する月の翌月10日までに、これを国に納付しなければならない。

2　前項に規定する国内源泉所得の支払が国外において行われる場合において、その支払をする者が国内に住所若しくは居所を有し、又は国内に事務所、事業所その他これらに準ずるものを有するときは、その者が当該国内源泉所得を国内において支払うものとみなして、同項の規定を適用する。この場合において、同項中「翌月10日まで」とあるのは、「翌月末日まで」とする。

3　内国法人に対し国内において第174条各号（内国法人に係る所得税の課税標準）に掲げる利子等、配当等、給付補塡金、利息、利益、差益、利益の分配又は賞金（これらのうち第176条第1項又は第2項（信託財産に係る利子等の課税の特例）の規定に該当するものを除く。）の支払をする者は、その支払の際、当該利子等、配当等、給付補塡金、利息、利益、差益、利益の分配又は賞金について所得税を徴収し、その徴収の日の属する月の翌月10日までに、これを国に納付しなければならない。

4　第181条第2項（配当等の支払があつたものとみなす場合）の規定は第1項又は前項の規定を適用する場合について、第183条第2項（賞与の支払があつたものとみなす場合）の規定は第1項の規定を適用する場合についてそれぞれ準用する。

5　第161条第1項第4号に規定する配分を受ける同号に掲げる国内源泉所得については、同号に規定する組合契約を締結している組合員（これに類する者で政令で定めるものを含む。）である非居住者又は外国法人が当該組合契約に定める計算期間その他これに類する期間（これらの期間が1年を超える場合は、これらの期間をその開始の日以後1年ごとに区分した各期間（最後に1年未満の期間を生じたときは、その1年未満の期間）。以下この項において「計算期間」という。）において生じた当該国内源泉所得につき金銭その他の資産（以下この項において「金銭等」という。）の交付を受ける場合には、当該配分をする者を当該国内源泉所得の支払をする者とみなし、当該金銭等の交付をした日（当該計算期間の末日の翌日から2月を経過する日までに当該国内源泉所得に係る金銭等の交付がされない場合には、同日）においてその支払があつたものとみなして、この法律の規定を適用する。

（徴収税額）

第213条　前条第1項の規定により徴収すべき所得税の額は、次の各号の区分に応じ当該各号に定める金額とする。

一　前条第1項に規定する国内源泉所得（次号及び第3号に掲げるものを除く。）その金額（次に掲げる国内源泉所得については、それぞれ次に定める金額）に100分の20の税率を乗じて計算した金額

　イ　第161条第1項第12号ロ（国内源泉所得）に掲げる年金　その支払われる年金の額から5万円にその支払われる年金の額に係る月数を乗じて計算した金額を控除した残額

　ロ　第161条第1項第13号に掲げる賞金　その金額（金銭以外のもので支払われる場合には、その支払の時における価額として政令で定めるところにより計算した金額）から50万円を控除した残額

　ハ　第161条第1項第14号に掲げる年金　同号に規定する契約に基づいて支

払われる年金の額から当該契約に基づいて払い込まれた保険料又は掛金の額のうちその支払われる年金の額に対応するものとして政令で定めるところにより計算した金額を控除した残額
二　第161条第1項第5号に掲げる国内源泉所得　その金額に100分の10の税率を乗じて計算した金額
三　第161条第1項第8号及び第15号に掲げる国内源泉所得　その金額に100分の15の税率を乗じて計算した金額
2　前条第3項の規定により徴収すべき所得税の額は、次の各号の区分に応じ当該各号に定める金額とする。
一　前条第3項に規定する利子等、給付補塡金、利息、利益又は差益　その金額に100分の15の税率を乗じて計算した金額
二　前条第3項に規定する配当等又は利益の分配　その金額に100分の20の税率を乗じて計算した金額
三　前条第3項に規定する賞金　その金額（金銭以外のもので支払われる場合には、その支払の時における価額として政令で定めるところにより計算した金額）から政令で定める金額を控除した残額に100分の10の税率を乗じて計算した金額

（源泉徴収を要しない非居住者の国内源泉所得）
第214条　恒久的施設を有する非居住者で政令で定める要件を備えているもののうち第161条第1項第4号、第6号、第7号、第10号、第11号、第12号イ（給与に係る部分を除く。）又は第14号（国内源泉所得）に掲げる国内源泉所得（政令で定めるものを除く。）でその非居住者の恒久的施設に帰せられるもの（同項第4号に掲げる国内源泉所得にあつては、同号に規定する事業に係る恒久的施設以外の恒久的施設に帰せられるものに限る。以下この項において「対象国内源泉所得」という。）の支払を受けるものが、政令で定めるところにより、当該支払を受けるものが当該要件を備えていること及びその支払を受けることとなる国内源泉所得が対象国内源泉所得に該当することにつき納税地の所轄税務署長の証明書の交付を受け、その証明書を当該国内源泉所得の支払をする者に提示した場合には、その支払をする者は、その証明書が効力を有している間にその証明書を提示した者に対して支払う当該国内源泉所得については、第212条第1項（源泉徴収義務）の規定にかかわらず、所得税を徴収して納付することを要しない。
2　前項に規定する非居住者で同項に規定する証明書の交付を受けたものが、その交付を受けた後、同項に規定する要件に該当しないこととなり、又は恒久的施設を有しないこととなつた場合には、その該当しないこととなつた日又は有しないこととなつた日以後遅滞なく、政令で定めるところにより、その旨を納税地の所轄税務署長に届け出るとともに、その証明書の提示先にその旨を通知しなければ

ならない。
3　納税地の所轄税務署長は、第1項に規定する非居住者で同項に規定する証明書の交付を受けたものが、その交付を受けた後、同項に規定する要件に該当しないこととなり、又は恒久的施設を有しないこととなつたと認める場合には、当該証明書の交付を受けたものに対し、書面によりその旨を通知するものとする。
4　前項の場合において、同項に規定する通知を受けた者は、当該通知を受けた日以後遅滞なく、第1項に規定する証明書の提示先に当該通知を受けた旨を通知しなければならない。
5　納税地の所轄税務署長は、第2項の規定による届出があつた場合又は第3項の規定により通知をした場合には、財務省令で定めるところにより、当該届出をした者又は当該通知を受けた者の氏名その他の財務省令で定める事項を公示するものとする。
6　第1項に規定する証明書は、次に掲げる場合には、その効力を失う。
一　当該証明書につき納税地の所轄税務署長が定めた有効期限を経過したとき。
二　前項の規定による公示があつたとき。

（非居住者の人的役務の提供による給与等に係る源泉徴収の特例）
第215条　国内において第161条第1項第6号（国内源泉所得）に規定する事業を行う非居住者又は外国法人が同号に掲げる対価につき第212条第1項（源泉徴収義務）の規定により所得税を徴収された場合には、政令で定めるところにより、当該非居住者又は外国法人が当該所得税を徴収された対価のうちから当該事業のために人的役務の提供をする非居住者に対してその人的役務の提供につき支払う第161条第1項第12号イ又はハに掲げる給与又は報酬について、その支払の際、第212条第1項の規定による所得税の徴収が行われたものとみなす。

（不徴収税額の支払金額からの控除及び支払請求等）
第222条　前条の規定により所得税を徴収された者がその徴収された所得税の額の全部又は一部につき第1章から第5章まで（源泉徴収）の規定による徴収をしていなかつた場合又はこれらの規定により所得税を徴収して納付すべき者がその徴収をしないでその所得税をその納付の期限後に納付した場合には、これらの者は、その徴収をしていなかつた所得税の額に相当する金額を、その徴収をされるべき者に対して同条の規定による徴収の時以後若しくは当該納付をした時以後に支払うべき金額から控除し、又は当該徴収をされるべき者に対し当該所得税の額に相当する金額の支払を請求することができる。この場合において、その控除された金額又はその請求に基づき支払われた金額は、当該徴収をされるべき者については、第1章から第5章までの規定により徴収された所得税とみなす。

(源泉徴収に係る所得税について納付があつたものとみなす場合)
第223条 第1章から第5章まで(源泉徴収)の規定により所得税の徴収がされたときは、これらの規定による徴収をされるべき者に対する所得税の還付又は充当については、これらの規定により所得税を徴収して納付すべき者がその所得税を国に納付すべき日(徴収の日がその納付すべき日後である場合には、その徴収の日)においてその納付があつたものとみなす。

2 所得税法施行令

(国内に住所を有するものとみなされる公務員から除かれる者)
第13条 法第3条第1項(居住者及び非居住者の区分)に規定する政令で定める者は、日本の国籍を有する者で、現に国外に居住し、かつ、その地に永住すると認められるものとする。

(国内に住所を有する者と推定する場合)
第14条 国内に居住することとなつた個人が次の各号のいずれかに該当する場合には、その者は、国内に住所を有する者と推定する。
一 その者が国内において、継続して1年以上居住することを通常必要とする職業を有すること。
二 その者が日本の国籍を有し、かつ、その者が国内において生計を一にする配偶者その他の親族を有することその他国内におけるその者の職業及び資産の有無等の状況に照らし、その者が国内において継続して1年以上居住するものと推測するに足りる事実があること。
2 前項の規定により国内に住所を有する者と推定される個人と生計を一にする配偶者その他その者の扶養する親族が国内に居住する場合には、これらの者も国内に住所を有する者と推定する。

(国内に住所を有しない者と推定する場合)
第15条 国外に居住することとなつた個人が次の各号のいずれかに該当する場合には、その者は、国内に住所を有しない者と推定する。
一 その者が国外において、継続して1年以上居住することを通常必要とする職業を有すること。
二 その者が外国の国籍を有し又は外国の法令によりその外国に永住する許可を受けており、かつ、その者が国内において生計を一にする配偶者その他の親族を有しないことその他国内におけるその者の職業及び資産の有無等の状況に照らし、その者が再び国内に帰り、主として国内に居住するものと推測するに足りる事実がないこと。
2 前項の規定により国内に住所を有しない者と推定される個人と生計を一にする配偶者その他その者の扶養する親族が国外に居住する場合には、これらの者も国内に住所を有しない者と推定する。

(国内にある資産の運用又は保有により生ずる所得)
第280条 次に掲げる資産の運用又は保有により生ずる所得(法第161条第1項

第8号から第16号まで（国内源泉所得）に該当するものを除く。）は、同項第2号に掲げる国内源泉所得に含まれるものとする。
　一　公社債のうち日本国の国債若しくは地方債若しくは内国法人の発行する債券又は金融商品取引法第2条第1項第15号（定義）に掲げる約束手形
　二　居住者に対する貸付金に係る債権で当該居住者の行う業務に係るもの以外のもの
　三　国内にある営業所、事務所その他これらに準ずるもの又は国内において契約の締結の代理をする者を通じて締結した生命保険契約（保険業法第2条第3項（定義）に規定する生命保険会社若しくは同条第8項に規定する外国生命保険会社等の締結した保険契約又は同条第18項に規定する少額短期保険業者（以下この号において「少額短期保険業者」という。）の締結したこれに類する保険契約をいう。）、第30条第1号（非課税とされる保険金、損害賠償金等）に規定する旧簡易生命保険契約、損害保険契約（同法第2条第4項に規定する損害保険会社若しくは同条第9項に規定する外国損害保険会社等の締結した保険契約又は少額短期保険業者の締結したこれに類する保険契約をいう。）その他これらに類する契約に基づく保険金の支払又は剰余金の分配（これらに準ずるものを含む。）を受ける権利
2　次に掲げるものは、法第161条第1項第2号に掲げる国内源泉所得に含まれないものとする。
　一　第283条第1項（国内業務に係る貸付金の利子）に規定する利子
　二　金融商品取引法第2条第21項に規定する市場デリバティブ取引又は同条第22項に規定する店頭デリバティブ取引の決済により生ずる所得

（国内にある資産の譲渡により生ずる所得）
第281条　法第161条第1項第3号（国内源泉所得）に規定する政令で定める所得は、次に掲げる所得とする。
　一　国内にある不動産の譲渡による所得
　二　国内にある不動産の上に存する権利、鉱業法（昭和25年法律第289号）の規定による鉱業権又は採石法（昭和25年法律第291号）の規定による採石権の譲渡による所得
　三　国内にある山林の伐採又は譲渡による所得
　四　内国法人の発行する株式（株主となる権利、株式の割当てを受ける権利、新株予約権及び新株予約権の割当てを受ける権利を含む。）その他内国法人の出資者の持分（会社法の施行に伴う関係法律の整備等に関する法律第230条第1項（特定目的会社による特定資産の流動化に関する法律等の一部を改正する法律の一部改正に伴う経過措置等）に規定する特例旧特定目的会社の出資者の持分を除く。以下この項及び第4項において「株式等」という。）の譲渡（租税

特別措置法第37条の10第3項若しくは第4項（一般株式等に係る譲渡所得等の課税の特例）又は第37条の11第3項若しくは第4項（上場株式等に係る譲渡所得等の課税の特例）の規定によりその額及び価額の合計額が同法第37条の10第1項に規定する一般株式等に係る譲渡所得等又は同法第37条の11第1項に規定する上場株式等に係る譲渡所得等に係る収入金額とみなされる金銭及び金銭以外の資産の交付の基因となつた同法第37条の10第3項（第8号及び第9号に係る部分を除く。）若しくは第4項第1号から第3号まで又は第37条の11第4項第1号及び第2号に規定する事由に基づく同法第37条の10第2項第1号から第5号までに掲げる株式等（同項第4号に掲げる受益権にあつては、公社債投資信託以外の証券投資信託の受益権及び証券投資信託以外の投資信託で公社債等運用投資信託に該当しないものの受益権に限る。）についての当該金銭の額及び当該金銭以外の資産の価額に対応する権利の移転又は消滅を含む。以下この条において同じ。）による所得で次に掲げるもの

　　イ　同一銘柄の内国法人の株式等の買集めをし、その所有者である地位を利用して、当該株式等をその内国法人若しくはその特殊関係者に対し、又はこれらの者若しくはその依頼する者のあつせんにより譲渡をすることによる所得
　　ロ　内国法人の特殊関係株主等である非居住者が行うその内国法人の株式等の譲渡による所得
　五　法人（不動産関連法人に限る。）の株式（出資及び投資信託及び投資法人に関する法律第2条第14項（定義）に規定する投資口（第9項において「投資口」という。）を含む。第8項及び第10項において同じ。）の譲渡による所得
　六　国内にあるゴルフ場の所有又は経営に係る法人の株式又は出資を所有することがそのゴルフ場を一般の利用者に比して有利な条件で継続的に利用する権利を有する者となるための要件とされている場合における当該株式又は出資の譲渡による所得
　七　国内にあるゴルフ場その他の施設の利用に関する権利の譲渡による所得
　八　前各号に掲げるもののほか、非居住者が国内に滞在する間に行う国内にある資産の譲渡による所得

2　前項第4号イに規定する株式等の買集めとは、金融商品取引所（金融商品取引法第2条第16項（定義）に規定する金融商品取引所をいう。第9項において同じ。）又は同条第13項に規定する認可金融商品取引業協会がその会員（同条第19項に規定する取引参加者を含む。）に対し特定の銘柄の株式につき価格の変動その他売買状況等に異常な動きをもたらす基因となると認められる相当数の株式の買集めがあり、又はその疑いがあるものとしてその売買内容等につき報告又は資料の提出を求めた場合における買集めその他これに類する買集めをいう。

3　第1項第4号イに規定する特殊関係者とは、同号イの内国法人の役員又は主要な株主等（同号イに規定する株式等の買集めをした者から当該株式等を取得する

ことによりその内国法人の主要な株主等となることとなる者を含む。)、これらの者の親族、これらの者の支配する法人、その内国法人の主要な取引先その他その内国法人とこれらに準ずる特殊の関係のある者をいう。

4　第1項第4号ロに規定する特殊関係株主等とは、次に掲げる者をいう。
　一　第1項第4号ロの内国法人の一の株主等
　二　前号の一の株主等と法人税法施行令第4条(同族関係者の範囲)に規定する特殊の関係その他これに準ずる関係のある者
　三　第1号の一の株主等が締結している組合契約(次に掲げるものを含む。)に係る組合財産である第1項第4号ロの内国法人の株式等につき、その株主等に該当することとなる者(前2号に掲げる者を除く。)
　　イ　当該一の株主等が締結している組合契約による組合(これに類するものを含む。以下この号において同じ。)が締結している組合契約
　　ロ　イ又はハに掲げる組合契約による組合が締結している組合契約
　　ハ　ロに掲げる組合契約による組合が締結している組合契約

5　前項第3号及び第10項第3号において、組合契約とは次の各号に掲げる契約をいい、組合財産とは当該各号に掲げる契約の区分に応じ当該各号に定めるものをいう。
　一　民法第667条第1項(組合契約)に規定する組合契約　同法第668条(組合財産の共有)に規定する組合財産
　二　投資事業有限責任組合契約に関する法律(平成10年法律第90号)第3条第1項(投資事業有限責任組合契約)に規定する投資事業有限責任組合契約　同法第16条(民法の準用)において準用する民法第668条に規定する組合財産
　三　有限責任事業組合契約に関する法律(平成17年法律第40号)第3条第1項(有限責任事業組合契約)に規定する有限責任事業組合契約　同法第56条(民法の準用)において準用する民法第668条に規定する組合財産
　四　外国における前3号に掲げる契約に類する契約(以下この号において「外国組合契約」という。)　当該外国組合契約に係る前3号に規定する組合財産に類する財産

6　第1項第4号ロに規定する株式等の譲渡は、次に掲げる要件を満たす場合の同号ロの非居住者の当該譲渡の日の属する年(以下この項及び第9項において「譲渡年」という。)における第2号に規定する株式又は出資の譲渡に限るものとする。
　一　譲渡年以前3年内のいずれかの時において、第1項第4号ロの内国法人の特殊関係株主等がその内国法人の発行済株式又は出資(次号及び次項において「発行済株式等」という。)の総数又は総額の100分の25以上に相当する数又は金額の株式又は出資(当該特殊関係株主等が第4項第3号に掲げる者である場合には、同号の組合財産であるものに限る。次号及び次項において同じ。)

を所有していたこと。
二　譲渡年において、第1項第4号ロの非居住者を含む同号ロの内国法人の特殊関係株主等が最初にその内国法人の株式又は出資の譲渡をする直前のその内国法人の発行済株式等の総数又は総額の100分の5以上に相当する数又は金額の株式又は出資の譲渡をしたこと。

7　次に掲げる場合のいずれかに該当するときは、第1項第4号ロの非居住者を含む同号ロの内国法人の特殊関係株主等が前項第2号に掲げる要件を満たす同号に規定する株式又は出資の譲渡をしたものとして、同項の規定を適用する。
一　第1項第4号ロの非居住者がその有する株式又は出資を発行した同号ロの内国法人の法第24条第1項（配当所得）に規定する分割型分割（以下この号において「分割型分割」という。）のうち次のいずれかに該当するものにより第61条第6項第3号（所有株式に対応する資本金等の額又は連結個別資本金等の額の計算方法等）に規定する分割承継法人（以下この号において「分割承継法人」という。）の株式、第113条第1項（分割型分割により取得した株式等の取得価額）に規定する分割承継親法人（以下この号において「分割承継親法人」という。）の株式その他の資産の交付を受けた場合において、当該分割型分割に係る同条第3項に規定する割合に、当該内国法人の当該分割型分割の直前の発行済株式等の総数又は総額のうちに当該非居住者を含む当該内国法人の特殊関係株主等が当該分割型分割の直前に所有していた当該内国法人の株式又は出資の数又は金額の占める割合を乗じて計算した割合が100分の5以上であるとき。
　　イ　分割型分割に係る法人税法第2条第12号の9イ（定義）に規定する分割対価資産として当該分割型分割に係る分割承継法人又は分割承継親法人のうちいずれか一の法人の株式（出資を含む。以下この号において同じ。）以外の資産が交付される分割型分割
　　ロ　分割型分割に係る分割承継法人又は分割承継親法人の株式が当該分割型分割に係る第61条第6項第6号に規定する分割法人の発行済株式等の総数又は総額のうちに占める当該分割法人の各株主等の有する当該分割法人の株式の数又は金額の割合に応じて交付されない分割型分割
二　第1項第4号ロの非居住者がその有する株式又は出資を発行した同号ロの内国法人の法人税法第2条第12号の15の2に規定する株式分配（以下この号において「株式分配」という。）のうち次のいずれかに該当するものにより同条第12号の15の2に規定する完全子法人（以下この号において「完全子法人」という。）の株式その他の資産の交付を受けた場合において、当該株式分配に係る第113条の2第2項（株式分配により取得した株式等の取得価額）に規定する割合に、当該内国法人の当該株式分配の直前の発行済株式等の総数又は総額のうちに当該非居住者を含む当該内国法人の特殊関係株主等が当該株式分配

の直前に所有していた当該内国法人の株式又は出資の数又は金額の占める割合を乗じて計算した割合が100分の5以上であるとき。
　　イ　完全子法人の株式（出資を含む。ロにおいて同じ。）以外の資産が交付される株式分配
　　ロ　株式分配に係る完全子法人の株式が当該株式分配に係る法人税法第2条第12号の5の2に規定する現物分配法人の発行済株式等の総数又は総額のうちに占める当該現物分配法人の各株主等の有する当該現物分配法人の株式の数又は金額の割合に応じて交付されない株式分配
　三　第1項第4号ロの非居住者がその有する株式又は出資を発行した同号ロの内国法人の資本の払戻し（法第25条第1項第4号（配当等とみなす金額）に規定する資本の払戻しをいう。ロにおいて同じ。）又は解散による残余財産の分配（以下この号において「払戻し等」という。）として金銭その他の資産の交付を受けた場合において、次に掲げる場合の区分に応じそれぞれ次に定める割合が100分の5以上であるとき。
　　イ　ロに掲げる場合以外の場合　当該払戻し等に係る払戻等割合（第114条第1項（資本の払戻し等があつた場合の株式等の取得価額）に規定する払戻等割合をいう。ロにおいて同じ。）に、当該内国法人の当該払戻し等の直前の発行済株式等の総数又は総額のうちに当該非居住者を含む当該内国法人の特殊関係株主等が当該払戻し等の直前に所有していた当該内国法人の株式又は出資の数又は金額の占める割合を乗じて計算した割合
　　ロ　当該払戻し等が二以上の種類の株式又は出資を発行していた法人が行つた資本の払戻しである場合　当該払戻し等に係る株式又は出資の種類ごとに、その種類の株式又は出資に係る払戻等割合に、当該内国法人の当該払戻し等の直前の発行済株式等の総数又は総額のうちに当該非居住者を含む当該内国法人の特殊関係株主等が当該払戻し等の直前に所有していた当該内国法人の当該種類の株式又は出資の数又は金額の占める割合を乗じて計算した割合の合計割合

8　第1項第5号に規定する不動産関連法人とは、その株式の譲渡の日から起算して365日前の日から当該譲渡の直前の時までの間のいずれかの時において、その有する資産の価額の総額のうちに次に掲げる資産の価額の合計額の占める割合が100分の50以上である法人をいう。
　一　国内にある土地等（土地若しくは土地の上に存する権利又は建物及びその附属設備若しくは構築物をいう。以下この項において同じ。）
　二　その有する資産の価額の総額のうちに国内にある土地等の価額の合計額の占める割合が100分の50以上である法人の株式
　三　前号又は次号に掲げる株式を有する法人（その有する資産の価額の総額のうちに国内にある土地等並びに前号、この号及び次号に掲げる株式の価額の合計

額の占める割合が100分の50以上であるものに限る。）の株式（前号に掲げる株式に該当するものを除く。）

四　前号に掲げる株式を有する法人（その有する資産の価額の総額のうちに国内にある土地等並びに前2号及びこの号に掲げる株式の価額の合計額の占める割合が100分の50以上であるものに限る。）の株式（前2号に掲げる株式に該当するものを除く。）

9　第1項第5号に規定する株式の譲渡は、次に掲げる株式（投資口を含む。以下この項において同じ。）又は出資の譲渡に限るものとする。

一　譲渡年の前年の12月31日（以下この項において「基準日」という。）において、その株式又は出資（金融商品取引所に上場されているものその他これに類するものとして財務省令で定めるものに限る。次号において「上場株式等」という。）に係る第1項第5号の法人の特殊関係株主等が当該法人の発行済株式（投資信託及び投資法人に関する法律第2条第12項に規定する投資法人にあつては、発行済みの投資口）又は出資（当該法人が有する自己の株式又は出資を除く。次号において「発行済株式等」という。）の総数又は総額の100分の5を超える数又は金額の株式又は出資（当該特殊関係株主等が次項第3号に掲げる者である場合には、同号の組合財産であるものに限る。）を有し、かつ、その株式又は出資の譲渡をした者が当該特殊関係株主等である場合の当該譲渡

二　基準日において、その株式又は出資（上場株式等を除く。）に係る第1項第5号の法人の特殊関係株主等が当該法人の発行済株式等の総数又は総額の100分の2を超える数又は金額の株式又は出資（当該特殊関係株主等が次項第3号に掲げる者である場合には、同号の組合財産であるものに限る。）を有し、かつ、その株式又は出資の譲渡をした者が当該特殊関係株主等である場合の当該譲渡

10　前項に規定する特殊関係株主等とは、次に掲げる者をいう。

一　第1項第5号の法人の一の株主等

二　前号の一の株主等と法人税法施行令第4条に規定する特殊の関係その他これに準ずる関係のある者

三　第1号の一の株主等が締結している組合契約（次に掲げるものを含む。）に係る組合財産である第1項第5号の法人の株式につき、その株主等に該当することとなる者（前2号に掲げる者を除く。）

イ　当該一の株主等が締結している組合契約による組合（これに類するものを含む。以下この項において同じ。）が締結している組合契約

ロ　イ又はハに掲げる組合契約による組合が締結している組合契約

ハ　ロに掲げる組合契約による組合が締結している組合契約

(恒久的施設を通じて行う組合事業から生ずる利益)
第281条の2 法第161条第1項第4号（国内源泉所得）に規定する政令で定める契約は、次に掲げる契約とする。
　一　投資事業有限責任組合契約に関する法律第3条第1項（投資事業有限責任組合契約）に規定する投資事業有限責任組合契約
　二　有限責任事業組合契約に関する法律第3条第1項（有限責任事業組合契約）に規定する有限責任事業組合契約
　三　外国における次に掲げる契約に類する契約
　　イ　民法第667条第1項（組合契約）に規定する組合契約
　　ロ　前2号に掲げる契約
2　法第161条第1項第4号規定する政令で定める利益は、同号に規定する組合契約（以下この項において「組合契約」という。）に基づいて恒久的施設を通じて行う事業から生ずる収入から当該収入に係る費用（同条第1項第5号から第16号までに掲げる国内源泉所得につき法第212条第1項（源泉徴収義務）の規定により徴収された所得税を含む。）を控除したものについて当該組合契約を締結している組合員（当該組合契約を締結していた組合員並びに前項第3号に掲げる契約を締結している者及び当該契約を締結していた者を含む。）が当該組合契約に基づいて配分を受けるものとする。

(国内にある土地等の譲渡による対価)
第281条の3　法第161条第1項第5号（国内源泉所得）に規定する政令で定める対価は、土地等（国内にある土地若しくは土地の上に存する権利又は建物及びその附属設備若しくは構築物をいう。以下この条において同じ。）の譲渡による対価（その金額が1億円を超えるものを除く。）で、当該土地等を自己又はその親族の居住の用に供するために譲り受けた個人から支払われるものとする。

(人的役務の提供を主たる内容とする事業の範囲)
第282条　法第161条第1項第6号（国内源泉所得）に規定する政令で定める事業は、次に掲げる事業とする。
　一　映画若しくは演劇の俳優、音楽家その他の芸能人又は職業運動家の役務の提供を主たる内容とする事業
　二　弁護士、公認会計士、建築士その他の自由職業者の役務の提供を主たる内容とする事業
　三　科学技術、経営管理その他の分野に関する専門的知識又は特別の技能を有する者の当該知識又は技能を活用して行う役務の提供を主たる内容とする事業（機械設備の販売その他事業を行う者の主たる業務に付随して行われる場合における当該事業及び法第2条第1項第8号の4ロ（定義）に規定する建設又は

据付けの工事の指揮監督の役務の提供を主たる内容とする事業を除く。）

（国内業務に係る貸付金の利子）
第283条 法第161条第1項第10号（国内源泉所得）に規定する政令で定める利子は、次に掲げる債権のうち、その発生の日からその債務を履行すべき日までの期間（期間の更新その他の方法（以下この項において「期間の更新等」という。）により当該期間が実質的に延長されることが予定されているものについては、その延長された当該期間。以下この項において「履行期間」という。）が6月を超えないもの（その成立の際の履行期間が6月を超えなかつた当該債権について期間の更新等によりその履行期間が6月を超えることとなる場合のその期間の更新等が行われる前の履行期間における当該債権を含む。）の利子とする。
一　国内において業務を行う者に対してする資産の譲渡又は役務の提供の対価に係る債権
二　前号に規定する対価の決済に関し、金融機関が国内において業務を行う者に対して有する債権
2　法第161条第1項第10号の規定の適用については、居住者又は内国法人の業務の用に供される船舶又は航空機の購入のためにその居住者又は内国法人に対して提供された貸付金は、同号の規定に該当する貸付金とし、非居住者又は外国法人の業務の用に供される船舶又は航空機の購入のためにその非居住者又は外国法人に対して提供された貸付金は、同号の規定に該当する貸付金以外の貸付金とする。
3　法第161条第1項第10号に規定する債券の買戻又は売戻条件付売買取引として政令で定めるものは、債券をあらかじめ約定した期日にあらかじめ約定した価格で（あらかじめ期日及び価格を約定することに代えて、その開始以後期日及び価格の約定をすることができる場合にあつては、その開始以後約定した期日に約定した価格で）買い戻し、又は売り戻すことを約定して譲渡し、又は購入し、かつ、当該約定に基づき当該債権と同種及び同量の債券を買い戻し、又は売り戻す取引（次項において「債券現先取引」という。）とする。
4　法第161条第1項第10号に規定する差益として政令で定めるものは、国内において業務を行う者との間で行う債券現先取引で当該業務に係るものにおいて、債券を購入する際の当該購入に係る対価の額を当該債券と同種及び同量の債券を売り戻す際の当該売戻しに係る対価の額が上回る場合における当該売戻しに係る対価の額から当該購入に係る対価の額を控除した金額に相当する差益とする。

（国内業務に係る使用料等）
第284条 法第161条第1項第11号ハ（国内源泉所得）に規定する政令で定める用具は、車両及び運搬具、工具並びに器具及び備品とする。

2 法第161条第1項第11号の規定の適用については、同号ロ又はハに規定する資産で居住者又は内国法人の業務の用に供される船舶又は航空機において使用されるものの使用料は、同号の規定に該当する使用料とし、当該資産で非居住者又は外国法人の業務の用に供される船舶又は航空機において使用されるものの使用料は、同号の規定に該当する使用料以外の使用料とする。

(国内に源泉がある給与、報酬又は年金の範囲)
第285条 法第161条第1項第12号イ(国内源泉所得)に規定する政令で定める人的役務の提供は、次に掲げる勤務その他の人的役務の提供とする。
一 内国法人の役員としての勤務で国外において行うもの(当該役員としての勤務を行う者が同時にその内国法人の使用人として常時勤務を行う場合の当該役員としての勤務を除く。)
二 居住者又は内国法人が運航する船舶又は航空機において行う勤務その他の人的役務の提供(国外における寄航地において行われる一時的な人的役務の提供を除く。)
2 法第161条第1項第12号ロに規定する政令で定める公的年金等は、第72条第3項第9号(退職手当等とみなす一時金)に規定する制度に基づいて支給される年金(これに類する給付を含む。)とする。
3 法第161条第1項第12号ハに規定する政令で定める人的役務の提供は、第1項各号に掲げる勤務その他の人的役務の提供で当該勤務その他の人的役務の提供を行う者が非居住者であつた期間に行つたものとする。

(事業の広告宣伝のための賞金)
第286条 法第161条第1項第13号(国内源泉所得)に規定する政令で定める賞金は、国内において事業を行う者から当該事業の広告宣伝のために賞として支払を受ける金品その他の経済的な利益(旅行その他の役務の提供を内容とするもので、金品との選択をすることができないものとされているものを除く。)とする。

(年金に係る契約の範囲)
第287条 法第161条第1項第14号(国内源泉所得)に規定する政令で定める契約は、第183条第3項(生命保険契約等の意義)に規定する生命保険契約等又は第184条第1項(損害保険年金等に係る雑所得の金額の計算上控除する保険料等)に規定する損害保険契約等であつて、年金を給付する定めのあるものとする。

（匿名組合契約に準ずる契約の範囲）
第288条 法第161条第1項第16号（国内源泉所得）に規定する政令で定める契約は、当事者の一方が相手方の事業のために出資をし、相手方がその事業から生ずる利益を分配することを約する契約とする。

（国内に源泉がある所得）
第289条 法第161条第1項第17号（国内源泉所得）に規定する政令で定める所得は、次に掲げる所得とする。
一 国内において行う業務又は国内にある資産に関し受ける保険金、補償金又は損害賠償金（これらに類するものを含む。）に係る所得
二 国内にある資産の法人からの贈与により取得する所得
三 国内において発見された埋蔵物又は国内において拾得された遺失物に係る所得
四 国内において行う懸賞募集に基づいて懸賞として受ける金品その他の経済的な利益（旅行その他の役務の提供を内容とするもので、金品との選択ができないものとされているものを除く。）に係る所得
五 前3号に掲げるもののほか、国内においてした行為に伴い取得する一時所得
六 前各号に掲げるもののほか、国内において行う業務又は国内にある資産に関し供与を受ける経済的な利益に係る所得

（債務の保証等に類する取引）
第290条 法第161条第2項（国内源泉所得）に規定する政令で定める取引は、資金の借入れその他の取引に係る債務の保証（債務を負担する行為であつて債務の保証に準ずるものを含む。）とする。

（国際運輸業所得）
第291条 法第161条第3項（国内源泉所得）に規定する政令で定める所得は、非居住者が国内及び国外にわたつて船舶又は航空機による運送の事業を行うことにより生ずる所得のうち、船舶による運送の事業にあつては国内において乗船し又は船積みをした旅客又は貨物に係る収入金額を基準とし、航空機による運送の事業にあつてはその国内業務（国内において行う業務をいう。以下この条において同じ。）に係る収入金額又は経費、その国内業務の用に供する固定資産の価額その他その国内業務が当該運送の事業に係る所得の発生に寄与した程度を推測するに足りる要因を基準として判定したその非居住者の国内業務につき生ずべき所得とする。

(生命保険契約等に基づく年金等に係る課税標準)
第296条 法第169条第5号(分離課税に係る所得税の課税標準)に規定する政令で定めるところにより計算した金額は、次の各号に掲げる場合の区分に応じ当該各号に定める金額とする。
一 法第169条第5号に規定する契約が第287条(年金に係る契約の範囲)に規定する生命保険契約等であつて年金のみを支払う内容のものである場合 同号に規定する支払を受けるべき金額に第183条第1項第2号(生命保険年金等に係る雑所得の金額の計算上控除する保険料等)に規定する割合を乗じて計算した金額
二 法第169条第5号に規定する契約が第287条に規定する生命保険契約等であつて年金のほか一時金を支払う内容のものである場合 次に掲げる区分に応じそれぞれ次に定める金額
　イ 法第169条第5号に規定する支払を受けるべき金額が年金の金額であるとき。 当該金額に第183条第1項第3号の規定による計算をした後の同項第2号に規定する割合を乗じて計算した金額
　ロ 法第169条第5号に規定する支払を受けるべき金額が一時金の金額であるとき。 第183条第2項第3号の規定による計算をした後の同項第2号に規定する保険料又は掛金の総額
三 法第169条第5号に規定する契約が第287条に規定する損害保険契約等である場合 同号に規定する支払を受けるべき金額に第184条第1項第2号(損害保険年金等に係る雑所得の金額の計算上控除する保険料等)に規定する割合を乗じて計算した金額

(退職所得の選択課税による還付)
第297条 法第173条第1項(退職所得の選択課税による還付)の規定による申告書を提出する場合において、同項第2号に掲げる所得税の額のうち源泉徴収をされたものがあるときは、当該申告書を提出する者は、当該申告書に、その源泉徴収をされた事実の説明となるべき財務省令で定める事項を記載した明細書を添附しなければならない。
2 前項の申告書を提出した者は、当該申告書の記載に係る同項に規定する所得税の額でその提出の時においてまだ納付されていなかつたものの納付があつた場合には、遅滞なく、その納付の日、その納付された所得税の額その他必要な事項を記載した届出書を納税地の所轄税務署長に提出しなければならない。
3 税務署長は、第1項の申告書の提出があつた場合には、当該申告書の記載に係る法第173条第1項第3号に掲げる金額が過大であると認められる事由がある場合を除き、遅滞なく、同条第2項の規定による還付又は充当の手続をしなければならない。

(外国法人が課税の特例の適用を受けるための要件)
第304条 法第180条第1項(恒久的施設を有する外国法人の受ける国内源泉所得に係る課税の特例)に規定する政令で定める要件は、次に掲げる要件とする。
一 法人税法第149条第1項若しくは第2項(外国普通法人となつた旨の届出)又は第150条第4項若しくは第5項(公益法人等又は人格のない社団等の収益事業の開始等の届出)の規定による届出書を提出していること。
二 会社法第933条第1項(外国会社の登記)又は民法第37条第1項(外国法人の登記)の規定による登記をすべき外国法人にあつては、その登記をしていること(会社法第933条第1項の規定による登記をしている恒久的施設(法第2条第1項第8号の4イ(定義)に掲げるもの又は同号ただし書に規定する条約において恒久的施設と定められたもので同号イに掲げるものに相当するものに限る。)を有する外国法人にあつては、会社法第933条第1項第2号に規定する営業所につきその登記をしていること。)。
三 法第180条第1項の規定の適用を受けようとする同項に規定する対象国内源泉所得が、法人税に関する法令(法第2条第1項第8号の4ただし書に規定する条約を含む。)の規定により法人税を課される所得のうちに含まれるものであること。
四 偽りその他不正の行為により所得税又は法人税を免れたことがないこと。
五 法第180条第1項の規定の適用を受けるために同項の証明書を同項に規定する対象国内源泉所得の支払者に提示する場合において、当該支払者の氏名又は名称及びその住所、事務所、事業所その他当該対象国内源泉所得の支払の場所並びにその提示した年月日を帳簿に記録することが確実であると見込まれること。

(外国法人が課税の特例の適用を受けるための手続等)
第305条 法第180条第1項(恒久的施設を有する外国法人の受ける国内源泉所得に係る課税の特例)の証明書の交付を受けようとする法人は、次に掲げる事項を記載した申請書をその法人税の納税地の所轄税務署長に提出しなければならない。
一 その法人の名称、本店又は主たる事務所の所在地及び法人番号
二 その法人の法人税法第17条第1号(外国法人の納税地)に規定する事務所、事業所その他これらに準ずるもの(これらが2以上あるときは、そのうち主たるもの。次条第1項第1号において「納税地にある事務所等」という。)の名称及び所在地並びにその代表者その他の責任者の氏名
三 前条第1号に規定する届出書を提出した年月日及び同条第2号に規定する登記をした年月日(当該登記をすることができない法人については、そのできない事情の詳細)

四　前条第3号に掲げる要件に該当する事情の概要
五　前条第5号の記録を確実に行う旨
六　その法人が恒久的施設を通じて行う事業の内容が前条第1号の規定による届出書を提出した当時の当該事業の内容と異なつている場合には、その現在の事業の概要
七　当該証明書により法第180条第1項の規定の適用を受けようとする同項に規定する対象国内源泉所得のうち主たるものの支払者の氏名又は名称、その住所、事務所、事業所その他当該対象国内源泉所得の支払の場所及びその支払の宛先並びに当該対象国内源泉所得の種類及び当該対象国内源泉所得の支払を受ける見込期間
八　当該証明書により法第180条第1項の規定の適用を受けようとする国内源泉所得がその法人の同項に規定する対象国内源泉所得に該当する事情
九　その他参考となるべき事項

2　前項の所轄税務署長は、同項の申請書の提出があつた場合において、当該申請書を提出した法人が前条各号に定める要件を備えていると認めるときは、同項の証明書を交付するものとする。

3　恒久的施設を有する外国法人から第1項の証明書の提示を受けた法第180条第1項に規定する対象国内源泉所得の支払者は、当該外国法人に対する当該対象国内源泉所得の支払に関する帳簿を備え、当該外国法人の名称及び同項の証明書の有効期限を記載しなければならない。

（外国法人が課税の特例の要件に該当しなくなつた場合の手続等）

第306条　法第180条第1項（恒久的施設を有する外国法人の受ける国内源泉所得に係る課税の特例）の証明書の交付を受けている法人は、同条第2項に規定する場合には、次に掲げる事項を記載した届出書に当該証明書を添付し、これをその法人税の納税地の所轄税務署長に提出するとともに、その法人が当該証明書を提示した国内源泉所得の支払者に対しその旨を遅滞なく通知しなければならない。
一　その法人の納税地にある事務所等の名称及び所在地並びにその代表者その他の責任者の氏名
二　第304条各号（外国法人が課税の特例の適用を受けるための要件）に掲げる要件に該当しないこととなり、又は恒久的施設を有しないこととなつた事情の詳細
三　その法人が当該証明書を提示した国内源泉所得の支払者の氏名又は名称及びその住所、事務所、事業所その他当該国内源泉所得の支払の場所
四　その他参考となるべき事項

2　前項に規定する法人は、同項の証明書に係る前条第1項の申請書に記載した同

項第1号又は第2号に掲げる事項に変更があつた場合には、遅滞なく、その旨を記載した届出書を前項の所轄税務署長に提出しなければならない。

(源泉徴収を要しない国内源泉所得)
第328条 法第212条第1項(源泉徴収義務)に規定する政令で定める国内源泉所得は、次に掲げる国内源泉所得とする。
一 映画若しくは演劇の俳優、音楽家その他の芸能人又は職業運動家の役務の提供に係る法第161条第1項第6号又は12号イ(国内源泉所得)に掲げる対価又は報酬で不特定多数の者から支払われるもの
二 非居住者又は外国法人が有する土地若しくは土地の上に存する権利又は家屋(以下この号において「土地家屋等」という。)に係る法第161条第1項第7号に掲げる対価で、当該土地家屋等を自己又はその親族の居住の用に供するために借り受けた個人から支払われるもの
三 法第169条(分離課税に係る所得税の課税標準)に規定する非居住者に対し支払われる法第161条第1項第12号イ又はハに掲げる給与又は報酬で、その者が法第172条(給与等につき源泉徴収を受けない場合の申告納税等)の規定によりその支払の時までに既に納付した所得税の額の計算の基礎とされたもの

(組合員に類する者の範囲)
第328条の2 法第212条第5項(源泉徴収義務)に規定する組合員に類する者で政令で定めるものは、同項に規定する組合契約を締結していた組合員並びに第281条の2第1項第3号(恒久的施設を通じて行う組合事業から生ずる利益)に掲げる契約を締結している者及び当該契約を締結していた者とする。

(金銭以外のもので支払われる賞金の価額等)
第329条 法第213条第1項第1号ロ(非居住者又は外国法人の所得に係る徴収税額)に規定する政令で定めるところにより計算した金額は、同号ロに規定する金銭以外のものにつき第321条(金銭以外のもので支払われる賞金の価額)の規定に準じて計算した金額とする。
2 法第213条第1項第1号ハに規定する政令で定めるところにより計算した金額は、同号ハに規定する支払われる年金の額につき第296条(生命保険契約等に基づく年金等に係る課税標準)の規定に準じて計算した金額とする。
3 法第213条第2項第3号に規定する政令で定める金額は、第298条第1項(内国法人に係る所得税の課税標準)に規定する金額とする。

(非居住者が源泉徴収の免除を受けるための要件)
第330条 法第214条第1項(源泉徴収を要しない非居住者の国内源泉所得)に

規定する政令で定める要件は、次に掲げる要件とする。
一　法第229条（開業等の届出）の規定による届出書を提出していること。
二　納税地に現住しない非居住者については、その者が国税通則法第117条第2項（納税管理人）の規定による納税管理人の届出をしていること。
三　その年の前年分の所得税に係る確定申告書を提出していること。
四　法第214条第1項の規定の適用を受けようとする同項に規定する対象国内源泉所得が、法その他所得税に関する法令（法第2条第1項第8号の4ただし書（定義）に規定する条約を含む。）の規定により法第165条第1項（総合課税に係る所得税の課税標準、税額等の計算）に規定する総合課税に係る所得税を課される所得のうちに含まれるものであること。
五　偽りその他不正の行為により所得税を免れたことがないこと。
六　法第214条第1項の規定の適用を受けるために同項の証明書を同項に規定する対象国内源泉所得の支払者に提示する場合において、当該支払者の氏名又は名称及びその住所、事務所、事業所その他当該対象国内源泉所得の支払の場所並びにその提示した年月日を帳簿に記録することが確実であると見込まれること。

（非居住者が源泉徴収の免除を受けるための手続等）
第331条　法第214条第1項（源泉徴収を要しない非居住者の国内源泉所得）の証明書の交付を受けようとする者は、次に掲げる事項を記載した申請書を納税地の所轄税務署長に提出しなければならない。
一　その者の氏名及び住所並びに国内に居所があるときは当該居所
二　その者の恒久的施設を通じて行う事業に係る事務所、事業所その他これらに準ずるもの（これらが2以上あるときは、そのうち主たるもの。第333条第1項第1号（非居住者が源泉徴収の免除の要件に該当しなくなつた場合の手続等）において「国内にある事務所等」という。）の名称及び所在地並びにその代表者その他の責任者の氏名並びに国税通則法第117条第2項（納税管理人）の規定により届け出た納税管理人が当該責任者と異なるときは、納税管理人の氏名
三　前条第1号に規定する届出書を提出した年月日
四　前条第4号に掲げる要件に該当する事情の概要
五　前条第6号の記録を確実に行う旨
六　当該証明書により法第214条第1項の規定の適用を受けようとする同項に規定する対象国内源泉所得のうち主たるものの支払者の氏名又は名称、その住所、事務所、事業所その他当該対象国内源泉所得の支払の場所及びその支払の宛先並びに当該対象国内源泉所得の種類及び当該対象国内源泉所得の支払を受ける見込期間

七　当該証明書により法第214条第1項の規定の適用を受けようとする国内源泉所得がその者の同項に規定する対象国内源泉所得に該当する事情

八　その他参考となるべき事項

2　第305条第2項及び第3項（外国法人が課税の特例の適用を受けるための手続等）の規定は、非居住者に係る法第214条第1項の証明書について準用する。

（源泉徴収を免除されない非居住者の国内源泉所得）

第332条　法第214条第1項（源泉徴収を要しない非居住者の国内源泉所得）に規定する政令で定める国内源泉所得は、次に掲げる国内源泉所得とする。

一　法第161条第1項第11号（国内源泉所得）に掲げる使用料又は対価で法第204条第1項第1号（源泉徴収義務）に掲げる報酬又は料金に該当するもの

二　法第161条第1項第12号イに掲げる報酬で法第204条第1項第5号に掲げる人的役務の提供に関する報酬又は料金に該当するもの以外のもの

三　法第161条第1項第14号に掲げる年金でその支払額が25万円以上のもの

（非居住者が源泉徴収の免除の要件に該当しなくなつた場合の手続等）

第333条　法第214条第1項（源泉徴収を要しない非居住者の国内源泉所得）の証明書の交付を受けている者は、同条第2項に規定する場合には、次に掲げる事項を記載した届出書に当該証明書を添付し、これを納税地の所轄税務署長に提出するとともに、その者が当該証明書を提示した国内源泉所得の支払者に対しその旨を遅滞なく通知しなければならない。

一　その者の国内にある事務所等の名称及び所在地並びにその代表者その他の責任者の氏名並びに国税通則法第117条第2項（納税管理人）の規定により届け出た納税管理人が当該責任者と異なるときは、納税管理人の氏名

二　第330条各号（非居住者が源泉徴収の免除を受けるための要件）に掲げる要件に該当しないこととなり、又は恒久的施設を有しないこととなつた事情の詳細

三　その者が当該証明書を提示した国内源泉所得の支払者の氏名又は名称及びその住所、事務所、事業所その他当該国内源泉所得の支払の場所

四　その他参考となるべき事項

2　前項に規定する者は、同項の証明書に係る第331条第1項（非居住者が源泉徴収の免除を受けるための手続等）の申請書に記載した同項第1号又は第2号に掲げる事項に変更があつた場合には、遅滞なく、その旨を記載した届出書を納税地の所轄税務署長に提出しなければならない。

（非居住者の給与又は報酬で源泉徴収が行われたものとみなされるもの）

第334条　法第215条（非居住者の人的役務の提供による給与等に係る源泉徴収

VI 参考法令（抄）

の特例）の規定により所得税の徴収が行われたものとみなされる給与又は報酬の金額は、法第 161 条第 1 項第 6 号（国内源泉所得）に規定する事業を国内において行う者の当該国内において行う事業につき支払を受けた同号に掲げる対価の総額が当該国内において行う事業のために人的役務の提供をする各非居住者に対しその人的役務の提供につき支払うべき同項第 12 号イ又はハに掲げる給与又は報酬の金額の合計額に満たなかつた場合には、当該対価の総額に、当該合計額のうちに当該各非居住者に対し支払うべき当該給与又は報酬の金額の占める割合を乗じて計算した金額とする。

3 租税条約等の実施に伴う所得税法、法人税法及び地方税法の特例等に関する法律

（趣旨）
第1条 この法律は、租税条約等を実施するため、所得税法（昭和40年法律第33号）、法人税法（昭和40年法律第34号）、地方法人税法（平成26年法律第11号）及び地方税法（昭和25年法律第226号）の特例その他必要な事項を定めるものとする。

（定義）
第2条 この法律において、次の各号に掲げる用語の意義は、当該各号に定めるところによる。
　一　租税条約　我が国が締結した所得に対する租税に関する二重課税の回避又は脱税の防止のための条約をいう。
　二　租税条約等　租税条約及び租税相互行政支援協定（租税条約以外の我が国が締結した国際約束で、租税の賦課若しくは徴収に関する情報を相互に提供すること、租税の徴収の共助若しくは徴収のための財産の保全の共助をすること又は租税に関する文書の送達の共助をすることを定める規定を有するものをいう。）をいう。
　三　相手国等　租税条約等の我が国以外の締約国又は締約者をいう。
　四　相手国居住者等　所得税法第2条第1項第5号に規定する非居住者（以下「非居住者」という。）又は同項第7号に規定する外国法人（同項第8号に規定する人格のない社団等（以下「人格のない社団等」という。）を含む。以下「外国法人」という。）で、租税条約の規定により当該租税条約の相手国等の居住者又は法人とされるものをいう。
　五　限度税率　租税条約において相手国居住者等に対する課税につき一定の税率又は一定の割合で計算した金額を超えないものとしている場合におけるその一定の税率又は一定の割合をいう。

（免税芸能法人等の役務提供の対価に係る源泉徴収及び所得税の還付）
第3条 租税特別措置法（昭和32年法律第26号）第41条の22第1項に規定する免税芸能法人等に該当する相手国居住者等（同項に規定する免税芸能法人等に該当する外国法人で、その支払を受ける同項に規定する芸能人等の役務提供に係る対価（同項に規定する事由を要件として租税条約の規定により所得税を免除されるものに限る。以下この項において同じ。）のうち、当該租税条約の規定において当該外国法人の法人税法第2条第14号に規定する株主等（当該外国法人が

人格のない社団等である場合の株主等に準ずる者を含む。以下「株主等」という。）である者（当該租税条約の規定により当該租税条約の相手国等の居住者とされる者に限る。）の所得として取り扱われる部分（以下この項において「株主等所得」という。）を有するもの（以下この項において「免税芸能外国法人」という。）を含む。以下この条において「免税相手国居住者等」という。）が支払を受ける芸能人等の役務提供に係る対価（免税芸能外国法人にあつては、株主等所得に対応する部分に限る。以下この条において「免税対象の役務提供対価」という。）については、所得税法第212条第1項及び租税特別措置法第41条の22第1項の規定の適用があるものとする。

2 免税相手国居住者等が免税対象の役務提供対価の支払を受けた場合には、税務署長は、当該免税相手国居住者等に対し、政令で定めるところにより、当該免税対象の役務提供対価につき所得税法第212条第1項又は租税特別措置法第41条の22第1項の規定により徴収された所得税の額に相当する金額を還付する。

3 免税相手国居住者等が免税対象の役務提供対価のうちから租税特別措置法第41条の22第1項各号に掲げる者に支払う同項に規定する芸能人等の役務提供報酬につき所得税法第212条第1項又は租税特別措置法第41条の22第1項の規定により徴収すべき所得税がある場合には、前項の規定による還付は、その徴収すべき所得税が国に納付された後に行うものとする。

4 第2項の規定の適用がある場合における所得税法第215条（租税特別措置法第41条の22第2項第1号の規定により読み替えて適用される場合を含む。）の規定の適用については、所得税法第215条中「徴収された場合」とあるのは「徴収された場合（当該非居住者又は外国法人が租税条約等の実施に伴う所得税法、法人税法及び地方税法の特例等に関する法律（昭和44年法律第46号。以下「租税条約等実施特例法」という。）第3条第2項（免税芸能法人等の役務提供の対価に係る源泉徴収及び所得税の還付）の規定により当該徴収された所得税の還付を受けることができる場合（同条第1項に規定する免税芸能外国法人（以下「免税芸能外国法人」という。）にあつては、当該徴収された所得税の額の全部につき還付を受けることができる場合に限る。）を除く。）」と、「給与又は報酬」とあるのは「給与又は報酬（免税芸能外国法人にあつては、租税条約等実施特例法第3条第1項に規定する株主等所得に対応する部分を除く。）」とする。

（配当等又は譲渡収益に対する源泉徴収に係る所得税の税率の特例等）
第3条の2 相手国居住者等が支払を受ける配当等（租税条約に規定する配当、利子若しくは使用料（当該租税条約においてこれらに準ずる取扱いを受けるものを含む。）又はその他の所得で、所得税法の施行地にその源泉があるものをいう。以下同じ。）又は譲渡収益（資産の譲渡により生ずる収益で同法の施行地にその源泉があるものをいい、配当等に含まれるものを除く。以下同じ。）のう

ち、当該相手国居住者等に係る相手国等との間の租税条約の規定において当該相手国居住者等の所得として取り扱われるもの（次項において「相手国居住者等配当等」という。）であつて限度税率を定める当該租税条約の規定の適用があるものに対する同法第170条、第179条若しくは第213条第1項又は租税特別措置法第3条第1項、第8条の2第1項、第3項若しくは第4項、第9条の3、第9条の3の2第1項、第37条の11の4第1項、第41条の9第1項から第3項まで、第41条の10第1項、第41条の12第1項若しくは第2項若しくは第41条の12の2第1項から第3項までの規定の適用については、当該限度税率が当該配当等又は譲渡収益に適用されるこれらの規定に規定する税率以上である場合を除き、これらの規定に規定する税率に代えて、当該租税条約の規定により当該配当等又は譲渡収益につきそれぞれ適用される限度税率によるものとする。

2 相手国居住者等が支払を受ける相手国居住者等配当等であつて所得税の免除を定める租税条約の規定の適用があるものについては、所得税法第7条第1項第3号及び第5号、第164条第2項、第169条、第170条、第178条、第179条並びに第212条第1項及び第2項並びに租税特別措置法第3条第1項、第8条の2第1項、第9条の3の2第1項、第37条の11の4第1項、第41条の9第1項から第3項まで、第41条の10第1項、第41条の12第1項及び第2項並びに第41条の12の2第1項から第3項までの規定の適用はないものとする。

3 外国法人が支払を受ける配当等のうち、租税条約の規定において当該外国法人の株主等である者（当該租税条約の規定により当該租税条約の相手国等の居住者とされる者に限る。）の所得として取り扱われる部分（次項において「株主等配当等」という。）であつて限度税率を定める当該租税条約の規定の適用があるものに対する所得税法第179条若しくは第213条第1項又は租税特別措置法第8条の2第3項若しくは第4項、第9条の3、第9条の3の2第1項、第41条の9第2項若しくは第3項、第41条の12第2項若しくは第41条の12の2第1項から第3項までの規定の適用については、当該限度税率が当該配当等に適用されるこれらの規定に規定する税率以上である場合を除き、これらの規定に規定する税率に代えて、当該租税条約の規定により当該配当等につきそれぞれ適用される限度税率によるものとする。

4 外国法人が支払を受ける株主等配当等であつて所得税の免除を定める租税条約の規定の適用があるものについては、所得税法第7条第1項第5号、第178条、第179条並びに第212条第1項及び第2項並びに租税特別措置法第9条の3の2第1項、第41条の9第2項及び第3項、第41条の12第2項並びに第41条の12の2第1項から第3項までの規定の適用はないものとする。

5 非居住者又は外国法人が支払を受ける配当等のうち、当該非居住者又は外国法人に係る相手国等との間の租税条約の規定において当該非居住者又は外国法人が構成員となつている当該相手国等の団体の所得として取り扱われるもの（次項に

おいて「相手国団体配当等」という。）であつて限度税率を定める当該租税条約の規定の適用があるものに対する所得税法第170条、第179条若しくは第213条第1項又は租税特別措置法第3条第1項、第8条の2第1項、第3項若しくは第4項、第9条の3、第9条の3の2第1項、第41条の9第1項から第3項まで、第41条の10第1項若しくは第41条の12の2第1項から第3項までの規定の適用については、当該限度税率が当該配当等に適用されるこれらの規定に規定する税率以上である場合を除き、これらの規定に規定する税率に代えて、当該租税条約の規定により当該配当等につきそれぞれ適用される限度税率によるものとする。

6 非居住者又は外国法人が支払を受ける相手国団体配当等であつて所得税の免除を定める租税条約の規定の適用があるものについては、所得税法第7条第1項第3号及び第5号、第164条第2項、第169条、第170条、第178条、第179条並びに第212条第1項及び第2項並びに租税特別措置法第3条第1項、第8条の2第1項、第9条の3の2第1項、第41条の9第1項から第3項まで、第41条の10第1項及び第41条の12の2第1項から第3項までの規定の適用はないものとする。

7 非居住者又は外国法人が支払を受ける配当等のうち、当該非居住者又は外国法人に係る国以外の相手国等との間の租税条約の規定において当該非居住者又は外国法人が構成員となつている当該相手国等の団体の所得として取り扱われるもの（次項、第13項及び第14項において「第三国団体配当等」という。）であつて限度税率を定める当該租税条約の規定の適用があるものに対する所得税法第213条第1項又は租税特別措置法第8条の2第4項、第9条の3（所得税法第213条第1項に係る部分に限る。）、第9条の3の2第1項、第41条の9第3項若しくは第41条の12の2第1項から第3項までの規定の適用については、当該限度税率が当該配当等に適用されるこれらの規定に規定する税率以上である場合を除き、これらの規定に規定する税率に代えて、当該租税条約の規定により当該配当等につきそれぞれ適用される限度税率によるものとする。

8 非居住者又は外国法人が支払を受ける第三国団体配当等であつて所得税の免除を定める租税条約の規定の適用があるものについては、所得税法第212条第1項及び第2項並びに租税特別措置法第9条の3の2第1項、第41条の9第3項及び第41条の12の2第1項から第3項までの規定の適用はないものとする。

9 所得税法第2条第1項第3号に規定する居住者（以下この条において「居住者」という。）又は同項第6号に規定する内国法人（人格のない社団等を含む。以下「内国法人」という。）が支払を受ける配当等のうち、租税条約の規定において当該居住者又は内国法人が構成員となつている当該租税条約の相手国等の団体の所得として取り扱われるもの（以下この条において「特定配当等」という。）であつて限度税率を定める当該租税条約の規定の適用があるものに対する同法第

175条、第182条、第205条、第208条、第209条の3、第211条若しくは第213条第2項又は租税特別措置法第8条の2第3項若しくは第4項、第9条の3、第9条の3の2第1項、第41条の9第2項若しくは第3項若しくは第41条の12の2第1項から第3項までの規定(以下この項において「居住者等の特定配当等に関する規定」という。)の適用については、当該限度税率(当該限度税率が住民税(道府県民税をいう。以下この項において同じ。)をも含めて規定されている場合には、当該限度税率から地方税法第71条の6第1項若しくは第2項又は第71条の28の規定において当該特定配当等に適用される税率を控除して得た率(当該率が零を下回る場合には、零。以下この項において「控除後限度税率」という。)とする。)が当該特定配当等に適用される居住者等の特定配当等に関する規定に規定する税率以上である場合を除き、居住者等の特定配当等に関する規定に規定する税率に代えて、当該租税条約の規定により当該特定配当等につきそれぞれ適用される限度税率(当該限度税率が住民税をも含めて規定されている場合には、控除後限度税率とする。以下この条において「適用限度税率」という。)によるものとする。

10 前項の規定のうち、道府県に関する規定は都について準用する。この場合において、同項中「道府県民税」とあるのは、「都民税」と読み替えるものとする。

11 居住者又は内国法人が支払を受ける特定配当等であつて所得税の免除を定める租税条約の規定の適用があるものについては、所得税法第7条第1項第4号、第174条、第175条、第181条、第204条第1項、第207条、第209条の2、第210条及び第212条第3項並びに租税特別措置法第9条の3の2第1項、第41条の9第2項及び第3項並びに第41条の12の2第1項から第3項までの規定の適用はないものとする。

12 第1項、第3項、第5項、第7項及び第9項の規定は、第1項に規定する配当等及び譲渡収益並びに第3項、第5項、第7項及び第9項に規定する配当等に対し所得税を課さず、又はこれらの配当等及び当該譲渡収益に対する所得税額をその支払を受けるべき金額に第1項、第3項、第5項及び第7項に規定する限度税率若しくは適用限度税率を乗じて計算した金額以下とする他の法律の規定の適用を妨げない。

13 所得税法第172条第1項(第2号を除く。)及び第3項の規定は、非居住者又は外国法人が第三国団体配当等(同法第165条又は法人税法第142条若しくは第142条の10の規定の適用を受けるものを除く。)の支払を受ける場合において、当該第三国団体配当等について第7項又は第8項の規定の適用を受けるときについて準用する。この場合において、次の表の上欄に掲げる所得税法の規定中同表の中欄に掲げる字句は、それぞれ同表の下欄に掲げる字句に読み替えるものとするほか、必要な技術的読替えは、政令で定める。

第172条 第1項	次条の規定による申告書を提出することができる場合を除き、その年の翌年3月15日(同日前に国内に居所を有しないこととなる場合には、その有しないこととなる日)	その年の翌年3月15日
第172条 第1項第1号	第170条(税率)	第170条(分離課税に係る所得税の税率)若しくは第179条(外国法人に係る所得税の税率)又は租税特別措置法(昭和32年法律第26号)第3条第1項(利子所得の分離課税等)、第8条の2第1項若しくは第3項(私募公社債等運用投資信託等の収益の分配に係る配当所得の分離課税等)、第9条の3(上場株式等の配当等に係る源泉徴収税率等の特例)、第41条の9第1項(懸賞金付預貯金等の懸賞金等の分離課税等)若しくは第41条の10第1項(定期積金の給付補塡金等の分離課税等)
第172条 第1項第3号	前号に掲げる	同号に規定する金額につき租税条約等の実施に伴う所得税法、法人税法及び地方税法の特例等に関する法律(昭和44年法律第46号。以下「租税条約等実施特例法」という。)第3条の2第7項(配当等又は譲渡収益に対する源泉徴収に係る所得税の税率の特例等)の限度税率を適用して計算した
第172条 第1項第4号	国内における勤務	支払を受ける第三国団体配当等(租税条約等実施特例法第3条の2第7項に規定する第三国団体配当等をいう。)
第172条 第3項	非居住者	非居住者又は外国法人
	金額(前項の規定の適用を受ける者については、当該金額と同項第3号に掲げる金額との合計額)	金額

14 所得税法第164条第1項第1号に掲げる非居住者が支払を受けるべき第三国団体配当等（同号に定める国内源泉所得に該当するものに限る。）のうち、第7項又は第8項の規定の適用を受けるもの（租税特別措置法第8条の5第1項各号に掲げる利子等及び配当等に限る。以下この項及び次項において「申告不要第三国団体配当等」という。）に係る利子所得及び配当所得については、租税特別措置法第8条の5の規定は、適用しない。この場合において、当該申告不要第三国団体配当等に係る利子所得又は配当所得については、所得税法第165条の規定にかかわらず、他の所得と区分し、その年中の当該申告不要第三国団体配当等に係る利子所得の金額又は配当所得の金額に対する所得税の額は、当該申告不要第三国団体配当等に係る利子所得の金額又は配当所得の金額（次項第3号の規定により読み替えられた同法第72条、第78条、第86条及び第87条の規定の適用がある場合には、その適用後の金額）に100分の20（租税特別措置法第8条の4第1項各号に掲げる利子等及び配当等にあつては、100分の15）の税率から第7項の限度税率を控除して得た率（当該非居住者が第八項の規定の適用を受ける場合には、100分の20（租税特別措置法第8条の4第1項各号に掲げる利子等及び配当等にあつては、100分の15）の税率）を乗じて計算した金額に相当する金額とすることができる。

15 前項後段の規定の適用がある場合には、次に定めるところによる。

一 申告不要第三国団体配当等に係る配当所得の金額は、その年中の申告不要第三国団体配当等の収入金額とする。

二 所得税法第165条第1項の規定により同法第69条の規定に準じて計算する場合には、同条第1項中「各種所得の金額」とあるのは、「各種所得の金額（租税条約等の実施に伴う所得税法、法人税法及び地方税法の特例等に関する法律（以下「租税条約等実施特例法」という。）第3条の2第14項（配当等又は譲渡収益に対する源泉徴収に係る所得税の税率の特例等）に規定する申告不要第三国団体配当等に係る利子所得の金額又は配当所得の金額（以下「申告不要第三国団体配当等に係る配当所得等の金額」という。）を除く。）」と読み替えるものとする。

三 所得税法第165条第1項の規定により同法第71条、第72条、第78条、第86条及び第87条の規定に準じて計算する場合には、これらの規定中「総所得金額」とあるのは、「総所得金額、申告不要第三国団体配当等に係る配当所得等の金額」と読み替えるものとする。

四 所得税法第165条第1項の規定により同法第92条の規定に準じて計算する場合には、同条第1項中「ものを除く。）」とあるのは「ものを除く。）及び租税条約等実施特例法第3条の2第14項（配当等又は譲渡収益に対する源泉徴収に係る所得税の税率の特例等）に規定する申告不要第三国団体配当等に係るもの」と、「前節（税率）」とあるのは「前節（税率）及び租税条約等実施特例

Ⅵ 参考法令（抄）

法第3条の2第14項」と、同項第1号中「課税総所得金額」とあるのは「課税総所得金額及び申告不要第三国団体配当等に係る配当所得等の金額（租税条約等実施特例法第3条の2第15項第3号の規定により読み替えられた第72条、第78条、第86条及び第87条（雑損控除等）の規定の適用がある場合には、その適用後の金額。以下この条において「申告不要第三国団体配当等に係る課税配当所得等の金額」という。）の合計額」と、同項第2号及び第3号中「課税総所得金額」とあるのは「課税総所得金額及び申告不要第三国団体配当等に係る課税配当所得等の金額の合計額」と、同条第2項中「課税総所得金額に係る所得税額」とあるのは「課税総所得金額に係る所得税額、申告不要第三国団体配当等に係る課税配当所得等の金額に係る所得税額」と読み替えるものとする。

五　前各号に定めるもののほか、所得税法第166条において準用する同法第2編第5章の規定による申請又は申告に関する特例その他前項後段の規定の適用がある場合における所得税に関する法令の規定の適用に関し必要な事項は、政令で定める。

16　居住者が支払を受けるべき特定配当等のうち、租税特別措置法第3条第1項に規定する一般利子等に該当するものであつて第9項から第11項までの規定の適用を受けるもの（以下この項において「特定利子」という。）に係る利子所得については、同条第1項の規定は、適用しない。この場合において、当該特定利子に係る利子所得については、所得税法第22条及び第89条の規定にかかわらず、他の所得と区分し、その年中の当該特定利子に係る利子所得の金額（以下この項において「特定利子に係る利子所得の金額」という。）に対し、特定利子に係る利子所得の金額（次項第3号の規定により読み替えられた同法第72条から第87条までの規定の適用がある場合には、その適用後の金額）に100分の15の税率から適用限度税率を控除して得た率（当該居住者が第11項の規定の適用を受ける場合には、100分の15の税率）を乗じて計算した金額に相当する所得税を課する。

17　前項後段の規定の適用がある場合には、次に定めるところによる。

一　所得税法第2条第1項第30号から第34号の4までの規定の適用については、同項第30号中「山林所得金額」とあるのは、「山林所得金額並びに租税条約等の実施に伴う所得税法、法人税法及び地方税法の特例等に関する法律（以下「租税条約等実施特例法」という。）第3条の2第16項（配当等又は譲渡収益に対する源泉徴収に係る所得税の税率の特例等）に規定する特定利子に係る利子所得の金額（以下「特定利子に係る利子所得の金額」という。）」とする。

二　所得税法第69条の規定の適用については、同条第1項中「各種所得の金額」とあるのは、「各種所得の金額（特定利子に係る利子所得の金額を除く。）」とする。

3 租税条約等の実施に伴う所得税法、法人税法及び地方税法の特例等に関する法律

　三　所得税法第71条及び第72条から第87条までの規定の適用については、これらの規定中「総所得金額」とあるのは、「総所得金額、特定利子に係る利子所得の金額」とする。
　四　所得税法第92条及び第95条の規定の適用については、同法第92条第1項中「前節（税率）」とあるのは「前節（税率）及び租税条約等実施特例法第3条の2第16項（配当等又は譲渡収益に対する源泉徴収に係る所得税の税率の特例等）」と、同項第1号中「課税総所得金額」とあるのは「課税総所得金額及び特定利子に係る利子所得の金額（租税条約等実施特例法第3条の2第17項第3号の規定により読み替えられた第72条から第87条まで（雑損控除等）の規定の適用がある場合には、その適用後の金額。以下この条において「特定利子に係る課税利子所得の金額」という。）の合計額」と、同項第2号及び第3号中「課税総所得金額」とあるのは「課税総所得金額及び特定利子に係る課税利子所得の金額の合計額」と、同条第2項中「課税総所得金額に係る所得税額」とあるのは「課税総所得金額に係る所得税額、特定利子に係る課税利子所得の金額に係る所得税額」と、同法第95条中「その年分の所得税の額」とあるのは「その年分の所得税の額及び租税条約等実施特例法第3条の2第16項（特定利子に係る分離課税）の規定による所得税の額」とする。
　五　前各号に定めるもののほか、所得税法第2編第5章の規定による申請又は申告に関する特例その他前項後段の規定の適用がある場合における所得税に関する法令の規定の適用に関し必要な事項は、政令で定める。
18　居住者が支払を受けるべき特定配当等のうち、租税特別措置法第8条の2第1項に規定する私募公社債等運用投資信託等の収益の分配に係る配当等に該当するものであつて第9項から第11項までの規定の適用を受けるもの（以下この項及び次項において「特定収益分配」という。）に係る配当所得については、同条第1項の規定は、適用しない。この場合において、当該特定収益分配に係る配当所得については、所得税法第22条及び第89条の規定にかかわらず、他の所得と区分し、その年中の当該特定収益分配に係る配当所得の金額（以下この項において「特定収益分配に係る配当所得の金額」という。）に対し、特定収益分配に係る配当所得の金額（次項第4号の規定により読み替えられた同法第72条から第87条までの規定の適用がある場合には、その適用後の金額）に100分の15の税率から適用限度税率を控除して得た率（当該居住者が第11項の規定の適用を受ける場合には、100分の15の税率）を乗じて計算した金額に相当する所得税を課する。
19　前項後段の規定の適用がある場合には、次に定めるところによる。
　一　特定収益分配に係る配当所得の金額は、その年中の特定収益分配の収入金額とする。
　二　所得税法第2条第1項第30号から第34号の4までの規定の適用について

445

は、同項第30号中「山林所得金額」とあるのは、「山林所得金額並びに租税条約等の実施に伴う所得税法、法人税法及び地方税法の特例等に関する法律（以下「租税条約等実施特例法」という。）第3条の2第18項（配当等又は譲渡収益に対する源泉徴収に係る所得税の税率の特例等）に規定する特定収益分配に係る配当所得の金額（以下「特定収益分配に係る配当所得の金額」という。）」とする。
三　所得税法第69条の規定の適用については、同条第1項中「各種所得の金額」とあるのは、「各種所得の金額（特定収益分配に係る配当所得の金額を除く。）」とする。
四　所得税法第71条及び第72条から第87条までの規定の適用については、これらの規定中「総所得金額」とあるのは、「総所得金額、特定収益分配に係る配当所得の金額」とする。
五　所得税法第92条及び第95条の規定の適用については、同法第92条第1項中「前節（税率）」とあるのは「前節（税率）及び租税条約等実施特例法第3条の2第18項（配当等又は譲渡収益に対する源泉徴収に係る所得税の税率の特例等）」と、同項第1号中「課税総所得金額」とあるのは「課税総所得金額及び特定収益分配に係る配当所得の金額（租税条約等実施特例法第3条の2第19項第4号の規定により読み替えられた第72条から第87条まで（雑損控除等）の規定の適用がある場合には、その適用後の金額。以下この条において「特定収益分配に係る課税配当所得の金額」という。）の合計額」と、同項第2号及び第3号中「課税総所得金額」とあるのは「課税総所得金額及び特定収益分配に係る課税配当所得の金額の合計額」と、同条第2項中「課税総所得金額に係る所得税額」とあるのは「課税総所得金額に係る所得税額、特定収益分配に係る課税配当所得の金額に係る所得税額」と、同法第95条中「その年分の所得税の額」とあるのは「その年分の所得税の額及び租税条約等実施特例法第3条の2第18項（特定収益分配に係る分離課税）の規定による所得税の額」とする。
六　前各号に定めるもののほか、所得税法第2編第5章の規定による申請又は申告に関する特例その他前項後段の規定の適用がある場合における所得税に関する法令の規定の適用に関し必要な事項は、政令で定める。
20　居住者が支払を受けるべき特定配当等のうち、第9項から第11項までの規定の適用を受けるもの（租税特別措置法第8条の5第1項各号に掲げる利子等及び配当等に限る。以下この項及び次項において「申告不要特定配当等」という。）に係る利子所得及び配当所得については、同条の規定は、適用しない。この場合において、当該申告不要特定配当等に係る利子所得又は配当所得については、所得税法第22条及び第89条の規定にかかわらず、他の所得と区分し、その年中の当該申告不要特定配当等に係る利子所得の金額又は配当所得の金額に対する所得

税の額は、当該申告不要特定配当等に係る利子所得の金額又は配当所得の金額（次項第4号の規定により読み替えられた同法第72条から第87条までの規定の適用がある場合には、その適用後の金額）に100分の20（租税特別措置法第8条の4第1項各号に掲げる利子等及び配当等にあつては、100分の15）の税率から適用限度税率を控除して得た率（当該居住者が第11項の規定の適用を受ける場合には、100分の20（租税特別措置法第8条の4第1項各号に掲げる利子等及び配当等にあつては、100分の15）の税率）を乗じて計算した金額に相当する金額とすることができる。

21 前項後段の規定の適用がある場合には、次に定めるところによる。
　一　申告不要特定配当等に係る配当所得の金額は、その年中の申告不要特定配当等の収入金額とする。
　二　所得税法第2条第1項第30号から第34号の4までの規定の適用については、同項第30号中「山林所得金額」とあるのは、「山林所得金額並びに租税条約等の実施に伴う所得税法、法人税法及び地方税法の特例等に関する法律（以下「租税条約等実施特例法」という。）第3条の2第20項（配当等又は譲渡収益に対する源泉徴収に係る所得税の税率の特例）に規定する申告不要特定配当等に係る利子所得の金額又は配当所得の金額（以下「申告不要特定配当等に係る配当所得等の金額」という。）」とする。
　三　所得税法第69条の規定の適用については、同条第1項中「各種所得の金額」とあるのは、「各種所得の金額（申告不要特定配当等に係る配当所得等の金額を除く。）」とする。
　四　所得税法第71条及び第72条から第87条までの規定の適用については、これらの規定中「総所得金額」とあるのは、「総所得金額、申告不要特定配当等に係る配当所得等の金額」とする。
　五　所得税法第92条及び第95条の規定の適用については、同法第92条第1項中「ものを除く。）」とあるのは「ものを除く。）及び租税条約等実施特例法第3条の2第20項（申告不要特定配当等に係る分離課税）に規定する申告不要特定配当等に係るもの」と、「前節（税率）」とあるのは「前節（税率）及び租税条約等実施特例法第3条の2第20項」と、同項第1号中「課税総所得金額」とあるのは「課税総所得金額及び申告不要特定配当等に係る配当所得等の金額（租税条約等実施特例法第3条の2第21項第4号の規定により読み替えられた第72条から第87条まで（雑損控除等）の規定の適用がある場合には、その適用後の金額。以下この条において「申告不要特定配当等に係る課税配当所得等の金額」という。）の合計額」と、同項第2号及び第3号中「課税総所得金額」とあるのは「課税総所得金額及び申告不要特定配当等に係る課税配当所得等の金額の合計額」と、同条第2項中「課税総所得金額に係る所得税額」とあるのは「課税総所得金額に係る所得税額、申告不要特定配当等に係る課税配当所得

等の金額に係る所得税額」と、同法第95条中「その年分の所得税の額」とあるのは「その年分の所得税の額及び租税条約等実施特例法第3条の2第20項（配当等又は譲渡収益に対する源泉徴収に係る所得税の税率の特例等）の規定による所得税の額」とする。

六　前各号に定めるもののほか、所得税法第二編第5章の規定による申請又は申告に関する特例その他前項後段の規定の適用がある場合における所得税に関する法令の規定の適用に関し必要な事項は、政令で定める。

22　居住者が支払若しくは交付を受け、又は受けるべき特定配当等のうち、租税特別措置法第41条の9第1項に規定する懸賞金付預貯金等の懸賞金等に該当するものであつて第9項から第11項までの規定の適用を受けるもの（以下この項及び次項において「特定懸賞金等」という。）に係る一時所得については、同条第1項の規定は、適用しない。この場合において、当該特定懸賞金等に係る一時所得については、所得税法第22条及び第89条の規定にかかわらず、他の所得と区分し、その年中の当該特定懸賞金等に係る一時所得の金額（以下この項において「特定懸賞金等に係る一時所得の金額」という。）に対し、特定懸賞金等に係る一時所得の金額（次項第4号の規定により読み替えられた同法第72条から第87条までの規定の適用がある場合には、その適用後の金額）に100分の15の税率から適用限度税率を控除して得た率（当該居住者が第11項の規定の適用を受ける場合には、100分の15の税率）を乗じて計算した金額に相当する所得税を課する。

23　前項後段の規定の適用がある場合には、次に定めるところによる。

一　特定懸賞金等に係る一時所得の金額は、その年中の特定懸賞金等の総収入金額とする。

二　所得税法第2条第1項第30号から第34号の4までの規定の適用については、同項第30号中「山林所得金額」とあるのは、「山林所得金額並びに租税条約等の実施に伴う所得税法、法人税法及び地方税法の特例等に関する法律（以下「租税条約等実施特例法」という。）第3条の2第22項（配当等又は譲渡収益に対する源泉徴収に係る所得税の税率の特例等）に規定する特定懸賞金等に係る一時所得の金額（以下「特定懸賞金等に係る一時所得の金額」という。）」とする。

三　所得税法第69条の規定の適用については、同条第1項中「各種所得の金額」とあるのは、「各種所得の金額（特定懸賞金等に係る一時所得の金額を除く。）」とする。

四　所得税法第71条及び第72条から第87条までの規定の適用については、これらの規定中「総所得金額」とあるのは、「総所得金額、特定懸賞金等に係る一時所得の金額」とする。

五　所得税法第92条及び第95条の規定の適用については、同法第92条第1項

中「前節(税率)」とあるのは「前節(税率)及び租税条約等実施特例法第3条の2第22項(配当等又は譲渡収益に対する源泉徴収に係る所得税の税率の特例等)」と、同項第1号中「課税総所得金額」とあるのは「課税総所得金額及び特定懸賞金等に係る一時所得の金額(租税条約等実施特例法第3条の2第23項第4号の規定により読み替えられた第72条から第87条まで(雑損控除等)の規定の適用がある場合には、その適用後の金額。以下この条において「特定懸賞金等に係る課税一時所得の金額」という。)の合計額」と、同項第2号及び第3号中「課税総所得金額」とあるのは「課税総所得金額及び特定懸賞金等に係る課税一時所得の金額の合計額」と、同条第2項中「課税総所得金額に係る所得税額」とあるのは「課税総所得金額に係る所得税額、特定懸賞金等に係る課税一時所得の金額に係る所得税額」と、同法第95条中「その年分の所得税の額」とあるのは「その年分の所得税の額及び租税条約等実施特例法第3条の2第22項(特定懸賞金等に係る分離課税)の規定による所得税の額」とする。

六　前各号に定めるもののほか、所得税法第二編第5章の規定による申請又は申告に関する特例その他前項後段の規定の適用がある場合における所得税に関する法令の規定の適用に関し必要な事項は、政令で定める。

24　居住者が支払を受けるべき特定配当等のうち、租税特別措置法第41条の10第1項に規定する給付補填金等に該当するものであつて第9項から第11項までの規定の適用を受けるもの(以下この項及び次項において「特定給付補填金等」という。)に係る譲渡所得、一時所得及び雑所得については、同条第1項の規定は、適用しない。この場合において、当該特定給付補填金等に係る譲渡所得、一時所得及び雑所得については、所得税法第22条及び第89条の規定にかかわらず、他の所得と区分し、その年中の当該特定給付補填金等に係る譲渡所得の金額、一時所得の金額及び雑所得の金額として政令で定めるところにより計算した金額(以下この項において「特定給付補填金等に係る雑所得等の金額」という。)に対し、特定給付補填金等に係る雑所得等の金額(次項第4号の規定により読み替えられた同法第72条から第87条までの規定の適用がある場合には、その適用後の金額)に100分の15の税率から適用限度税率を控除して得た率(当該居住者が第11項の規定の適用を受ける場合には、100分の15の税率)を乗じて計算した金額に相当する所得税を課する。

25　前項後段の規定の適用がある場合には、次に定めるところによる。
一　特定給付補填金等に係る譲渡所得の金額、一時所得の金額又は雑所得の金額は、それぞれその年中の特定給付補填金等の総収入金額とする。
二　所得税法第2条第1項第30号から第34号の4までの規定の適用については、同項第30号中「山林所得金額」とあるのは、「山林所得金額並びに租税条約等の実施に伴う所得税法、法人税法及び地方税法の特例等に関する法律(以

VI 参考法令（抄）

下「租税条約等実施特例法」という。）第3条の2第24項（配当等又は譲渡収益に対する源泉徴収に係る所得税の税率の特例等）に規定する特定給付補塡金等に係る雑所得等の金額（以下「特定給付補塡金等に係る雑所得等の金額」という。）」とする。

三　所得税法第69条の規定の適用については、同条第1項中「各種所得の金額」とあるのは、「各種所得の金額（特定給付補塡金等に係る雑所得等の金額を除く。）」とする。

四　所得税法第71条及び第72条から第87条までの規定の適用については、これらの規定中「総所得金額」とあるのは、「総所得金額、特定給付補塡金等に係る雑所得等の金額」とする。

五　所得税法第92条及び第95条の規定の適用については、同法第92条第1項中「前節（税率）」とあるのは「前節（税率）及び租税条約等実施特例法第3条の2第24項（配当等又は譲渡収益に対する源泉徴収に係る所得税の税率の特例等）」と、同項第1号中「課税総所得金額」とあるのは「課税総所得金額及び特定給付補塡金等に係る雑所得等の金額（租税条約等実施特例法第3条の2第25項第4号の規定により読み替えられた第72条から第87条まで（雑損控除等）の規定の適用がある場合には、その適用後の金額。以下この条において「特定給付補塡金等に係る課税雑所得等の金額」という。）の合計額」と、同項第2号及び第3号中「課税総所得金額」とあるのは「課税総所得金額及び特定給付補塡金等に係る課税雑所得等の金額の合計額」と、同条第2項中「課税総所得金額に係る所得税額」とあるのは「課税総所得金額に係る所得税額、特定給付補塡金等に係る課税雑所得等の金額に係る所得税額」と、同法第95条中「その年分の所得税の額」とあるのは「その年分の所得税の額及び租税条約等実施特例法第3条の2第24項（特定給付補塡金等に係る分離課税）の規定による所得税の額」とする。

六　前各号に定めるもののほか、所得税法第二編第5章の規定による申請又は申告に関する特例その他前項後段の規定の適用がある場合における所得税に関する法令の規定の適用に関し必要な事項は、政令で定める。

26　第14項、第16項、第18項、第20項、第22項又は第24項に規定する利子所得の金額、配当所得の金額、一時所得の金額、譲渡所得の金額又は雑所得の金額とは、それぞれ所得税法第二編第2章第2節第一款に規定する利子所得の金額、配当所得の金額、一時所得の金額、譲渡所得の金額又は雑所得の金額をいう。

27　第1項から第12項まで、第14項、第16項、第18項、第20項、第22項及び第24項の規定の適用に関し必要な事項は、政令で定める。

（双方居住者の取扱い）
第6条　所得税法第2条第1項第3号に規定する居住者で租税条約の規定により

当該租税条約の相手国等の居住者とみなされるものは、同法及び地方税法の施行地に住所及び居所を有しないものとみなして、所得税法（第15条及び第16条を除く。）、地方税法（当該租税条約の規定の適用を受ける住民税（道府県民税、市町村民税、都民税及び特別区民税をいう。）又は事業税に係る部分に限る。）及びこの法律の規定を適用する。

（租税条約に基づく認定）
第6条の2 相手国居住者等で、国内源泉所得（所得税法第161条第1項に規定する国内源泉所得（同法第162条第1項の規定により国内源泉所得とみなされるものを含む。）又は法人税法第138条第1項に規定する国内源泉所得（同法第139条第1項の規定により国内源泉所得とみなされるものを含む。）をいう。以下この条において同じ。）を有し、又は有することとなるものは、国税庁長官から、当該国内源泉所得ごとに、租税条約の規定のうち当該相手国居住者等に対する租税条約の適用に関する条件を定める規定であつて財務省令で定めるものに基づく認定（以下この条において「租税条約に基づく認定」という。）を受けることができる。

2　外国法人で、国内源泉所得のうち、租税条約の規定において当該外国法人の株主等である者（当該租税条約の規定により当該租税条約の相手国等の居住者とされる者に限る。）の所得として取り扱われる部分（以下この項において「株主等所得」という。）を有し、又は有することとなるものは、国税庁長官から、当該株主等所得ごとに、租税条約に基づく認定を受けることができる。

3　非居住者又は外国法人で、国内源泉所得のうち、当該非居住者又は外国法人に係る相手国等との間の租税条約の規定において当該非居住者又は外国法人が構成員となつている当該相手国等の団体の所得として取り扱われるもの（以下この項において「相手国団体所得」という。）を有し、又は有することとなるものは、国税庁長官から、当該相手国団体所得ごとに、租税条約に基づく認定を受けることができる。

4　非居住者又は外国法人で、国内源泉所得のうち、当該非居住者又は外国法人に係る国以外の相手国等との間の租税条約の規定において当該非居住者又は外国法人が構成員となつている当該相手国等の団体の所得として取り扱われるもの（以下この項において「第三国団体所得」という。）を有し、又は有することとなるものは、国税庁長官から、当該第三国団体所得ごとに、租税条約に基づく認定を受けることができる。

5　居住者（所得税法第2条第1項第3号に規定する居住者をいう。以下この項において同じ。）又は内国法人で、国内源泉所得のうち、租税条約の規定において当該居住者又は内国法人が構成員となつている当該租税条約の相手国等の団体の所得として取り扱われるもの（以下この項において「特定所得」という。）を有

し、又は有することとなるものは、国税庁長官から、当該特定所得ごとに、租税条約に基づく認定を受けることができる。
6 前各項の租税条約に基づく認定を受けようとする者は、財務省令で定めるところにより、その者の氏名又は名称及び住所、認定を受けることができるとする理由その他の財務省令で定める事項を記載した申請書に財務省令で定める書類を添付して、国税庁長官に提出しなければならない。
7 国税庁長官は、前項の申請書の提出があつた場合において、その申請につき租税条約に基づく認定をしたとき又は当該租税条約に基づく認定をしないことを決定したときは、当該申請書を提出した者に対し、書面によりその旨を通知しなければならない。
8 国税庁長官は、租税条約に基づく認定を受けた者について、第6項に規定する理由がなくなつたと認める場合その他の政令で定める場合には、その認定を取り消すことができる。
9 国税庁の当該職員は、租税条約に基づく認定又は当該租税条約に基づく認定の取消しに関し必要な調査をすることができる。
10 国税庁長官は、第8項の規定により租税条約に基づく認定を取り消した場合には、当該租税条約に基づく認定を取り消した者に対し、書面によりその旨を通知しなければならない。
11 租税条約に基づく認定を受けた者は、当該租税条約に基づく認定に係る第6項の申請書又は添付書類の記載事項に変更があつた場合には、遅滞なく、財務省令で定めるところにより、その変更の内容その他の財務省令で定める事項を記載した書類を国税庁長官に提出しなければならない。
12 国税庁長官は、租税条約に基づく認定をした場合には、財務省令で定めるところにより、当該租税条約に基づく認定を受けた者の氏名又は名称その他の財務省令で定める事項を公示するものとする。公示した事項につき変更があつたとき又は当該租税条約に基づく認定を取り消したときについても、同様とする。

（相手国等への情報提供）
第8条の2 財務大臣は、相手国等の租税に関する法令を執行する当局（以下この条において「相手国等税務当局」という。）に対し、当該相手国等との間の租税条約等に定めるところにより、その職務の遂行に資すると認められる租税に関する情報の提供を行うことができる。ただし、次のいずれかに該当する場合は、この限りでない。
　一 当該相手国等税務当局が、我が国が行う当該情報の提供に相当する情報の提供を我が国に対して行うことができないと認められるとき。
　二 我が国がこの項の規定により提供する情報について当該相手国等において秘密の保持が担保されていないと認められるとき。

三 我が国がこの項の規定により提供する情報が当該相手国等税務当局の職務の遂行に資する目的以外の目的で使用されるおそれがあると認められるとき（事後に次項の規定による同意を得て使用されるときを除く。）。
四 当該情報の提供を行うことが我が国の利益を害することとなるおそれがあると認められるとき。
五 当該相手国等から当該情報の提供の要請があつた場合にあつては、当該相手国等税務当局が当該要請に係る情報を入手するために通常用いるべき手段を用いなかつたと認められるとき（当該手段を用いることが著しく困難であると認められるときを除く。）。

2 財務大臣は、租税条約等に定めるところにより、当該租税条約等に係る相手国等税務当局からの要請があつたときは、前項の規定により提供した情報を当該要請に係る当該租税条約等の相手国等の刑事事件（当該相手国等の租税に関する刑事事件その他当該相手国等税務当局が調査を行う犯則事件を除く。以下この項において同じ。）の捜査又は審判（以下この項において「捜査等」という。）に使用することについて同意をすることができる。ただし、次のいずれかに該当する場合は、この限りでない。
一 当該要請に係る刑事事件の捜査等の対象とされている犯罪が政治犯罪であるとき、又は当該要請が政治犯罪について捜査等を行う目的で行われたものと認められるとき。
二 当該要請に係る刑事事件の捜査等の対象とされている犯罪に係る行為が日本国内において行われたとした場合において、その行為が日本国の法令によれば罪に当たるものでないとき。
三 当該同意をすることが我が国の租税に関する法令の執行に支障を及ぼすおそれがあると認められるとき。

3 財務大臣は、前項の同意をする場合においては、あらかじめ、同項第1号及び第2号に該当しないことについて法務大臣の確認を受けなければならない。

（相手国等から情報の提供要請があつた場合の当該職員の質問検査権）
第9条 国税庁、国税局又は税務署の当該職員は、租税条約等の規定に基づき当該租税条約等の相手国等から当該相手国等の租税に関する調査（当該相手国等の刑事事件の捜査その他当該相手国等の租税に関する法令を執行する当局が行う犯則事件の調査を除く。）に必要な情報の提供の要請があつた場合には、前条第1項の規定により当該情報の提供を行うために、当該要請において特定された者に質問し、その者の事業に関する帳簿書類（その作成又は保存に代えて電磁的記録（電子的方式、磁気的方式その他の人の知覚によつては認識することができない方式で作られる記録であつて、電子計算機による情報処理の用に供されるものをいう。第10条の3において同じ。）の作成又は保存がされている場合における当

該電磁的記録を含む。第10条の9第1項及び第13条第4項において同じ。）その他の物件を検査し、又は当該物件（その写しを含む。）の提示若しくは提出を求めることができる。

2 　国税庁、国税局又は税務署の当該職員は、前項の規定に基づいて行う情報の提供のための調査について必要があるときは、当該調査において提出された物件を留め置くことができる。

3 　前2項の規定による当該職員の権限は、犯罪捜査のために認められたものと解してはならない。
　（中　略）

（実施規定）
第12条　第2条から前条までに定めるもののほか、租税条約等の実施及びこの法律の適用に関し必要な事項は、総務省令、財務省令で定める。
　（中　略）

4 租税条約等の実施に伴う所得税法、法人税法及び地方税法の特例等に関する法律の施行に関する省令

　租税条約の実施に伴う所得税法、法人税法及び地方税法の特例等に関する法律第9条の規定に基づき、租税条約の実施に伴う所得税法、法人税法及び地方税法の特例等に関する法律の施行に関する省令を次のように定める。

（定義）
第1条　この省令において、次の各号に掲げる用語の意義は、当該各号に定めるところによる。
　一　法　租税条約等の実施に伴う所得税法、法人税法及び地方税法の特例等に関する法律（昭和44年法律第46号）をいう。
　二　租税条約　法第2条第1号に規定する租税条約をいう。
　三　相手国等　法第2条第3号に規定する相手国等をいう。
　四　相手国居住者等　法第2条第4号に規定する相手国居住者等をいう。
　五　源泉徴収義務者　所得税法（昭和40年法律第33号）第四編第1章から第6章まで並びに租税特別措置法（昭和32年法律第26号）第9条の3の2第1項、第37条の11の4第1項、第41条の9第3項、第41条の12第3項、第41条の12の2第2項及び第3項並びに第41条の22第1項の規定により所得税を徴収し及び納付すべき者をいう。
　六　国内　所得税法の施行地をいう。
　七　国外　所得税法の施行地外の地域をいう。
　八　租税　租税条約が適用される租税をいう。
　九　みなし外国税額　相手国等の法律の規定又は当該相手国等との間の租税条約の規定により軽減され又は免除された当該相手国等の租税の額で、当該租税条約の規定に基づき納付したものとみなされるものをいう。

（免税対象の役務提供対価に係る所得税の還付請求書の記載事項等）
第1条の2　法第3条第1項に規定する免税相手国居住者等（同項に規定する免税芸能外国法人を除く。）は、その支払を受ける同項に規定する芸能人等の役務提供に係る対価につき同条第2項の規定による所得税の還付を受けようとする場合には、第一号から第10号までに掲げる事項を記載した還付請求書に第11号及び第12号に掲げる書類を添付して、これを租税条約等の実施に伴う所得税法、法人税法及び地方税法の特例等に関する法律施行令（昭和62年政令第335号。以下「令」という。）第2条に規定する所轄税務署長に提出しなければならない。
　一　当該対価の支払を受ける者の氏名、国籍及び住所若しくは居所（個人番号

Ⅵ 参考法令（抄）

（行政手続における特定の個人を識別するための番号の利用等に関する法律（平成25年法律第27号）第2条第5項に規定する個人番号をいう。以下同じ。）を有する者にあつては、氏名、国籍、住所又は居所及び個人番号）又は名称、本店若しくは主たる事務所の所在地及びその事業が管理され、かつ、支配されている場所の所在地（法人番号（同条第15項に規定する法人番号をいう。以下同じ。）を有する者にあつては、名称、本店又は主たる事務所の所在地、その事業が管理され、かつ、支配されている場所の所在地及び法人番号）

二　当該対価の支払を受ける者の当該対価に係る所得の法第3条第1項の租税条約の相手国等における納税地及び当該支払を受ける者が当該相手国等において納税者番号（租税の申告、納付その他の手続を行うために用いる番号、記号その他の符号でその手続をすべき者を特定することができるものをいう。以下同じ。）を有する場合には、当該納税者番号

三　国内において租税特別措置法第41条の22第1項に規定する芸能人等の役務提供を主たる内容とする事業を開始した日

四　当該対価につき当該租税条約の規定により所得税の免除を受けることができる事情の詳細

五　当該対価の種類、金額、支払方法、支払期日及び支払の基因となつた契約の内容

六　当該対価の支払者の氏名及び住所若しくは居所又は名称及び本店若しくは主たる事務所の所在地

七　当該対価の支払を受ける者の国税通則法（昭和37年法律第66号）第117条第2項に規定する納税管理人の氏名及び住所又は居所

八　当該対価のうちから租税特別措置法第41条の22第1項に規定する芸能人等の役務提供報酬（以下この項及び次項において「芸能人等の役務提供報酬」という。）の支払を受ける同条第1項各号に掲げる者（以下この項及び次項において「非居住芸能人等」という。）の氏名及び住所若しくは国内における居所又は名称、本店若しくは主たる事務所の所在地及びその事業が管理され、かつ、支配されている場所の所在地

九　当該対価のうちから非居住芸能人等に対して支払う芸能人等の役務提供報酬の種類、金額、支払方法、支払期日及び支払の基因となつた契約の内容

十　その他参考となるべき事項

十一　第9号に掲げる事項を明らかにする書類

十二　当該対価のうちから非居住芸能人等に対して支払う芸能人等の役務提供報酬につき所得税法第212条第1項又は租税特別措置法第41条の22第1項の規定により徴収すべき所得税の額を明らかにする書類その他の資料（その徴収すべき所得税の額の全部又は一部を納付した場合には、その納付をしたことを証する書類を含む。）

2 法第3条第1項に規定する免税芸能外国法人（以下この項において「免税芸能外国法人」という。）は、その支払を受ける同条第1項に規定する免税対象の役務提供対価につき同条第2項の規定による所得税の還付を受けようとする場合には、第1号から第11号までに掲げる事項を記載した還付請求書に第12号から第16号までに掲げる書類を添付して、これを令第2条に規定する所轄税務署長に提出しなければならない。

一　当該免税対象の役務提供対価の支払を受ける免税芸能外国法人の名称、本店又は主たる事務所の所在地及びその事業が管理され、かつ、支配されている場所の所在地（法人番号を有する外国法人にあつては、名称、本店又は主たる事務所の所在地、その事業が管理され、かつ、支配されている場所の所在地及び法人番号）並びに当該免税芸能外国法人が納税者番号を有する場合には、当該納税者番号

二　当該免税対象の役務提供対価が法第3条第1項の租税条約の相手国等の法令に基づき当該免税芸能外国法人の株主等（同項に規定する株主等をいう。以下同じ。）である者の所得として取り扱われる場合には、その事情の詳細

三　第1号の免税芸能外国法人の株主等である者の各人別に、その者の氏名及び住所若しくは居所又は名称、本店若しくは主たる事務所の所在地及びその事業が管理され、かつ、支配されている場所の所在地並びに法第3条第1項に規定する芸能人等の役務提供に係る対価のうち、当該租税条約の規定においてその者の所得として取り扱われる部分の金額及び当該金額のうち当該租税条約の規定の適用を受けようとする金額

四　国内において租税特別措置法第41条の22第1項に規定する芸能人等の役務提供を主たる内容とする事業を開始した日

五　当該免税対象の役務提供対価につき当該租税条約の規定により所得税の免除を受けることができる事情の詳細

六　当該免税対象の役務提供対価の種類、金額、支払方法、支払期日及び支払の基因となつた契約の内容

七　当該免税対象の役務提供対価の支払者の氏名及び住所若しくは居所又は名称及び本店若しくは主たる事務所の所在地

八　当該免税対象の役務提供対価の支払を受ける者の国税通則法第117条第2項に規定する納税管理人の氏名及び住所又は居所

九　当該免税対象の役務提供対価のうちから芸能人等の役務提供報酬の支払を受ける非居住芸能人等の氏名及び住所若しくは国内における居所又は名称、本店若しくは主たる事務所の所在地及びその事業が管理され、かつ、支配されている場所の所在地

十　当該免税対象の役務提供対価のうちから非居住芸能人等に対して支払う芸能人等の役務提供報酬の種類、金額、支払方法、支払期日及び支払の基因となつ

た契約の内容
十一　その他参考となるべき事項
十二　第2号に規定する場合には、同号に掲げる事情の詳細を明らかにする書類（当該書類が外国語で作成されている場合には、その翻訳文を含む。次号において同じ。）
十三　第3号に規定する株主等である者（当該租税条約の規定の適用に係るものに限る。）が第1号の免税芸能外国法人の株主等であることを明らかにする書類
十四　当該租税条約の相手国等の権限ある当局の前号の株主等である者が当該租税条約の規定により相手国等の居住者とされる者（次条から第2条の5まで及び第3条の4において「相手国等における居住者」という。）であることを証明する書類（次条から第2条の5まで、第3条の4及び第4条において「居住者証明書」という。）
十五　第10号に掲げる事項を明らかにする書類
十六　当該免税対象の役務提供対価のうちから非居住芸能人等に対して支払う芸能人等の役務提供報酬につき所得税法第212条第1項又は租税特別措置法第41条の22第1項の規定により徴収すべき所得税の額を明らかにする書類その他の資料（その徴収すべき所得税の額の全部又は一部を納付した場合には、その納付をしたことを証する書類を含む。）

3　前2項の還付請求書が提出された場合において、その還付請求書を提出した法第3条第1項に規定する免税相手国居住者等から、当該還付請求書に係る還付金を当該免税相手国居住者等が所得税法第212条第1項又は租税特別措置法第41条の22第1項の規定により徴収し納付すべき所得税に充てたい旨の書面が提出されたときは、税務署長は、当該徴収し納付すべき所得税に係る国税通則法第2条第8号に規定する法定納期限（次項において「法定納期限」という。）前においても、同法第36条第1項の納税の告知をすることができる。

4　税務署長は、前項の納税の告知をしたときは、当該納税の告知に係る所得税の法定納期限前においても、同項の充当をすることができる。この場合においては、国税通則法第57条第2項に規定する政令で定める充当をするのに適することとなつた時は、前項の規定により納税告知書を発した時とする。

（相手国居住者等配当等に係る所得税の軽減又は免除を受ける者の届出等）
第2条　相手国居住者等は、その支払を受ける法第3条の2第1項に規定する相手国居住者等配当等（以下この条において「相手国居住者等配当等」という。）につき所得税法第212条第1項若しくは第2項又は租税特別措置法第9条の3の2第1項、第37条の11の4第1項、第41条の9第3項若しくは第41条の12の2第2項若しくは第3項の規定により徴収されるべき所得税について当該相手

国居住者等に係る相手国等との間の租税条約の規定に基づき軽減又は免除を受けようとする場合には、当該相手国居住者等配当等に係る源泉徴収義務者ごとに、次に掲げる事項を記載した届出書を、当該租税条約の効力発生の日以後最初にその支払を受ける日の前日まで（その支払を受ける相手国居住者等配当等が無記名の株式、出資若しくは受益証券に係るもの若しくは無記名の債券に係るもの又は所得税法施行令（昭和40年政令第96号）第281条第1項第4号ロに掲げる所得に該当するもの（次項において「無記名配当等」という。）である場合にあつては、その支払を受ける都度、当該支払を受ける時）に、当該源泉徴収義務者を経由して、当該源泉徴収義務者の納税地の所轄税務署長に提出しなければならない。

一　当該相手国居住者等配当等の支払を受ける者の氏名、国籍及び住所若しくは居所（個人番号を有する者にあつては、氏名、国籍、住所又は居所及び個人番号）又は名称、本店若しくは主たる事務所の所在地及びその事業が管理され、かつ、支配されている場所の所在地（法人番号を有する者にあつては、名称、本店又は主たる事務所の所在地、その事業が管理され、かつ、支配されている場所の所在地及び法人番号）

二　当該相手国居住者等配当等の支払を受ける者の当該相手国居住者等配当等に係る当該相手国等における納税地及び当該支払を受ける者が当該相手国等において納税者番号を有する場合には、当該納税者番号

三　当該相手国居住者等配当等につき当該租税条約の規定に基づき租税の軽減又は免除を受けることができる事情の詳細

四　当該相手国居住者等配当等の支払者の氏名及び住所若しくは居所又は名称及び本店若しくは主たる事務所の所在地

五　次に掲げる場合の区分に応じそれぞれ次に掲げる事項

　イ　当該相手国居住者等配当等である配当（租税条約に規定する配当（当該租税条約においてこれに準ずる取扱いを受けるものを含む。）で、国内にその源泉があるものをいう。以下第2条の5までにおいて同じ。）の支払を受ける場合　当該配当に係る株式（投資信託及び投資法人に関する法律（昭和26年法律第198号）第2条第14項に規定する投資口を含む。以下第2条の5までにおいて同じ。）、出資、基金又は受益権の銘柄又は名称、種類及び数量並びにその取得の日

　ロ　当該相手国居住者等配当等である利子（租税条約に規定する利子（当該租税条約においてこれに準ずる取扱いを受けるものを含む。）で、国内にその源泉があるものをいう。以下第2条の5までにおいて同じ。）で債券に係るものの支払を受ける場合　当該債券の種類、名称、額面金額及び数量並びにその取得の日

　ハ　当該相手国居住者等配当等である利子で債券に係るもの以外のものの支払

を受ける場合　当該利子の支払の基因となつた契約の締結の日、契約金額及び契約期間並びに当該契約期間において支払われる当該利子の金額及びその支払期日
　　ニ　当該相手国居住者等配当等である使用料（租税条約に規定する使用料（当該租税条約においてこれに準ずる取扱いを受けるものを含む。）で、国内にその源泉があるものをいう。以下第2条の5までにおいて同じ。）の支払を受ける場合　当該使用料の支払の基因となつた契約の締結の日及び契約期間並びに当該契約期間において支払われる当該使用料の金額及びその支払期日
　　ホ　当該相手国居住者等配当等であるその他の所得（租税条約に規定するその他の所得で、国内にその源泉があるものをいう。以下第2条の5までにおいて同じ。）の支払を受ける場合　当該その他の所得の種類、金額、支払方法、支払期日及び支払の基因となつた契約の内容
　　ヘ　当該相手国居住者等配当等である譲渡収益（法第3条の2第1項に規定する譲渡収益をいう。第3項において同じ。）で株式又は出資に係るものの支払を受ける場合当該株式又は出資の銘柄、種類及び数量並びにその取得の日
　六　当該相手国居住者等配当等の支払を受ける者が国税通則法第117条第2項の規定による納税管理人の届出をしている場合には、当該納税管理人の氏名及び住所又は居所
　七　その他参考となるべき事項
2　前項に規定する届出書（無記名配当等に係るものを除く。）を提出した者は、その記載事項について異動を生じた場合には、当該異動を生じた事項、当該異動を生じた日その他参考となるべき事項を記載した届出書を、当該異動を生じた日以後最初に当該届出書に係る相手国居住者等配当等の支払を受ける日の前日までに、当該相手国居住者等配当等に係る源泉徴収義務者を経由して、当該源泉徴収義務者の納税地の所轄税務署長に提出しなければならない。
3　前項の場合において、同項に規定する異動を生じた事項が第1項第5号に規定する事項（当該異動を生じた事項が特定利子配当等以外の相手国居住者等配当等に係るものである場合には、同号イに規定する数量、同号ロに規定する額面金額、同号ハに規定する契約金額又は同号ヘに規定する数量（これらに類する事項を含む。））のみであるとき（これらの事項の異動により当該事項に係る相手国居住者等配当等である配当、利子、その他の所得又は譲渡収益につき、当該異動前に適用される租税条約の規定と異なる定めがある当該租税条約の規定が適用されることとなる場合を除く。）は、前項の規定にかかわらず、同項の届出書の提出を省略することができる。
4　前項に規定する特定利子配当等とは、所得税法第161条第1項に規定する国内源泉所得（同法第162条第1項の規定により国内源泉所得とみなされるものを含む。）又は法人税法（昭和40年法律第34号）第138条第1項に規定する国内源

泉所得(同法第139条第1項の規定により国内源泉所得とみなされるものを含む。)のうち次に掲げるものをいう。
一　所得税法第161条第1項第8号イに掲げる国債若しくは地方債又は内国法人の発行する債券の利子(当該債券の発行が金融商品取引法(昭和23年法律第25号)第2条第3項に規定する有価証券の私募(これに相当するものを含む。次号において「有価証券の私募」という。)によるものに係るものを除く。)
二　所得税法第161条第1項第8号ロに掲げる外国法人の発行する債券の利子(当該債券の発行が有価証券の私募によるものに係るものを除く。)
三　所得税法第161条第1項第8号ハに掲げる預貯金の利子
四　所得税法第161条第1項第8号ニに掲げる合同運用信託、公社債投資信託又は公募公社債等運用投資信託の収益の分配
五　所得税法第161条第1項第9号に規定する配当等で、租税特別措置法第9条の3第1号に規定する株式等の配当等に該当するもの(内国法人からその支払がされる当該配当等の支払に係る基準日(当該配当等が所得税法第25条第1項の規定により剰余金の配当、利益の配当、剰余金の分配又は金銭の分配とみなされるものに係る配当等である場合には、同号に規定する政令で定める日)においてその内国法人の発行済株式(投資信託及び投資法人に関する法律第2条第12項に規定する投資法人にあつては、発行済みの投資口)又は出資の総数又は総額の100分の5以上に相当する数又は金額の株式又は出資を有する者が支払を受けるものを除く。)
六　所得税法第161条第1項第9号に規定する配当等で、租税特別措置法第9条の3第2号から第5号までに掲げるものに該当するもの
七　所得税法第161条第1項第15号に掲げる給付補塡金、利息、利益又は差益
八　所得税法第161条第1項第2号に掲げる所得で、租税特別措置法第41条の9第1項に規定する懸賞金付預貯金等の懸賞金等に該当するもの
九　所得税法第161条第1項第3号に掲げる所得で、第5号又は第6号に掲げる配当等の基因となる株式又は出資の譲渡による所得に該当するもの

5　相手国居住者等は、その支払を受ける相手国居住者等配当等である配当又は利子につき所得税法第212条第1項若しくは第2項又は租税特別措置法第9条の3の2第1項、第41条の9第3項若しくは第41条の12の2第2項若しくは第3項の規定により徴収されるべき所得税について第1項に規定する租税条約の規定に基づき免除を受けようとする場合には、同項又は第2項の規定により提出する届出書に、当該租税条約の相手国等の権限ある当局のその者が当該配当又は利子につき租税の免除を定める当該租税条約の規定の適用を受けることができる相手国等における居住者であることを証明する書類を添付しなければならない。

6　前項の場合において、同項の相手国等の権限ある当局が同項に規定する証明する書類の発行又は発給をすることができないときは、同項の相手国居住者等は、

当該書類に代えて、同項に規定する租税の免除を定める租税条約の規定に定める要件を満たすことを明らかにする書類（当該書類が外国語で作成されている場合には、その翻訳文を含む。）及び当該相手国等の権限ある当局の当該相手国居住者等の居住者証明書を同項の届出書に添付しなければならない。ただし、当該租税条約の規定の適用開始日（租税条約の規定が最初に適用されることとなる日をいう。以下同じ。）が平成16年4月1日前である場合には、この限りでない。

7 　相手国居住者等は、その支払を受ける相手国居住者等配当等である使用料につき所得税法第212条第1項又は第2項の規定により徴収されるべき所得税について第1項に規定する租税条約の規定に基づき免除を受けようとする場合には、同項又は第2項の規定により提出する届出書（同項の届出書にあつては、同項に規定する異動を生じた事項が当該使用料に係る事項である場合に提出するものに限る。）に、当該使用料の支払の基因となつた契約の内容を記載した書類及び当該租税条約の相手国等の権限ある当局の当該相手国居住者等の居住者証明書を添付しなければならない。ただし、当該租税条約の規定の適用開始日が平成16年4月1日前である場合には、この限りでない。

8 　相手国居住者等は、所得税法第212条第1項若しくは第2項又は租税特別措置法第9条の3の2第1項、第37条の11の4第1項、第41条の9第3項若しくは第41条の12の2第2項若しくは第3項の規定（以下この項において「相手国居住者等の相手国居住者等配当等に関する規定」という。）の適用がある相手国居住者等配当等の支払を受けた場合において、第1項に規定する租税条約の規定の適用を受けなかつたことにより当該相手国居住者等配当等につき相手国居住者等の相手国居住者等配当等に関する規定により徴収された所得税について、当該租税条約の規定に基づき軽減又は免除を受けようとするときは、次の各号に掲げる場合の区分に応じ当該各号に定める金額の還付を請求することができる。

一　租税条約の規定により当該相手国居住者等配当等について所得税が軽減される場合　当該相手国居住者等配当等に対する源泉徴収による所得税の額から当該相手国居住者等配当等の額に当該相手国居住者等配当等に対して適用される法第3条の2第1項に規定する限度税率を乗じて計算した金額を控除した残額に相当する金額

二　租税条約の規定により当該相手国居住者等配当等について所得税が免除される場合　当該相手国居住者等配当等に対する源泉徴収による所得税の額

9 　前項の規定による所得税の還付の請求をしようとする者は、第1項各号に掲げる事項並びにその還付を受けようとする所得税の額及びその計算に関して必要な事項を記載した還付請求書（第5項から第7項までに規定する場合に該当するときは、これらの規定により添付すべき書類の添付があるものに限る。）を、当該所得税に係る源泉徴収義務者を経由して、当該源泉徴収義務者の納税地の所轄税務署長に提出しなければならない。

10 相手国居住者等で、その支払を受ける相手国居住者等配当等（租税特別措置法第９条の３の２第１項に規定する上場株式等の配当等（同項に規定する利子等を除く。）に限る。以下この条において「相手国居住者等上場株式等配当等」という。）につき同項の規定により徴収されるべき所得税について当該相手国居住者等に係る相手国等との間の租税条約の規定に基づき軽減又は免除を受けようとするものが、次に掲げる事項を記載した届出書（以下この条において「特例届出書」という。）を、当該相手国居住者等上場株式等配当等の支払の取扱者（同項の規定の適用を受ける同項に規定する支払の取扱者をいい、次項の届出をした者に限る。以下この条において同じ。）を経由して、当該支払の取扱者の納税地の所轄税務署長に提出した場合には、当該相手国居住者等は、その提出の日以後当該支払の取扱者から交付を受ける相手国居住者等上場株式等配当等につき第１項の規定による届出書の提出をしたものとみなす。
　一　相手国居住者等上場株式等配当等の支払を受ける者の氏名、国籍及び住所若しくは居所（個人番号を有する者にあつては、氏名、国籍、住所又は居所及び個人番号）又は名称、本店若しくは主たる事務所の所在地及びその事業が管理され、かつ、支配されている場所の所在地（法人番号を有する者にあつては、名称、本店又は主たる事務所の所在地、その事業が管理され、かつ、支配されている場所の所在地及び法人番号）
　二　相手国居住者等上場株式等配当等の支払を受ける者の相手国居住者等上場株式等配当等に係る当該相手国等における納税地及び当該支払を受ける者が当該相手国等において納税者番号を有する場合には、当該納税者番号
　三　相手国居住者等上場株式等配当等に係る当該租税条約の名称
　四　相手国居住者等上場株式等配当等の支払の取扱者の名称及び本店又は主たる事務所の所在地
　五　相手国居住者等上場株式等配当等の支払を受ける者が国税通則法第117条第２項の規定による納税管理人の届出をしている場合には、当該納税管理人の氏名及び住所又は居所
　六　その他参考となるべき事項
11　租税特別措置法第９条の３の２第１項の規定の適用を受ける同項に規定する支払の取扱者は、平成26年１月１日以後最初に前項の規定により提出される特例届出書を受理しようとするときは、あらかじめ、その旨を書面により当該支払の取扱者の納税地の所轄税務署長に届け出なければならない。
12　第２項の規定は、第10項の規定により提出した特例届出書の記載事項について異動が生じた場合について準用する。
13　特例届出書を提出した者は、当該特例届出書に係る支払の取扱者から交付を受ける相手国居住者等上場株式等配当等の支払者ごとに、次に掲げる事項を、当該特例届出書の提出の日以後最初にその支払を受ける日の前日までに、当該支払の

取扱者に通知しなければならない。
一　当該相手国居住者等上場株式等配当等につき当該相手国居住者等上場株式等配当等に係る租税条約の規定に基づき租税の軽減又は免除を受けることができる事情の詳細
二　当該相手国居住者等上場株式等配当等の支払者の名称及び本店又は主たる事務所の所在地
三　当該相手国居住者等上場株式等配当等に係る株式、出資又は受益権の銘柄又は名称、種類及び数量並びにその取得の日
四　その他参考となるべき事項

14　前項の規定による通知をした者は、その通知をした事項について異動を生じた場合には、当該異動を生じた事項、当該異動を生じた日その他参考となるべき事項を、当該異動を生じた日以後最初に当該通知に係る相手国居住者等上場株式等配当等の支払を受ける日の前日までに、同項の支払の取扱者に通知しなければならない。

15　特例届出書を提出した者は、当該特例届出書に係る支払の取扱者から交付を受ける相手国居住者等上場株式等配当等につき租税特別措置法第9条の3の2第1項の規定により徴収されるべき所得税について第10項に規定する租税条約の規定に基づき免除を受けようとする場合には、当該相手国居住者等上場株式等配当等の支払者ごとに、同項第1号及び第2号に掲げる事項を記載した書面に、当該租税条約の相手国等の権限ある当局のその者が当該相手国居住者等上場株式等配当等につき租税の免除を定める当該租税条約の規定の適用を受けることができる相手国等における居住者であることを証明する書類を添付して、これを、当該特例届出書の提出の日以後最初にその支払を受ける日の前日までに、当該支払の取扱者を経由して、当該支払の取扱者の納税地の所轄税務署長に提出しなければならない。

16　前項の場合において、同項の相手国等の権限ある当局が同項に規定する証明する書類の発行又は発給をすることができないときは、同項の特例届出書を提出した者は、当該書類に代えて、同項に規定する租税の免除を定める租税条約の規定に定める要件を満たすことを明らかにする書類（当該書類が外国語で作成されている場合には、その翻訳文を含む。）及び当該相手国等の権限ある当局の当該特例届出書を提出した者の居住者証明書を同項の書面に添付しなければならない。ただし、当該租税条約の規定の適用開始日が平成16年4月1日前である場合には、この限りでない。

17　特例届出書を提出した者に対し相手国居住者等上場株式等配当等の交付をする支払の取扱者は、当該特例届出書を提出した者の各人別に、次に掲げる事項を、その交付をした日の属する月の翌月10日までに、特定電子情報処理組織を使用する方法等（国税関係法令に係る情報通信技術を活用した行政の推進等に関する

省令（平成15年財務省令第71号）第4条第1項から第3項まで、第6項及び第7項の規定の例によりあらかじめ税務署長に届け出て行う同令第5条第1項の定めるところにより当該事項を送信する方法又は当該事項を記録した光ディスク若しくは磁気ディスクを提出する方法をいう。以下第2条の5までにおいて同じ。）により当該支払の取扱者の納税地の所轄税務署長に提供しなければならない。この場合において、その月中に相手国居住者等上場株式等配当等の交付がなかつたときは、その旨を当該所轄税務署長に通知しなければならない。
一　当該相手国居住者等上場株式等配当等の支払を受ける者の氏名及び住所若しくは居所（個人番号を有する者にあつては、氏名、住所又は居所及び個人番号）又は名称及び本店若しくは主たる事務所の所在地（法人番号を有する者にあつては、名称、本店又は主たる事務所の所在地及び法人番号）並びに当該支払を受ける者が当該相手国居住者等上場株式等配当等に係る相手国等において納税者番号を有する場合には、当該納税者番号
二　当該相手国居住者等上場株式等配当等につき当該相手国居住者等上場株式等配当等に係る租税条約の規定に基づき租税の軽減又は免除を受けることができる事情の詳細
三　当該相手国居住者等上場株式等配当等の支払者の名称及び本店又は主たる事務所の所在地
四　当該相手国居住者等上場株式等配当等に係る株式、出資又は受益権の銘柄又は名称、種類及び数量並びにその取得の日
五　当該相手国居住者等上場株式等配当等の金額及びその交付の日
六　前号の金額につき源泉徴収をされる所得税の額
七　その他参考となるべき事項

18　特例届出書を提出した者がその提出前に当該特例届出書に係る支払の取扱者から交付を受ける相手国居住者等上場株式等配当等につき第1項又は第2項に規定する届出書を提出しているときは、当該特例届出書の提出の日以後においては、当該届出書の提出がなかつたものとみなし、特例届出書を提出した者がその提出後に当該特例届出書に係る支払の取扱者から交付を受ける相手国居住者等上場株式等配当等につき第1項に規定する届出書を提出したときは、当該届出書の提出の日以後においては、当該特例届出書の提出がなかつたものとみなす。

19　次の各号に掲げる者が個人番号又は法人番号を有する場合には、当該各号に定める書類にその者の個人番号又は法人番号を付記するものとする。
一　第1項若しくは第2項の規定により提出する届出書又は第9項の規定により提出する還付請求書を受理したこれらの規定に規定する源泉徴収義務者　これらの届出書又は還付請求書
二　第10項の規定により提出する特例届出書、第12項において準用する第2項の規定により提出する届出書又は第15項の規定により提出する書面を受理し

たこれらの規定に規定する支払の取扱者　これらの届出書又は書面

（株主等配当等に係る所得税の軽減又は免除を受ける者の届出等）
第２条の２　所得税法第２条第１項第７号に規定する外国法人（同項第８号に規定する人格のない社団等を含む。以下「外国法人」という。）は、その支払を受ける法第３条の２第３項に規定する株主等配当等（以下この条において「株主等配当等」という。）につき所得税法第212条第１項若しくは第２項又は租税特別措置法第９条の３の２第１項、第41条の９第３項若しくは第41条の12の２第２項若しくは第３項の規定により徴収されるべき所得税について当該株主等配当等に係る株主等である者に係る相手国等との間の租税条約の規定に基づき軽減又は免除を受けようとする場合には、当該株主等配当等に係る源泉徴収義務者ごとに、第１号から第８号までに掲げる事項を記載した届出書に第９号から第11号までに掲げる書類を添付して、これを、当該租税条約の効力発生の日以後最初にその支払を受ける日の前日まで（その支払を受ける株主等配当等が無記名の株式、出資若しくは受益証券に係るもの又は無記名の債券に係るもの（次項において「無記名株主等配当等」という。）である場合にあつては、その支払を受ける都度、当該支払を受ける時）に、当該源泉徴収義務者を経由して、当該源泉徴収義務者の納税地の所轄税務署長に提出しなければならない。
一　当該株主等配当等に係る法第３条の２第１項に規定する配当等（以下第２条の５までにおいて「配当等」という。）の支払を受ける外国法人の名称、本店又は主たる事務所の所在地及びその事業が管理され、かつ、支配されている場所の所在地（法人番号を有する外国法人にあつては、名称、本店又は主たる事務所の所在地、その事業が管理され、かつ、支配されている場所の所在地及び法人番号）並びに当該外国法人が納税者番号を有する場合には、当該納税者番号
二　前号の配当等が当該租税条約の相手国等の法令に基づき当該外国法人の株主等である者の所得として取り扱われる場合には、その事情の詳細
三　第１号の外国法人の株主等である者の各人別に、その者の氏名及び住所若しくは居所又は名称、本店若しくは主たる事務所の所在地及びその事業が管理され、かつ、支配されている場所の所在地並びに当該株主等配当等に係る配当等のうち、当該租税条約の規定においてその者の所得として取り扱われる部分の金額及び当該金額のうち当該租税条約の規定の適用を受けようとする金額
四　当該株主等配当等につき当該租税条約の規定に基づき租税の軽減又は免除を受けることができる事情の詳細
五　当該株主等配当等に係る配当等の支払者の氏名及び住所若しくは居所又は名称及び本店若しくは主たる事務所の所在地
六　次に掲げる場合の区分に応じそれぞれ次に掲げる事項

イ　当該株主等配当等である配当の支払を受ける場合　当該配当に係る株式、出資、基金又は受益権の銘柄又は名称、種類及び数量並びにその取得の日
　　ロ　当該株主等配当等である利子で債券に係るものの支払を受ける場合　当該債券の種類、名称、額面金額及び数量並びにその取得の日
　　ハ　当該株主等配当等である利子で債券に係るもの以外のものの支払を受ける場合　当該利子の支払の基因となつた契約の締結の日、契約金額及び契約期間並びに当該契約期間において支払われる当該利子の金額及びその支払期日
　　ニ　当該株主等配当等である使用料の支払を受ける場合　当該使用料の支払の基因となつた契約の締結の日及び契約期間並びに当該契約期間において支払われる当該使用料の金額及びその支払期日
　　ホ　当該株主等配当等であるその他の所得の支払を受ける場合　当該その他の所得の種類、金額、支払方法、支払期日及び支払の基因となつた契約の内容
　七　当該株主等配当等に係る配当等の支払を受ける者が国税通則法第117条第2項の規定による納税管理人の届出をしている場合には、当該納税管理人の氏名及び住所又は居所
　八　その他参考となるべき事項
　九　第2号に規定する場合には、同号に掲げる事情の詳細を明らかにする書類（当該書類が外国語で作成されている場合には、その翻訳文を含む。次号において同じ。）
　十　第3号に規定する株主等である者（同号の租税条約の規定の適用に係るものに限る。）が第1号の外国法人の株主等であることを明らかにする書類
　十一　当該相手国等の権限ある当局の前号の株主等である者の居住者証明書
2　前項の届出書（無記名株主等配当等に係るものを除く。）を提出した外国法人は、その記載事項について異動を生じた場合には、当該異動を生じた事項、当該異動を生じた日その他参考となるべき事項を記載した届出書に同項第9号から第11号までに掲げる書類（以下この項において「確認書類」という。）を添付して、これを、当該異動が生じた日以後最初に当該届出書に係る株主等配当等の支払を受ける日の前日までに、当該株主等配当等に係る源泉徴収義務者を経由して、当該源泉徴収義務者の納税地の所轄税務署長に提出しなければならない。この場合において、当該異動を生じた事項が確認書類に係る記載事項以外の記載事項である場合には、当該届出書に係る確認書類の添付は要しないものとする。
3　前条第3項の規定は、第1項の規定により提出した同項の届出書の記載事項について異動が生じた場合について準用する。
4　外国法人は、その支払を受ける株主等配当等である配当又は利子につき所得税法第212条第1項若しくは第2項又は租税特別措置法第9条の3の2第1項、第41条の9第3項若しくは第41条の12の2第2項若しくは第3項の規定により徴収されるべき所得税について第1項に規定する租税条約の規定に基づき免除を

受けようとする場合には、同項又は第2項の規定により提出する届出書に、当該租税条約の相手国等の権限ある当局の当該免除を受けようとする株主等配当等に係る株主等である者が当該配当又は利子につき租税の免除を定める当該租税条約の規定の適用を受けることができる相手国等における居住者であることを証明する書類を添付しなければならない。

5 前項の場合において、同項の相手国等の権限ある当局が同項に規定する証明する書類の発行又は発給をすることができないときは、同項の外国法人は、当該書類に代えて、同項の株主等である者が同項に規定する租税の免除を定める租税条約の規定に定める要件を満たすことを明らかにする書類（当該書類が外国語で作成されている場合には、その翻訳文を含む。）を同項の届出書に添付しなければならない。ただし、当該租税条約の規定の適用開始日が平成16年4月1日前である場合には、この限りでない。

6 外国法人は、その支払を受ける株主等配当等である使用料につき所得税法第212条第1項又は第2項の規定により徴収されるべき所得税について第1項に規定する租税条約の規定に基づき免除を受けようとする場合には、同項又は第2項の規定により提出する届出書（同項の届出書にあつては、同項に規定する異動を生じた事項が当該使用料に係る事項である場合に提出するものに限る。）に、当該使用料の支払の基因となつた契約の内容を記載した書類を添付しなければならない。ただし、当該租税条約の規定の適用開始日が平成16年4月1日前である場合には、この限りでない。

7 外国法人は、所得税法第212条第1項若しくは第2項又は租税特別措置法第9条の3の2第1項、第41条の9第3項若しくは第41条の12の2第2項若しくは第3項の規定（以下この項において「外国法人の株主等配当等に関する規定」という。）の適用がある株主等配当等の支払を受けた場合において、第1項に規定する租税条約の規定の適用を受けなかつたことにより当該株主等配当等につき外国法人の株主等配当等に関する規定により徴収された所得税について、当該租税条約の規定に基づき軽減又は免除を受けようとするときは、次の各号に掲げる場合の区分に応じ当該各号に定める金額の還付を請求することができる。
一 租税条約の規定により当該株主等配当等について所得税が軽減される場合
当該株主等配当等に対する源泉徴収による所得税の額から当該株主等配当等の額に当該株主等配当等に対して適用される法第3条の2第3項に規定する限度税率を乗じて計算した金額を控除した残額に相当する金額
二 租税条約の規定により当該株主等配当等について所得税が免除される場合
当該株主等配当等に対する源泉徴収による所得税の額

8 前項の規定による所得税の還付の請求をしようとする者は、第1項第1号から第8号までに掲げる事項並びにその還付を受けようとする所得税の額及びその計算に関して必要な事項を記載した還付請求書に第1項第9号から第11号までに

掲げる書類（第4項から第6項までに規定する場合に該当するときは、当該書類及びこれらの規定による書類）を添付して、これを、当該所得税に係る源泉徴収義務者を経由して、当該源泉徴収義務者の納税地の所轄税務署長に提出しなければならない。

9　外国法人で、その支払を受ける株主等配当等（租税特別措置法第9条の3の2第1項に規定する上場株式等の配当等（同項に規定する利子等を除く。）に限る。以下この条において「株主等上場株式等配当等」という。）につき同項の規定により徴収されるべき所得税について当該株主等上場株式等配当等に係る株主等である者に係る相手国等との間の租税条約の規定に基づき軽減又は免除を受けようとするものが、第1号から第7号までに掲げる事項を記載した届出書（以下この条において「特例届出書」という。）に第8号から第10号までに掲げる書類を添付して、これを、当該株主等上場株式等配当等の支払の取扱者（同項の規定の適用を受ける同項に規定する支払の取扱者をいい、次項の届出をした者に限る。以下この条において同じ。）を経由して、当該支払の取扱者の納税地の所轄税務署長に提出した場合には、当該外国法人は、その提出の日以後当該支払の取扱者から交付を受ける株主等上場株式等配当等につき第1項の規定による届出書の提出をしたものとみなす。

一　株主等上場株式等配当等に係る配当等の支払を受ける外国法人の名称、本店又は主たる事務所の所在地及びその事業が管理され、かつ、支配されている場所の所在地（法人番号を有する外国法人にあつては、名称、本店又は主たる事務所の所在地、その事業が管理され、かつ、支配されている場所の所在地及び法人番号）並びに当該外国法人が納税者番号を有する場合には、当該納税者番号

二　前号の配当等が当該租税条約の相手国等の法令に基づき当該外国法人の株主等である者の所得として取り扱われる場合には、その事情の詳細

三　第1号の外国法人の株主等である者の各人別に、その者の氏名及び住所若しくは居所又は名称、本店若しくは主たる事務所の所在地及びその事業が管理され、かつ、支配されている場所の所在地並びに株主等上場株式等配当等に係る配当等のうち、当該租税条約の規定においてその者の所得として取り扱われる部分の割合及び当該租税条約の適用を受けようとする割合

四　株主等上場株式等配当等に係る当該租税条約の名称

五　株主等上場株式等配当等に係る配当等の支払の取扱者の名称及び本店又は主たる事務所の所在地

六　株主等上場株式等配当等に係る配当等の支払を受ける者が国税通則法第117条第2項の規定による納税管理人の届出をしている場合には、当該納税管理人の氏名及び住所又は居所

七　その他参考となるべき事項

八 第2号に規定する場合には、同号に掲げる事情の詳細を明らかにする書類（当該書類が外国語で作成されている場合には、その翻訳文を含む。次号において同じ。）
九 第3号に規定する株主等である者（同号の租税条約の規定の適用に係るものに限る。）が第1号の外国法人の株主等であることを明らかにする書類
十 当該相手国等の権限ある当局の前号の株主等である者の居住者証明書
10 租税特別措置法第9条の3の2第1項の規定の適用を受ける同項に規定する支払の取扱者は、平成26年1月1日以後最初に前項の規定により提出される特例届出書を受理しようとするときは、あらかじめ、その旨を書面により当該支払の取扱者の納税地の所轄税務署長に届け出なければならない。
11 第2項の規定は、第9項の規定により提出した特例届出書の記載事項について異動が生じた場合について準用する。この場合において、第2項中「同項第9号から第11号まで」とあるのは、「第9項第8号から第10号まで」と読み替えるものとする。
12 特例届出書を提出した外国法人は、当該特例届出書に係る支払の取扱者から交付を受ける株主等上場株式等配当等の支払者ごとに、次に掲げる事項を、当該特例届出書の提出の日以後最初にその支払を受ける日の前日までに、当該支払の取扱者に通知しなければならない。
一 当該株主等上場株式等配当等につき当該株主等上場株式等配当等に係る租税条約の規定に基づき租税の軽減又は免除を受けることができる事情の詳細
二 当該株主等上場株式等配当等に係る配当等の支払者の名称及び本店又は主たる事務所の所在地
三 当該株主等上場株式等配当等に係る株式、出資又は受益権の銘柄又は名称、種類及び数量並びにその取得の日
四 その他参考となるべき事項
13 前項の規定による通知をした外国法人は、その通知をした事項について異動を生じた場合には、当該異動を生じた事項、当該異動を生じた日その他参考となるべき事項を、当該異動を生じた日以後最初に当該通知に係る株主等上場株式等配当等の支払を受ける日の前日までに、同項の支払の取扱者に通知しなければならない。
14 特例届出書を提出した外国法人は、当該特例届出書に係る支払の取扱者から交付を受ける株主等上場株式等配当等につき租税特別措置法第9条の3の2第1項の規定により徴収されるべき所得税について第9項に規定する租税条約の規定に基づき免除を受けようとする場合には、当該株主等上場株式等配当等の支払者ごとに、同項第1号に掲げる事項を記載した書面に、当該租税条約の相手国等の権限ある当局の当該免除を受けようとする株主等上場株式等配当等に係る株主等である者が当該株主等上場株式等配当等につき租税の免除を定める当該租税条約の

規定の適用を受けることができる相手国等における居住者であることを証明する書類を添付して、これを、当該特例届出書の提出の日以後最初にその支払を受ける日の前日までに、当該支払の取扱者を経由して、当該支払の取扱者の納税地の所轄税務署長に提出しなければならない。

15　前項の場合において、同項の相手国等の権限ある当局が同項に規定する証明する書類の発行又は発給をすることができないときは、同項の外国法人は、当該書類に代えて、同項の株主等である者が同項に規定する租税の免除を定める租税条約の規定に定める要件を満たすことを明らかにする書類（当該書類が外国語で作成されている場合には、その翻訳文を含む。）を同項の書面に添付しなければならない。ただし、当該租税条約の規定の適用開始日が平成16年4月1日前である場合には、この限りでない。

16　特例届出書を提出した外国法人に対し株主等上場株式等配当等の交付をする支払の取扱者は、当該外国法人の各人別に、次に掲げる事項を、その交付をした日の属する月の翌月10日までに、特定電子情報処理組織を使用する方法等により当該支払の取扱者の納税地の所轄税務署長に提供しなければならない。この場合において、その月中に株主等上場株式等配当等の交付がなかつたときは、その旨を当該所轄税務署長に通知しなければならない。
　一　当該株主等上場株式等配当等に係る配当等の支払を受ける外国法人の名称及び本店又は主たる事務所の所在地（法人番号を有する外国法人にあつては、名称、本店又は主たる事務所の所在地及び法人番号）並びに当該外国法人が当該株主等上場株式等配当等に係る相手国等において納税者番号を有する場合には、当該納税者番号
　二　当該株主等上場株式等配当等につき当該株主等上場株式等配当等に係る租税条約の規定に基づき租税の軽減又は免除を受けることができる事情の詳細
　三　当該株主等上場株式等配当等に係る配当等の支払者の名称及び本店又は主たる事務所の所在地
　四　当該株主等上場株式等配当等に係る株式、出資又は受益権の銘柄又は名称、種類及び数量並びにその取得の日
　五　当該株主等上場株式等配当等に係る配当等の金額及びその交付の日
　六　前号の金額につき源泉徴収をされる所得税の額
　七　その他参考となるべき事項

17　特例届出書を提出した外国法人がその提出前に当該特例届出書に係る支払の取扱者から交付を受ける株主等上場株式等配当等につき第1項又は第2項に規定する届出書を提出しているときは、当該特例届出書の提出の日以後においては、当該届出書の提出がなかつたものとみなし、特例届出書を提出した外国法人がその提出後に当該特例届出書に係る支払の取扱者から交付を受ける株主等上場株式等配当等につき第1項に規定する届出書を提出したときは、当該届出書の提出の日

以後においては、当該特例届出書の提出がなかつたものとみなす。
18 次の各号に掲げる者が個人番号又は法人番号を有する場合には、当該各号に定める書類にその者の個人番号又は法人番号を付記するものとする。
　一　第1項若しくは第2項の規定により提出する届出書又は第8項の規定により提出する還付請求書を受理したこれらの規定に規定する源泉徴収義務者　これらの届出書又は還付請求書
　二　第9項の規定により提出する特例届出書、第11項において準用する第2項の規定により提出する届出書又は第14項の規定により提出する書面を受理したこれらの規定に規定する支払の取扱者　これらの届出書又は書面

（相手国団体配当等に係る所得税の軽減又は免除を受ける者の届出等）
第2条の3　所得税法第2条第1項第5号に規定する非居住者（以下「非居住者」という。）又は外国法人は、その支払を受ける法第3条の2第5項に規定する相手国団体配当等（以下この条において「相手国団体配当等」という。）につき所得税法第212条第1項若しくは第2項又は租税特別措置法第9条の3の2第1項、第41条の9第3項若しくは第41条の12の2第2項若しくは第3項の規定により徴収されるべき所得税について当該非居住者又は外国法人に係る相手国等との間の租税条約の規定に基づき軽減又は免除を受けようとする場合には、当該相手国団体配当等に係る源泉徴収義務者ごとに、第1号から第8号までに掲げる事項を記載した届出書に第9号から第11号までに掲げる書類を添付して、これを、当該租税条約の効力発生の日以後最初にその支払を受ける日の前日まで（その支払を受ける相手国団体配当等が無記名の株式、出資若しくは受益証券に係るもの又は無記名の債券に係るもの（次項において「無記名相手国団体配当等」という。）である場合にあつては、その支払を受ける都度、当該支払を受ける時）に、当該源泉徴収義務者を経由して、当該源泉徴収義務者の納税地の所轄税務署長に提出しなければならない。
　一　当該相手国団体配当等の支払を受ける者の氏名、国籍及び住所若しくは居所（個人番号を有する者にあつては、氏名、国籍、住所又は居所及び個人番号）又は名称、本店若しくは主たる事務所の所在地及びその事業が管理され、かつ、支配されている場所の所在地（法人番号を有する者にあつては、名称、本店又は主たる事務所の所在地、その事業が管理され、かつ、支配されている場所の所在地及び法人番号）並びに当該支払を受ける者が当該相手国等において納税者番号を有する場合には、当該納税者番号
　二　当該相手国団体配当等の支払を受ける者の当該相手国団体配当等が当該租税条約の相手国等の法令に基づきその者が構成員となつている当該相手国等の団体（以下この条において「相手国団体」という。）の所得として取り扱われる場合には、その事情の詳細

三　当該相手国団体の名称、本店又は主たる事務所の所在地及びその事業が管理され、かつ、支配されている場所の所在地並びに当該相手国団体配当等に係る配当等で、当該租税条約の規定において当該相手国団体の所得として取り扱われるものの金額の合計額
四　当該相手国団体配当等につき当該租税条約の規定に基づき租税の軽減又は免除を受けることができる事情の詳細
五　当該相手国団体配当等に係る配当等の支払者の氏名及び住所若しくは居所又は名称及び本店若しくは主たる事務所の所在地
六　次に掲げる場合の区分に応じそれぞれ次に掲げる事項
　イ　当該相手国団体配当等である配当の支払を受ける場合　当該配当に係る株式、出資、基金又は受益権の銘柄又は名称、種類及び数量並びにその取得の日
　ロ　当該相手国団体配当等である利子で債券に係るものの支払を受ける場合　当該債券の種類、名称、額面金額及び数量並びにその取得の日
　ハ　当該相手国団体配当等である利子で債券に係るもの以外のものの支払を受ける場合　当該利子の支払の基因となつた契約の締結の日、契約金額及び契約期間並びに当該契約期間において支払われる当該利子の金額及びその支払期日
　ニ　当該相手国団体配当等である使用料の支払を受ける場合　当該使用料の支払の基因となつた契約の締結の日及び契約期間並びに当該契約期間において支払われる当該使用料の金額及びその支払期日
　ホ　当該相手国団体配当等であるその他の所得の支払を受ける場合　当該その他の所得の種類、金額、支払方法、支払期日及び支払の基因となつた契約の内容
七　当該相手国団体配当等に係る配当等の支払を受ける者が国税通則法第117条第2項の規定による納税管理人の届出をしている場合には、当該納税管理人の氏名及び住所又は居所
八　その他参考となるべき事項
九　第2号に規定する場合には、同号に掲げる事情の詳細を明らかにする書類（当該書類が外国語で作成されている場合には、その翻訳文を含む。次号において同じ。）
十　当該相手国団体配当等の支払を受ける者が第3号の相手国団体の構成員であることを明らかにする書類
十一　当該相手国等の権限ある当局の前号の相手国団体の居住者証明書

2　前項の届出書（無記名相手国団体配当等に係るものを除く。）を提出した非居住者又は外国法人は、その記載事項について異動を生じた場合には、当該異動を生じた事項、当該異動を生じた日その他参考となるべき事項を記載した届出書に

同項第9号から第11号までに掲げる書類(以下この項において「確認書類」という。)を添付して、これを、当該異動が生じた日以後最初に当該届出書に係る相手国団体配当等の支払を受ける日の前日までに、当該相手国団体配当等に係る源泉徴収義務者を経由して、当該源泉徴収義務者の納税地の所轄税務署長に提出しなければならない。この場合において、当該異動を生じた事項が確認書類に係る記載事項以外の記載事項である場合には、当該届出書に係る確認書類の添付は要しないものとする。

3 　第2条第3項の規定は、第1項の規定により提出した同項の届出書の記載事項について異動が生じた場合について準用する。

4 　非居住者又は外国法人は、その支払を受ける相手国団体配当等である配当又は利子につき所得税法第212条第1項若しくは第2項又は租税特別措置法第9条の3の2第1項、第41条の9第3項若しくは第41条の12の2第2項若しくは第3項の規定により徴収されるべき所得税について第1項に規定する租税条約の規定に基づき免除を受けようとする場合には、同項又は第2項の規定により提出する届出書に、当該租税条約の相手国等の権限ある当局の当該相手国団体配当等に係る相手国団体が当該配当又は利子につき租税の免除を定める当該租税条約の規定の適用を受けることができる相手国等における居住者であることを証明する書類を添付しなければならない。

5 　前項の場合において、同項の相手国等の権限ある当局が同項に規定する証明する書類の発行又は発給をすることができないときは、同項の非居住者又は外国法人は、当該書類に代えて、同項の相手国団体が同項に規定する租税の免除を定める租税条約の規定に定める要件を満たすことを明らかにする書類(当該書類が外国語で作成されている場合には、その翻訳文を含む。)を同項の届出書に添付しなければならない。ただし、当該租税条約の規定の適用開始日が平成16年4月1日前である場合には、この限りでない。

6 　非居住者又は外国法人は、その支払を受ける相手国団体配当等である使用料につき所得税法第212条第1項又は第2項の規定により徴収されるべき所得税について第1項に規定する租税条約の規定に基づき免除を受けようとする場合には、同項又は第2項の規定により提出する届出書(同項の届出書にあつては、同項に規定する異動を生じた事項が当該使用料に係る事項である場合に提出するものに限る。)に、当該使用料の支払の基因となつた契約の内容を記載した書類を添付しなければならない。ただし、当該租税条約の規定の適用開始日が平成16年4月1日前である場合には、この限りでない。

7 　相手国団体配当等の支払を受ける非居住者又は外国法人がその支払を受ける相手国団体配当等に係る相手国団体の他の全ての構成員から、当該他の全ての構成員が支払を受ける当該相手国団体に係る相手国団体配当等、第三国団体配当等(次条第1項に規定する第三国団体配当等をいう。以下この項において同じ。)又

は特定配当等（第2条の5第1項に規定する特定配当等をいう。以下この項において同じ。）につき当該他の全ての構成員が提出する第1項、次条第1項又は第2条の5第1項に規定する届出書（以下この項において「構成員条約届出書」という。）に記載すべきこれらの規定に規定する事項の通知を受けた場合には、当該非居住者又は外国法人は、その支払を受ける当該相手国団体配当等につき第1項第1号から第8号までに掲げる事項のほか、当該通知を受けた事項を併せて記載した同項の届出書を同項の規定に基づき提出することができる。この場合において、当該他の全ての構成員については、その者が支払を受ける当該相手国団体に係る相手国団体配当等、第三国団体配当等又は特定配当等につき構成員条約届出書の提出があつたものとみなす。

8 非居住者又は外国法人で、その支払を受ける相手国団体配当等（租税特別措置法第9条の3の2第1項に規定する上場株式等の配当等（同項に規定する利子等を除く。）に限る。以下この条において「相手国団体上場株式等配当等」という。）につき同項の規定により徴収されるべき所得税について当該非居住者又は外国法人に係る相手国等との間の租税条約の規定に基づき軽減又は免除を受けようとするものが、第1号から第7号までに掲げる事項を記載した届出書（以下この条において「特例届出書」という。）に第8号から第10号までに掲げる書類を添付して、これを、当該相手国団体上場株式等配当等の支払の取扱者（同項の規定の適用を受ける同項に規定する支払の取扱者をいい、次項の届出をした者に限る。以下この条において同じ。）を経由して、当該支払の取扱者の納税地の所轄税務署長に提出した場合には、当該非居住者又は外国法人は、その提出の日以後当該支払の取扱者から交付を受ける相手国団体上場株式等配当等につき第1項の規定による届出書の提出をしたものとみなす。
一 相手国団体上場株式等配当等の支払を受ける者の氏名、国籍及び住所若しくは居所（個人番号を有する者にあつては、氏名、国籍、住所又は居所及び個人番号）又は名称、本店若しくは主たる事務所の所在地及びその事業が管理され、かつ、支配されている場所の所在地（法人番号を有する者にあつては、名称、本店又は主たる事務所の所在地、その事業が管理され、かつ、支配されている場所の所在地及び法人番号）並びに当該支払を受ける者が当該相手国等において納税者番号を有する場合には、当該納税者番号
二 相手国団体上場株式等配当等の支払を受ける者の相手国団体上場株式等配当等が当該租税条約の相手国等の法令に基づきその者が構成員となつている相手国団体の所得として取り扱われる場合には、その事情の詳細
三 当該相手国団体の名称、本店又は主たる事務所の所在地及びその事業が管理され、かつ、支配されている場所の所在地
四 相手国団体上場株式等配当等に係る当該租税条約の名称
五 相手国団体上場株式等配当等に係る配当等の支払の取扱者の名称及び本店又

VI　参考法令（抄）

　　は主たる事務所の所在地
　六　相手国団体上場株式等配当等に係る配当等の支払を受ける者が国税通則法第117条第2項の規定による納税管理人の届出をしている場合には、当該納税管理人の氏名及び住所又は居所
　七　その他参考となるべき事項
　八　第2号に規定する場合には、同号に掲げる事情の詳細を明らかにする書類（当該書類が外国語で作成されている場合には、その翻訳文を含む。次号において同じ。）
　九　相手国団体上場株式等配当等の支払を受ける者が第3号の相手国団体の構成員であることを明らかにする書類
　十　当該相手国等の権限ある当局の前号の相手国団体の居住者証明書

9　租税特別措置法第9条の3の2第1項の規定の適用を受ける同項に規定する支払の取扱者は、平成26年1月1日以後最初に前項の規定により提出される特例届出書を受理しようとするときは、あらかじめ、その旨を書面により当該支払の取扱者の納税地の所轄税務署長に届け出なければならない。

10　第2項の規定は、第8項の規定により提出した特例届出書の記載事項について異動が生じた場合について準用する。この場合において、第2項中「同項第9号から第11号まで」とあるのは、「第8項第8号から第10号まで」と読み替えるものとする。

11　相手国団体上場株式等配当等の支払を受ける非居住者又は外国法人がその支払を受ける相手国団体上場株式等配当等に係る相手国団体の他の全ての構成員から、当該他の全ての構成員が支払を受ける当該相手国団体に係る相手国団体上場株式等配当等、第三国団体上場株式等配当等（次条第8項に規定する第三国団体上場株式等配当等をいう。以下この項において同じ。）又は特定上場株式等配当等（第2条の5第9項に規定する特定上場株式等配当等をいう。以下この項において同じ。）につき当該他の全ての構成員が提出する第8項、次条第8項又は第2条の5第9項に規定する特例届出書（以下この項において「構成員特例届出書」という。）に記載すべきこれらの規定に規定する事項の通知を受けた場合には、当該非居住者又は外国法人は、その支払を受ける当該相手国団体上場株式等配当等につき第8項第1号から第7号までに掲げる事項のほか、当該通知を受けた事項を併せて記載した同項の特例届出書を同項の規定に基づき提出することができる。この場合において、当該他の全ての構成員については、その者が支払を受ける当該相手国団体に係る相手国団体上場株式等配当等、第三国団体上場株式等配当等又は特定上場株式等配当等につき構成員特例届出書の提出があつたものとみなす。

12　特例届出書を提出した非居住者又は外国法人（前項、次条第11項又は第2条の5第12項の規定により相手国団体上場株式等配当等につき特例届出書の提出

があつたものとみなされる者を含む。第16項及び第17項において同じ。）は、当該特例届出書に係る支払の取扱者から交付を受ける相手国団体上場株式等配当等の支払者ごとに、次に掲げる事項を、当該特例届出書の提出の日以後最初にその支払を受ける日の前日までに、当該支払の取扱者に通知しなければならない。
　一　当該相手国団体上場株式等配当等につき当該相手国団体上場株式等配当等に係る租税条約の規定に基づき租税の軽減又は免除を受けることができる事情の詳細
　二　当該相手国団体上場株式等配当等に係る配当等の支払者の名称及び本店又は主たる事務所の所在地
　三　当該相手国団体上場株式等配当等に係る株式、出資又は受益権の銘柄又は名称、種類及び数量並びにその取得の日
　四　その他参考となるべき事項

13　前項の規定による通知をした非居住者又は外国法人は、その通知をした事項について異動を生じた場合には、当該異動を生じた事項、当該異動を生じた日その他参考となるべき事項を、当該異動を生じた日以後最初に当該通知に係る相手国団体上場株式等配当等の支払を受ける日の前日までに、同項の支払の取扱者に通知しなければならない。

14　特例届出書を提出した非居住者又は外国法人は、当該特例届出書に係る支払の取扱者から交付を受ける相手国団体上場株式等配当等につき租税特別措置法第9条の3の2第1項の規定により徴収されるべき所得税について第8項に規定する租税条約の規定に基づき免除を受けようとする場合には、当該相手国団体上場株式等配当等の支払者ごとに、同項第1号に掲げる事項を記載した書面に、当該租税条約の相手国等の権限ある当局の当該相手国団体上場株式等配当等に係る相手国団体が当該相手国団体上場株式等配当等につき租税の免除を定める当該租税条約の規定の適用を受けることができる相手国等における居住者であることを証明する書類を添付して、これを、当該特例届出書の提出の日以後最初にその支払を受ける日の前日までに、当該支払の取扱者を経由して、当該支払の取扱者の納税地の所轄税務署長に提出しなければならない。

15　前項の場合において、同項の相手国等の権限ある当局が同項に規定する証明する書類の発行又は発給をすることができないときは、同項の非居住者又は外国法人は、当該書類に代えて、同項の相手国団体が同項に規定する租税の免除を定める租税条約の規定に定める要件を満たすことを明らかにする書類（当該書類が外国語で作成されている場合には、その翻訳文を含む。）を同項の書面に添付しなければならない。ただし、当該租税条約の規定の適用開始日が平成16年4月1日前である場合には、この限りでない。

16　特例届出書を提出した非居住者又は外国法人に対し相手国団体上場株式等配当等の交付をする支払の取扱者は、当該非居住者又は外国法人の各人別に、次に掲

げる事項を、その交付をした日の属する月の翌月10日までに、特定電子情報処理組織を使用する方法等により当該支払の取扱者の納税地の所轄税務署長に提供しなければならない。この場合において、その月中に相手国団体上場株式等配当等の交付がなかつたときは、その旨を当該所轄税務署長に通知しなければならない。
　一　当該相手国団体上場株式等配当等の支払を受ける者の氏名及び住所若しくは居所（個人番号を有する者にあつては、氏名、住所又は居所及び個人番号）又は名称及び本店若しくは主たる事務所の所在地（法人番号を有する者にあつては、名称、本店又は主たる事務所の所在地及び法人番号）並びに当該支払を受ける者が当該相手国団体上場株式等配当等に係る相手国等において納税者番号を有する場合には、当該納税者番号
　二　当該相手国団体上場株式等配当等につき当該相手国団体上場株式等配当等に係る租税条約の規定に基づき租税の軽減又は免除を受けることができる事情の詳細
　三　当該相手国団体上場株式等配当等に係る配当等の支払者の名称及び本店又は主たる事務所の所在地
　四　当該相手国団体上場株式等配当等に係る株式、出資又は受益権の銘柄又は名称、種類及び数量並びにその取得の日
　五　当該相手国団体上場株式等配当等に係る配当等で、第2号の租税条約の規定において当該相手国団体上場株式等配当等に係る相手国団体の所得として取り扱われるものの金額の合計額
　六　当該相手国団体上場株式等配当等の金額及びその交付の日
　七　前号の金額につき源泉徴収をされる所得税の額
　八　その他参考となるべき事項

17　特例届出書を提出した非居住者又は外国法人がその提出前に当該特例届出書に係る支払の取扱者から交付を受ける相手国団体上場株式等配当等につき第1項又は第2項に規定する届出書を提出しているときは、当該特例届出書の提出の日以後においては、当該届出書の提出がなかつたものとみなし、特例届出書を提出した非居住者又は外国法人がその提出後に当該特例届出書に係る支払の取扱者から交付を受ける相手国団体上場株式等配当等につき第1項に規定する届出書を提出したときは、当該届出書の提出の日以後においては、当該特例届出書の提出がなかつたものとみなす。

18　次の各号に掲げる者が個人番号又は法人番号を有する場合には、当該各号に定める書類にその者の個人番号又は法人番号を付記するものとする。
　一　第1項又は第2項の規定により提出する届出書を受理したこれらの規定に規定する源泉徴収義務者　これらの届出書
　二　第8項の規定により提出する特例届出書、第10項において準用する第2項

の規定により提出する届出書又は第14項の規定により提出する書面を受理したこれらの規定に規定する支払の取扱者　これらの届出書又は書面

（特定配当等に係る所得税の軽減又は免除を受ける者の届出等）
第２条の５　所得税法第２条第１項第３号に規定する居住者（以下「居住者」という。）又は法人税法第２条第３号に規定する内国法人（同条第８号に規定する人格のない社団等を含む。以下「内国法人」という。）は、その支払を受ける法第３条の２第９項に規定する特定配当等（以下この条において「特定配当等」という。）につき所得税法第181条、第204条第１項、第207条、第209条の２、第210条若しくは第212条第３項又は租税特別措置法第９条の３の２第１項、第41条の９第３項若しくは第41条の12の２第２項若しくは第３項の規定により徴収されるべき所得税について租税条約の規定に基づき軽減又は免除を受けようとする場合には、当該特定配当等に係る源泉徴収義務者ごとに、第１号から第７号までに掲げる事項を記載した届出書に第８号から第10号までに掲げる書類を添付して、これを、当該租税条約の効力発生の日以後最初にその支払を受ける日の前日まで（その支払を受ける特定配当等が無記名の株式、出資若しくは受益証券に係るもの又は無記名の債券に係るもの（次項において「無記名特定配当等」という。）である場合にあつては、その支払を受ける都度、当該支払を受ける時）に、当該源泉徴収義務者を経由して、当該源泉徴収義務者の納税地の所轄税務署長に提出しなければならない。
一　当該特定配当等の支払を受ける者の氏名、国籍、住所若しくは居所及び個人番号又は名称、本店若しくは主たる事務所の所在地及び法人番号並びに当該支払を受ける者の当該特定配当等に係る所得税又は法人税の納税地
二　当該特定配当等の支払を受ける者の当該特定配当等が当該租税条約の相手国等の法令に基づきその者が構成員となつている当該相手国等の団体（以下この条において「相手国団体」という。）の所得として取り扱われる場合には、その事情の詳細
三　当該相手国団体の名称、本店又は主たる事務所の所在地及びその事業が管理され、かつ、支配されている場所の所在地並びに当該特定配当等に係る配当等で、当該租税条約の規定において当該相手国団体の所得として取り扱われるものの金額の合計額
四　当該特定配当等につき当該租税条約の規定に基づき租税の軽減又は免除を受けることができる事情の詳細
五　当該特定配当等に係る配当等の支払者の氏名及び住所若しくは居所又は名称及び本店若しくは主たる事務所の所在地
六　次に掲げる場合の区分に応じそれぞれ次に掲げる事項
　イ　当該特定配当等である配当の支払を受ける場合　当該配当に係る株式、出

資、基金又は受益権の銘柄又は名称、種類及び数量並びにその取得の日
　ロ　当該特定配当等である利子で債券に係るものの支払を受ける場合　当該債券の種類、名称、額面金額及び数量並びにその取得の日
　ハ　当該特定配当等である利子で債券に係るもの以外のものの支払を受ける場合　当該利子の支払の基因となつた契約の締結の日、契約金額及び契約期間並びに当該契約期間において支払われる当該利子の金額及びその支払期日
　ニ　当該特定配当等である使用料の支払を受ける場合　当該使用料の支払の基因となつた契約の締結の日及び契約期間並びに当該契約期間において支払われる当該使用料の金額及びその支払期日
　ホ　当該特定配当等であるその他の所得の支払を受ける場合　当該その他の所得の種類、金額、支払方法、支払期日及び支払の基因となつた契約の内容
七　その他参考となるべき事項
八　第2号に規定する場合には、同号に掲げる事情の詳細を明らかにする書類（当該書類が外国語で作成されている場合には、その翻訳文を含む。次号において同じ。）
九　当該特定配当等の支払を受ける者が第3号の相手国団体の構成員であることを明らかにする書類
十　当該相手国等の権限ある当局の前号の相手国団体の居住者証明書

2　前項の届出書（無記名特定配当等に係るものを除く。）を提出した居住者又は内国法人は、その記載事項について異動を生じた場合には、当該異動を生じた事項、当該異動を生じた日その他参考となるべき事項を記載した届出書に同項第8号から第10号までに掲げる書類（以下この項において「確認書類」という。）を添付して、これを、当該異動が生じた日以後最初に当該届出書に係る特定配当等の支払を受ける日の前日までに、当該特定配当等に係る源泉徴収義務者を経由して、当該源泉徴収義務者の納税地の所轄税務署長に提出しなければならない。この場合において、当該異動を生じた事項が確認書類に係る記載事項以外の記載事項である場合には、当該届出書に係る確認書類の添付は要しないものとする。

3　第2条第3項の規定は、第1項の規定により提出した同項の届出書の記載事項について異動が生じた場合について準用する。

4　居住者又は内国法人は、その支払を受ける特定配当等である配当又は利子につき所得税法第181条、第209条の2若しくは第212条第3項又は租税特別措置法第9条の3の2第1項、第41条の9第3項若しくは第41条の12の2第2項若しくは第3項の規定により徴収されるべき所得税について第1項に規定する租税条約の規定に基づき免除を受けようとする場合には、同項又は第2項の規定により提出する届出書に、当該租税条約の相手国等の権限ある当局の当該特定配当等に係る相手国団体が当該配当又は利子につき租税の免除を定める当該租税条約の規定の適用を受けることができる相手国等における居住者であることを証明する

書類を添付しなければならない。
5 　前項の場合において、同項の相手国等の権限ある当局が同項に規定する証明する書類の発行又は発給をすることができないときは、同項の居住者又は内国法人は、当該書類に代えて、同項の相手国団体が同項に規定する租税の免除を定める租税条約の規定に定める要件を満たすことを明らかにする書類（当該書類が外国語で作成されている場合には、その翻訳文を含む。）を同項の届出書に添付しなければならない。
6 　居住者は、その支払を受ける特定配当等である使用料につき所得税法第204条第1項の規定により徴収されるべき所得税について第1項に規定する租税条約の規定に基づき免除を受けようとする場合には、同項又は第2項の規定により提出する届出書（同項の届出書にあつては、同項に規定する異動を生じた事項が当該使用料に係る事項である場合に提出するものに限る。）に、当該使用料の支払の基因となつた契約の内容を記載した書類を添付しなければならない。ただし、当該租税条約の規定の適用開始日が平成16年4月1日前である場合には、この限りでない。
7 　特定配当等の支払を受ける居住者又は内国法人がその支払を受ける特定配当等に係る相手国団体の他の全ての構成員から、当該他の全ての構成員が支払を受ける当該相手国団体に係る特定配当等、相手国団体配当等（第2条の3第1項に規定する相手国団体配当等をいう。以下この条において同じ。）又は第三国団体配当等（前条第1項に規定する第三国団体配当等をいう。以下この条において同じ。）につき当該他の全ての構成員が提出する第1項、第2条の3第1項又は前条第1項に規定する届出書（以下この項において「構成員条約届出書」という。）に記載すべきこれらの規定に規定する事項の通知を受けた場合には、当該居住者又は内国法人は、その支払を受ける当該特定配当等につき第1項第1号から第7号までに掲げる事項のほか、当該通知を受けた事項を併せて記載した同項の届出書を同項の規定に基づき提出することができる。この場合において、当該他の全ての構成員については、その者が支払を受ける当該相手国団体に係る特定配当等、相手国団体配当等又は第三国団体配当等につき構成員条約届出書の提出があつたものとみなす。
8 　特定配当等の支払を受ける居住者又は内国法人が、前項の規定の適用を受けて同項の届出書を提出する場合において、同項に規定する他の全ての構成員に該当する非居住者又は外国法人がその支払を受ける同項に規定する相手国団体に係る相手国団体配当等又は第三国団体配当等につき所得税法第212条第1項若しくは第2項又は租税特別措置法第9条の3の2第1項、第41条の9第3項若しくは第41条の12の2第2項若しくは第3項の規定により徴収されるべき所得税について当該相手国団体に係る相手国等との間の租税条約の規定に基づき免除を受けようとするときは、当該届出書に当該相手国団体に係る第2条の3第4項から第

Ⅵ　参考法令（抄）

6項までに規定する書類に準ずる書類を添付しなければならない。ただし、当該居住者又は内国法人が当該特定配当等につき第4項から第6項までの規定に基づきこれらの規定に規定する書類を当該届出書に添付する場合は、この限りでない。

9　居住者又は内国法人で、その支払を受ける特定配当等（租税特別措置法第9条の3の2第1項に規定する上場株式等の配当等（同項に規定する利子等を除く。）に限る。以下この条において「特定上場株式等配当等」という。）につき同項の規定により徴収されるべき所得税について租税条約の規定に基づき軽減又は免除を受けようとするものが、第1号から第6号までに掲げる事項を記載した届出書（以下この条において「特例届出書」という。）に第7号から第9号までに掲げる書類を添付して、これを、当該特定上場株式等配当等の支払の取扱者（同項の規定の適用を受ける同項に規定する支払の取扱者をいい、次項の届出をした者に限る。以下この条において同じ。）を経由して、当該支払の取扱者の納税地の所轄税務署長に提出した場合には、当該居住者又は内国法人は、その提出の日以後当該支払の取扱者から交付を受ける特定上場株式等配当等につき第1項の規定による届出書の提出をしたものとみなす。

一　特定上場株式等配当等の支払を受ける者の氏名、国籍、住所若しくは居所及び個人番号又は名称、本店若しくは主たる事務所の所在地、その事業が管理され、かつ、支配されている場所の所在地及び法人番号並びに当該支払を受ける者の特定上場株式等配当等に係る所得税又は法人税の納税地

二　特定上場株式等配当等の支払を受ける者の特定上場株式等配当等が当該租税条約の相手国等の法令に基づきその者が構成員となつている相手国団体の所得として取り扱われる場合には、その事情の詳細

三　当該相手国団体の名称、本店又は主たる事務所の所在地及びその事業が管理され、かつ、支配されている場所の所在地

四　特定上場株式等配当等に係る当該租税条約の名称

五　特定上場株式等配当等に係る配当等の支払の取扱者の名称及び本店又は主たる事務所の所在地

六　その他参考となるべき事項

七　第2号に規定する場合には、同号に掲げる事情の詳細を明らかにする書類（当該書類が外国語で作成されている場合には、その翻訳文を含む。次号において同じ。）

八　特定上場株式等配当等の支払を受ける者が第3号の相手国団体の構成員であることを明らかにする書類

九　当該相手国等の権限ある当局の前号の相手国団体の居住者証明書

10　租税特別措置法第9条の3の2第1項の規定の適用を受ける同項に規定する支払の取扱者は、平成26年1月1日以後最初に前項の規定により提出される特例

届出書を受理しようとするときは、あらかじめ、その旨を書面により当該支払の取扱者の納税地の所轄税務署長に届け出なければならない。

11　第2項の規定は、第9項の規定により提出した特例届出書の記載事項について異動が生じた場合について準用する。この場合において、第2項中「同項第8号から第10号まで」とあるのは、「第9項第7号から第9号まで」と読み替えるものとする。

12　特定上場株式等配当等の支払を受ける居住者又は内国法人がその支払を受ける特定上場株式等配当等に係る相手国団体の他の全ての構成員から、当該他の全ての構成員が支払を受ける当該相手国団体に係る特定上場株式等配当等、相手国団体上場株式等配当等（第2条の3第8項に規定する相手国団体上場株式等配当等をいう。以下この項において同じ。）又は第三国団体上場株式等配当等（前条第8項に規定する第三国団体上場株式等配当等をいう。以下この項において同じ。）につき当該他の全ての構成員が提出する第9項、第2条の3第8項又は前条第8項に規定する特例届出書（以下この項において「構成員特例届出書」という。）に記載すべきこれらの規定に規定する事項の通知を受けた場合には、当該居住者又は内国法人は、その支払を受ける当該特定上場株式等配当等につき第9項第1号から第6号までに掲げる事項のほか、当該通知を受けた事項を併せて記載した同項の特例届出書を同項の規定に基づき提出することができる。この場合において、当該他の全ての構成員については、その者が支払を受ける当該相手国団体に係る特定上場株式等配当等、相手国団体上場株式等配当等又は第三国団体上場株式等配当等につき構成員特例届出書の提出があつたものとみなす。

13　特例届出書を提出した居住者又は内国法人（前項、第2条の3第11項又は前条第11項の規定により特定上場株式等配当等につき特例届出書の提出があつたものとみなされる者を含む。第17項及び第18項において同じ。）は、当該特例届出書に係る支払の取扱者から交付を受ける特定上場株式等配当等の支払者ごとに、次に掲げる事項を、当該特例届出書の提出の日以後最初にその支払を受ける日の前日までに、当該支払の取扱者に通知しなければならない。
　一　当該特定上場株式等配当等につき租税条約の規定に基づき租税の軽減又は免除を受けることができる事情の詳細
　二　当該特定上場株式等配当等に係る配当等の支払者の名称及び本店又は主たる事務所の所在地
　三　当該特定上場株式等配当等に係る株式、出資又は受益権の銘柄又は名称、種類及び数量並びにその取得の日
　四　その他参考となるべき事項

14　前項の規定による通知をした居住者又は内国法人は、その通知をした事項について異動を生じた場合には、当該異動を生じた事項、当該異動を生じた日その他参考となるべき事項を、当該異動を生じた日以後最初に当該通知に係る特定上場

株式等配当等の支払を受ける日の前日までに、同項の支払の取扱者に通知しなければならない。
15 特例届出書を提出した居住者又は内国法人は、当該特例届出書に係る支払の取扱者から交付を受ける特定上場株式等配当等につき租税特別措置法第9条の3の2第1項の規定により徴収されるべき所得税について第9項に規定する租税条約の規定に基づき免除を受けようとする場合には、当該特定上場株式等配当等の支払者ごとに、同項第1号に掲げる事項を記載した書面に、当該租税条約の相手国等の権限ある当局の当該特定上場株式等配当等に係る相手国団体が当該特定上場株式等配当等につき租税の免除を定める当該租税条約の規定の適用を受けることができる相手国等における居住者であることを証明する書類を添付して、これを、当該特例届出書の提出の日以後最初にその支払を受ける日の前日までに、当該支払の取扱者を経由して、当該支払の取扱者の納税地の所轄税務署長に提出しなければならない。
16 前項の場合において、同項の相手国等の権限ある当局が同項に規定する証明する書類の発行又は発給をすることができないときは、同項の居住者又は内国法人は、当該書類に代えて、同項の相手国団体が同項に規定する租税の免除を定める租税条約の規定に定める要件を満たすことを明らかにする書類（当該書類が外国語で作成されている場合には、その翻訳文を含む。）を同項の書面に添付しなければならない。
17 特例届出書を提出した居住者又は内国法人に対し特定上場株式等配当等の交付をする支払の取扱者は、当該居住者又は内国法人の各人別に、次に掲げる事項を、その交付をした日の属する月の翌月10日までに、特定電子情報処理組織を使用する方法等により当該支払の取扱者の納税地の所轄税務署長に提供しなければならない。この場合において、その月中に特定上場株式等配当等の交付がなかつたときは、その旨を当該所轄税務署長に通知しなければならない。
一　当該特定上場株式等配当等の支払を受ける者の氏名、住所若しくは居所及び個人番号又は名称、本店若しくは主たる事務所の所在地及び法人番号
二　当該特定上場株式等配当等につき租税条約の規定に基づき租税の軽減又は免除を受けることができる事情の詳細
三　当該特定上場株式等配当等に係る配当等の支払者の名称及び本店又は主たる事務所の所在地
四　当該特定上場株式等配当等に係る株式、出資又は受益権の銘柄又は名称、種類及び数量並びにその取得の日
五　当該特定上場株式等配当等に係る配当等で、第2号の租税条約の規定において当該特定上場株式等配当等に係る相手国団体の所得として取り扱われるものの金額の合計額
六　当該特定上場株式等配当等の金額及びその交付の日

七　前号の金額につき源泉徴収をされる所得税の額
　八　その他参考となるべき事項
18　特例届出書を提出した居住者又は内国法人がその提出前に当該特例届出書に係る支払の取扱者から交付を受ける特定上場株式等配当等につき第1項又は第2項に規定する届出書を提出しているときは、当該特例届出書の提出の日以後においては、当該届出書の提出はなかつたものとみなし、特例届出書を提出した居住者又は内国法人がその提出後に当該特例届出書に係る支払の取扱者から交付を受ける特定上場株式等配当等につき第1項に規定する届出書を提出したときは、当該届出書の提出の日以後においては、当該特例届出書の提出がなかつたものとみなす。
19　次の各号に掲げる者が個人番号又は法人番号を有する場合には、当該各号に定める書類にその者の個人番号又は法人番号を付記するものとする。
　一　第1項又は第2項の規定により提出する届出書を受理したこれらの規定に規定する源泉徴収義務者　これらの届出書
　二　第9項の規定により提出する特例届出書、第11項において準用する第2項の規定により提出する届出書又は第15項の規定により提出する書面を受理したこれらの規定に規定する支払の取扱者　これらの届出書又は書面

（自由職業者、芸能人及び短期滞在者等の届出等）
第4条　相手国居住者等は、その支払を受ける所得税法第161条第1項第6号に掲げる対価（法第3条第1項の規定の適用を受ける対価を除く。）又は所得税法第161条第1項第12号イに掲げる報酬につき同法第212条第1項若しくは第2項又は租税特別措置法第41条の22第1項の規定の適用がある場合において、当該対価又は報酬につき、その者が恒久的施設（租税条約に規定する恒久的施設のうち国内にあるものをいう。以下この項において同じ。）若しくは固定的施設（租税条約に規定する固定的施設のうち国内にあるものをいう。以下この条において同じ。）を有しないこと若しくはその者が有する恒久的施設若しくは固定的施設に帰せられないこと又は一定の金額を超えないことを要件とする租税の免除を定める租税条約の規定の適用を受けようとするとき（当該租税条約の規定が当該対価又は報酬につき一定の金額を超えないことを要件としている場合にあつては、当該対価又は報酬に係る源泉徴収義務者が一である場合に限る。）は、第3項、第5項又は第8条第2項の規定により届出書を提出すべき場合を除くほか、当該対価又は報酬に係る源泉徴収義務者ごとに、次に掲げる事項を記載した届出書を、入国の日（所得税法第161条第1項第6号に規定する事業を行う者にあつては、国内において当該事業を開始した日とし、当該入国の日又は国内において当該事業を開始した日が当該租税条約の効力発生の日前であるときは、当該効力発生の日とする。）以後最初にその支払を受ける日の前日までに、当該源泉徴収

義務者を経由して、当該源泉徴収義務者の納税地の所轄税務署長に提出しなければならない。
一　当該対価又は報酬の支払を受ける者の氏名、国籍、住所、国内における居所（個人番号を有する者にあつては、氏名、国籍、住所、国内における居所及び個人番号）、在留期間及び在留資格又は名称、本店若しくは主たる事務所の所在地及びその事業が管理され、かつ、支配されている場所の所在地（法人番号を有する者にあつては、名称、本店又は主たる事務所の所在地、その事業が管理され、かつ、支配されている場所の所在地及び法人番号）並びに入国の日（所得税法第161条第1項第6号に規定する事業を行う者にあつては、国内において当該事業を開始した日）
二　当該対価又は報酬の支払を受ける者の当該対価又は報酬に係る租税条約の相手国等における納税地及び当該支払を受ける者が当該相手国等において納税者番号を有する場合には、当該納税者番号
三　当該対価又は報酬につき租税条約の規定により所得税の免除を受けることができる事情の詳細
四　当該対価又は報酬の種類、金額、支払方法、支払期日及び支払の基因となつた契約の内容
五　当該対価又は報酬の支払者の氏名及び住所若しくは居所又は名称及び本店若しくは主たる事務所の所在地
六　当該対価又は報酬の支払を受ける者が国税通則法第117条第2項の規定による納税管理人の届出をしている場合には、当該納税管理人の氏名及び住所又は居所
七　その他参考となるべき事項

2　相手国居住者等は、その支払を受ける所得税法第161条第1項第6号に掲げる対価又は同項第12号イに掲げる報酬につき同法第212条第1項若しくは第2項又は租税特別措置法第41条の22第1項の規定の適用がある場合において、当該対価又は報酬につき、その者の役務が文化交流を目的とする我が国政府と相手国等の政府との間の特別の計画（以下この項において「政府間の特別の計画」という。）に基づいて行われること又はその者の役務がいずれかの締約国若しくは締約者若しくはその地方公共団体の公的資金その他これに類する資金（以下この項において「政府の公的資金等」という。）から全面的若しくは実質的に援助を受けて行われることを要件とする租税の免除を定める租税条約の規定の適用を受けようとするときは、当該対価又は報酬に係る源泉徴収義務者ごとに、第1号から第7号までに掲げる事項を記載した届出書に第8号に掲げる書類を添付して、これを、入国の日（所得税法第161条第1項第6号に規定する事業を行う者にあつては、国内において当該事業を開始した日とし、当該入国の日又は国内において当該事業を開始した日が当該租税条約の効力発生の日前であるときは、当該効力

発生の日とする。）以後最初にその支払を受ける日の前日までに、当該源泉徴収義務者を経由して、当該源泉徴収義務者の納税地の所轄税務署長に提出しなければならない。
一　当該対価又は報酬の支払を受ける者の氏名、国籍、住所、国内における居所（個人番号を有する者にあつては、氏名、国籍、住所、国内における居所及び個人番号）、在留期間及び在留資格又は名称、本店若しくは主たる事務所の所在地及びその事業が管理され、かつ、支配されている場所の所在地（法人番号を有する者にあつては、名称、本店又は主たる事務所の所在地、その事業が管理され、かつ、支配されている場所の所在地及び法人番号）並びに入国の日（所得税法第161条第1項第6号に規定する事業を行う者にあつては、国内において当該事業を開始した日）
二　当該対価又は報酬の支払を受ける者の当該対価又は報酬に係る租税条約の相手国等における納税地及び当該支払を受ける者が当該相手国等において納税者番号を有する場合には、当該納税者番号
三　当該対価又は報酬につき租税条約の規定により所得税の免除を受けることができる事情の詳細
四　当該対価又は報酬の種類、金額、支払方法、支払期日及び支払の基因となつた契約の内容
五　当該対価又は報酬の支払者の氏名及び住所若しくは居所又は名称及び本店若しくは主たる事務所の所在地
六　当該対価又は報酬の支払を受ける者が国税通則法第117条第2項の規定による納税管理人の届出をしている場合には、当該納税管理人の氏名及び住所又は居所
七　その他参考となるべき事項
八　その者の役務が政府間の特別の計画に基づいて行われること又は政府の公的資金等から全面的若しくは実質的に援助を受けて行われることを証明する書類

3　相手国居住者等である個人は、その支払を受ける所得税法第161条第1項第12号イに掲げる給与又は報酬につき同法第212条第1項若しくは第2項又は租税特別措置法第41条の22第1項の規定の適用がある場合において、当該給与又は報酬につき国内での滞在が年間又は継続する12月の期間中183日又はそれより短い一定の期間を超えないことを要件とする租税の免除を定める租税条約の規定の適用を受けようとするとき（当該租税条約の規定が当該給与又は報酬につき一定の金額を超えないことをも要件としている場合にあつては、当該給与又は報酬に係る源泉徴収義務者が一である場合に限る。）は、次項又は第5項の規定により届出書を提出すべき場合を除くほか、当該源泉徴収義務者ごとに、次に掲げる事項を記載した届出書を、入国の日（その日が当該租税条約の効力発生の日前であるときは、当該効力発生の日）以後最初にその支払を受ける日の前日まで

Ⅵ　参考法令（抄）

に、当該源泉徴収義務者を経由して、当該源泉徴収義務者の納税地の所轄税務署長に提出しなければならない。
　一　当該給与又は報酬の支払を受ける者の氏名、国籍、住所、国内における居所（個人番号を有する者にあつては、氏名、国籍、住所、国内における居所及び個人番号）、入国の日、在留期間及び在留資格
　二　当該給与又は報酬の支払を受ける者の当該給与又は報酬に係る租税条約の相手国等における納税地及び当該支払を受ける者が当該相手国等において納税者番号を有する場合には、当該納税者番号
　三　当該給与又は報酬につき租税条約の規定に基づき所得税の免除を受けることができる事情の詳細
　四　当該給与又は報酬の種類、金額、支払方法、支払期日及び支払の基因となつた契約の内容
　五　当該給与又は報酬の支払者の氏名及び住所若しくは居所又は名称及び本店若しくは主たる事務所の所在地
　六　当該給与又は報酬の支払を受ける者が国税通則法第117条第2項の規定による納税管理人の届出をしている場合には、当該納税管理人の氏名及び住所又は居所
　七　その他参考となるべき事項
4　相手国居住者等である個人は、その支払を受ける所得税法第161条第1項第12号イに掲げる給与につき同法第212条第1項又は第2項の規定の適用がある場合において、当該給与につき国際運輸（租税条約に規定する国際運輸をいう。次項において同じ。）の用に供される船舶又は航空機において行う勤務に基因するものであることを要件とする租税の免除を定める当該租税条約の規定の適用を受けようとするときは、次項の規定により届出書を提出すべき場合を除くほか、当該給与に係る源泉徴収義務者ごとに、次に掲げる事項を記載した届出書を、当該租税条約の効力発生の日以後最初にその支払を受ける日の前日までに、当該源泉徴収義務者を経由して、当該源泉徴収義務者の納税地の所轄税務署長に提出しなければならない。
　一　当該給与の支払を受ける者の氏名、国籍、住所及び国内における居所（個人番号を有する者にあつては、氏名、国籍、住所、国内における居所及び個人番号）
　二　当該給与の支払を受ける者の当該給与に係る租税条約の相手国等における納税地及び当該支払を受ける者が当該相手国等において納税者番号を有する場合には、当該納税者番号
　三　当該給与につき租税条約の規定に基づき所得税の免除を受けることができる事情の詳細
　四　当該給与の種類、金額、支払方法、支払期日及び支払の基因となつた契約の

内容

五　当該給与の支払者の氏名及び住所若しくは居所又は名称及び本店若しくは主たる事務所の所在地

六　当該給与の支払を受ける者が国税通則法第117条第2項の規定による納税管理人の届出をしている場合には、当該納税管理人の氏名及び住所又は居所

七　その他参考となるべき事項

5　相手国居住者等である個人は、非居住者又は外国法人で国内において所得税法第161条第1項第6号に規定する事業を行うものから同項第12号イに掲げる給与又は報酬の支払を受ける場合（当該非居住者又は外国法人が支払を受ける同項第6号に掲げる対価で当該給与又は報酬に係るものにつき同法第212条第1項若しくは第2項又は租税特別措置法第41条の22第1項の規定の適用がある場合に限る。）において、当該給与又は報酬につき、当該相手国居住者等が固定的施設を有しないこと若しくはその者が有する固定的施設に帰せられないこと、国内での滞在が年間若しくは継続する12月の期間中183日若しくはそれより短い一定の期間を超えないこと又は国際運輸の用に供される船舶若しくは航空機において行う勤務に基因するものであることを要件とする租税の免除を定める租税条約の規定の適用を受けようとするとき（当該租税条約の規定が当該給与又は報酬につき一定の金額を超えないことをも要件としている場合にあつては、当該給与又は報酬に係る源泉徴収義務者が一である場合に限る。）は、第3項各号に掲げる事項に準ずる事項を記載した届出書を、当該非居住者又は外国法人が当該租税条約の効力発生の日以後最初に当該対価の支払を受ける日の前日までに、当該非居住者又は外国法人及び当該対価の支払者を経由して、当該対価の支払者の納税地の所轄税務署長に提出しなければならない。

6　前項に規定する届出書が提出された場合には、当該届出書の提出の際に経由した同項に規定する非居住者又は外国法人が支払を受ける所得税法第161条第1項第6号に掲げる対価のうち、当該届出書に記載された前項に規定する給与又は報酬で同項に規定する租税の免除を定める租税条約の規定の適用があるものに相当する部分の金額については、同法第212条第1項及び第2項並びに租税特別措置法第41条の22第1項の規定は、適用しない。

7　相手国居住者等である個人は、所得税法第212条第1項若しくは第2項又は租税特別措置法第41条の22第1項の規定の適用がある第1項又は第3項に規定する対価、給与又は報酬を2以上の支払者から支払を受けた場合において、第1項、第3項又は第5項に規定する租税の免除を定める租税条約の規定の適用を受けられなかつたことにより当該対価、給与又は報酬につき所得税法第212条第1項若しくは第2項又は租税特別措置法第41条の22第1項の規定により徴収された所得税について、これらの租税条約の規定に基づき免除を受けようとするときは、その徴収された所得税の額の還付を請求することができる。

Ⅵ 参考法令（抄）

8 前項の規定による所得税の還付の請求をしようとする者は、第1項各号若しくは第3項各号に掲げる事項又は第5項に規定する第3項各号に掲げる事項に準ずる事項並びにその還付を受けようとする所得税の額及びその計算に関して必要な事項を記載した還付請求書を、当該所得税に係る源泉徴収義務者を経由して、当該源泉徴収義務者の納税地の所轄税務署長に提出しなければならない。

9 第2条第2項の規定は、第1項から第5項までに規定する届出書を提出した者について準用する。

10 相手国居住者等は、所得税法第212条第1項若しくは第2項又は租税特別措置法第41条の22第1項の規定の適用がある第1項から第5項までに規定する対価、給与又は報酬の支払を受けた場合において、第1項から第5項までに規定する租税の免除を定める租税条約の規定の適用を受けなかつたことにより当該対価、給与又は報酬につき所得税法第212条第1項若しくは第2項又は租税特別措置法第41条の22第1項の規定により徴収された所得税について、これらの租税条約の規定に基づき免除を受けようとするとき（当該相手国居住者等が当該対価、給与又は報酬につき第7項の規定の適用を受けているときを除く。）は、その徴収された所得税の額の還付を請求することができる。

11 前項の規定による所得税の還付の請求をしようとする者は、第1項各号、第2項第1号から第7号まで、第3項各号若しくは第4項各号に掲げる事項又は第5項に規定する第3項各号に掲げる事項に準ずる事項並びにその還付を受けようとする所得税の額及びその計算に関して必要な事項を記載した還付請求書（第2項に規定する場合に該当するときは、同項第8号に掲げる書類の添付があるものに限る。）を、当該所得税に係る源泉徴収義務者を経由して、当該源泉徴収義務者の納税地の所轄税務署長に提出しなければならない。

12 外国法人は、その支払を受ける所得税法第161条第1項第6号に掲げる対価（租税条約の規定において当該外国法人の株主等である者（当該租税条約の規定により当該租税条約の相手国等の居住者とされる者に限る。）の所得として取り扱われる部分に限るものとし、法第3条第1項の規定の適用を受ける対価を除く。以下この条において「株主等対価」という。）につき所得税法第212条第1項又は第2項の規定により徴収されるべき所得税について当該租税条約の規定に基づき免除を受けようとする場合（当該租税条約の規定が当該株主等対価につき一定の金額を超えないことを要件としている場合を除く。）には、当該株主等対価に係る源泉徴収義務者ごとに、第1号から第8号までに掲げる事項を記載した届出書に第9号から第11号までに掲げる書類を添付して、これを、当該租税条約の効力発生の日以後最初にその支払を受ける日の前日までに、当該源泉徴収義務者を経由して、当該源泉徴収義務者の納税地の所轄税務署長に提出しなければならない。

一 当該株主等対価に係る所得税法第161条第1項第6号に掲げる対価の支払を

受ける外国法人の名称、本店又は主たる事務所の所在地及びその事業が管理され、かつ、支配されている場所の所在地（法人番号を有する外国法人にあつては、名称、本店又は主たる事務所の所在地、その事業が管理され、かつ、支配されている場所の所在地及び法人番号）並びに当該外国法人が納税者番号を有する場合には、当該納税者番号
二　前号の対価が当該租税条約の相手国等の法令に基づき当該外国法人の株主等である者の所得として取り扱われる場合には、その事情の詳細
三　第1号の外国法人の株主等である者の各人別に、その者の氏名及び住所若しくは居所又は名称、本店若しくは主たる事務所の所在地及びその事業が管理され、かつ、支配されている場所の所在地並びに同号の対価のうち、当該租税条約の規定においてその者の所得として取り扱われる部分の金額及び当該金額のうち当該租税条約の規定の適用を受けようとする金額
四　当該株主等対価につき当該租税条約の規定に基づき所得税の免除を受けることができる事情の詳細
五　第1号の対価の種類、金額、支払方法、支払期日及び支払の基因となつた契約の内容
六　第1号の対価の支払者の氏名及び住所若しくは居所又は名称及び本店若しくは主たる事務所の所在地
七　第1号の対価の支払を受ける者が国税通則法第117条第2項の規定による納税管理人の届出をしている場合には、当該納税管理人の氏名及び住所又は居所
八　その他参考となるべき事項
九　第2号に規定する場合には、同号に掲げる事情の詳細を明らかにする書類（当該書類が外国語で作成されている場合には、その翻訳文を含む。次号において同じ。）
十　第3号に規定する株主等である者（同号の租税条約の規定の適用に係るものに限る。）が第1号の外国法人の株主等であることを明らかにする書類
十一　当該相手国等の権限ある当局の前号の株主等である者の居住者証明書

13　前項の届出書を提出した外国法人は、その記載事項について異動を生じた場合には、当該異動を生じた事項、当該異動を生じた日その他参考となるべき事項を記載した届出書に同項第9号から第11号までに掲げる書類（以下この項及び第15項において「確認書類」という。）を添付して、これを、当該異動を生じた日以後最初に当該届出書に係る株主等対価の支払を受ける日の前日までに、当該株主等対価に係る源泉徴収義務者を経由して、当該源泉徴収義務者の納税地の所轄税務署長に提出しなければならない。この場合において、当該異動を生じた事項が確認書類に係る記載事項以外の記載事項である場合には、当該届出書に係る確認書類の添付は要しないものとする。

14　外国法人は、所得税法第212条第1項又は第2項の規定の適用がある株主等対

価の支払を受ける場合において、当該株主等対価につき租税条約の規定により免除を受けようとするとき（第12項の規定により届出書を提出している場合を除く。）は、同条第1項又は第2項の規定により徴収された所得税の額の還付を請求することができる。
15　前項の規定による所得税の還付の請求をしようとする者は、第12項第1号から第8号までに掲げる事項に準ずる事項並びにその還付を受けようとする所得税の額及びその計算に関して必要な事項を記載した還付請求書に確認書類を添付して、これを、当該所得税に係る源泉徴収義務者を経由して、当該源泉徴収義務者の納税地の所轄税務署長に提出しなければならない。
16　第1項から第5項までの規定により提出する届出書、第8項の規定により提出する還付請求書、第9項において準用する第2条第2項の規定により提出する届出書、第11項の規定により提出する還付請求書、第12項若しくは第13項の規定により提出する届出書又は前項の規定により提出する還付請求書を受理したこれらの規定に規定する源泉徴収義務者が個人番号又は法人番号を有する場合には、これらの届出書又は還付請求書に、その者の個人番号又は法人番号を付記するものとする。

（退職年金等に係る所得税の免除を受ける者の届出）
第5条　相手国居住者等である個人は、その支払を受ける所得税法第161条第1項第12号ロに掲げる公的年金等又は同号ハに掲げる退職手当等（以下この条において「退職年金等」という。）につき同法212条第1項又は第2項の規定により徴収されるべき所得税について租税条約の規定に基づき免除を受けようとする場合には、当該退職年金等に係る源泉徴収義務者ごとに、次の各号に掲げる事項を記載した届出書を、当該租税条約の効力発生の日以後最初にその支払を受ける日の前日までに、当該源泉徴収義務者を経由して、当該源泉徴収義務者の納税地の所轄税務署長に提出しなければならない。
　一　当該退職年金等の支払を受ける者の氏名、国籍及び住所又は居所（個人番号を有する者にあつては、氏名、国籍、住所又は居所及び個人番号）
　二　当該退職年金等の支払を受ける者の当該退職年金等に係る租税条約の相手国等における納税地及び当該支払を受ける者が当該相手国等において納税者番号を有する場合には、当該納税者番号
　三　当該退職年金等につき租税条約の規定に基づき所得税の免除を受けることができる事情の詳細
　四　当該退職年金等の金額、支払方法及び支払期日
　五　当該退職年金等の支払の基因となつた国内における過去の勤務に係る雇用者の氏名及び住所若しくは居所又は名称及び本店若しくは主たる事務所の所在地
　六　当該退職年金等の支払者の名称及び本店又は主たる事務所の所在地

七　当該退職年金等の支払を受ける者が国税通則法第117条第2項の規定による納税管理人の届出をしている場合には、当該納税管理人の氏名及び住所又は居所
　八　その他参考となるべき事項
2　第2条第2項の規定は、前項に規定する届出書を提出した者について準用する。
3　相手国居住者等である個人は、所得税法第212条第1項又は第2項の規定の適用がある退職年金等の支払を受けた場合において、第1項に規定する租税条約の規定の適用を受けなかつたことにより当該退職年金等につき同条第1項又は第2項の規定により徴収された所得税について、当該租税条約の規定に基づき免除を受けようとするときは、その徴収された所得税の額の還付を請求することができる。
4　前項の規定による所得税の還付の請求をしようとする者は、第1項各号に掲げる事項並びにその還付を受けようとする所得税の額及びその計算に関して必要な事項を記載した還付請求書を、当該所得税に係る源泉徴収義務者を経由して、当該源泉徴収義務者の納税地の所轄税務署長に提出しなければならない。
5　第1項の規定若しくは第2項において準用する第2条第2項の規定により提出する届出書又は前項の規定により提出する還付請求書を受理したこれらの規定に規定する源泉徴収義務者が法人番号を有する場合には、これらの届出書又は還付請求書に、その者の法人番号を付記するものとする。

（保険年金に係る所得税の免除を受ける者の届出）
第6条　相手国居住者等である個人は、その支払を受ける所得税法第161条第1項第14号に掲げる年金（以下この条において「保険年金」という。）につき同法第212条第1項又は第2項の規定により徴収されるべき所得税について租税条約の規定に基づき免除を受けようとする場合には、当該保険年金に係る源泉徴収義務者ごとに、次の各号に掲げる事項を記載した届出書を、当該租税条約の効力発生の日以後最初にその支払を受ける日の前日までに、当該源泉徴収義務者を経由して、当該源泉徴収義務者の納税地の所轄税務署長に提出しなければならない。
　一　当該保険年金の支払を受ける者の氏名、国籍及び住所又は居所（個人番号を有する者にあつては、氏名、国籍、住所又は居所及び個人番号）
　二　当該保険年金の支払を受ける者の当該保険年金に係る租税条約の相手国等における納税地及び当該支払を受ける者が当該相手国等において納税者番号を有する場合には、当該納税者番号
　三　当該保険年金につき租税条約の規定に基づき所得税の免除を受けることができる事情の詳細
　四　当該保険年金の金額、支払方法及び支払期日

五　当該保険年金の支払の基因となつた所得税法第161条第1項第14号に規定する政令で定める契約の締結の日、契約金額及び契約期間
六　当該保険年金の支払者の名称及び本店又は主たる事務所の所在地
七　当該保険年金の支払を受ける者が国税通則法第117条第2項の規定による納税管理人の届出をしている場合には、当該納税管理人の氏名及び住所又は居所
八　その他参考となるべき事項
2　第2条第2項の規定は、前項に規定する届出書を提出した者について準用する。
3　相手国居住者等である個人は、所得税法第212条第1項又は第2項の規定の適用がある保険年金の支払を受けた場合において、第1項に規定する租税条約の規定の適用を受けなかつたことにより当該保険年金につき同条第1項又は第2項の規定により徴収された所得税について、当該租税条約の規定に基づき免除を受けようとするときは、その徴収された所得税の額の還付を請求することができる。
4　前条第4項の規定は、前項の規定により所得税の額の還付を請求する場合について準用する。
5　第1項の規定若しくは第2項において準用する第2条第2項の規定により提出する届出書又は前項において準用する前条第4項の規定により提出する還付請求書を受理したこれらの規定に規定する源泉徴収義務者が法人番号を有する場合には、これらの届出書又は還付請求書に、その者の法人番号を付記するものとする。

（保険料を支払つた者等の届出等）
第6条の2　居住者は、その支払つた又は控除される法第5条の2の2第1項に規定する保険料につき租税条約の規定に基づき同項の規定の適用を受けようとする場合には、その適用を受けようとする年分の所得税法第2条第1項第37号に規定する確定申告書（次項から第4項までにおいて「所得税確定申告書」という。）に、第1号から第5号までに掲げる事項を記載した届出書（第6号に掲げる書類の添付があるものに限る。）を添付しなければならない。
一　当該居住者の氏名、国籍、住所又は居所、個人番号、国内において役務の提供を開始した日及び居住者となつた日
二　当該保険料につき当該租税条約の規定に基づき法第5条の2の2第1項の規定により所得税法第74条第1項の規定による控除を受けることができる事情の詳細
三　当該保険料の種類、金額及びその支払つた又は控除される年月日並びに当該保険料の金額の計算の基礎となつた所得の金額及びその期間
四　前号の所得の支払者の氏名及び住所若しくは居所又は名称及び本店若しくは主たる事務所の所在地

五　その他参考となるべき事項
　六　当該相手国等の社会保障制度（法第5条の2の2第1項に規定する社会保障制度をいう。以下この条において同じ。）に係る権限ある機関の当該居住者の当該社会保障制度に係る法令の適用を受ける旨の証明書（以下この条において「適用証明書」という。）
2　前項の場合において、居住者は、法第5条の2の2第1項の規定の適用を受けようとする年分の所得税確定申告書を提出しているときを除き、前項第1号から第5号までに掲げる事項に準ずる事項を記載した届出書（同項第3号に掲げる保険料の金額を証する書類及び同項第6号に掲げる書類の添付があるものに限る。）を、その年の翌年3月15日までに、その者の所得税の納税地の所轄税務署長に提出しなければならない。
3　法第5条の2の2第3項に規定する相手国居住者等は、その給与又は報酬（同項に規定する給与又は報酬をいう。以下この条において同じ。）から支払つた又は控除される同項に規定する特定社会保険料（以下この条において「特定社会保険料」という。）につき当該相手国居住者等に係る相手国等との間の租税条約の規定に基づき同項の規定の適用を受けようとする場合には、その適用を受けようとする年分の所得税確定申告書に、第1号から第7号までに掲げる事項を記載した届出書（当該相手国等の社会保障制度に係る特定社会保険料につき同項の規定の適用を受けようとする場合には、第8号及び第9号に掲げる書類の添付があるものに限る。）を添付しなければならない。
　一　当該相手国居住者等の氏名、国籍、住所又は居所及び国内において役務の提供を開始した日（個人番号を有する者にあつては、氏名、国籍、住所又は居所、個人番号及び国内において役務の提供を開始した日）
　二　当該相手国居住者等の給与又は報酬に係る当該相手国等における納税地及び当該相手国居住者等が当該相手国等において納税者番号を有する場合には、当該納税者番号
　三　当該特定社会保険料に係る給与又は報酬につき当該租税条約の規定に基づき所得税の免除を受けることができる事情の詳細
　四　当該特定社会保険料の種類、金額及びその支払つた又は控除される年月日並びに当該特定社会保険料の金額の計算の基礎となつた給与又は報酬の金額及びその期間
　五　当該給与又は報酬の支払者の氏名及び住所若しくは居所又は名称及び本店若しくは主たる事務所の所在地
　六　当該相手国居住者等が国税通則法第117条第2項の規定による納税管理人の届出をしている場合には、当該納税管理人の氏名及び住所又は居所
　七　その他参考となるべき事項
　八　第4号の特定社会保険料の金額を証する書類

九　当該相手国等の社会保障制度に係る権限ある機関の当該相手国居住者等の適用証明書
4　前項の場合において、同項の相手国居住者等は、法第5条の2の2第3項の規定の適用を受けようとする年分の所得税確定申告書を提出しているときを除き、前項第1号から第7号までに掲げる事項に準ずる事項を記載した届出書（同条第3項に規定する相手国等の社会保障制度に係る特定社会保険料につき同項の規定の適用を受けようとする場合には、前項第8号及び第9号に掲げる書類の添付があるものに限る。）を、その年の翌年3月15日までに、その者の所得税の納税地の所轄税務署長に提出しなければならない。
5　令第4条の3第5項に規定する総務省令、財務省令で定める事項は、次に掲げる事項とする。
一　法第5条の2の2第5項に規定する相手国居住者等の氏名、国籍、住所又は居所及び国内において役務の提供を開始した日（個人番号を有する者にあつては、氏名、国籍、住所又は居所、個人番号及び国内において役務の提供を開始した日）
二　当該相手国居住者等の給与又は報酬に係る当該相手国居住者等に係る相手国等における納税地及び当該相手国居住者等が当該相手国等において納税者番号を有する場合には、当該納税者番号
三　特定社会保険料に係る給与又は報酬につき当該相手国等との間の租税条約の規定に基づき所得税の免除を受けることができる事情の詳細
四　当該特定社会保険料の種類、金額及びその支払つた又は控除される年月日並びに当該特定社会保険料の金額の計算の基礎となつた給与又は報酬の金額及びその期間
五　当該給与又は報酬の支払者の氏名及び住所若しくは居所又は名称及び本店若しくは主たる事務所の所在地
六　当該給与又は報酬につき所得税法第212条第1項又は第2項の規定により徴収された所得税の額及び法第5条の2の2第5項の規定による還付を受けようとする金額
七　当該相手国居住者等が国税通則法第117条第2項の規定による納税管理人の届出をしている場合には、当該納税管理人の氏名及び住所又は居所
八　その他参考となるべき事項
6　令第4条の3第5項に規定する総務省令、財務省令で定める書類は、次に掲げる書類（法第5条の2の2第3項に規定する社会保険料に係る特定社会保険料につき同条第5項の規定の適用を受けようとする場合には、第1号に掲げる書類）とする。
一　前項第6号に掲げる所得税の額を明らかにする書類その他の資料
二　前項第4号に掲げる特定社会保険料の金額を証する書類

三　法第5条の2の2第5項に規定する相手国居住者等に係る相手国等の社会保障制度に係る権限ある機関の当該相手国居住者等の適用証明書

7　法第5条の2の2第6項に規定する相手国居住者等は、その給与又は報酬から支払つた又は控除される特定社会保険料につき当該相手国居住者等に係る相手国等との間の租税条約の規定に基づき同項の規定の適用を受けようとする場合には、その適用を受けようとする年分の所得税法第172条第1項の規定による申告書に、第1号から第6号までに掲げる事項を記載した届出書（当該相手国等の社会保障制度に係る特定社会保険料につき法第5条の2第6項の規定の適用を受けようとする場合には、第7号及び第8号に掲げる書類の添付があるものに限る。）を添付しなければならない。

一　当該相手国居住者等の氏名、国籍、住所又は居所及び国内において役務の提供を開始した日（個人番号を有する者にあつては、氏名、国籍、住所又は居所、個人番号及び国内において役務の提供を開始した日）

二　当該相手国居住者等の給与又は報酬に係る当該相手国等における納税地及び当該相手国居住者等が当該相手国等において納税者番号を有する場合には、当該納税者番号

三　当該特定社会保険料に係る給与又は報酬につき当該租税条約の規定に基づき所得税の免除を受けることができる事情の詳細

四　当該特定社会保険料の種類、金額及びその支払つた又は控除される年月日並びに当該特定社会保険料の金額の計算の基礎となつた給与又は報酬の金額及びその期間

五　当該相手国居住者等が国税通則法第117条第2項の規定による納税管理人の届出をしている場合には、当該納税管理人の氏名及び住所又は居所

六　その他参考となるべき事項

七　第4号の特定社会保険料の金額を証する書類

八　当該相手国等の社会保障制度に係る権限ある機関の当該相手国居住者等の適用証明書

（教授等の届出）

第7条　相手国居住者等である個人又は居住者は、その支払を受ける学校教育法（昭和22年法律第26号）第1条に規定する学校において教育又は研究を行うことによる報酬につき所得税法第183条又は第212条第1項若しくは第2項の規定により徴収されるべき所得税について租税条約の規定に基づき免除を受けようとする場合には、当該報酬に係る源泉徴収義務者ごとに、次の各号に掲げる事項を記載した届出書を、入国の日（その日が当該租税条約の効力発生の日前であるときは、当該効力発生の日）以後最初にその支払を受ける日の前日までに、当該源泉徴収義務者を経由して、当該源泉徴収義務者の納税地の所轄税務署長に提出し

なければならない。
一　当該報酬の支払を受ける者の氏名、国籍、国内における住所又は居所（個人番号を有する者にあつては、氏名、国籍、国内における住所又は居所及び個人番号）、入国の日、在留期間、在留資格及び入国前の住所
二　当該報酬の支払を受ける者が相手国居住者等である個人である場合には、当該報酬に係る租税条約の相手国等における納税地及びその者が当該相手国等において納税者番号を有する場合には、当該納税者番号
三　当該報酬につき租税条約の規定に基づき所得税の免除を受けることができる事情の詳細
四　当該報酬の支払者の名称及び主たる事務所の所在地
五　当該報酬の種類、金額、支払方法及び支払期日
六　当該報酬の支払を受ける者の職務の内容及び資格
七　当該報酬の支払を受ける者が国税通則法第117条第2項の規定による納税管理人の届出をしている場合には、当該納税管理人の氏名及び住所又は居所
八　その他参考となるべき事項
2　第2条第2項の規定は、前項に規定する届出書を提出した者について準用する。
3　相手国居住者等である個人又は居住者は、所得税法第183条又は第202条第1項若しくは第2項の規定の適用がある第1項に規定する報酬の支払を受けた場合において、同項に規定する租税条約の規定の適用を受けなかつたことにより当該報酬につき同法第183条又は第212条第1項若しくは第2項の規定により徴収された所得税について、当該租税条約の規定に基づき免除を受けようとするときは、その徴収された所得税の額の還付を請求することができる。
4　第5条第4項の規定は、前項の規定により所得税の額の還付を請求する場合について準用する。
5　第1項の規定若しくは第2項において準用する第2条第2項の規定により提出する届出書又は前項において準用する第5条第4項の規定により提出する還付請求書を受理したこれらの規定に規定する源泉徴収義務者が法人番号を有する場合には、これらの届出書又は還付請求書に、その者の法人番号を付記するものとする。

（留学生、事業修習者等の届出等）
第8条　相手国居住者等である個人又は居住者で、学生（前条第1項に規定する学校の学生、生徒又は児童をいう。以下この項において同じ。）として、事業、職業若しくは技術の修習者として又は政府若しくは宗教、慈善、学術、文芸若しくは教育の団体からの主として勉学若しくは研究のための交付金、手当若しくは奨励金（以下この条において「交付金等」という。）の受領者として国内に一時

的に滞在するもの（当該相手国居住者等である個人又は居住者で、日本国政府又はその機関との取決めに基づき、専ら訓練、研究又は勉学のため国内に一時的に滞在するものを含む。以下この条において「留学生等」という。）は、その支払を受けるその者の生計、教育、勉学、研究若しくは訓練のための国外からの給付若しくは送金又はその支払を受ける交付金等につき所得税法第183条、第204条第1項又は第212条第1項若しくは第2項の規定の適用がある場合において、当該給付、送金又は交付金等につきこれらの規定により徴収されるべき所得税について租税条約の規定に基づき免除を受けようとするときは、当該給付、送金又は交付金等に係る源泉徴収義務者ごとに、第1号から第7号までに掲げる事項を記載した届出書に、学生にあつては第8号に掲げる書類を、事業、職業又は技術の修習者にあつては第9号に掲げる書類を、交付金等の受領者にあつては第10号に掲げる書類を、それぞれ添付して、これを、入国の日（その日が当該租税条約の効力発生の日前であるときは、当該効力発生の日）以後最初にその支払を受ける日の前日までに、当該源泉徴収義務者を経由して、当該源泉徴収義務者の納税地の所轄税務署長に提出しなければならない。

一　当該給付、送金又は交付金等の支払を受ける者の氏名、国籍、年令、国内における住所又は居所（個人番号を有する者にあつては、氏名、国籍、年令、国内における住所又は居所及び個人番号）、入国の日、在留期間、在留資格及び入国前の住所並びにその者が在学する学校、訓練を受ける施設若しくは事業所又は研究を行う機関の名称及び所在地

二　当該給付、送金又は交付金等の支払を受ける者が相手国居住者等である個人である場合には、当該給付、送金又は交付金等に係る租税条約の相手国等における納税地及び当該支払を受ける者が当該相手国等において納税者番号を有する場合には、当該納税者番号

三　当該給付、送金又は交付金等につき租税条約の規定に基づき所得税の免除を受けることができる事情の詳細

四　当該給付、送金又は交付金等の支払者の氏名及び住所若しくは居所又は名称及び本店若しくは主たる事務所の所在地

五　当該給付、送金又は交付金等の種類、金額、支払方法及び支払期日

六　当該給付、送金又は交付金等の支払を受ける者が国税通則法第117条第2項の規定による納税管理人の届出をしている場合には、当該納税管理人の氏名及び住所又は居所

七　その他参考となるべき事項

八　その者が在学する学校の発行する在学証明書

九　その者が訓練を受ける施設又は事業所の発行するその者が事業、職業又は技術の修習者であることを証する書類

十　交付金等の支給者が発行するその者が交付金等の受領者であることを証明す

る書類
2 留学生等は、前項の規定により届出書を提出すべき場合を除くほか、その支払を受ける国内に一時的に滞在して行つた人的役務の対価としての俸給、給料、賃金その他の報酬（租税条約の規定により同項に規定する給付、送金又は交付金等を含めないで計算すべきこととされている場合にあつては、当該給付、送金又は交付金等に該当するものを除く。）につき所得税法第183条、第199条、第204条第1項又は第212条第1項若しくは第2項の規定の適用がある場合において、当該報酬につきこれらの規定により徴収されるべき所得税について租税条約の規定に基づき免除を受けようとするとき（当該租税条約の規定が当該報酬につき一定の金額を超えないことをも要件としている場合にあつては、当該報酬に係る源泉徴収義務者が一である場合に限る。）は、次の各号に掲げる事項を記載した届出書に前項第8号、第9号又は第10号に掲げる書類を添付して、これを、入国の日（その日が当該租税条約の効力発生の日前であるときは、当該効力発生の日）以後最初にその支払を受ける日の前日までに、当該源泉徴収義務者を経由して、当該源泉徴収義務者の納税地の所轄税務署長に提出しなければならない。
　一　当該報酬の支払を受ける者の氏名、国籍、年令、国内における住所又は居所（個人番号を有する者にあつては、氏名、国籍、年令、国内における住所又は居所及び個人番号）、入国の日、在留期間、在留資格及び入国前の住所並びにその者が在学する学校、訓練を受ける施設若しくは事業所又は研究を行う機関の名称及び所在地
　二　当該報酬の支払を受ける者が相手国居住者等である個人である場合には、当該報酬に係る租税条約の相手国等における納税地及び当該支払を受ける者が当該相手国等において納税者番号を有する場合には、当該納税者番号
　三　当該報酬につき租税条約の規定に基づき所得税の免除を受けることができる事情の詳細
　四　当該報酬の支払者の氏名及び住所若しくは居所又は名称及び本店若しくは主たる事務所の所在地
　五　当該報酬の支払を受ける者と当該報酬の支払者との雇用契約又は役務提供契約の内容
　六　当該報酬の種類、金額、支払方法及び支払期日
　七　当該報酬の支払を受ける者が国税通則法第117条第2項の規定による納税管理人の届出をしている場合には、当該納税管理人の氏名及び住所又は居所
　八　その他参考となるべき事項
3 留学生等は、所得税法第183条、第199条、第204条第1項又は第212条第1項若しくは第2項の規定の適用がある前項に規定する報酬を2以上の支払者から支払を受けたことにより同項に規定する租税条約の規定の適用を受けられなかつた場合において、当該報酬につき同法第183条、第199条、第204条第1項又は

第212条第1項若しくは第2項の規定により徴収された所得税について、当該租税条約の規定に基づき免除を受けようとするときは、その徴収された所得税の額の還付を請求することができる。

4 前項の規定による所得税の還付の請求をしようとする者は、第2項第1号から第8号までに掲げる事項並びにその還付を受けようとする所得税の額及びその計算に関して必要な事項を記載した還付請求書に第1項第8号、第9号又は第10号に掲げる書類を添付して、これを、当該所得税に係る源泉徴収義務者を経由して、当該源泉徴収義務者の納税地の所轄税務署長に提出しなければならない。

5 第2条第2項の規定は、第1項又は第2項に規定する届出書を提出した者について準用する。

6 留学生等は、所得税法第183条、第204条第1項又は第212条第1項若しくは第2項の規定の適用がある第1項に規定する給付、送金又は交付金等の支払を受けた場合において、同項に規定する租税条約の規定の適用を受けなかつたことにより当該給付、送金又は交付金等につき同法第183条、第204条第1項又は第212条第1項若しくは第2項の規定により徴収された所得税について、当該租税条約の規定に基づき免除を受けようとするときは、その徴収された所得税の額の還付を請求することができる。

7 第4項の規定は、前項の規定により所得税の額の還付を請求する場合について準用する。この場合において、第4項中「第2項第1号から第8号まで」とあるのは「第1項各号」と、「第1項第8号」とあるのは「同項第8号」と読み替えるものとする。

8 留学生等は、所得税法第183条、第199条、第204条第1項又は第212条第1項若しくは第2項の規定の適用がある第2項に規定する報酬の支払を受けた場合において、同項に規定する租税条約の規定の適用を受けなかつたことにより当該報酬につき同法第183条、第199条、第204条第1項又は第212条第1項若しくは第2項の規定により徴収された所得税について、当該租税条約の規定に基づき免除を受けようとするとき（当該留学生等が当該報酬につき第3項の規定の適用を受けているときを除く。）は、その徴収された所得税の額の還付を請求することができる。

9 第4項の規定は、前項の規定により所得税の額の還付を請求する場合について準用する。

10 第1項若しくは第2項の規定により提出する届出書、第4項（第7項又は前項において準用する場合を含む。）の規定により提出する還付請求書又は第5項において準用する第2条第2項の規定により提出する届出書を受理したこれらの規定に規定する源泉徴収義務者が個人番号又は法人番号を有する場合には、これらの届出書又は還付請求書に、その者の個人番号又は法人番号を付記するものとする。

（その他の所得に係る所得税の免除を受ける者の届出）

第9条 相手国居住者等は、その支払を受ける所得税法第161条第1項第7号から第11号まで、第13号、第15号若しくは第16号に掲げる国内源泉所得（法第3条の2第1項に規定する相手国居住者等配当等に該当するものを除く。）につき所得税法第212条第1項又は第2項の規定により徴収されるべき所得税について租税条約の規定に基づき免除を受けようとする場合には、当該国内源泉所得に係る源泉徴収義務者ごとに、次の各号に掲げる事項を記載した届出書を、当該租税条約の効力発生の日以後最初にその支払を受ける日の前日までに、当該源泉徴収義務者を経由して、当該源泉徴収義務者の納税地の所轄税務署長に提出しなければならない。

一 当該国内源泉所得の支払を受ける者の氏名、国籍及び住所若しくは居所（個人番号を有する者にあつては、氏名、国籍、住所又は居所及び個人番号）又は名称、本店若しくは主たる事務所の所在地及びその事業が管理され、かつ、支配されている場所の所在地（法人番号を有する者にあつては、名称、本店又は主たる事務所の所在地、その事業が管理され、かつ、支配されている場所の所在地及び法人番号）

二 当該国内源泉所得の支払を受ける者の当該国内源泉所得に係る租税条約の相手国等における納税地及び当該支払を受ける者が当該相手国等において納税者番号を有する場合には、当該納税者番号

三 租税条約の規定に基づき当該国内源泉所得につき所得税の免除を受けることができる事情の詳細

四 当該国内源泉所得の種類、金額、支払方法、支払期日及び支払の基因となつた契約の内容

五 当該国内源泉所得の支払者の氏名及び住所若しくは居所又は名称及び本店若しくは主たる事務所の所在地

六 当該国内源泉所得の支払を受ける者が国税通則法第117条第2項の規定による納税管理人の届出をしている場合には、当該納税管理人の氏名及び住所又は居所

七 その他参考となるべき事項

2 第2条第2項及び第3項の規定は、前項に規定する届出書を提出した者について準用する。

3 相手国居住者等は、所得税法第212条第1項又は第2項の規定の適用がある第1項に規定する国内源泉所得の支払を受けた場合において、同項に規定する租税条約の規定の適用を受けなかつたことにより当該国内源泉所得につき同条第1項又は第2項の規定により徴収された所得税について、当該租税条約の規定に基づき免除を受けようとするときは、その徴収された所得税の額の還付を請求することができる。

4　第5条第4項の規定は、前項の規定により所得税の額の還付を請求する場合について準用する。
5　第1項の規定若しくは第2項において準用する第2条第2項の規定により提出する届出書又は前項において準用する第5条第4項の規定により提出する還付請求書を受理したこれらの規定に規定する源泉徴収義務者が個人番号又は法人番号を有する場合には、これらの届出書又は還付請求書に、その者の個人番号又は法人番号を付記するものとする。
　（中　略）

（株主等国内源泉所得に係る法人税につき特典条項に係る規定の適用を受ける者の届出等）
第9条の3　外国法人は、その有する国内源泉所得のうち、租税条約の規定において当該外国法人の株主等である者（当該租税条約の規定により当該租税条約の相手国等の居住者とされる者に限る。）の所得として取り扱われる部分であつて法人税法第142条又は第142条の10の規定の適用を受けるもの（以下この条において「申告対象株主等所得」という。）に対する法人税につき、当該租税条約の特定規定に基づき軽減又は免除を受けようとする場合には、その適用を受けようとする事業年度の法人税中間申告書又は法人税確定申告書に、第1号から第10号までに掲げる事項を記載した届出書（第11号から第14号までに掲げる書類の添付があるものに限る。以下この条において「適用届出書等」という。）を添付しなければならない。
一　当該外国法人の名称、本店又は主たる事務所の所在地、その事業が管理され、かつ、支配されている場所の所在地及び法人番号並びに当該外国法人が納税者番号を有する場合には、当該納税者番号
二　当該申告対象株主等所得が当該租税条約の相手国等の法令に基づき当該外国法人の株主等である者の所得として取り扱われる場合には、その事情の詳細
三　当該外国法人の株主等である者の各人別に、その者の氏名及び住所若しくは居所又は名称、本店若しくは主たる事務所の所在地及びその事業が管理され、かつ、支配されている場所の所在地並びに当該申告対象株主等所得に係る国内源泉所得のうち、その者に係る国においてその法令に基づきその者の所得として取り扱われる部分であつて法人税法第142条又は第142条の10の規定の適用を受けるものの金額（その者に係る申告対象株主等所得の金額が含まれない場合には、当該金額。以下この号において同じ。）及び当該金額のうち当該租税条約の特定規定の適用を受けようとする金額
四　当該申告対象株主等所得（当該租税条約の特定規定に基づき法人税の軽減又は免除を受けるものに限る。以下この項において「条約適用株主等所得」という。）につき、当該外国法人の株主等である者（当該租税条約の特定規定の適

用に係るものに限る。）が当該租税条約の特典条項（前条第2項に規定する特典条項をいう。以下第9条の9までにおいて同じ。）の適用を受けることができるとする理由の詳細
　五　当該条約適用株主等所得につき当該租税条約の特定規定に基づき租税の軽減又は免除を受けることができる事情の詳細
　六　当該条約適用株主等所得の種類
　七　当該条約適用株主等所得の支払者の氏名及び住所若しくは居所又は名称及び本店若しくは主たる事務所の所在地（当該支払者が多数に上り、各支払者についてこれらの事項を記載することが困難な事情がある場合には、その事情及びこれらの事項に代わるべき事項の詳細）
　八　当該外国法人が国内において事業を行っている場合にはその事業の概要
　九　当該外国法人が国税通則法第117条第2項の規定による納税管理人の届出をしている場合には、当該納税管理人の氏名及び住所又は居所
　十　その他参考となるべき事項
　十一　第2号に規定する場合には、同号に掲げる事情の詳細を明らかにする書類（当該書類が外国語で作成されている場合には、その翻訳文を含む。次号及び第14号において同じ。）
　十二　第4号に規定する株主等である者が第1号の外国法人の株主等であることを明らかにする書類
　十三　当該相手国等の権限ある当局の前号の株主等である者の居住者証明書
　十四　第4号に掲げる理由の詳細を明らかにする書類
2　外国法人で、その有する申告対象株主等所得に対する法人税につき前項に規定する租税条約の特定規定に基づき軽減又は免除を受けようとするもの（前条第5項各号に掲げる規定に係る者を除く。）が、その事業年度（以下この項において「適用事業年度」という。）開始の日前2年以内に開始した各事業年度のうちいずれかの事業年度の法人税につき適用届出書等（以下この項において「提出済適用届出書等」という。）の添付がある法人税中間申告書又は法人税確定申告書を提出している場合には、前項の規定にかかわらず、適用事業年度の法人税中間申告書又は法人税確定申告書に係る適用届出書等の添付は省略することができる。ただし、当該適用届出書等の記載事項が提出済適用届出書等の記載事項と異なるときは、この限りでない。
3　前項ただし書の場合において、同項ただし書に規定する提出済適用届出書等の記載事項と異なる記載事項が第1項第11号から第14号までに掲げる書類（以下この条において「特典条項関係書類」という。）に係る記載事項以外の記載事項であるときは、前項ただし書の規定により提出すべき適用届出書等に係る特典条項関係書類の添付を要しないものとする。
4　外国法人で、その有する申告対象株主等所得に対する法人税につき第1項に規

定する租税条約の特定規定に基づき免除を受けようとするものは、その適用を受けようとする事業年度の法人税確定申告書を提出している場合を除き、同項第1号から第10号までに掲げる事項に準ずる事項を記載した届出書（特典条項関係書類の添付があるものに限る。次項において「特例届出書等」という。）を、その事業年度終了の日の翌日から2月以内に、その者の法人税の納税地の所轄税務署長に提出しなければならない。
5　前条第10項の規定は、前項の規定により提出すべき特例届出書等に係る特典条項関係書類の添付について準用する。

（相手国団体国内源泉所得に係る所得税又は法人税につき特典条項に係る規定の適用を受ける者の届出等）
第9条の4　非居住者又は外国法人は、その有する国内源泉所得のうち、当該非居住者又は外国法人に係る相手国等との間の租税条約の規定において当該非居住者又は外国法人が構成員となつている当該相手国等の団体（以下この条において「相手国団体」という。）の所得として取り扱われるものであつて所得税法第165条又は法人税法第142条若しくは第142条の10の規定の適用を受けるもの（以下この条において「申告対象相手国団体所得」という。）に対する所得税又は法人税につき、当該租税条約の特定規定に基づき軽減又は免除を受けようとする場合には、その適用を受けようとする年分の所得税確定申告書又は事業年度の法人税中間申告書若しくは法人税確定申告書に、第1号から第10号までに掲げる事項を記載した届出書（第11号から第14号までに掲げる書類の添付があるものに限る。以下この条において「適用届出書等」という。）を添付しなければならない。
一　当該非居住者又は外国法人の氏名、国籍及び住所若しくは居所（個人番号を有する者にあつては、氏名、国籍、住所又は居所及び個人番号）又は名称、本店若しくは主たる事務所の所在地及びその事業が管理され、かつ、支配されている場所の所在地（法人番号を有する者にあつては、名称、本店又は主たる事務所の所在地、その事業が管理され、かつ、支配されている場所の所在地及び法人番号）並びに当該非居住者又は外国法人が納税者番号を有する場合には、当該納税者番号
二　当該申告対象相手国団体所得が当該租税条約の相手国等の法令に基づき当該非居住者又は外国法人に係る相手国団体の所得として取り扱われる場合には、その事情の詳細
三　当該相手国団体の名称、本店又は主たる事務所の所在地及びその事業が管理され、かつ、支配されている場所の所在地並びに当該相手国団体に係る申告対象相手国団体所得に係る国内源泉所得のうち、当該非居住者又は外国法人に係る国においてその法令に基づき当該非居住者又は外国法人が構成員となつてい

る当該国の団体の所得として取り扱われるものであつて所得税法第165条又は法人税法第142条若しくは第142条の10の規定の適用を受けるものの金額(当該相手国団体に係る申告対象相手国団体所得の金額が含まれない場合には、当該金額。以下この号において同じ。)及び当該金額につき当該租税条約の特定規定の適用を受けようとする旨

四　当該申告対象相手国団体所得(当該租税条約の特定規定に基づき所得税又は法人税の軽減又は免除を受けるものに限る。以下この項において「条約適用相手国団体所得」という。)につき、当該相手国団体が当該租税条約の特典条項の適用を受けることができるとする理由の詳細

五　当該条約適用相手国団体所得につき当該租税条約の特定規定に基づき租税の軽減又は免除を受けることができる事情の詳細

六　当該条約適用相手国団体所得の種類

七　当該条約適用相手国団体所得の支払者の氏名及び住所若しくは居所又は名称及び本店若しくは主たる事務所の所在地(当該支払者が多数に上り、各支払者についてこれらの事項を記載することが困難な事情がある場合には、その事情及びこれらの事項に代わるべき事項の詳細)

八　当該非居住者又は外国法人が国内において事業を行つている場合にはその事業の概要

九　当該非居住者又は外国法人が国税通則法第117条第2項の規定による納税管理人の届出をしている場合には、当該納税管理人の氏名及び住所又は居所

十　その他参考となるべき事項

十一　第2号に規定する場合には、同号に掲げる事情の詳細を明らかにする書類(当該書類が外国語で作成されている場合には、その翻訳文を含む。次号及び第14号において同じ。)

十二　当該条約適用相手国団体所得を有する非居住者又は外国法人が第4号の相手国団体の構成員であることを明らかにする書類

十三　当該相手国等の権限ある当局の前号の相手国団体の居住者証明書

十四　第4号に掲げる理由の詳細を明らかにする書類

2　非居住者で、その有する申告対象相手国団体所得に対する所得税につき前項に規定する租税条約の特定規定に基づき軽減又は免除を受けようとするもの(第9条の2第2項第2号に掲げる規定に係る者を除く。)が、その年(以下この項において「適用年」という。)の前年以前2年内のいずれかの年の年分の所得税につき適用届出書等(以下この項において「提出済適用届出書等」という。)の添付がある所得税確定申告書を提出し、かつ、その後において連続して所得税確定申告書を提出している場合には、前項の規定にかかわらず、適用年の年分の所得税確定申告書に係る適用届出書等の添付は省略することができる。ただし、当該適用届出書等の記載事項が提出済適用届出書等の記載事項と異なるときは、この

限りでない。

3 前項ただし書の場合において、同項ただし書に規定する提出済適用届出書等の記載事項と異なる記載事項が第1項第11号から第14号までに掲げる書類（以下この条において「特典条項関係書類」という。）に係る記載事項以外の記載事項であるときは、前項ただし書の規定により提出すべき適用届出書等に係る特典条項関係書類の添付を要しないものとする。

4 外国法人で、その有する申告対象相手国団体所得に対する法人税につき第1項に規定する租税条約の特定規定に基づき軽減又は免除を受けようとするもの（第9条の2第5項各号に掲げる規定に係る者を除く。）が、その事業年度（以下この項において「適用事業年度」という。）開始の日前2年以内に開始した各事業年度のうちいずれかの事業年度の法人税につき適用届出書等（以下この項において「提出済適用届出書等」という。）の添付がある法人税中間申告書又は法人税確定申告書を提出している場合には、第1項の規定にかかわらず、適用事業年度の法人税中間申告書又は法人税確定申告書に係る適用届出書等の添付は省略することができる。ただし、当該適用届出書等の記載事項が提出済適用届出書等の記載事項と異なるときは、この限りでない。

5 第3項の規定は、前項に規定する法人が同項ただし書の規定により提出すべき適用届出書等に添付すべき特典条項関係書類の添付について準用する。

6 非居住者で、その有する申告対象相手国団体所得に対する所得税につき第1項に規定する租税条約の特定規定に基づき免除を受けようとするものは、その適用を受けようとする年分の所得税確定申告書を提出している場合を除き、同項第1号から第10号までに掲げる事項に準ずる事項を記載した届出書（特典条項関係書類の添付があるものに限る。次項において「特例届出書等」という。）を、その年の翌年3月15日までに、その者の所得税の納税地の所轄税務署長に提出しなければならない。

7 第9条の2第8項の規定は、前項の規定により提出すべき特例届出書等に係る特典条項関係書類の添付について準用する。

8 外国法人で、その有する申告対象相手国団体所得に対する法人税につき第1項に規定する租税条約の特定規定に基づき免除を受けようとするものは、その適用を受けようとする事業年度の法人税確定申告書を提出している場合を除き、同項第1号から第10号までに掲げる事項に準ずる事項を記載した届出書（特典条項関係書類の添付があるものに限る。次項において「特例届出書等」という。）を、その事業年度終了の日の翌日から2月以内に、その者の法人税の納税地の所轄税務署長に提出しなければならない。

9 第9条の2第10項の規定は、前項の規定により提出すべき特例届出書等に係る特典条項関係書類の添付について準用する。

（源泉徴収に係る所得税につき特典条項に係る規定の適用を受ける者の届出等）

第９条の５ 相手国居住者等は、その支払を受ける国内源泉所得につき所得税法第212条第１項若しくは第２項又は租税特別措置法第９条の３の２第１項、第37条の11の４第１項、第41条の９第３項若しくは第41条の12の２第２項若しくは第３項の規定により徴収されるべき所得税について当該相手国居住者等に係る相手国等との間の租税条約の特定規定に基づき軽減又は免除を受けようとする場合には、第２条、第４条第１項から第５項まで、第５条、第６条及び第７条から第９条までの規定にかかわらず、当該国内源泉所得に係る源泉徴収義務者ごとに、これらの規定（第２条第10項の規定を除く。）に規定する届出書（これらの規定により添付すべき書類がある場合には当該書類の添付があるものに限る。以下この条において「条約届出書等」という。）に第９条の２第１項第３号及び第９号に掲げる事項を記載した書類（同項第10号及び第11号に掲げる書類の添付があるものに限る。以下この条において「特典条項関係書類等」という。）を添付した書類（以下この条において「特典条項条約届出書等」という。）を、当該租税条約の効力発生の日以後その支払を受ける都度、その支払を受ける日の前日まで（その支払を受ける国内源泉所得が無記名配当等（第２条第１項に規定する無記名配当等をいう。次項において同じ。）である場合にあつては、その支払を受ける時）に、当該源泉徴収義務者を経由して、当該源泉徴収義務者の納税地の所轄税務署長に提出しなければならない。

２ 相手国居住者等で、その支払を受ける国内源泉所得（無記名配当等を除く。以下この項及び第５項において「対象国内源泉所得」という。）につき所得税法第212条第１項若しくは第２項又は租税特別措置法第９条の３の２第１項、第37条の11の４第１項、第41条の９第３項若しくは第41条の12の２第２項若しくは第３項の規定により徴収されるべき所得税について前項に規定する租税条約の特定規定に基づき軽減又は免除を受けようとするものが、当該対象国内源泉所得の支払を受ける日の前日以前３年内（その者が第９条の２第５項各号に掲げる規定に係る者である場合には、１年内。以下第９条の９までにおいて同じ。）のいずれかの時において、その支払を受けた国内源泉所得（当該国内源泉所得に係る資産、契約その他その所得の基因となるものが当該対象国内源泉所得に係るものと同一であるものに限る。）につき当該国内源泉所得に係る源泉徴収義務者を経由して前項の所轄税務署長に対し条約届出書等（特典条項関係書類等の添付があるものに限る。以下この項において「提出済条約届出書等」という。）を提出している場合には、前項の規定にかかわらず、その支払を受ける対象国内源泉所得に係る特典条項条約届出書等の提出は省略することができる。ただし、当該特典条項条約届出書等の記載事項が提出済条約届出書等の記載事項と異なるときは、この限りでない。

３ 前項ただし書の場合において、同項ただし書に規定する提出済条約届出書等の

記載事項と異なる記載事項が同項の特典条項関係書類等に係る記載事項以外の記載事項であるときは、同項ただし書の規定により提出すべき特典条項条約届出書等に係る当該特典条項関係書類等の添付を要しないものとする。

4　第2条第3項の規定は、第2項ただし書の規定により提出すべきこととされる特典条項条約届出書等（同条第1項に規定する相手国居住者等配当等につき提出すべきこととされるものに限る。）について準用する。

5　相手国居住者等で、その支払を受ける対象国内源泉所得（第2条第4項に規定する特定利子配当等（以下第9条の9までにおいて「特定利子配当等」という。）に該当するものに限る。以下この項において「特定国内源泉所得」という。）につき所得税法第212条第1項若しくは第2項又は租税特別措置法第9条の3の2第1項、第37条の11の4第1項若しくは第41条の9第3項の規定により徴収されるべき所得税について第1項に規定する租税条約の特定規定に基づき軽減又は免除を受けようとするものが、既に支払を受けた特定国内源泉所得につき当該特定国内源泉所得に係る源泉徴収義務者を経由して同項の所轄税務署長に対し条約届出書等（特典条項関係書類等の添付があるものに限る。以下この項において「提出済条約届出書等」という。）を提出している場合には、第1項又は第2項の規定にかかわらず、その支払を受ける特定国内源泉所得に係る特典条項条約届出書等の提出は省略することができる。ただし、当該特典条項条約届出書等の記載事項が提出済条約届出書等の記載事項と異なるときは、この限りでない。

6　第3項及び第2条第3項の規定は、前項に規定する相手国居住者等が同項ただし書の規定により提出すべき特典条項条約届出書等について準用する。

7　第1項の場合において、相手国居住者等が第2条第10項に規定する支払の取扱者から交付を受ける同項に規定する相手国居住者等上場株式等配当等（第9項において「相手国居住者等上場株式等配当等」という。）につき租税特別措置法第9条の3の2第1項の規定により徴収されるべき所得税について第1項に規定する租税条約の特定規定に基づき軽減又は免除を受けようとするときは、当該相手国居住者等は、特典条項条約届出書等に代えて、第2条第10項に規定する特例届出書に特典条項関係書類等を添付した書類（次項及び第9項において「特典条項特例届出書等」という。）を提出することができる。

8　前項の規定により特典条項特例届出書等を提出する場合には、第2項中「当該国内源泉所得に係る資産、契約その他その所得の基因となるものが当該対象国内源泉所得に係るものと同一であるもの」とあるのは「第2条第10項に規定する相手国居住者等上場株式等配当等」と、「条約届出書等（」とあるのは「第7項に規定する特例届出書（」と、「提出済条約届出書等」とあるのは「提出済特例届出書等」と、「係る特典条項条約届出書等」とあるのは「係る第7項に規定する特典条項特例届出書等」と、「当該特典条項条約届出書等」とあるのは「当該特典条項特例届出書等」と、第3項中「提出済条約届出書等」とあるのは「提出

済特例届出書等」と、「特典条項条約届出書等」とあるのは「特典条項特例届出書等」とし、第4項から第6項までの規定は適用しない。

9 　第2条第13項から第18項までの規定は、相手国居住者等上場株式等配当等の支払を受ける相手国居住者等が当該相手国居住者等上場株式等配当等につき第7項の規定により特典条項特例届出書等を提出した場合について準用する。この場合において、同条第18項中「第1項又は第2項に規定する届出書」とあるのは「第9条の5第1項に規定する特典条項条約届出書等」と、「当該届出書」とあるのは「当該特典条項条約届出書等」と、「第1項に規定する届出書」とあるのは「同項に規定する特典条項条約届出書等」と読み替えるものとする。

10 　第1条の2第1項に規定する免税相手国居住者等は、その支払を受ける同項に規定する対価（同項に規定する租税条約の規定が特定規定であるものに限る。）につき法第3条第2項の規定による所得税の還付を受けようとする場合には、第1条の2第1項の規定にかかわらず、同項に規定する還付請求書（同項第11号及び第12号に掲げる書類の添付があるものに限る。）に特典条項関係書類等を添付して、これを、同項に規定する所轄税務署長に提出しなければならない。

11 　相手国居住者等は、その支払を受けた第2条第1項に規定する相手国居住者等配当等（同項に規定する租税条約の規定が特定規定であるものに限る。）につき同条第8項の規定による所得税の還付の請求をしようとする場合には、同条第9項の規定にかかわらず、同項に規定する還付請求書（同項の規定により添付すべき書類がある場合には、当該書類の添付があるものに限る。）に特典条項関係書類等を添付して、これを、同項に規定する源泉徴収義務者を経由して、当該源泉徴収義務者の納税地の所轄税務署長に提出しなければならない。

12 　相手国居住者等は、その支払を受ける第3条の4第1項に規定する償還差益（法第3条の3第1項に規定する償還差益に対する所得税の軽減又は免除を定める租税条約の規定が特定規定であるものに限る。）につき法第3条の3第1項の規定による所得税の還付を受けようとする場合には、第3条の4第1項の規定にかかわらず、同項に規定する還付請求書（同項又は同条第2項若しくは第3項の規定による書類の添付があるものに限る。）に特典条項関係書類等を添付して、これを、同条第1項に規定する源泉徴収義務者を経由して、当該源泉徴収義務者の納税地の所轄税務署長に提出しなければならない。

13 　相手国居住者等である個人は、その支払を受けた第4条第7項に規定する対価、給与又は報酬（同項に規定する租税条約の規定が特定規定であるものに限る。）につき同項の規定による所得税の還付の請求をしようとする場合には、同条第8項の規定にかかわらず、同項に規定する還付請求書に特典条項関係書類等を添付して、これを、同項に規定する源泉徴収義務者を経由して、当該源泉徴収義務者の納税地の所轄税務署長に提出しなければならない。

14 　相手国居住者等は、その支払を受けた第4条第1項から第5項までに規定する

対価、給与又は報酬（これらの規定に規定する租税条約の規定が特定規定であるものに限る。）につき同条第10項の規定による所得税の還付の請求をしようとする場合には、同条第11項の規定にかかわらず、同項に規定する還付請求書（同項の規定により添付すべき書類がある場合には、当該書類の添付があるものに限る。）に特典条項関係書類等を添付して、これを、同項に規定する源泉徴収義務者を経由して、当該源泉徴収義務者の納税地の所轄税務署長に提出しなければならない。

15 相手国居住者等である個人は、その支払を受けた第5条第1項に規定する退職年金等（同項に規定する租税条約の規定が特定規定であるものに限る。）につき同条第3項の規定による所得税の還付の請求をしようとする場合には、同条第4項の規定にかかわらず、同項に規定する還付請求書に特典条項関係書類等を添付して、これを、同項に規定する源泉徴収義務者を経由して、当該源泉徴収義務者の納税地の所轄税務署長に提出しなければならない。

16 相手国居住者等である個人は、その支払を受けた第6条第1項に規定する保険年金（同項に規定する租税条約の規定が特定規定であるものに限る。）につき同条第3項の規定による所得税の還付の請求をしようとする場合には、同条第4項において準用する第5条第4項の規定にかかわらず、第6条第4項において準用する第5条第4項に規定する還付請求書に特典条項関係書類等を添付して、これを、第6条第4項において準用する第5条第4項に規定する源泉徴収義務者を経由して、当該源泉徴収義務者の納税地の所轄税務署長に提出しなければならない。

17 相手国居住者等である個人又は居住者は、その支払を受けた第7条第1項に規定する報酬（同項に規定する租税条約の規定が特定規定であるものに限る。）につき同条第3項の規定による所得税の還付の請求をしようとする場合には、同条第4項において準用する第5条第4項の規定にかかわらず、第7条第4項において準用する第5条第4項に規定する還付請求書に特典条項関係書類等を添付して、これを、第7条第4項において準用する第5条第4項に規定する源泉徴収義務者を経由して、当該源泉徴収義務者の納税地の所轄税務署長に提出しなければならない。

18 第8条第1項に規定する留学生等（次項及び第20項において「留学生等」という。）は、その支払を受けた同条第2項に規定する報酬（同項に規定する租税条約の規定が特定規定であるものに限る。）につき同条第3項の規定による所得税の還付の請求をしようとする場合には、同条第4項の規定にかかわらず、同項に規定する還付請求書（同項に規定する書類の添付があるものに限る。）に特典条項関係書類等を添付して、これを、同項に規定する源泉徴収義務者を経由して、当該源泉徴収義務者の納税地の所轄税務署長に提出しなければならない。

19 留学生等は、その支払を受けた第8条第1項に規定する給付、送金又は交付金

等(同項に規定する租税条約の規定が特定規定であるものに限る。)につき同条第6項の規定による所得税の還付の請求をしようとする場合には、同条第7項において準用する同条第4項の規定にかかわらず、同条第7項において準用する同条第4項に規定する還付請求書(同条第7項において準用する同条第4項に規定する書類の添付があるものに限る。)に特典条項関係書類等を添付して、これを、同条第7項において準用する同条第4項に規定する源泉徴収義務者を経由して、当該源泉徴収義務者の納税地の所轄税務署長に提出しなければならない。

20 留学生等は、その支払を受けた第8条第2項に規定する報酬(同項に規定する租税条約の規定が特定規定であるものに限る。)につき同条第8項の規定による所得税の還付の請求をしようとする場合には、同条第9項において準用する同条第4項の規定にかかわらず、同条第9項において準用する同条第4項に規定する還付請求書(同条第9項において準用する同条第4項に規定する書類の添付があるものに限る。)に特典条項関係書類等を添付して、これを、同条第9項において準用する同条第4項に規定する源泉徴収義務者を経由して、当該源泉徴収義務者の納税地の所轄税務署長に提出しなければならない。

21 相手国居住者等は、その支払を受けた第9条第1項に規定する国内源泉所得(同項に規定する租税条約の規定が特定規定であるものに限る。)につき同条第3項の規定による所得税の還付の請求をしようとする場合には、同条第4項において準用する第5条第4項の規定にかかわらず、第9条第4項において準用する第5条第4項に規定する還付請求書に特典条項関係書類等を添付して、これを、第9条第4項において準用する第5条第4項に規定する源泉徴収義務者を経由して、当該源泉徴収義務者の納税地の所轄税務署長に提出しなければならない。

22 次の各号に掲げる者が個人番号又は法人番号を有する場合には、当該各号に定める書類にその者の個人番号又は法人番号を付記するものとする。
　一　第1項の規定により提出する特典条項条約届出書等又は第11項から前項までの規定により提出する還付請求書を受理したこれらの規定に規定する源泉徴収義務者　これらの特典条項条約届出書等又は還付請求書
　二　第7項の規定により提出する特典条項特例届出書等又は第9項において準用する第2条第15項の規定により提出する書面を受理したこれらの規定に規定する支払の取扱者　当該特典条項特例届出書等又は当該書面

(株主等配当等に係る所得税につき特典条項に係る規定の適用を受ける者の届出等)
第9条の6　外国法人は、その支払を受ける第2条の2第1項に規定する株主等配当等(以下この条において「株主等配当等」という。)につき所得税法第212条第1項若しくは第2項又は租税特別措置法第9条の3の2第1項、第41条の9第3項若しくは第41条の12の2第2項若しくは第3項の規定により徴収されるべき所得税について当該株主等配当等に係る株主等である者に係る相手国等と

の間の租税条約の特定規定に基づき軽減又は免除を受けようとする場合には、第2条の2の規定にかかわらず、当該株主等配当等に係る源泉徴収義務者ごとに、同条第1項又は第2項に規定する届出書(これらの規定又は同条第4項から第6項までの規定による書類の添付があるものに限る。次項及び第5項において「条約届出書等」という。)に第1号及び第2号に掲げる事項を記載した書類(第3号に掲げる書類の添付があるものに限る。以下この条において「特典条項関係書類等」という。)を添付した書類(以下第7項までにおいて「特典条項条約届出書等」という。)を、当該租税条約の効力発生の日以後その支払を受ける都度、その支払を受ける日の前日まで(その支払を受ける株主等配当等が無記名株主等配当等(第2条の2第1項に規定する無記名株主等配当等をいう。次項において同じ。)である場合にあつては、その支払を受ける時)に、当該源泉徴収義務者を経由して、当該源泉徴収義務者の納税地の所轄税務署長に提出しなければならない。

一 当該外国法人の株主等である者(当該租税条約の特定規定の適用に係るものに限る。)が当該租税条約の特典条項の適用を受けることができるとする理由の詳細

二 その他参考となるべき事項

三 第1号に掲げる理由の詳細を明らかにする書類(当該書類が外国語で作成されている場合には、その翻訳文を含む。)

2 外国法人で、その支払を受ける株主等配当等(無記名株主等配当等を除く。以下この項及び第5項において「対象株主等配当等」という。)につき所得税法第212条第1項若しくは第2項又は租税特別措置法第9条の3の2第1項、第41条の9第3項若しくは第41条の12の2第2項若しくは第3項の規定により徴収されるべき所得税について前項に規定する租税条約の特定規定に基づき軽減又は免除を受けようとするものが、当該対象株主等配当等の支払を受ける日の前日以前3年内のいずれかの時において、その支払を受けた株主等配当等(当該株主等配当等に係る資産、契約その他その所得の基因となるものが当該対象株主等配当等に係るものと同一であるものに限る。)につき当該株主等配当等に係る源泉徴収義務者を経由して同項の所轄税務署長に対し条約届出書等(特典条項関係書類等の添付があるものに限る。以下この項において「提出済条約届出書等」という。)を提出している場合には、前項の規定にかかわらず、その支払を受ける対象株主等配当等に係る特典条項条約届出書等の提出は省略することができる。ただし、当該特典条項条約届出書等の記載事項が提出済条約届出書等の記載事項と異なるときは、この限りでない。

3 前項ただし書の場合において、同項ただし書に規定する提出済条約届出書等の記載事項と異なる記載事項が同項の特典条項関係書類等に係る記載事項以外の記載事項であるときは、同項ただし書の規定により提出すべき特典条項条約届出書

等に係る当該特典条項関係書類等の添付を要しないものとする。
4 第2条第3項の規定は、第2項ただし書の規定により提出すべきこととされる特典条項条約届出書等について準用する。
5 外国法人で、その支払を受ける対象株主等配当等（特定利子配当等に該当するものに限る。以下この項において「特定株主等配当等」という。）につき所得税法第212条第1項若しくは第2項又は租税特別措置法第9条の3の2第1項若しくは第41条の9第3項の規定により徴収されるべき所得税について第1項に規定する租税条約の特定規定に基づき軽減又は免除を受けようとするものが、既に支払を受けた特定株主等配当等につき当該特定株主等配当等に係る源泉徴収義務者を経由して同項の所轄税務署長に対し条約届出書等（特典条項関係書類等の添付があるものに限る。以下この項において「提出済条約届出書等」という。）を提出している場合には、第1項又は第2項の規定にかかわらず、その支払を受ける特定株主等配当等に係る特典条項条約届出書等の提出は省略することができる。ただし、当該特典条項条約届出書等の記載事項が提出済条約届出書等の記載事項と異なるときは、この限りでない。
6 第3項及び第2条第3項の規定は、前項に規定する外国法人が同項ただし書の規定により提出すべき特典条項条約届出書等について準用する。
7 第1項の場合において、外国法人が第2条の2第9項に規定する支払の取扱者から交付を受ける同項に規定する株主等上場株式等配当等（第9項において「株主等上場株式等配当等」という。）につき租税特別措置法第9条の3の2第1項の規定により徴収されるべき所得税について第1項に規定する租税条約の特定規定に基づき軽減又は免除を受けようとするときは、当該外国法人は、特典条項条約届出書等に代えて、第2条の2第9項に規定する特例届出書（同項の規定による書類の添付があるものに限る。）に特典条項関係書類等を添付した書類（次項及び第9項において「特典条項特例届出書等」という。）を提出することができる。
8 前項の規定により特典条項特例届出書等を提出する場合には、第2項中「当該株主等配当等に係る資産、契約その他その所得の基因となるものが当該対象株主等配当等に係るものと同一であるもの」とあるのは「第2条の2第9項に規定する株主等上場株式等配当等」と、「同項」とあるのは「前項」と、「条約届出書等（」とあるのは「第7項に規定する特例届出書（」と、「提出済条約届出書等」とあるのは「提出済特例届出書等」と、「係る特典条項条約届出書等」とあるのは「係る第7項に規定する特典条項特例届出書等」と、「当該特典条項条約届出書等」とあるのは「当該特典条項特例届出書等」と、第3項中「提出済条約届出書等」とあるのは「提出済特例届出書等」と、「特典条項条約届出書等」とあるのは「特典条項特例届出書等」とし、第4項から第6項までの規定は適用しない。
9 第2条の2第12項から第17項までの規定は、株主等上場株式等配当等の支払

を受ける外国法人が当該株主等上場株式等配当等につき第7項の規定により特典条項特例届出書等を提出した場合について準用する。この場合において、同条第17項中「第1項又は第2項に規定する届出書」とあるのは「第9条の6第1項に規定する特典条項条約届出書等」と、「当該届出書」とあるのは「当該特典条項条約届出書等」と、「第1項に規定する届出書」とあるのは「同項に規定する特典条項条約届出書等」と読み替えるものとする。

10 法第3条第1項に規定する免税芸能外国法人は、その支払を受ける同項に規定する株主等所得（同項に規定する租税条約の規定が特定規定であるものに限る。）につき同条第2項の規定による所得税の還付を受けようとする場合には、第1条の2第2項の規定にかかわらず、同項に規定する還付請求書（同項第12号から第16号までに掲げる書類の添付があるものに限る。）に特典条項関係書類等を添付して、これを、同項に規定する所轄税務署長に提出しなければならない。

11 外国法人は、その支払を受けた株主等配当等（第2条の2第1項に規定する租税条約の規定が特定規定であるものに限る。）につき同条第7項の規定による所得税の還付の請求をしようとする場合には、同条第8項の規定にかかわらず、同項に規定する還付請求書（同項の規定による書類の添付があるものに限る。）に特典条項関係書類等を添付して、これを、同項に規定する源泉徴収義務者を経由して、当該源泉徴収義務者の納税地の所轄税務署長に提出しなければならない。

12 外国法人は、その支払を受ける第3条の4第4項に規定する株主等償還差益（当該株主等償還差益に対する所得税の軽減又は免除を定める法第3条の3第2項に規定する租税条約の規定が特定規定であるものに限る。）につき法第3条の3第2項の規定による所得税の還付を受けようとする場合には、第3条の4第4項の規定にかかわらず、同項に規定する還付請求書（同項又は同条第5項若しくは第6項の規定による書類の添付があるものに限る。）に特典条項関係書類等を添付して、これを、同条第4項に規定する源泉徴収義務者を経由して、当該源泉徴収義務者の納税地の所轄税務署長に提出しなければならない。

13 外国法人は、その支払を受ける第4条第12項に規定する株主等対価（以下この条において「株主等対価」という。）につき所得税法第212条第1項又は第2項の規定により徴収されるべき所得税について当該株主等対価に係る株主等である者に係る相手国等との間の租税条約の特定規定に基づき免除を受けようとする場合（当該租税条約の特定規定が当該株主等対価につき一定の金額を超えないことを要件としている場合を除く。）には、第4条第12項の規定にかかわらず、当該株主等対価に係る源泉徴収義務者ごとに、同項又は同条第13項に規定する届出書（これらの規定による書類の添付があるものに限る。）に特典条項関係書類等を添付した書類（次項において「特典条項条約届出書等」という。）を、当該租税条約の効力発生の日以後その支払を受ける都度、その支払を受ける日の前日までに、当該源泉徴収義務者を経由して、当該源泉徴収義務者の納税地の所轄税

務署長に提出しなければならない。
14　第2項及び第3項の規定は、前項の規定により提出すべきこととされる特典条約条約届出書等について準用する。
15　外国法人は、株主等対価（第4条第14項に規定する租税条約の規定が特定規定であるものに限る。）につき同項の規定による所得税の還付を請求しようとする場合には、同条第15項の規定にかかわらず、同項に規定する還付請求書（同項の規定による書類の添付があるものに限る。）に特典条項関係書類等を添付して、これを、同項に規定する源泉徴収義務者を経由して、当該源泉徴収義務者の納税地の所轄税務署長に提出しなければならない。
16　次の各号に掲げる者が個人番号又は法人番号を有する場合には、当該各号に定める書類にその者の個人番号又は法人番号を付記するものとする。
　一　第1項の規定により提出する特典条項条約届出書等、第11項若しくは第12項の規定により提出する還付請求書、第13項の規定により提出する特典条項条約届出書等又は前項の規定により提出する還付請求書を受理したこれらの規定に規定する源泉徴収義務者　これらの特典条項条約届出書等又は還付請求書
　二　第7項の規定により提出する特典条項特例届出書等又は第9項において準用する第2条の2第14項の規定により提出する書面を受理したこれらの規定に規定する支払の取扱者　当該特典条項特例届出書等又は当該書面

（相手国団体配当等に係る所得税につき特典条項に係る規定の適用を受ける者の届出等）

第9条の7　非居住者又は外国法人は、その支払を受ける第2条の3第1項に規定する相手国団体配当等（以下この条において「相手国団体配当等」という。）につき所得税法第212条第1項若しくは第2項又は租税特別措置法第9条の3の2第1項、第41条の9第3項若しくは第41条の12の2第2項若しくは第3項の規定により徴収されるべき所得税について当該非居住者又は外国法人に係る相手国等との間の租税条約の特定規定に基づき軽減又は免除を受けようとする場合には、第2条の3の規定にかかわらず、当該相手国団体配当等に係る源泉徴収義務者ごとに、同条第1項又は第2項に規定する届出書（これらの規定又は同条第4項から第6項までの規定により添付すべき書類の添付があるものに限る。以下この条において「条約届出書等」という。）に第1号及び第2号に掲げる事項を記載した書類（第3号に掲げる書類の添付があるものに限る。以下この条において「特典条項関係書類等」という。）を添付した書類（以下この条において「特典条項条約届出書等」という。）を、当該租税条約の効力発生の日以後その支払を受ける都度、その支払を受ける日の前日まで（その支払を受ける相手国団体配当等が無記名相手国団体配当等（第2条の3第1項に規定する無記名相手国団体配当等をいう。次項において同じ。）である場合にあつては、その支払を受ける

時)に、当該源泉徴収義務者を経由して、当該源泉徴収義務者の納税地の所轄税務署長に提出しなければならない。
一 当該相手国団体配当等につき、当該相手国団体配当等に係る第2条の3第1項第2号に規定する相手国団体が当該租税条約の特典条項の適用を受けることができるとする理由の詳細
二 その他参考となるべき事項
三 第1号に掲げる理由の詳細を明らかにする書類(当該書類が外国語で作成されている場合には、その翻訳文を含む。)

2 非居住者又は外国法人で、その支払を受ける相手国団体配当等(無記名相手国団体配当等を除く。以下この項及び第5項において「対象相手国団体配当等」という。)につき所得税法第212条第1項若しくは第2項又は租税特別措置法第9条の3の2第1項、第41条の9第3項若しくは第41条の12の2第2項若しくは第3項の規定により徴収されるべき所得税について前項に規定する租税条約の特定規定に基づき軽減又は免除を受けようとするものが、当該対象相手国団体配当等の支払を受ける日の前日以前3年内のいずれかの時において、その支払を受けた相手国団体配当等(当該相手国団体配当等に係る資産、契約その他その所得の基因となるものが当該対象相手国団体配当等に係るものと同一であるものに限る。)につき当該相手国団体配当等に係る源泉徴収義務者を経由して前項の所轄税務署長に対し条約届出書等(特典条項関係書類等の添付があるものに限る。以下この項において「提出済条約届出書等」という。)を提出している場合には、前項の規定にかかわらず、その支払を受ける対象相手国団体配当等に係る特典条項条約届出書等の提出は省略することができる。ただし、当該特典条項条約届出書等の記載事項が提出済条約届出書等の記載事項と異なるときは、この限りでない。

3 前項ただし書の場合において、同項ただし書に規定する提出済条約届出書等の記載事項と異なる記載事項が同項の特典条項関係書類等に係る記載事項以外の記載事項であるときは、同項ただし書の規定により提出すべき特典条項条約届出書等に係る当該特典条項関係書類等の添付を要しないものとする。

4 第2条第3項の規定は、第2項ただし書の規定により提出すべきこととされる特典条項条約届出書等について準用する。

5 非居住者又は外国法人で、その支払を受ける対象相手国団体配当等(特定利子配当等に該当するものに限る。以下この項において「特定相手国団体配当等」という。)につき所得税法第212条第1項若しくは第2項又は租税特別措置法第9条の3の2第1項若しくは第41条の9第3項の規定により徴収されるべき所得税について第1項に規定する租税条約の特定規定に基づき軽減又は免除を受けようとするものが、既に支払を受けた特定相手国団体配当等につき当該特定相手国団体配当等に係る源泉徴収義務者を経由して同項の所轄税務署長に対し条約届出

書等(特典条項関係書類等の添付があるものに限る。以下この項において「提出済条約届出書等」という。)を提出している場合には、第1項又は第2項の規定にかかわらず、その支払を受ける特定相手国団体配当等に係る特典条項条約届出書等の提出は省略することができる。ただし、当該特典条項条約届出書等の記載事項が提出済条約届出書等の記載事項と異なるときは、この限りでない。

6 第3項及び第2条第3項の規定は、前項の非居住者又は外国法人が同項ただし書の規定により提出すべき特典条項条約届出書等について準用する。

7 第2条の3第7項の規定は、相手国団体配当等の支払を受ける非居住者又は外国法人が当該相手国団体配当等につき第1項の規定に基づき提出する特典条項条約届出書等について準用する。

8 第1項の場合において、非居住者又は外国法人が第2条の3第8項に規定する支払の取扱者から交付を受ける同項に規定する相手国団体上場株式等配当等(第10項において「相手国団体上場株式等配当等」という。)につき租税特別措置法第9条の3の2第1項の規定により徴収されるべき所得税について第1項に規定する租税条約の特定規定に基づき軽減又は免除を受けようとするときは、当該非居住者又は外国法人は、特典条項条約届出書等に代えて、第2条の3第8項に規定する特例届出書(同項の規定により添付すべき書類の添付があるものに限る。)に特典条項関係書類等を添付した書類(次項及び第10項において「特典条項特例届出書等」という。)を提出することができる。

9 前項の規定により特典条項特例届出書等を提出する場合には、第2項中「当該相手国団体配当等に係る資産、契約その他その所得の基因となるものが当該対象相手国団体配当等に係るものと同一であるもの」とあるのは「第2条の3第8項に規定する相手国団体上場株式等配当等」と、「条約届出書等(」とあるのは「第8項に規定する特例届出書(」と、「提出済条約届出書等」とあるのは「提出済特例届出書等」と、「係る特典条項条約届出書等」とあるのは「係る第8項に規定する特典条項特例届出書等」と、「当該特典条項条約届出書等」とあるのは「当該特典条項特例届出書等」と、第3項中「提出済条約届出書等」とあるのは「提出済特例届出書等」と、「特典条項条約届出書等」とあるのは「特典条項特例届出書等」とし、第4項から第7項までの規定は適用しない。

10 第2条の3第11項の規定は相手国団体上場株式等配当等の支払を受ける非居住者又は外国法人が当該相手国団体上場株式等配当等につき第8項の規定に基づき特典条項特例届出書等を提出する場合について、同条第12項から第17項までの規定は相手国団体上場株式等配当等の支払を受ける非居住者又は外国法人が当該相手国団体上場株式等配当等につき第8項の規定により特典条項特例届出書等を提出した場合について、それぞれ準用する。この場合において、同条第17項中「第1項又は第2項に規定する届出書」とあるのは「第9条の7第1項に規定する特典条項条約届出書等」と、「当該届出書」とあるのは「当該特典条項条約

届出書等」と、「第1項に規定する届出書」とあるのは「同項に規定する特典条項条約届出書等」と読み替えるものとする。
11 次の各号に掲げる者が個人番号又は法人番号を有する場合には、当該各号に定める書類にその者の個人番号又は法人番号を付記するものとする。
一 第1項の規定により提出する特典条項条約届出書等を受理した同項に規定する源泉徴収義務者　当該特典条項条約届出書等
二 第8項の規定により提出する特典条項特例届出書等又は前項において準用する第2条の3第14項の規定により提出する書面を受理したこれらの規定に規定する支払の取扱者　当該特典条項特例届出書等又は当該書面

（特定配当等に係る所得税につき特典条項に係る規定の適用を受ける者の届出等）
第9条の9 居住者又は内国法人は、その支払を受ける第2条の5第1項に規定する特定配当等（以下この条において「特定配当等」という。）につき所得税法第181条、第204条第1項、第207条、第209条の2、第210条若しくは第212条第3項又は租税特別措置法第9条の3の2第1項、第41条の9第3項若しくは第411条の12の2第2項若しくは第3項の規定により徴収されるべき所得税について租税条約の特定規定に基づき軽減又は免除を受けようとする場合には、第2条の5の規定にかかわらず、当該特定配当等に係る源泉徴収義務者ごとに、同条第1項又は第2項に規定する届出書（これらの規定又は同条第4項から第6項までの規定により添付すべき書類の添付があるものに限る。以下この条において「条約届出書等」という。）に第1号及び第2号に掲げる事項を記載した書類（第3号に掲げる書類の添付があるものに限る。以下この条において「特典条項関係書類等」という。）を添付した書類（以下この条において「特典条項条約届出書等」という。）を、当該租税条約の効力発生の日以後その支払を受ける都度、その支払を受ける日の前日まで（その支払を受ける特定配当等が無記名特定配当等（第2条の5第1項に規定する無記名特定配当等をいう。次項において同じ。）である場合にあつては、その支払を受ける時）に、当該源泉徴収義務者を経由して、当該源泉徴収義務者の納税地の所轄税務署長に提出しなければならない。
一 当該特定配当等につき、当該特定配当等に係る第2条の5第1項第2号に規定する相手国団体が当該租税条約の特典条項の適用を受けることができるとする理由の詳細
二 その他参考となるべき事項
三 第1号に掲げる理由の詳細を明らかにする書類（当該書類が外国語で作成されている場合には、その翻訳文を含む。）
2 居住者又は内国法人で、その支払を受ける特定配当等（無記名特定配当等を除く。以下この項及び第5項において「対象特定配当等」という。）につき所得税

Ⅵ 参考法令（抄）

法第181条、第204条第1項、第207条、第209条の2、第210条若しくは第212条第3項又は租税特別措置法第9条の3の2第1項、第41条の9第3項若しくは第41条の12の2第2項若しくは第3項の規定により徴収されるべき所得税について前項に規定する租税条約の特定規定に基づき軽減又は免除を受けようとするものが、当該対象特定配当等の支払を受ける日の前日以前3年内のいずれかの時において、その支払を受けた特定配当等（当該特定配当等に係る資産、契約その他その所得の基因となるものが当該対象特定配当等に係るものと同一であるものに限る。）につき当該特定配当等に係る源泉徴収義務者を経由して前項の所轄税務署長に対し条約届出書等（特典条項関係書類等の添付があるものに限る。以下この項において「提出済条約届出書等」という。）を提出している場合には、前項の規定にかかわらず、その支払を受ける対象特定配当等に係る特典条項条約届出書等の提出は省略することができる。ただし、当該特典条項条約届出書等の記載事項が提出済条約届出書等の記載事項と異なるときは、この限りでない。

3　前項ただし書の場合において、同項ただし書に規定する提出済条約届出書等の記載事項と異なる記載事項が同項の特典条項関係書類等に係る記載事項以外の記載事項であるときは、同項ただし書の規定により提出すべき特典条項条約届出書等に係る当該特典条項関係書類等の添付を要しないものとする。

4　第2条第3項の規定は、第2項ただし書の規定により提出すべきこととされる特典条項条約届出書等について準用する。

5　居住者又は内国法人で、その支払を受ける対象特定配当等（特定利子配当等に該当するものに限る。以下この項において「特定対象配当等」という。）につき所得税法第181条、第209条の2若しくは第212条第3項又は租税特別措置法第9条の3の2第1項若しくは第41条の9第3項の規定により徴収されるべき所得税について第1項に規定する租税条約の特定規定に基づき軽減又は免除を受けようとするものが、既に支払を受けた特定対象配当等につき当該特定対象配当等に係る源泉徴収義務者を経由して同項の所轄税務署長に対し条約届出書等（特典条項関係書類等の添付があるものに限る。以下この項において「提出済条約届出書等」という。）を提出している場合には、第1項又は第2項の規定にかかわらず、その支払を受ける特定対象配当等に係る特典条項条約届出書等の提出は省略することができる。ただし、当該特典条項条約届出書等の記載事項が提出済条約届出書等の記載事項と異なるときは、この限りでない。

6　第3項及び第2条第3項の規定は、前項の居住者又は内国法人が同項ただし書の規定により提出すべき特典条項条約届出書等について準用する。

7　第2条の5第7項及び第8項の規定は、特定配当等の支払を受ける居住者又は内国法人が当該特定配当等につき第1項の規定に基づき提出する特典条項条約届出書等について準用する。

8 第1項の場合において、居住者又は内国法人が第2条の5第9項に規定する支払の取扱者から交付を受ける同項に規定する特定上場株式等配当等(第10項において「特定上場株式等配当等」という。)につき租税特別措置法第9条の3の2第1項の規定により徴収されるべき所得税について第1項に規定する租税条約の特定規定に基づき軽減又は免除を受けようとするときは、当該居住者又は内国法人は、特典条項条約届出書等に代えて、第2条の5第9項に規定する特例届出書(同項の規定により添付すべき書類の添付があるものに限る。)に特典条項関係書類等を添付した書類(次項及び第10項において「特典条項特例届出書等」という。)を提出することができる。

9 前項の規定により特典条項特例届出書等を提出する場合には、第2項中「当該特定配当等に係る資産、契約その他その所得の基因となるものが当該対象特定配当等に係るものと同一であるもの」とあるのは「第2条の5第9項に規定する特定上場株式等配当等」と、「条約届出書等(」とあるのは「第8項に規定する特例届出書(」と、「提出済条約届出書等」とあるのは「提出済特例届出書等」と、「係る特典条項条約届出書等」とあるのは「係る第8項に規定する特典条項特例届出書等」と、「当該特典条項条約届出書等」とあるのは「当該特典条項特例届出書等」と、第3項中「提出済条約届出書等」とあるのは「提出済特例届出書等」と、「特典条項条約届出書等」とあるのは「特典条項特例届出書等」とし、第4項から第7項までの規定は適用しない。

10 第2条の5第12項の規定は特定上場株式等配当等の支払を受ける居住者又は内国法人が当該特定上場株式等配当等につき第8項の規定に基づき特典条項特例届出書等を提出する場合について、同条第13項から第18項までの規定は特定上場株式等配当等の支払を受ける居住者又は内国法人が当該特定上場株式等配当等につき第8項の規定により特典条項特例届出書等を提出した場合について、それぞれ準用する。この場合において、同条第18項中「第1項又は第2項に規定する届出書」とあるのは「第9条の9第1項に規定する特典条項条約届出書等」と、「当該届出書」とあるのは「当該特典条項条約届出書等」と、「第1項に規定する届出書」とあるのは「同項に規定する特典条項条約届出書等」と読み替えるものとする。

11 次の各号に掲げる者が個人番号又は法人番号を有する場合には、当該各号に定める書類にその者の個人番号又は法人番号を付記するものとする。
　一　第1項の規定により提出する特典条項条約届出書等を受理した同項に規定する源泉徴収義務者　当該特典条項条約届出書等
　二　第8項の規定により提出する特典条項特例届出書等又は前項において準用する第2条の5第15項の規定により提出する書面を受理したこれらの規定に規定する支払の取扱者　当該特典条項特例届出書等又は当該書面

(居住者証明書の提出の特例)
第9条の10 非居住者若しくは外国法人又は居住者若しくは内国法人（以下この項及び次項において「非居住者等」という。）がその支払を受ける国内源泉所得に対する所得税につき租税条約の規定に基づき軽減又は免除を受けるため、第2条第1項及び第2項（同条第6項又は第7項の規定の適用を受ける場合に限る。）並びに同条第15項（同条第16項の規定の適用を受ける場合に限り、第9条の5第9項において準用する場合を含む。）、第2条の2第1項、第2項前段（同条第11項において準用する場合を含む。）及び第9項、第2条の3第1項、第2項前段（同条第10項において準用する場合を含む。）及び第8項、第2条の4第1項、第2項前段（同条第10項において準用する場合を含む。）及び第8項、第2条の5第1項、第2項前段（同条第11項において準用する場合を含む。）及び第9項、第3条の4第1項（同条第3項の規定の適用を受ける場合に限る。）及び第4項、第4条第12項、第13項前段及び第15項（同項の規定にあつては、同条第12項の規定により届出書を提出すべき場合を除く。）並びに第9条の5第1項（同条第7項の規定の適用を受ける場合を含む。）、第12項、第13項及び第18項の規定に基づいてこれらの規定に規定する届出書、書面又は還付請求書をこれらの規定に規定する源泉徴収義務者又は支払の取扱者（以下この条において「源泉徴収義務者」という。）を経由して、これらの規定に規定する所轄税務署長に対し提出する場合において、当該非居住者等が居住者証明書を当該源泉徴収義務者に提示をして、当該届出書、書面又は還付請求書に記載されている氏名又は名称及び住所若しくは居所又は本店若しくは主たる事務所の所在地若しくはその事業が管理され、かつ、支配されている場所の所在地について確認を受けたとき（当該届出書、書面又は還付請求書にその確認をした旨の記載がある場合に限る。）は、これらの規定にかかわらず、当該届出書、書面又は還付請求書への当該居住者証明書の添付は省略することができる。

2 　前項に規定する源泉徴収義務者は、同項の規定の適用を受けようとする非居住者等から居住者証明書の提示を受けた場合には、当該居住者証明書の写しを作成し、これを国内にある事務所、事業所その他これらに準ずるものの所在地においてその提示を受けた日から5年間保存しなければならない。

3 　前2項に規定する居住者証明書とは、第2条第6項、第7項及び第16項、第2条の2第1項第11号及び第9項第10号、第2条の3第1項第11号及び第8項第10号、第2条の4第1項第11号及び第8項第10号、第2条の5第1項第10号及び第9項第9号、第3条の4第3項及び第4項第13号並びに第4条第12項第11号に規定する居住者証明書（同条第15項の規定により同項に規定する還付請求書に添付することとされている同号に掲げる書類並びに第9条の5第1項、第7項、第12項、第13項及び第18項の規定により同条第1項に規定する特典条項関係書類等として同項、同条第7項、第12項、第13項又は第18項に

規定する条約届出書等、特例届出書又は還付請求書に添付することとされている第9条の2第1項第10号に掲げる書類を含む。）で、第1項に規定する提示の日前1年以内に作成されたものをいう。
　（後　略）

【索　引】

【数字等】

1億円（譲渡対価）…………… 136
2分の1課税 …… 261、263、265
6号所得 …… 146、151、155、309
12号所得
　…… 146、151、155、309、317
183日条項………………… 284
LLC………………… 226、230
PE ……………………… 20

【あ行】

アラブ首長国連邦……… 172、174
アルバイト収入……………… 316
移転価格税制………………… 125
異動に係る租税条約届出書… 131
インターナショナルスクール… 366
映画のDVD化………………… 208
永住者…………………… 9、18
永年勤続表彰………………… 270
円換算………………………… 104
延滞税…………………… 105、110

【か行】

海外移住者等………………… 168
海外寄附金…………………… 125
海外出向者の日本出張
　………………… 281、284、287
海外出向者への給与…… 302、304
外国人社外取締役…………… 259
外国税額控除………………… 268
外国法人………………… 5、17
外国法人に対する源泉徴収の
　免除証明書………………… 119
開発研究費の援助…………… 244
過誤納金の還付……………… 116
課税漏れ状態………………… 30
過大納付……………………… 38
借入金利子……………… 195、199
帰国手当……………………… 377
技術導入料……………… 102、106
寄附金…………………… 111、367
休暇帰国の費用負担
　……… 353、357、359、362、364
居住者…………………… 5、15
居住地国……………………… 51
グロスアップ
　……… 39、103、109、293、374
クロスライセンス契約……… 238
経済的利益の供与…………… 375
芸能人等の役務提供事業の対価
　………………………………… 309
決済差額……………………… 192

原稿料……………………… 234
源泉………………………… 11
源泉所得税及び復興特別所得税の
　誤納額還付請求書…… 38、113
源泉徴収義務者………………34
源泉徴収不足…………………37
源泉徴収漏れ………… 102、106
現地情報の対価…………… 236
限度税率………… 74、101、198
恒久的施設……………………20
控除対象配偶者… 337、342、347
控除対象扶養親族
　……………… 337、342、347
構成員課税の法人……………177
公的年金…………………… 324
国外源泉所得…………… 12、98
国内源泉所得…… 6、12、98、252
誤徴収……………………… 112
コマーシャルフィルム……… 306

【さ行】

債務者主義
　……… 56、159、190、200、247
サブリース………………… 141
支度金……………………… 289
支払…………………………… 25
支払地………………………… 26
社会保険料………………… 352
自由職業者免税…………… 313

住宅取得控除……………… 144
住民税……………………… 296
使用地主義… 56、159、190、247
商標権…216、220、223、226、230
賞与………………………… 251
使用料条項………………… 203
所得源泉地国…………… 51、59
真正な譲渡………………… 310
人的役務提供事業（6号所得）
　……………… 146、151、155、309
人的役務の提供（12号所得）
　……………… 146、151、155、309
ストックオプション……… 276
税引手取額……………………40
全世界的非課税…………… 123
租税債務の肩代わり……… 375
租税条約………………………50
租税条約に関する源泉徴収
　税額の還付請求…………… 39
租税条約に関する届出書……76
租税条約に異なる定めがある
　場合………………………… 7
租税法律主義……………… 190
その他所得条項
　……………… 69、326、331、334
ソフトウエアと使用料課税… 248
損害賠償金………………… 240

【た行】

退職所得控除……………… 265
退職所得についての選択課税… 267
滞納状態………………………… 29
短期滞在者免税………… 155、284
長期海外出張………………… 369
著作権の使用料… 209、234、308
定期預金利子………………… 171
手付金………………………… 136
店舗兼用住宅………………… 134

【な行】

内国法人………………… 5、17
年末調整……………………… 144
納税告知処分………………… 30
納税地………………………… 26

【は行】

パートナーシップ…………… 212
配偶者控除…………………… 350
配当金………………………… 169
非永住者……………………… 18
非課税法人…………………… 127
非居住者………………… 5、15
美術品等のレンタル料……… 201
復興特別所得税……………… 100

不納付加算税……… 31、105、110
扶養控除……………336、341、347
扶養親族……………… 337、342
文化的使用料………………… 210
ホーム・リーブ
　…… 353、357、359、362、364
保険年金等…………………… 328
保険の解約による差益……… 333

【ま行】

みなし国内払い………… 27、298
未納状態……………………… 29
未払いの配当金……………… 185
無利息貸付…………………… 274
明示なき所得条項
　→「その他所得条項」を参照
免除証明書…………………… 120
免税芸能法人等に関する
　届出書……………………… 164

【や・ら行】

役員退職金…………………… 260
役員報酬……………………… 256
来日費用……………………… 292
留学生の雇用………………… 319
(中国からの)留学生の雇用… 321
留守宅手当……… 257、339、345

〔著者略歴〕

牧野 好孝（まきの　よしたか）

1951 年東京都生まれ
1976 年中央大学大学院商学研究科修士課程修了
　同年国税専門官として東京国税局入局
　東京国税不服審判所、東京国税局調査部国際調査課、
　麻布税務署源泉所得税担当国際調査情報官、
　麹町税務署法人税等担当国際税務専門官を歴任
2002 年 7 月退職、同年 8 月税理士事務所開設
2003 年 1 月から 2011 年 12 月まで日本公認会計士協会租税相談員（国際租税担当）
2003 年 1 月号から 2007 年 12 月号まで月刊『国際税務』に「事例で学ぶ国際源泉課税」を連載
2008 年 4 月号から月刊『国際税務』に「基礎から始める国際源泉課税」を連載中
・著書として
　「租税条約適用届出書の書き方パーフェクトガイド」（税務研究会）
　「入門　国際源泉課税と税務調査 Q&A」（税務研究会）
　「税理士のための国際税務の基礎知識」（分担執筆）（税務研究会）
　「海外駐在・移住のための税務ハンドブック」（分担執筆）（財経詳報社）
　「TAX & LAW 国際税務の実務と対策」（分担執筆）（第一法規）

藤野 豊子（ふじの　とよこ）

1962 年宮城県生まれ
1984 年早稲田大学商学部卒業
　同年国税専門官として東京国税局入局
　東京国税局調査部国際調査課、東京国税不服審判所、
　神田税務署源泉所得税担当国際税務専門官、
　麹町税務署源泉所得税担当国際税務専門官を歴任
2022 年 3 月退職、同年 7 月税理士事務所開設
・著書として
　「租税条約適用届出書の書き方パーフェクトガイド」（税務研究会）
　「TAX & LAW 国際税務の実務と対策」（分担執筆）（第一法規）

本書の内容に関するご質問は、税務研究会ホームページのお問い合わせフォーム（https://www.zeiken.co.jp/contact/request/）よりお願いいたします。なお、個別のご相談は受け付けておりません。

本書刊行後に追加・修正事項がある場合は、随時、当社のホームページ（https://www.zeiken.co.jp/）にてお知らせいたします。

事例でわかる国際源泉課税

平成23年5月10日　初　版第1刷発行　　　　　　　　（著者承認検印省略）
令和7年3月10日　第4版第1刷発行

Ⓒ著者　牧　野　好　孝
　　　　藤　野　豊　子

発行所　税務研究会出版局

週刊「税務通信」
　　「経営財務」　発行所

代表者　山　根　毅
郵便番号　100-0005
東京都千代田区丸の内1-8-2 鉄鋼ビルディング
https://www.zeiken.co.jp/

乱丁・落丁の場合は、お取替えします。　印刷・製本　藤原印刷株式会社

ISBN978-4-7931-2858-5

法人税関係

《2024年11月1日現在》

〔第7版〕交際費課税のポイントと重要事例Q&A

西巻 茂 著／A5判／740頁　　　定価 **3,850** 円

税務上の交際費等の範囲や取扱い、隣接している科目との違いなどの疑問に関し296問のQ&Aを用いて解説。第7版では、改正が行われた飲食費の「1万円基準」はもちろん、インボイス制度や改正電帳法等の新しい制度及びそれらに係る交際費等の取扱い、税務調査への対応策や留意点について、できるだけ判り易く説明しました。　2024年7月刊行

〔令和6年度版〕法人税申告書別表四、五(一)のケース・スタディ

成松 洋一 著／B5判／652頁　　　定価 **3,630** 円

売上計上もれや仕入計上時期の誤り、租税公課の処理など法人税申告書別表四、別表五(一)で申告調整が必要となるケースを具体例に即して説明。本版では令和6年度税制改正までの内容を踏まえて改訂を行ったほか、第二次納税義務による納付や個人株主から現物出資を受けた場合の事例等を追加した311事例で詳しく解説しています。　2024年6月刊行

〔十一訂版〕法人税基本通達逐条解説

松尾 公二 編著／A5判／2076頁　　　定価 **9,240** 円

法人税基本通達の全項目について、通達原文、改正の経緯、関連法令の概説、旧通達との関連、条文制定の趣旨、狙いを含めた実務解説、適用時期の形で構成し、詳説。本版は、令和4年6月24日付課法2-14改正通達までを収録した最新の内容となっています。　2023年7月刊行

〔令和6年改訂新版〕減価償却資産の耐用年数表

税務研究会 編／A5判／416頁　　　定価 **2,530** 円

耐用年数表の適用に際し必要な「耐用年数の適用等に関する取扱通達」(「耐用年数通達」)を全文収録(令和6年6月21日課法2-14他までの改正内容を収録)。簡潔な「解説」を設けて、税法上の減価償却についての基本的な知識が身に付けられるよう構成しています。　2024年10月刊行

税務研究会出版局 https://www.zeiken.co.jp/

※ 定価は10％の消費税込みの表示となっております。